U0948487

约翰·杜威

（John Dewey，1859—1952）

杜威学校
（芝加哥，爱丽丝大街5412号）

杜威出生地
（佛蒙特州伯灵顿市南维拉德大街186号）

杜威夫妇在南京（1920年5月10日）

◆ 约翰·杜威是美国著名教育家、哲学家、心理学家，进步主义教育和实用主义哲学的代表。《民主主义与教育》全面而系统地阐述了杜威的实用主义教育理论，是杜威教育著述的代表作，与柏拉图的《理想国》、卢梭的《爱弥儿——论教育》并称为西方教育史上具有里程碑意义的三大教育名著。全书共二十六章，各章力图分析和陈述民主社会所蕴含的理想，并应用这种理想来谈论教育问题，具体涉及教育的本质、目的、内容、方法等方面。本书译者王承绪先生是我国著名教育家，曾赴英国留学并获教育学硕士学位，1993 年获伦敦大学教育学院“荣誉院士”称号，2003 年获联合国教科文组织“亚太地区教育革新终身成就奖”。

Democracy and Education:
An Introduction to the Philosophy of Education

John Dewey

Printed in the United States of America
1937, Twenty-eighth Edition
The Macmillan Company
New York

外 国 教 育 名 著 丛 书

民 主 主 义 与 教 育

MINZHU ZHUYI YU JIAOYU

[美] 约翰·杜威 著

王承绪 译

人民教育出版社

· 北京 ·

图书在版编目（CIP）数据

民主主义与教育/（美）杜威（Dewey，J.）著；王承绪译. —北京：人民教育出版社，1990.10（2023.9 重印）

（外国教育名著丛书）

书名原文：Democracy and Education：An Introduction to the Philosophy of Education

ISBN 978-7-107-10687-3

Ⅰ. 民… Ⅱ. ①杜… ②王… Ⅲ. 实用主义教育—教育理论 Ⅳ. G40-06

中国版本图书馆 CIP 数据核字（97）第 08732 号

外国教育名著丛书　民主主义与教育

出版发行　人民教育出版社
（北京市海淀区中关村南大街 17 号院 1 号楼　邮编：100081）
网　　址　http://www.pep.com.cn
经　　销　全国新华书店
印　　刷　保定市中画美凯印刷有限公司
版　　次　2001 年 5 月第 2 版
印　　次　2023 年 9 月第 26 次印刷
开　　本　890 毫米×1 240 毫米　1/32
印　　张　14.25
插　　页　1
字　　数　302 千字
印　　数　152 001～157 000 册
定　　价　38.00元

如发现内容质量问题、印装质量问题，请与本社联系。电话：400-810-5788

《外国教育名著丛书》再版说明

在人类数千年的教育史上产生过无数鸿篇巨制，尤其是近现代以来，许多教育家、思想家、理论家和实践家，通过对人类教育所进行的长期艰辛的探索、严密的思考和审慎的研究，撰写了不少对人类教育发展产生了巨大而深远影响的伟大著作。即使人类历史进入了21世纪，这些著作仍然保持着强盛的生命力。

本着“服务教育、繁荣学术、积累文化”的宗旨，人民教育出版社组织专家学者从这些著作中精选了对世界和中国教育产生过并将继续产生重大影响的作品，汇编成《外国教育名著丛书》。该丛书共40种46册，自1984年陆续出版以来，受到教育界读者的热烈欢迎和普遍好评，一经问世即售罄。为满足读者对《外国教育名著丛书》的需求，我社决定从这套丛书中精选一部分重印，以解我国教育工作者的燃眉之急，并进一步满足高等师范院校教学需要。热忱希望广大读者对教育名著编辑出版工作提出宝贵意见，以使之更臻完善。

人民教育出版社

2001年5月

《外国教育名著丛书》出版说明

为了发展我国社会主义教育事业，建立具有中国特色的社会主义教育体系，不仅需要研究我国教育的历史和现状，总结我国教育的经验，而且需要研究外国教育的历史和现状，借鉴外国教育的经验。为了给我国教育工作者提供研究外国教育思想的理论著作，并给师范院校提供教学参考书，我社决定出版这套丛书。

这套丛书选收古代、近代、现代对世界、对中国有较大影响的外国教育家、心理学家的有代表性的教育理论著作，包括整本专著、文章汇编或者著作节选。

毋庸置疑，本丛书所收选的书既闪耀着人类教育智慧的光辉，又由于作者所处时代、阶级的限制不可避免地存在着糟粕；有的虽非糟粕，但由于地区条件的不同，也可能并不适合于我国。因此，我们在阅读时一定要以马克思列宁主义、毛泽东思想为武器，对书中的内容进行分析，批判地吸收其中有益的东西，而不要照搬照抄。

为了帮助读者阅读和理解书的内容，我们请译者或有关专家为每一本书撰写了前言，有的书还附有年表、图片或其他参考资料。当然，前言只是一家之言，而不是对某书的定评；读者完全可以对这本书进行更加广泛更加深入的研究。

由于我们水平有限，经验不足，本丛书定有不少缺点和错误，欢迎读者批评指正，以便我们改进工作。

人民教育出版社

1984年

总 目 录

杜威和他的《民主主义与教育》

滕大春

杜威是美国实用主义哲学家和教育家，所著《民主主义与教育》全面地阐述了实用主义教育理论，是其教育著述的代表作。英美学者把它和柏拉图（Plato）的《理想国》以及卢梭（J.-J. Rousseau）的《爱弥儿——论教育》并列。不过，古希腊柏拉图的《理想国》是奴隶主阶级的教育蓝图，它把教育视为少数自由民的特权，其最高目的是培养统治广大奴隶的哲学王；杜威则呼吁民主的教育，借以实现民有、民享、民治的资产阶级民主社会。卢梭的《爱弥儿——论教育》在法国启蒙时代是震撼人心的，但卢梭是缺乏教育实践的理论家，其自然主义的教育纲领难以落实；杜威则不但强于教育理论，而且富于教育经验，他把理论和实际贯穿起来了。在教育史中既能提出新颖教育哲学，又能亲见其实施之获得成功者，杜威是第一人。《民主主义与教育》刚好是理解美国以及众多国家教育演进的钥匙。本文愿对该书的著者、内容和影响略加介绍，供读者参考。

一、杜威的时代和生平

美国从 17 世纪初期起就是英国的殖民地，经过 18 世纪独立战争建成美利坚合众国，此后，其政治、经济、社会、文化等都有了进步和发展；然而它仍是朴素而缓进的农业国家。1861 年到 1865 年的南北战争，在美国是划时代的。它在政治上废除了黑奴制度，使黑人取得了公民权利；它促进了产业革命，使工业生产和国际贸易飞速向前，第一次世界大战后，美国跃居富强之林，第二次世界大战后，美国成为超级大国。杜威生于南北战争之前，卒于第二次世界大战之后，他那 90 余龄的漫长岁月，恰好处于美国由农业国一跃而为工农业现代化强国的历史急骤转变时期。美国学者称他创立的反映时代剧变的实用主义哲学和教育思想是“美国天才的最深刻、最完全的表现”。了解这位思想家的生平，有助于了解《民主主义与教育》的论点和价值。

杜威于 1859 年生于美国佛蒙特州伯灵顿。他的祖辈系 1630 年为避英国法兰德斯公爵迫害而逃到新大陆的欧洲移民。父亲是杂货商，母亲是地方法官之女。佛蒙特虽是经济繁荣的新英格兰地区的一州，但地势偏远，比较落后。杜威一家是当时道地的美国平民。杜威幼年平凡无奇。和同时代的青少年一样，他从事过送报纸、干杂工、垦荒地、修水渠等劳动。他在当地小学和中学修业。由于学校陈腐，他的学业平平常常。他后来回忆道，他不过是在课堂之外的广大乡村活动中获得了一点儿重要的教育而已。因佛蒙特大学设在伯灵顿，他 16 岁便进了这所 1791 年建立的规模很小、水平较差的学校。该校教授基础文化科目，也讲些新知识，如达尔文（C. R. Darwin）的进化论、孔德（A. Comte）的社会学说、英国的经验主义理论以及德国理性主义哲学之类。杜威在大学获益也不大，像在中小学一样，他是从课外活动和广泛阅读中得到了一些可贵的启发。这种大学和中小学教育在 19 世纪末叶的美国是常见的现象。对此杜威深感不满。

1879 年大学毕业后，杜威先后任教于宾夕法尼亚州石油城中学和伯灵顿乡村学校。时值南北战争后的重建时期，美国在政治、经济方面展开了热火朝天的改革，在文化教育上则大力向学术发达的德国学习，掀起了德国热。杜威受此学风的鼓励，在教学之余经佛蒙特大学教授托里（H. A. P. Torrey）指导，嗜读黑格尔（G. W. F. Hegel）等人的哲学论著。他撰写的哲学论文被黑格尔的崇信者哈里斯（W. T. Harris）称为佳作，并予以发表。美国高等院校的德国热以 1876 年创建约翰斯·霍普金斯大学为标志。这所新学府由艳羡德国教育的吉尔曼（D. C. Gilman）校长主持，提倡学术研究，以柏林大学和莱比锡大学为范例，被誉为设在巴尔的摩的德国大学。在哈里斯的鼓励之下，杜威于 1882 年成为该校的一名研究生，1884 年荣获哲学博士学位。

杜威在约翰斯·霍普金斯大学攻读黑格尔的辩证法和德国的理性主义哲学。该校名师荟萃，杜威既受教于讲授德国哲学的莫里斯（G. S. Morris）教授，又受发展心理学创始者霍尔（G. S. Hall）和实用主义哲学家皮尔斯（C. S. Pierce）的教导。他醉心于理智探索，相信超绝的永恒真理，是黑格尔的崇拜者。当时美国赴欧留学生数以千计，他们返美后传播欧洲学术，有的在欧洲学术基础上创立崭新的美国学术。留学德国而执教哈佛大学的詹姆斯（W. James）即其中的佼佼者。杜威阅读詹姆斯的心理学名著，思想丕变，把兴奋点移向急剧变化的现实，着意给当时突出的社会矛盾寻求科学和哲学的解答。杜威在 1930 年撰写的《从绝对主义到实验主义》一文中，叙述了这段思想改变的过程。从此，他熔欧美思潮于一炉，给他致力教育研究培植了深厚根基。

在这里必须指出，这种由理论探索转向现实的现象，是美国当时的时代特征，把这种转变仅仅视为杜威的转变是不能理解那个时代的。美国教育史家巴茨（R. F. Butts）在所著的《教育文化史》中说，19世纪的美国曾接受德国的理想主义、先验主义和绝对主义哲学，康德（I. Kant）、费希特（J. G. Fichte）、施莱尔马赫（F. D. E. Schleiermacher）等德国哲学家曾启发了美国的爱默生（R. W. Emerson）和帕克（T. Parker）。早在17世纪的殖民地时期，人们普遍信仰加尔文派教义，这时受德国哲学的陶冶，遂更加相信宇宙中万事万物都是固定的和永恒的。美国人最终冲破这种观点而对人类文化做出成就，乃是植根于进化论的实用主义哲学。生物进化论所阐述的要义是“物竞天择，适者生存”，它的核心是适应。就是说生物必须适应变化不居的环境，才能继续生存，否则失去适应能力，必然遭到天然淘汰。这种新观念对于永恒不易而超越现实的真理论无疑是猛烈的冲击。美洲刚好是新大陆，和长期发展已定型的欧洲社会不同。它需要拓殖边疆，需要冒险开辟，需要创新求生，需要在非固定、非永恒、非一成不变的环境和信念中，面对新事物和提出新见解，从而建造新世界和新文明。客观形势迫使人们勇于探索而不守成规，其结果是承认宇宙并非终极的和完备无缺的，乃是经常处于变迁之中的。理性主义向来尊重的有条不紊和一成不变，这时便受到怀疑；相反，革故鼎新和大胆尝试以及日新月异和敢于实验，却成为金科玉律。因为当时的美国如果抱残守缺便是退化，是死路一条，唯有除旧布新才是成功和进步的康庄大道。在这种形势下，皮尔斯、詹姆斯等时代的喉舌才倡言真理不是上帝恩赐的神物，不是神的预制品，而是人类在披荆斩棘的开创过程中获得的理解；一旦时移势易，早时的定论就该让位于新获致的定论。真理仅是要经受实效检验的假定，绝不是千秋不移的成规。所谓绝对、所谓标准和所谓权威，都须经受社会活动的鉴定和考验，否则不啻是束缚人们智慧发展的障碍物。杜威恰是接受这种时代思潮的洗礼而建树起哲学理论的。

就教育领域而言，由于美国学校腐败，在杜威以前早已兴起改革运动。有人误解教改是南北战争以后由杜威和进步教育运动开始的。实际上，在19世纪50年代末，纽约的奥斯威戈市教育局局长谢尔登（E. Sheldon）出游加拿大多伦多城时，正值该地推行1850年《教育法案》，仿照普鲁士的办法，成立师范学校，用裴斯泰洛齐（J. H. Pestalozzi）的原则培养学校教师。谢尔登便于1858年在他属辖地区的学校推行裴斯泰洛齐的方法，并于1861年成立师范学校，以培养师资。因其成绩良好，其他地区相继取法，曾酿成奥斯威戈运动。南北战争以后，曾赴德国考察的帕克（F. Parker）于1875年就任马萨诸塞州昆西市教育局局长，同样推行德国新教育，用直观教学和参观旅行等手段，引导儿童从实际生活中进行学习。其他地区也相继取法，形成更为热烈的昆西运动。1882年，帕克改任芝加哥市库克县师范学校校长，进一步发扬教改精神，在附属的实习学校中，把德国的福禄培尔（F. W. A. Fröbel）、赫尔巴特（J. F. Herbat）以及瑞士裴斯泰洛齐的新颖教法兼容并包，从而引起广泛影响。杜威屡次参观访问该校。他于1896年创办芝加哥大学实验学校，进行教育科学研究，是和上述的教育革新浪涛分不开的，当然也是他个人天才使然。

就杜威的个人成长而言，他把他的思想兴奋点投放在教育课题上，是他离开约翰斯·霍普金斯大学而任教大学后开始的。其发展可分三期。

首先，从1884年到1894年的10年，他先后在密歇根大学和明尼苏达大学任教。密歇根大学校长安吉尔（J. B. Angell）是教育改革派，认为“大学的主要职责是和本州公立学校保持紧密的接触”。他的号召鼓舞了杜威去探索普通学校学生求学的方法，不断了解中小学的实际。更重要的是随着南北战争后产业革命的进展，各地中学广为设立，中学毕业生报考大学的人数增加，造成一项难题。密歇根大学从 1871 年起为改革招生办法，在当地中学调查访问，将成绩优秀的学校评定为认可中学，认可中学的毕业生可免试入学。其法不久便为全国所仿行。密歇根大学为了继续搞好认可工作，设有专门委员会，杜威任职会中。在经常接触实际的过程中，杜威更加明确认识到中小学课程内容贫乏，当时流行的赫尔巴特五段教学法机械呆板，与他童年学习时的枯燥情况类似，因而产生了教改的要求。他在密歇根大学教授心理学和哲学，在讲课时竭力与中小学教改结合阐述，于是他便由课堂的理论讲授者，进而成为教育革新的酝酿者。

其次，杜威于 1894 年到 1904 年任芝加哥大学哲学、心理学和教育学系主任。这 10 年是他改革教育的尝试阶段。他于 1896 年创立芝加哥大学实验学校，以他的哲学和心理学为根据，着手教育创新。当时芝加哥城正值帕克改革教育，杜威受其支持鼓舞，遂青出于蓝而胜于蓝。他把以粉笔和口授为形式的课堂改变为儿童由活动而求知的课堂，把儿童静坐听讲的课堂改变成儿童为活动而随时移位的课堂，气象一新。根据教育改革的实践，他于 1897 年发表《我的教育信条》，于 1899 年发表《学校与社会》，于 1902 年发表《儿童与课程》，虽都篇幅简短，但颇发人深省。他的重要教育理论无不肇端于此。他于 1910 年发表的《我们怎样思维》也是以此为基础而充实和发展所成。芝加哥大学校长哈珀（W. R. Harper）似嫌杜威思想激进，把芝加哥大学实验学校改为仅供学生试教的实习学校，停止改革实验。杜威愤而辞职。

最后，杜威的教育理想赢得了应有的荣誉，1904 年他受聘为哥伦比亚大学教授。他任教该校达 26 年之久，和孟禄 (P. Monroe)、康德尔（I. L. Kandel)、桑代克（E. L. Thorndike) 等教育史家、比较教育学家和教育心理学家，共同铸成哥伦比亚大学师范学院的黄金时代。他推动学校革新，曾于 1915 年著成《明日之学校》。他经历长期教育实践和研究，在他 57 岁时，即 1916 年，才著成经典性的巨作《民主主义与教育》。一套具有体系的实用主义教育哲学，从此建立起来。19 世纪的教育研究高潮勃兴于德国的柯尼斯堡大学，到 20 世纪，哥伦比亚大学起而代之，执了世界教育科学的牛耳。众多论者认为柯尼斯堡大学是 19 世纪的哥伦比亚大学，而哥伦比亚大学是 20 世纪的柯尼斯堡大学。值得玩味的是，18 世纪柯尼斯堡大学的赫尔巴特企图以伦理学阐述教育目的，以心理学论证教育方法，并以实验学校为基地，创建教育科学；而 20 世纪的杜威既精研黑格尔和皮尔斯的哲学，又掌握康德和霍尔的心理学，而且曾以芝加哥大学实验学校为园地，企图创立教育科学。人类历史竟有如此相似的重演。不过，人们公认教育科学的历史车轮，经过杜威的奋斗，早已越过前山了。

杜威于 1930 年从哥伦比亚大学退休，改任名誉教授。1939 年 80 岁时离校。在此前一年，他的《经验与教育》出版，指出当时进步教育运动走过了火，提醒学者重温他 30 年前的理论，不宜把复杂的教育工作片面化。他又于 1946 年出版论文集《人的问题》，申论教育在延续和发展民主主义社会中的重要性。1952 年杜威患肺炎症卒。

盖棺论定地说，美国传统的教育一方面脱离社会，另一方面脱离儿童。杜威所探讨的正好围绕这两大课题：一是使美国学校和美国社会发展的需要合拍，二是使美国学校和儿童以及青少年身心发育的规律合拍。他成功地做了探索，因而成为美国教育的巨人。伊比（F. Eby）和阿罗伍德（C. Arrowood）在合著的《近代教育史》中说："在最近半个世纪以来，对于美国教育思想的发展具有影响者计有四人，即帕克、哈里斯、霍尔和杜威。帕克充任芝加哥市库克县师范学校校长多年，在根据裴斯泰洛齐和福禄培尔的新教育学来改革教学方法和教育原则方面，颇有成绩，但他并非新教育观点的创造者。哈里斯曾任圣路易市教育局局长和联邦教育局局长多年，在教育更新方面是有成绩的，但他并非教育改革者。霍尔和杜威则是近年来对教育具有创造性的贡献的人。……将来的教育史学家一定会给他们的贡献做出评价，并且认清他们的贡献具有久远的意义。"巴茨在《教育文化史》中则说，到19世纪末和20世纪初的交叉点上，促进美国学术和教育发生重大改革者，一是霍尔，二是杜威。霍尔留学德国莱比锡大学，受业于科学心理学创始人冯特（W. Wundt）教授，返国后执教于约翰斯·霍普金斯大学，以后又任克拉克大学校长垂30年，他奠定了发展心理学的初基，有助于促进当时急切需要的教育改革。不过，单纯从心理学观点改革教育是不够的，必须兼顾社会的发展，才能成功。正是杜威完成了这项全面性的任务。就此可知杜威的贡献之宏伟了。

二、《民主主义与教育》的重要论点

西方学者称柏拉图的《理想国》、卢梭的《爱弥儿——论教育》和杜威的《民主主义与教育》是三部不朽的教育瑰宝。卢梭自称《爱弥儿——论教育》是构思20年和撰写3年而成。

杜威从1896年创建芝加哥大学实验学校到1916年发表《民主主义与教育》，也恰恰是20年。足见非凡之作都是长期腐心精思的结果。试看从《我的教育信条》《学校与社会》《儿童与课程》《我们怎样思维》《明日之学校》，直到撰成《民主主义与教育》，确是步步深入而终于完善起来的。而且杜威以后发表的《经验与教育》《人的问题》，也是《民主主义与教育》的引申或补充。所以，杜威的教育思想可以《民主主义与教育》为总纲。在论述《民主主义与教育》时，把杜威的其他著作连带地谈谈，是便于通晓该书的论点的。

杜威在该书的序言中说，该书各章力图分析和陈述民主社会所蕴含的理想，并应用这种理想来谈论教育问题。为着说明该书显示的民主而科学的时代性和现实性，该书把民主社会的意义、生物进化论的观点、产业革命带来的变化以及科学实验的方法贯串一起，从而论证新教育的本质、目的、方法、内容，评断一些彼此矛盾的教育理论问题和实施问题。我们研究这本巨著时，必须掌握这一点。

全书共二十六章。依杜威在第二十四章的划分，含三个部分。实际上，最初数章从非形式的教育谈到学校的兴起，概述了教育的社会职能和效用，指出了当前学校的严重缺陷以及改革的方向。其后各章便阐述民主社会的教育性质，明确教育即是生活、生长和经验改造的意义，并借着对过去各种教育理论的批判来反证民主教育的正确性和优越性。此外，这几章还说明民主教育的目的是获得更多更好的教育，别无其他目的，这就是教育无目的论。再后各章系以实用主义教育哲学来理顺长期存在的兴趣和努力、经验和思想、劳动和休闲、个人和自然界、教育和职业等等矛盾，并给课程、教材和教法做出新的解释。最末两章则分别论述实用主义的真理论和道德论。书中涉及的方面极为广泛，但对每个问题都从社会、历史和哲学的角度层层剖析和深入论证。因此种种，《民主主义与教育》乃是一部内容渊博而挖掘透彻的名作。为着便于索解和掌握，现就其至关重要的论点，逐一予以评述。

（一）民主社会是什么？民主教育是什么？

杜威以《民主主义与教育》为书名，因为民主社会就是他的理想国。什么是民主社会？他说衡量社会不能单凭主观臆想来制定标准，应以社会成员共享利益的多寡为尺度，还应以本社会和其他社会能否交流互惠为尺度。在专制国家中，少数人占有特殊利益，人们共同享受的利益不平等，其结果是特权阶级和受奴役阶级之间缺乏相同的思想和融洽的感情，双方都陷于片面而畸形的发展。反之，民主社会却有很多人人共享的利益，从而人人能够互赖互爱，能够自由交往，其结果便能协力维系社会的繁荣和促成社会的进步。因为平等相待而荣辱与共会扩大人的胸襟，会保证自由思想，会促使新观念、新事物不断涌现，会推动历史滚滚向前。另外，优良社会应当便于和善于与其他社会交通，是开放型而非封闭型的社会，是人类共存、共利和共赖的社会。野蛮民族把其他民族统统当作仇敌，或老死不相往来，或互相仇杀残害。人类历史的新纪元则要破除种族和阶级之类的隔阂，缩短彼此之间的距离；而且不仅缩短物质空间的距离，还缩短思想、理智和情感方面的距离。专制国家闭关锁国，借以维护统治者的权利；民主社会则利用善与人交而永远谋求人类事业和社会制度的刷新。杜威认为民主社会既要冲破阶级的和种族的界限，还要冲出国界，使人类出现与日俱增的接触点和互惠点。民主主义就是这种社会的原则和灵魂。

这种进步的社会急切需要人与人之间和社会与社会之间的

思想、感情的交通融合，当然这是顷刻离不开教育的。杜威一再明确指出，在无种族隔阂、无阶级隔阂的自由平等的社会，不容许少数人垄断教育机会，要通过教育使人人发挥其开拓创新的才能。过去那种少数文化贵族和广大愚昧文盲彼此对峙的时代，是不许存留的。两千多年前，古希腊柏拉图希求依赖教育铸造政治上和文化上的金字塔，以哲人教育为王冠而剥夺广大奴隶受教育的权利。民主主义教育是与此大不相同的。

杜威还指出，近世的民主社会并非人们有意识的努力所产生的，而是科学发达、产业发达、国际贸易发达和各国移民众多等等条件所促成的；今后为着进入民主社会的最高境界，就需要人们缜密考虑和科学安排去完成。他认为，古往今来的圣哲对这桩头等大事都没做出合理的解答。以柏拉图为例，他认为理念世界使人类秉有理性，人们各依天赋理性的优劣，即金质的、银质的和铜质的，接受恰如其分的教育，然后分别充当立法治国者、御敌卫国者和致力工农者，从而组成阶级社会，特别要由理性充沛的哲学家当政，实现正义的国家，才是理想国。相反，在杜威看来，理想的民主主义国家应当充分利用各人不同的却又饶有变化的才能，来共同促使社会迈进，绝不该借口人的天赋不齐而造成阶级鸿沟。杜威继而又以18世纪欧洲启蒙学者为例，说他们高度尊重个性和宣扬教育要解放天性，却又把社会完全看成阴暗而丑恶的。在杜威看来，这是走入极端而无法落实的乌托邦。就连卢梭最忠实的信徒裴斯泰洛齐也认清办学校不能不顾社会的需要。怎奈19世纪在普鲁士兴起的竟然是以国家代替人类的观点，即国家主义教育思想。当时德国境内分崩离析，普鲁士邦施行军国主义而强盛起来，教育遂被用为强国的工具。康德虽受卢梭的影响，尊重儿童的天性，但他认为人若成为真正有道德和有理性的人，不能不要教育，不能只靠天性。不过，他曾经提防统治者会为个人之私而不怀善意，因而怀疑由国家办学的体制。不料20年后，普鲁士大败于法兰西，费希特和黑格尔乃大唱反调。黑格尔说孤零的个人是无意义的，国家乃是理性的体现者，个人唯有服从国家才有价值，因而要由国家兴办教育。教育原是具有广泛社会效能的，到这时所谓社会效能便被篡改为国家狭隘的要求了。在杜威看来，人们既要爱国，也须破除国界而谋求人类的进步。因为和人类进步比较起来，国家权势乃是次要的和第二义的。简言之，杜威肯定民主主义的理想是崇高的，国家主义教育难以相提并论。

杜威在以民主主义教育疵议阶级教育、贵族教育、国家主义教育的同时，还指明当时许多难以解决的问题，在民主社会中无一不可迎刃而解。例如，人们一方面鄙视劳动，一方面视教育为特权，把两者对立起来。在杜威看来，这是有历史渊源的。在古代的希腊，奴隶主脱离劳动，贪图精神享受，他们为求知而求知，认为求知本身就充满快乐；相反，奴隶则执贱役和营鄙事。反映阶级鸿沟，人们才有重文化和贱劳动的教育思想。在民主社会，人人得享求学之福，也都承担生产职务，矛盾遂无由存在。杜威曾对此详为论述，即古代的生产劳动多靠成规而缺乏创造，奴隶用不着学习知识，如今科技发达，生产日新月异，必须人人接受教育。过去少数人奴役多数人，愚昧无知是社会安宁的基石，如今人人参政，谁都需有现代知识的武装。这样，新社会的公民自然就把劳动和卑下相关联的陋见以及文化和高尚相关联的传统破除了。又例如，过去把理论知识和实用知识相对立，认为前者是由纯粹思辨而得的真理，经验得自身体的操作，其价值不若理论之可贵。杜威指出，自历史追溯起来，那是由于古代雅典是商业社会，国际往还多，移民种类杂，风俗殊异，意见分歧，统治者视此为扰害社会的根源，乃倡言永恒不易的普遍真理，并片面夸大人类理性的高贵。自十六七世纪起，先进哲学家否认先天观念论，认为人的理智皆得自后天经验，在民主社会，人人皆从发展经验而发展理性，厚此薄彼的前人之说乃不攻自破。还例如，实科和人文学科的对立也是旧社会的遗物。古希腊人原喜自然探索，但失国以后，亚历山大帝国和罗马帝国认为吸取希腊文化，唯有通过阅读希腊书籍，而古典学习又靠语文为工具，遂重文而轻实。中世纪经院教育更是咬文嚼字，死记《圣经》的勾当。但文艺复兴以后，欧洲人摆脱教会的教条主义，热心钻研希腊、罗马经典中的文化遗产，从而解放了思想，自然科学也发展起来。培根（F. Bacon）说“知识就是力量”，并称产业将随科学进步而革命。这原是符合规律的，无奈他言之过早，科学的威力当时未能表现，后来推翻封建社会，却由于社会没有充分民主，科学未能为人类服役。倘若社会提高一步，人人有了充分民主的权利，科学必能大量造福广大人群，自然科学和社会科学自然就能协作互助，不复相歧视了。举一反三，教育中众多偏执之见都是旧社会的遗存物，都将在民主社会中失去存在。

杜威在《人的问题》中更论及教育促进社会发展的宏伟效用。他说，社会上的矛盾和国际的冲突，正在与日俱增和威胁人类的安全，如果以暴力或战争等野蛮时代惯用的方式解决，必然流为两败俱伤或以暴易暴，那是不智慧的渠道，是得不到合理的结局的。完全相反，如果双方凭借理智方式，交换意见，剖析利害和进行理性的探讨，就会使误会瓦解，相谅相助，化干戈为玉帛，取得和衷共济和合作共进的结果。简言之，还要民主。

显然，诉诸教育的威力是胜过兵戎相见的。在这里杜威是以教育代革命的理想的鼓吹者。

总之，在杜威看来，民主社会是教育发展的沃壤，民主社会的教育是无比先进和无比优越的。

（二）教育是什么？学校应怎样？

杜威在《民主主义与教育》中提出了与传统不同的教育概念。他说人类和一般动物不同，是社会性动物，而社会的组成不是因为人们同处一地，而是因为大家具有彼此互通的信仰、目的、意识和感情。缺乏这种赖以互相维系的精神因素，人们尽管密集一处，也难以形成真正的社会；而一旦有了这些，便能天涯若比邻。怎样养成共同的心理因素呢？杜威说有赖于人们之间彼此进行联系和交通，而教育乃是有效的联系和交通的渠道。在最初的历史年代，人们在社会交往生活中沟通了思想和感情，增加了经验和智能，从而获得了良好的教育。随着历史的进展，文化积累丰富了，未成年者的教育已非日常交接所能完成，负责文化交流和文化传递的正式教育机构——学校，随之诞生。从这时起，文化的表达和传递愈来愈依赖于文字，人们慢慢地就误认为学校的任务就是教导青少年识字读书。教育理论也因而步入歧途。现在正处于正式教育和实际生活的分裂愈演愈烈的前所未有的危险时代。力争保持两者的平衡是当今的要务。

杜威为着改革传统教育，强调儿童从书本记诵中解放出来，创出了崭新的教育理论。他说，儿童在参加生活中使经验的数量扩充和用经验指导生活的能力增强，也就受到圆满的教育了。所以，教育并不是强制儿童静坐听讲和闭门读书，教育就是生活、生长和经验改造。在杜威看来，生活和经验是教育的灵魂，离开生活和经验就没有生长，也就没有教育。他自称他的教育哲学是“属于经验的、操诸经验的和为着经验的”教育哲学。

杜威在以生活、生长和经验改造解释教育时，首先重视儿童这一环节。他认为初生儿童就具有爱好活动的本能，并能够依凭活动结果带来的苦乐而调整其活动和控制其活动，借以适应环境的需要。儿童天赋的这种潜在动力是强烈的，教育必须尊重和利用它。他说，儿童是教育的出发点，社会是教育的归宿点，正像两点之间形成一条直线一般，在教育出发点的儿童和教育归宿点的社会之间，形成了教育历程。杜威指责当时学校把教育历程错误地理解为教师告诉和学生被告诉的事体，不激发儿童自动求知的本性，却驱使儿童被迫地诵习代表事物的符号，即书本，硬以外铄力量取代儿童潜在的动力。这种不调动儿童内在动力而填鸭般地灌输知识，无异于强迫盲人去观看万物，无异于将不思饮水的马牵到河边强迫它饮水。这种忽视天性和压迫天性的教育显然是愚蠢的。如果从儿童现实生活中进行教育，就会叫儿童感觉学习的需要和兴趣，产生学习的自觉性和积极性；由于他们自愿学习和在生活中真正理解事物的意义，这种教育乃是真实的和生动活泼的，而不是皮相的和残害心智的。杜威甚至说：“现在，我们教育中将引起的改变是重心的转移。这是一种变革，一种革命，是哥白尼在天文学中从地球中心转移到太阳中心一类的革命。在这里，儿童变成了太阳，教育的一切措施要围绕他们而组织起来。”这就是他的儿童中心论。他宣扬以“儿童中心”取代“教师中心”和“教材中心”，认为教师应是儿童生活、生长和经验改造的启发者和诱导者，应彻底改变当时压制儿童自由和窒息儿童发展的传统教育。

杜威指责人们因为初生儿童既无能，又无知，处于未成熟状态，必须依赖成人抚育，便误认为这是儿童的弱点。实际上，在这里正酝酿着儿童学习和成长的要求和能力，因而使儿童最富有可塑性。一般动物出生不久即能啄食和行路，儿童则需长期抚养才能独立生活，表面上儿童居于弱势，殊不知这较长的生长时期正好蕴藏着使他们进行比较复杂而高深的学习的可贵潜能。因此，一般动物仅能被环境所制约，人类则不仅能适应环境，还能改造环境。更进一步，杜威还指责人们不理解儿童期的重要意义，常常贬抑儿童期的价值。两百多年前，卢梭曾倡言：在万物中人类有人类的地位；在人生中儿童期有儿童期的地位；绝不该以成人为标准而抹杀儿童期的尊严。杜威对卢梭很表赞誉。

关于教育的归宿点，杜威认为社会或环境并不是静止的或绝对的，是永在变化而无终极之境的。儿童应当适应环境，应养成适应那变化不居的社会需要的能力。如今新事物和新观念层出不穷，绝非以往缓进的时代可比。社会在继续不断的重新改组中存在着，人们也必须跟着时代而继续不断地更新已得的经验。想把儿童引向一个社会发展的终点，把儿童范围在传统的成训或教条之中，是不恰当的。教育的真谛不但是使新生一代适应当前的环境，还要养成他们继续不停地适应那向着未来而迅速发展的广大世界和日新月异的民主社会。杜威对“教育养成习惯”一语曾予以论证。他说，一般人总把习惯看成是属于机体的和机械性的，而忽视习惯的理性方面和感性方面的因素，这种误解使儿童受制于习惯，成为习惯的奴隶。这种误解只能使教育成为促成青少年日趋定型化而非促其发展化的过程。使人们由生活、生长、经验改造中获得知识、能力、思想、感情，恰是帮助人们审度时势之需而巧于适应那种永在前进的社会，并从而成为革新的先驱者。这种教育能保证人类前进而不倒退，能造福而不摧残儿童，是教育的上乘。

杜威为着阐述新的教育理论，曾逐一批驳古往今来的各派教育学说。其一，他批判了斯宾塞（H. Spencer）的教育是成人生活的准备说，指出这种学说强把成人所需的知识灌输给缺乏理解的儿童，叫他们痛苦地陷入谜团，乃是为满足成人的需求而施于儿童的虐待。如果引导儿童在逐步成长之中获得日益丰富的经验，他们就会在不知不觉间过渡到成人的圆满生活之中了。其二，杜威批判了黑格尔和福禄培尔把教育理解为开展儿童先天理性的学说。在黑格尔看来，人类先天具有绝对纯全的理性，教育就是将这种理性由内而外地开发出来。传统教育注重外铄的力量，开展说注重由内向外的发展，两者显有不同；不过，开展说所指的并不是继续不断的生活或生长，而是把一种神秘难测的理性的开展作为教育。实际上，这种学说仅是成人生活准备说的变种，因为天赋的理性和成人的需要都出乎儿童的理解，而且开发天性比较给成人生活做准备，更为虚玄莫测。其三，杜威批判了洛克（J. Locke）把教育理解为训练心智的学说。洛克等人认为人们先天具有记忆、思维、想象等各种心智能力，教育就是培训心力的事体。实际上，人们没有这种假定存在的而且彼此分割的心力；脱离现实生活而孤立地和抽象地训练记忆力和思维力，正好像不饮不食而空着肚皮去训练消化力那样荒唐。其四，杜威批判了赫尔巴特把教育理解为教师按照心理的统觉过程向儿童提供教材，从而形成他们的观念的学说。杜威批判道，这种学说忽视青少年的潜在动力和引导他们自觉地探求知识，却把他们看成被动地吸收知识的容器。其五，杜威批判了福禄培尔和少数赫尔巴特弟子们关于教育是复演人类文化的学说。他们认为人类依赖生物进化而复演种族的生理发展，教育则是种族文化复演的过程，所以儿童时代当以人类早期文化来教导，以后随其年龄增长而授以发达时代文化的成果。杜威认为教育不是回顾性工作，过去文化乃是辅助生活、生长和经验改造的资借，教育并不是重蹈前人足迹而亦步亦趋地重演或爬行。当然，古与今不能割断联系，但鉴古是为了知今，以便更好地生活和生长。总之，杜威借着批判形形色色的教育学说，从而论证教育即生活、生长和经验改造的理论的合理性和正确性。

怎样把这种新颖理论付之实施呢？杜威的方案是“学校即社会”。用杜威的话说，不能叫儿童笔直地向已有的知识进军，不能由教师把现成的教本向儿童注入。那种口耳相传的方式脱离儿童的需要，使儿童缺乏学习的动机，必然要诉之强制，或由教师以糖衣炮弹的手法诱使儿童就范。如果以参加现实生活为媒介，叫儿童在活动中学习，儿童不但兴趣盎然，而且能活学活用。适当的办法就是把学校安排成合于儿童生活、生长的环境，叫儿童生活、生长于其中，借以扩充经验的数量和提高经验的效用。很明显，儿童理想的学校不是书斋或学府，乃是快乐的生活园地。

难道学校应当是现实社会的照搬和移植吗？不。成人的社会过于复杂，学校须是简化的社会；成人的社会是庞杂的，学校须是经过组织而条理化的；成人的社会是良莠不齐的，学校须是经过滤清和优选的；成人的社会是含有冲突和偏颇的，学校须是在多种影响中求取平衡的。原始的非正式的教育是劳多而效寡的，是以漫长岁月而习得微量智能的；现今的合理的学校则是高效能的。正因为如此，学校的出现和改善才是人类文化史上的伟绩。

杜威的教育论和学校论曾引起人们称赞，同时也有人嫌杜威所提倡的是软性教育，是使儿童放任自流。杜威辩解说，生长是向前发展的和向上提高的，因而学校中的生活并非戏耍取乐。他引用爱默生的话说，尊重儿童不能叫儿童放纵任性而流为无政府状态，保持儿童的天真不是叫儿童不加思考地鲁莽蛮行。人们还嫌杜威的理论以儿童为中心，会贬抑教师的职能。杜威又引用爱默生的话说，这并非给教师开方便之门，叫他们偷闲偷懒，而是要求他们支付时间，善用思考，并须具有真知灼见和实事求是的精神。就是说，教师只有品德高尚而学问广博，才能安排妥适环境，诱导儿童好好地通过生活而改造经验。人们又嫌杜威从生活进行教育会因儿童生活的局限性，致使儿童的学习狭隘而贫乏。杜威说，理想的学校凭借它的谋求平衡，就会帮助儿童跳出狭小的天地而日近领域广阔的世界。他说：教育上最容易忽视受教育者的未来发展，这样缺乏远虑而只顾目前就失去平衡了；但以现实生活为起点而逐步增加生活广度和经验深度，学校就能善尽其责了。看！这不就是教育的辩证法吗？

（三）教育无目的论

杜威说生活、生长和经验改造绝非放任自流，放任自流是断送教育。生活、生长和经验改造是循序渐进的积极发展过程，教育目的就存在于这种过程中。他说，生长的目的是获得更多和更好的生长，教育的目的是获得更多和更好的教育。教育并不在其本身之外附加什么目的，使教育成为这种外在目的的附属物。真正的目的乃是儿童所能预见的奋斗目标，它能使他们尽心竭智地观察形势，耐心细致地寻求成功，专心致志地钻研学习。这样，儿童一步步向前迈进，便一步步获得进步，做到“教育随时都是自己的报酬”。这种目的使儿童成为教育过程的全心全意的参加者，而不是漠不关心的旁观者，更不是迫于威力而敷衍搪塞者。当然，这种令人诚心以赴的目的，是受教育的儿童在实际活动中切实感觉到的，是对儿童的行动起着引导和指导作用的。否则，硬要天真活泼的儿童依附或屈从各种遥远渺茫的外加目的，儿童既不理解它，又不欢喜它，就无异把他们捆绑在对他们毫无实际意义的链条上去折磨他们。

杜威进一步说，真正的目的是含有理性因素的。它不是武断决定的，而是善于适应环境变化的，因而是具有实验性质的。它是由当前向未来发展而逐步实现的，绝非为着追求可望而不可即的遥远目的，因而以否定教育者的当前兴趣与需要为代价。杜威反复申论，生长和生活无止境、无终极，因而也没有最后的目的。生长和生活永远前进，在其扩充、提高、更新、重组的过程中，儿童和青少年便逐步成长而终于成为社会的合格成员。这就是杜威的“教育无目的论”。

杜威一再指责由教育当局依据社会传统制定教育目的，教师秉承这种法定的目的而要求儿童以之为目的。父母对于子女也是如此。实际上，这种做法不切合儿童的理解和需要，在儿童发展中并无实效。而且这种目的是固定不变和呆板一致的，也不切合受教育者活泼好动的天性和众多儿童千差万别的心智、情感，它不能刺激儿童思考判断和勉励他们认真执行，乃是超越生活的怪诞之物。有效用的目的会指导儿童在活动中试探和摸索，随后在实际行动中取得经验和获致结论，所以是机能性的而非神秘性的。再则，目的存在于活动之中，活动就不再是达到外在目的的手段了。人们把目的和手段勉强划分时，活动的价值决定于它能否完成目的的要求，作为手段的活动就往往成为苦役。相反，由活动中涌现出目的，目的便和手段密合无间了。而且一项目的达成后，活动并不中止而成为下一活动目的的手段，如此交替进行，目的也是手段，手段也是目的，是其乐无穷的。

杜威曾批判当时流行的各种教育目的论，借以反衬出教育无目的论的正确。其一，他批判了以发展天性为教育目的的卢梭。杜威说像卢梭那样让儿童不顾社会而率性发展，是片面性的，是不恰当的。卢梭在阐述自然主义教育思想时，就其正确方面而言，无人超过；但就其错误方面而言，也无人超过。其二，他批判了把实现社会效能作为教育目的的教育家，或则使受教育者胜任职业的要求，或则使受教育者成为公民或士兵的教育家。杜威肯定这种效能有可取的一面；无奈一般人在理解上常常失之偏狭而不能照顾全面，以致志在就业者缺乏文化修养，志在善良公民者缺乏广大眼界，每每以本国利益当先而不恤邻邦，这些缺点只有到民主社会才能合理解决。杜威曾就民主社会和专制社会做了比较，认为：民主社会才可能从教育历程内部制定教育目的，因为人们是自由民主的；反之，在不平等的国家，少数权势在握者从上而下地为群众制定教育目的，如做顺民或做士兵等等，那不过企图使众人供其驱遣罢了。另外，有的人把精神修养当作教育目的。杜威说这是特殊阶级脱离生产而崇尚心灵享乐的产物；实际上，不顾实际生活的精神享受同样是偏颇的、偏狭的。

杜威的教育无目的论在美国曾引起多次的争议，杜威在答辩中一步步发展了他的理论。最初，蔡尔德（J. L. Child）①说“那是很清楚的，当杜威讲教育本身就是教育目的时，他未曾认为儿童负责决定教育目的，也未认为生长会自动地找到它的归趋”，理由是教育的过程和儿童的本能都没法确定教育的归宿。因此，蔡尔德指出杜威的命题是“难解的谜团”。其后，

① 蔡尔德：美国哥伦比亚大学教授。

霍恩（H. H. Horne）① 也指出，杜威认为凡是生长的就是好的，凡抑制生长的就是坏的，这个命题也不正确。困难在于儿童有错谬的成长和正确的成长，有不正常的成长和正常的成长，不能笼统地认为生长就是良善的。举例说，在收容犯罪者的劳教所中，曾出现青少年互相学坏、向邪恶方向发展而不利于他们未来成长的实例，因而不能称所有的生长全是理想的。面对这些批评，杜威曾把“一般生长或总体生长”（general growth）作为生长的解释。他认为生长不只是心理的，而且是理性的和道德的。偷儿由于经常偷窃变成本领高强的惯窃，但这种恶劣行为不能促进他在道德和理智等方面的一般生长或总体生长，是教育上不可取的行为。随后又有学者指出总体生长或一般生长是模糊的概念，难以付之教育实施。杜威便曾把“最高限度的生长”（maximum growth）作为教育目的的解释。普赖斯（K. Price）② 等人认为这同样是颇费捕捉的空洞之词。最后，杜威便以“远期的结果”（the later result）来解围。霍恩说这种“远期的结果”当然是预筹的和有意谋求的目的，那还不是教育有目的了吗？

实际上，在杜威的心目中，教育是有目的的。蔡尔德说那就是“民主的生活方式”和“科学的思想方法”。因为杜威视适应社会需要为教育的归宿点，所以不会片面地尊重儿童而抹杀社会。《民主主义与教育》所论证的就是教育应朝着民主社会的要求，引导儿童生活、生长和经验改造，从而使新生一代符合和满足民主社会的希望。杜威曾反复讲过，学校为发扬民治精神而存在，为市民幸福而存在。他还引用美国 19 世纪公

---

① 霍恩：美国哥伦比亚大学教授。

② 普赖斯：美国教育学者。

立学校运动领袖贺拉斯·曼（Horace Mann）的话说："教育是社会进步和社会改革的基本方法。"可见杜威的教育无目的论乃是对于脱离儿童而由成人决定教育目的的旧教育的纠正，并非根本放弃教育目的。杜威曾强调儿童"能洞察的目的"（end in view），这里显然是指教育目的应切合儿童理解，才能发挥指导儿童的力量，使教育不是盲目摸索的工作。

再进一步，杜威晚年在《经验与教育》中阐述得更为明确了。他说："经验和教育不能直接相等。"有的经验是不符合教育需要的，对以后经验生长有阻碍和扰害作用，或使反应趋于僵化而使新反应贫乏，或仅仅追求狭隘技术而钻进羊肠小道，或养成疏忽怠荒而失去组织或中心。所以教师要在根据当前适应的效用之外，还要根据它们对未来生长的影响，来选择儿童的经验。杜威说这就是注意经验的连续性的原则。很显然，在这里杜威会同样肯定生长和教育不能直接相等。因为在他看来，生长须能使经验的数量扩充和经验指导生活的能力增强。在另一方面，杜威又讲经验不是纯属个人的，理由是人不能脱离社会，所以经验是个人内心和社会交互影响而成。传统教育不仅忽视儿童的经验，更忽视把儿童的经验和社会相联系。他认为进步教育使连续原则和交互作用原则得到适当运用，就必然使教育成为社会性的过程。他论述教师和学生都是群体的成员，不过教师是其中最成熟的成员，对群体负有特殊职责，那就是根据社会方向去领导儿童。放弃领导是不对的，专断独裁也不成，正当的渠道是叫孩子们通过群体生活来获取社会经验，从而成为优良的社会成员。他又说现在的经验大都是要应用科学的，要丰富和改造经验绝对离不开科学。他又说学习的环境是纵向的，也是横向的，所以教和学的活动既是历史的，又是社会的。结论是：教师必须有超前性的理解，把生长的连续性作为永恒的标语，把儿童现在的生活和他们未来的发展衔接起来，把它们打成一片。

（四）教学论

杜威倡说“从做中学”是他从哲学的认识论做出的推论，也是他从教育实践得出的结论。在这里，且从他的认识论谈起。英国哲学家罗素（B. A. W. Russell）在《西方哲学史》中说：“从严格观点看，杜威哲学的重要之点是他对于真理的传统解说的批判，从而提出工具主义的真理论。”罗素解释道，多数职业哲学家认为真理是固定不变和永恒不易的，是完备无缺和终极性的。从古希腊的毕达哥拉斯（Pythagoras）和柏拉图开始，人们总把数学中的九九表当作真理的标本。杜威同他们不同。他崇信生物进化论，说真理并非超越经验的神异之物，而是人们适应自然和社会需要的工具，是应由实践考验的假定。再则，传统哲学一向把人类和自然分离开来，把个人和社会分离开来，把身和心以及知和行分离开来，造成二元论。完全相反，杜威却把人视为自然界的组成部分，认为有机体是经常谋求对环境的适应的，个人也是通过参加社会活动而得到发展的。同样，身和心以及知和行也不是敌对的，是相赖相依的。杜威说“思维起源于疑难”，就是说人在生活中遭逢难题而从事解决，才进行思维，不是为思维而思维和为真理而真理的。真理和生活需要分不开，探求真理不能脱离实践经验。这种实用主义认识论应用在教育上，便是“教育即生活，即生长，即经验改造”，应用在教学上，便是“从做中学”。

首先，就教学方法讲。传统观念认为教学是传授知识的工作。杜威批驳说，犹如从工具箱中取出锯子不是制造工具，从别人口中听来知识也非真正获得知识。因为儿童坐在固定的座位上，静聆讲解和记诵课本，全然处于消极被动地位，单凭教师灌输去吸取与生活无干的教条，绝谈不到掌握知识，谈不到积极、自觉和爱好、兴趣，更不能自由探索和启发智慧，其结果是抑制儿童的活力和滞塞儿童的创造才能。杜威坚决反对这种把“学习知识从生活中孤立出来作为直接追求的事体”。他比喻道：战争为避免消耗军力，最好是放弃正面攻击而采取迂回战术；与此相似，教学也不应是直截了当地注入知识，而应诱导儿童在活动中得到经验和知识。这就应“从做中学”。在这种理解下，做是根本，没有做则儿童学习无有凭借。他说教师指导儿童通过种植花木而学习栽培的经验，通过给洋娃娃做衣服而学会缝纫的经验，就是把儿童在自由时间所做的事纳入学校课程之中，充分利用“儿童的游戏本能”，叫他们以活动为媒介而间接地学到知识，而且这种教学不是把学生由死记别人知识纲要的环境仅仅转移到自由活动的环境而已，而是把他们乱碰的活动移入经过选择指导而学习的环境。

归纳杜威关于“从做中学”的论证，他所着重的是教学要从儿童的现实生活出发，并且附着于儿童的现实生活。他说儿童在生活中遇到疑难问题，而力求克服，自然引起他们高度注意。儿童的知识虽然贫乏，但当他全力以赴探讨感觉需要解决的疑难时，他会像真正的科学家那样肯于动脑筋和费心血。一般教师脱离儿童生活而仅仅为准备考试才向学生提出问题，儿童却是学而不思和记而不解的。实际上，锻炼良好的大脑比在大脑中堆放不能消化的公式和定理有价值得多。再则，把儿童视为容器而以高压手段灌输知识的教学，或则招致学生反感，或则迫使他们敷衍应付。这两种趋向好似两个主人，一使向东，一使向西，叫儿童对自己和对教师要两面派，其学习自然流为半心半意而非全心全意。在当时的美国，直观教学是进步的；但儿童离开活动而对事物一味进行静态的直观，效果微小。赫尔巴特根据统觉学说提出阶段教学法，是言之成理的；但杜威批评这种心理学忽视儿童的学习要求和实践活动，乃是教师心理学而非学生心理学。所以教学应为儿童设想，以儿童活动为依附，以儿童心理为根据。杜威说教师应成为儿童活动的伙伴或参加者，而不是儿童活动的监督者或旁观者。“在这种共同参加的活动中，教师也是一个学习的人，学生虽自己不知道，其实也是一个教师，师生愈不分彼此愈好。”他们如果忘记谁是师和谁是生，就太理想了。

杜威又说：“教学法的因素和思维因素是相同的。”因为有意义的活动必然蕴含着思维活动，而且思维在人的活动中很重要。假如由教师命令儿童活动而儿童呆板执行，那不过是肤浅的筋肉训练罢了。在理想的教学过程中，教师应鼓舞儿童在活动时开动大脑，运用观察和推测、实验和分析、比较和判断，使他们的手足耳目和头脑等等身体器官成为智慧的源泉。难道儿童不要读书和听讲吗？当然要。不过，这些只是给解决疑难提供参考。活动是主，读书是辅。所以杜威在教学论中先讲教法而后讲教材。

怎样实现这种教学理论呢？这就靠设计教学法。杜威在《我们怎样思维》中，把思维活动分为五步，设计教学法遂包括：(1) 要安排真实的情境；(2) 在情境中要有刺激思维的课题；(3) 要有可利用的资料以做出解决疑难的假定；(4) 要通过活动去证验假定；(5) 根据证验成败得出结论。在传统的学校里，学习和活动是脱节的，误认唯有读书和听讲才是教学的大事，误认活动会浪费儿童宝贵的时间和干扰儿童学习的注意力。杜威翻了它的案。

其次，就课程和教材讲。传统观念认为教学传授的各科知识或教材都是对人类长期积累的文化遗产经过逻辑加工而成的，是教师预制完善并向儿童讲授的分门别类的原则或理论。这些教材皆是许多年代科学研究的产物，而不是儿童活动的产物。它们超越了儿童的生活、生长和经验，儿童对它们是感觉不到需要和兴趣的。杜威说这是被中世纪的学术观念所支配的教育。杜威认为儿童的主要心理特征，不是注意那种在跟外界事物相符合的意义上的真理。在儿童理智尚未发达时，就使用这种既“无限地追溯过去”，又“无限地伸向空间”的教材，这无异于“在儿童离开他熟悉的不多于1平方英里①的自然环境以后，便使他进入一个辽阔无垠的世界——甚至使他进入太阳系的范围”。儿童的小小的认知能力和知识领域能不被压得窒息吗？另外，儿童的生活是一个整体和总体，可是一到学校，多种多样的学科便把他的世界加以割裂和肢解了。为着纠正这种错误，杜威提议：“学校科目的互相联系的真正中心，不是科学，不是文学……而是儿童本身的社会活动。”具体说，学校要“安排种种作业，如园艺、纺织、木工、金工、烹饪等，把基本的人类事务引进学校，作为学校的教材”。美国学校采用的经验课程和设计课程就导源于此。

有些教育家认为经验或生活课程有损于智育水平，杜威便从古代和近代的哲学演变做了论证。他说，古希腊的柏拉图和亚里士多德（Aristotle）都把经验和知识不恰当地对立起来，认为：经验是纯属事务性质的，而知识是与事务无关的；经验表现为对物质的兴趣，而知识是关于精神和理性的；经验是附属于感觉器官的低级认识，而知识则是理智的、高超的；经验在于满足一时一事的欲望和需要，知识则探求永恒的、普遍的真理。实际上，经验和知识是统一的，不是两元的。经验的产

① 1平方英里=2.589 988 11平方千米。

生有赖于感觉器官接受外界刺激，然后由人对之做出反应，而做出反应时既要利用旧有的经验，又须做出新的假定，从而获得新事物和新意义，即知识。活动、思维和知识是结为一体的。因此，依据生活经验考虑课程和选择教材是正确的。杜威还从教学效果进行论证。他说，不从生活经验来选择教学内容，以致把专家注重的高深知识教给儿童，儿童不需要，不理解，不喜爱，必然是“上一堂课等于受一次苦役”。如果要学生取得成果，就必须对学生惩戒打罚，诉之权威原则。反之，如果儿童是起点，是中心，是目的，只有儿童提供标准，一切科目都处于从属地位，是儿童生长、生活和经验改造的工具，它们须以服务于儿童生长的各种需要来衡量其价值，学校就成为儿童和青少年的乐园了。他甚至说，学校中求知识的真正目的，不在知识本身，而在学习获得知识以适应需要的方法。

杜威曾被人指责为仅仅鼓舞儿童从生活中学习。由于儿童能力不高而接触面窄，遂流于对零星片断的常识的追求，无法取得系统而专深的学识，因此，他反对教条主义，却陷入了经验主义。这种批评是有道理的。由于以杜威为旗帜的进步教育派在这方面曾经呼吁得越过应守的限度，这种评议更是可以理解的。不过，杜威是一向从综合观点和发展观点来观察和处理问题的。所谓综合观点就是他不把知和行以及经验和知识等对峙起来，而是辩证地把它们关联起来使之成为整体。所谓发展观点就是他把社会、人类和儿童不看作一成不变的，却看作是存在于持续发展变化之中的。杜威在《民主主义与教育》中，把儿童和青少年的学习分为三个阶段，说教学是“连续重建的工作，应从儿童现有的经验进入有组织的真理研究的阶段”。他认为第一个阶段是4—8岁，是通过活动和工作而学习的阶段。儿童所学的是怎样做，方法是“从做中学”，所得的知识得自应用，并为着应用，不是为了储备。第二个阶段是8—12岁，是自由注意的学习阶段。这时儿童能力渐强，可以学习间接的知识，如通过史地而学习涉及广泛的时间和空间的知识；但间接知识必须融合在直接知识之中，须应生活之需而为生活所用，否则呆读死记竟或成为大脑负担，便似不但不能利用从敌人那里缴获的战利品，反而为战利品所拖累了。第三个阶段是12岁以后，属于反省注意的学习阶段。学生从此开始掌握系统性和理论性的科学知识或事物规律，并且随后习得科学的思维方法。杜威指出，教育最初须是人类的，以后才是专业的。科学家的出发点是追求知识，儿童的出发点是生活生长，两者不同。怎奈大学教学用的是适合科学家的方法，中学向大学取法，小学又向中学仿效，从上到下一律侧重逻辑安排而忽视心理程序，便造成悲剧。杜威在芝加哥大学实验学校和在《明日之学校》中称赞的学校，进行了学习的前两个阶段的实验，在理论阐述中便大谈游戏阶段和自由注意阶段应遵守的原则。倘若那时他继续进行高年级的实验，就将发表更为全面的建议了。实际上，杜威在芝加哥大学实验学校不只叫儿童“从做中学”，对于高年级也设置了比较高深的学科。

欧洲教育家赫尔巴特注重教学的教育性，呼吁不能只教书而不育人。杜威认为行和知是良好的伴侣，是携手共进的，而“从做中学”颇能充分发挥这种效能。因为儿童在活动中求知，即会有真实的学习目的，会产生兴趣和努力。所谓目的是对于活动发展的预见或假定，有理性因素存在；所谓兴趣和爱好，则是情感；所谓努力就是坚毅的意志的根子。所以在生活、生长和经验改造中进行教学，必然是知、情、意连带向前而无法牵强划开的，教育性教学乃是自然体现的。

在此须加提叙的是，由于进步教育的影响，有些学校认为儿童可以随意活动和猎取经验，既不制定课表，更缺乏严密选择和组织的教材，为此杜威遂于1938年在《经验与教育》中着力解释说："任何可以被称为学科的，如算术，如史地，或如自然科学，都必须导源于教材。这种教材在最初是存在于日常生活经验范围的；但是这样从经验中取得学习教材仅是初步阶段的学习，再进一步，就须从更充实、更丰富和更有组织的经验取得教材，这种教材编制就逐渐接近那种受过训练的成人阶段的学习水平了。"

数千年来，教学每每是儿童深感痛苦的活动。夸美纽斯（J. A. Comenius）说"学校是儿童心灵的屠宰场"，乃是极为逼真的描绘。近世学者通常以尊重或摧残儿童为文明和野蛮的分野，号召热爱儿童和尊重儿童。实际上，这个历史转变是经过漫长的过程的。无疑，卢梭曾于18世纪讴歌儿童天性善良和呐喊教育要归于自然；但当时的儿童并没有真正受到嘉惠。直到杜威的时代，人们仍认为儿童是成人的缩影，要学习成人知道的知识。正是杜威利用"儿童中心论"和"从做中学"冲锋陷阵，儿童才真正从压迫天性的教育中获得了解放，学校教学才大为改观。

（五）道德教育论

杜威的教学论以实用主义真理论为基础，他的德育论则是以实用主义道德论为基础的。他在认识论上否定客观真理，认为有用的经验就是真理；在道德论上，他说："某种事物被称为有价值的，就是肯定它能满足某些情况的需要。"简言之，恰似有用的就是真理，在伦理学中，有用的就是善。杜威根据经验主义的观点，认为一般的、永恒的、普遍的、超越经验的道德观念是无意义的。以这种道德规范来判断善恶，不啻是玩弄玄学和神学。他在《民主主义与教育》中引用古语道："一个人做好人还不够，须做有用的好人。”杜威还认为一般社会都需有政治、经济、哲学、科学、宗教、伦理、艺术等因素，而民有、民治、民享的民主社会特别需要的乃是优良的公民道德品质，因为民主政治和道德觉悟不能分割。他以美国为例说，美国的民主传统既不是技术的，也不是狭隘的政治的，更不是实利的物质的，而是道德的。没有任何别的因素能够代替道德而给民治社会以更多的支持，道德是民主社会最基本和最宝贵的柱石。他在《教育上的道德原理》中竭力阐述德育的意义。他在日本讲学时说：“道德过程和教育过程是同一的。”他甚至说：“广义地说，道德就是教育。”

在德育实施方面，杜威的原则是由活动中培养儿童的道德品质。这和他在教学论中主张“从做中学”如出一辙。过去的学校开设修身课或公民课，向学生灌输道德格言和训诫，强迫儿童记诵深奥莫测的道德术语。杜威批评这种从行为中抽象出来而孤立讲述的道德学科，就像离开肉体的骷髅，也好似不要学生跳入水池而光给他讲游泳术一样迂阔可笑。杜威主张学校要布置活生生的社会环境，叫学生生活其间，从而理解人与人相处之道，形成善良的习惯和态度。就是说，他们从自己实行做一个好公民中，学习公民学。也是说：“这种好的品格不是依靠单纯的个人告诫、榜样或说服所形成，乃是依靠某种形式组织的或社会的生活施加于人的影响，也就是社会机体以学校为它的器官，来产生道德的效果。”古希腊的苏格拉底（Socrates）倡说“知德合一”，说人能知善便能行善，行恶是出于无知。有人反击道，常常有人知善而不行，知恶而不改。杜威说这是人们只叫儿童学习空洞教条使然，如果儿童从生活经验中真正掌握善恶的知识，那就会笃信笃行了。他又说，除非学校成为社会生活的典型，否则道德教育一定是一部分流于病态的，一部分流于形式的。所谓病态的是指教师仅注意防范和纠正学生的犯过行为，却不知道在诱导学生从事正当活动中，就自然能够抑制其不良的习行。如果把防范和压制看作比诱导行善的积极力量更为重要，就无异承认死亡比生命更可贵，否定比肯定更可贵，牺牲比服务更可贵。这显然是谬误的。所谓形式的是指一般学校有名无实地教善劝善，学生因为不关痛痒而无动于衷，往往佯装向善，在思想、感情上并无触动，没法树立坚毅的品德。杜威曾以美国学校为例，指出美国是民主国家，但在训练未来的国家主人翁时，总有一种偏见，总得给他们的自由愈少愈好。实际上，学生在学校中好好享受既充分又正当的自由，他们长大时才能善于理解和正确运用自由，而不致滥用自由，这样才能给民主社会形成切实保证。

杜威在《教育上的道德原理》中反复提及“道德的目的是各科教学的共同的和首要的目的”。“知道如何把表现道德价值的社会标准加到学校所用的教材上，这是十分重要的。”在杜威看来，地理、历史、数学等学科的教材，都应与生活紧密结合，绝不该和社会现实绝缘，否则教学纵有学术价值，对德育也起不到作用。一个教师若在历史课中仅仅做到史实的罗列陈述，不力求与现实生活相沟通，就是传授死知识，就无助于形成学生的品德。反之，如果一种科目被当作理解社会生活方式的手段而进行教学，它就具有积极的伦理内涵了。理由是把历史事实联系到社会生活，便能使学生受到启发，理解人对社会应有的责任、应尽的义务和应持的态度，这样的教学就成为德育的组成环节了。

杜威把学校的现实生活、教材和方法三者称为学校德育的三位一体。在方法方面最主要的是抓学生的感情反应，培养学生爱善和好善的精神力量。杜威认为儿童具有行善的本能冲动，教育者要因势利导。他认为儿童生来就有施舍、劳动和服务的自然欲求，如不利用，一种积累起来的反社会精神的影响就将远远超过我们的想象。教师要将这种本能冲动引导到叫儿童从内心就喜欢做善人、行善事，而不是出于为了教师表扬和猎取奖品等外在动机才行善。显然，叫儿童有乐善、向善的思想和行为，非有浓重的道德感情不可。杜威曾把苏格拉底的“知识即道德”的理论和基督教崇尚的宗教感情做了比较，断言“能信仰上帝自然能实行道德”。他还认为人人都不需经过训练而自然地表现出宗教情感，所以人人应信仰宗教。人称杜威是极为敬谨的基督教徒，这不是偶然的。这种给“神道设教”做解释是不足取的。

三、杜威教育思想的影响和评价

杜威的实用主义教育思想改造了美国旧教育和建立了美国新教育，其功绩是公认的。汉德林（O. Handlin）在《杜威对于教育的挑战》中说，在19世纪末和20世纪初的转折时期，美国教育急需强烈激荡和震动的关头，杜威掀起的波澜是壮阔的，其意义是爆炸性的。这个论断很有道理。美国19世纪末兴起的进步教育运动，以杜威的理论为旗帜，其排山倒海之势正表明杜威的思想切合时势之需。当然，杜威在美国长期遇到对立面。以巴格莱（W. C. Bagley）为代表的要素主义派和以赫钦斯（R. M. Hutchins）为代表的永恒主义派，都注重文化遗产和永恒真理的教育价值，反对杜威的主张。巴格莱于1938年组织要素教育学会，针对中小学改革提出了纲领；赫钦斯于同年著成《美国高等教育》，系改革高等院校的名作。要素教育论者倡说文化遗产构成文明的人类社会，教育不能徒重一时性的生活之需，削弱吸取文化财富的努力，导致文明社会的崩溃。永恒教育论者说真理是亘古不朽而不随时间、空间幻变的，教育昧于满足当前需求而忽略培养热爱永恒真理的美德，是因小失大，因为“由理智美德的培养所构成的教育是最有远大之用的教育”。赫钦斯讲：“教育是从事人的智力发展的工作。”“如果要通过使人们获得最重要的学科知识来发展他们的智慧力量，我们必须从这样的命题开始，那就是和很多美国社会科学家的信念相反，实践和经验的资料对我们的用处是有限的，哲学、历史、文学和艺术在最重要的问题上给我们以知识，而且是重要的知识。”两派一致尊重基础学科和基础知识，指责实用主义为非理性主义。

杜威的教育理论遭到更严厉的批判是在第二次世界大战之后。1957 年，苏联人造地球卫星上天，震惊了美国朝野。哈佛大学校长科南特（J. B. Conant）说：“本世纪 30 年代和 60 年代的对比不是程度上的差别，而是性质的不同。”这将“引起另一次美国教育变革”，以适应“分裂的世界”和“核武器的时代”。海军中将里科弗（H. G. Ricover）在《美国教育——全国性的失败》中指出：“苏联以贫困而不民主的国家竟然培养出大量高水平的科学技术专家，应在美国教育中产生珍珠港事件那样深刻的影响。”他认为美国必须借此在教育上创造奇迹。他指出，苏联人造地球卫星上天意味着苏联在国防、生产、科技方面正对美国的领导地位进行挑战，呼吁“具有训练的人力只有从彻底改造的教育制度中来培养，这种教育制度要有跟美国当前教育制度完全不同的目的和比较高的学术标准”。教育学者贝斯特（Bester）早在 1953 年也曾说：“真正的教育就是智慧的训练。”又说：“如果我们严肃地对待教育工作，我们就不能用次等的智慧训练来叫我们的安全去冒风险，正如我们不能用武库中次等的武器，来叫我们的安全去冒风险一样。”他甚至说美国教育工作者“满足于废弃智力的价值而在智力的和文化的真空中，为发展教学技术而发展教学技术”。这种反理智主义的歇斯底里不仅威胁着学校，还威胁着自由本身的存在。伴着一片责备声而来的是颁布《国防教育法》，派遣苏联教育考察团，重视科学教学，编著高难度的教材，加强师资培养，等等。无奈欲速则不达。到60年代，人们又对杜威重新估价。印第安纳大学的范·蒂尔（W. Van Till）在1962年出版的《进步教育果真过时了吗》一书中说：“过于性急的掘墓人随着20世纪前进，必将发现他们误认的死尸恰恰是有极为强大的生命力的。”西贝伯曼（C. Silberman）在1970年出版的《教室里的危机》一书中说：“改革派学者忽视了以往的经验，特别是20年代和30年代教育改革的经验。他们不理解他们所涉及的问题几乎都曾被杜威等人早已阐述过了；也不知道他们想搞的工作，都曾被杜威和弗莱克斯纳（A. Flexner）①早就阐述过和搞过了。”曾被视为反面教师的杜威居然又被重新肯定了。

杜威的教育思想不仅在美国享有权威，而且在国际上享有权威。20世纪初期，杜威的教育学说通过凯兴斯泰纳（G. Kerschensteiner）传到德国，通过克拉帕雷德（E. Claparède）②传到瑞士，通过伯蒂尔（G. Bertier）③传到法国，通过芬德利（J. Findlay）④传到英国，以后更陆续地传到众多国家。以

① 弗莱克斯纳：美国教育学者。
② 克拉帕雷德：法国哲学家。
③ 伯蒂尔：美国教育学者。
④ 芬德利：美国教育学者。

英国为例，英国雷丁大学教授巴纳德（H. C. Barnard）在《英国教育史》中说："杜威虽是美国的教授，但对于英国曾产生巨大的影响。"因为杜威的许多论点切合英国实情。巴纳德把英国教育学者沛西·能（P. Nunn）和杜威做了比较：沛西·能把教育目的确定为发展个性；杜威把学校视为使学生社会化的场所，要想充分发展个性，就不能和广大社会隔绝，像建筑在沙漠和深山中的修道院一样。巴纳德说："事实上，学校乃是社会发展的策源地。没有任何人曾像杜威那样充分地理解这一事实的含义和应用。"沛西·能本人同样称赞杜威是解放教师的智力的伟人。英国最有权威的哲学大师罗素则说："任何对于人类的未来发展感兴趣的人，应当特别对美国进行研究。就我看来，本世纪内在哲学和心理学方面最杰出的成就产生于美国。聪明机敏的美国在其粉碎欧洲的桎梏而取得成功时，已经发展了一种不同于传统的崭新眼光，这主要是詹姆斯和杜威的研究所结成的硕果。"又说："杜威的见解，我几乎全然同意。"以法国为例，巴黎大学于1930年授予杜威和爱因斯坦（A. Einstein）荣誉博士时，该校文学院院长称杜威是"美国天才的最伟大最完全的体现者"。有人说这个赞扬出自法国权威学者涂尔干（É. Durkheim）之口。

杜威对苏联的影响也不小。美国一些开明之士，其中包括杜威，对于苏联十月革命是欢呼的，说它是新政治的富有意义的创见。20年代末和30年代初美国出现严重的经济恐慌，美国更羡慕苏联的计划经济。杜威于1928年赴苏考察，他以考察团团长的身份在莫斯科和列宁格勒参观学校，大力赞扬苏联实施真正的新教育，是人类教育的历史车轮的推动力。莫斯科第二国立大学校长平克维奇（А. П. Пинкевич）认为杜威是很接近马克思主义和共产党的人。后来，杜威嫌斯大林偏激和民主不足。1936年苏联新宪法颁布，开展批判儿童学，曾经在苏联流行一时的杜威教育理论乃受到抨击。

就亚洲讲，杜威于1919年“五四”运动前夕来我国，传播实用主义哲学，1921年离去。1922年我国制定新学制，明令实施儿童中心的教育。有些学校试行道尔顿制和设计教学法。我国教育家陶行知提倡生活教育，陈鹤琴提倡活教育，晏阳初推广平民教育，都受杜威的启发。胡适曾说：“自从中国和西洋文化接触以来，没有一个外邦学者在中国思想界的影响有杜威这样大。”北京大学教授吴俊升在《增订杜威教授年谱》中也说：“中国教育所受外国学者影响之广泛与深远，以杜氏为第一人。杜氏所给予国外教育影响之巨大，也以中国为第一国。”杜威于1919年访问日本，其讲演的内容就是《哲学的改造》。日本自明治维新以来，一贯接受德国教育的影响；杜威在日本讲学后，方向稍变。他访日期间，日本天皇想对他赠勋，他婉辞了。杜威于1924年访问土耳其，土耳其也开始了教育改革。

杜威著述宏富。据伊斯特曼（G. Easterman）① 于1942年统计，共有专著36种，论文815篇，在世界几十个国家中，这些论著有近百种译本流传。他在哥伦比亚大学还培养了大量外国留学生，这些留美学生返国后大力宣扬杜威的学说。因此种种，杜威拥有崇高的国际声誉，其教育理论受到众多国家教育学者的珍视。《民主主义与教育》计有二十余种语言的译本，更是各国教育界交相称许的杰作。

难道杜威教育思想完美无缺吗？不！首先，杜威论民主社会时力言泯除阶级对立和民族矛盾，强调社会成员共享福利以

---

① 伊斯特曼：美国教育学者。

及破除国家界限之类。他访苏时，曾博得苏联学者对其教育学说的称赞。因此，美国哲学家胡克（S. Hook）在《杜威——论证科学和自由的教授》中说，杜威曾自称“我能够列入社会主义者的行列”，又说“假如我能给社会主义和社会主义者下定义，我立即把自己定为社会主义者”。美国学者科克（J. Cork）等和苏联学者平克维奇等也说，杜威思想和马克思主义多有相似之类。显然，这都不符合事实。因为照马克思的理解，社会主义社会的性质取决于其经济制度，不动摇资本主义社会的社会基础，而侈谈群众共享福利，是乌托邦；消除民族矛盾或民族压迫是和社会主义经济基础不可分的；至于打破国界而友好交往的理想虽令人艳羡，但那更需彻底消除形成阶级压迫的资本主义经济基础。马克思曾说，资产阶级学者也运用阶级分析的观点，但他们否定以暴力实现共产主义的办法；杜威刚好认为民主的理想不能以暴力斗争来实现，应该以教育代革命。再清楚不过，杜威的思想是谋求资本主义社会的阶级妥协，与马克思主义是根本不同的。

其次，杜威的教育即生活、生长和经验改造的学说，在反对脱离社会现实和不顾儿童身心发育的旧教育方面，是有积极意义的；但作为高级动物的人类，由于具有发育完善的大脑，在通过直接经验接受教育之外，还是善于通过间接经验获得启发和成长的，而且后一种渠道的重要性远远超过前者。这种事实是心理学家和教育学家所公认的。具体说，通过听讲和读书而取得身心发展和积累宝贵知识，是人类所擅长而不可抹杀的，是必须搞好而不容废弃的。要素教育派和永恒主义者强调文化遗产和永恒真理，是不为无因的。具体说，杜威的教育即生活、生长和经验改造的理论，如果仅就初级阶段和低浅层次的教育的改造而言，的确无可厚非；不过，以教育即生活、生长和经验改造的理论来处理高级阶段和高深层次的教育，就显有不足了。

再次，杜威的教育无目的论在反对由教师给年幼儿童树立空洞而遥远的教育目的方面，同样是不为无功的；但因此认为教育真的没有目的，或不能科学地论证教育目的，则过犹不及了。杜威曾说，儿童是教育的出发点，社会是教育的归宿点，在两者之间构成教育历程，教育历程是使儿童社会化，但杜威又说教育无目的，这显然是自相矛盾的。客观地分析起来，杜威所谓“更多更好的生长”“一般的生长”“最高限度的生长”，都不是能够离开社会而做出的判断。因为“更多更好”之类的修饰语既含有数量判断，又含有价值判断，而这类价值判断是要由社会决定的。如果一概抛弃社会需要于不顾，茫茫然听任儿童在活动中追求更多更好的生活或生长，就会由于缺乏目的意识或社会意识而形成一些美国学者所嘲讽的“软性教育”或“盲目教育”。到那时，命运之神可能毫不留情地把众多无知无识的儿童给吞食了。

最后，正如教育即生活、生长和经验改造的理论只能适用于初级阶段和低浅层次的教育一般，“从做中学”的理论也只能适用于初级阶段和低浅层次的教学工作，并不适用于处理高级阶段和高深层次的教学工作。杜威论述课程和教材时，曾划分学习的三个阶段，这正说明“从做中学”的适用范围是有一定限度的。20 世纪 60 年代美国心理学者布鲁纳（J. S. Bruner）提出关于学科基本结构的理论，而基本结构所指的乃是各学科的中心概念和原则。他说学生掌握学科的基本结构既易于理解整个学科的知识，又易于记忆所学的内容，更易产生学习迁移的效用。这个新的学习理论要求儿童通过概念而学习，和杜威的“从做中学”适相对峙。杜威晚年在所著《经验与教育》

中，也提出进步教育运动者并未理解其思想的全貌，有些流于偏激，进步教育运动者曾走过了线，这是事实；但杜威摧毁传统教学时的矫枉过正之处，也是难以掩盖的。他过分听任儿童自由活动而忽视应有的教师主导，他的德育论同样也是如此。

由上可知，杜威的教育理论，包括他在《民主主义与教育》中的教育理论是进步的，但也存在着可议的论点。我们应当经过审慎的分析而进行吸取。

民主主义与教育

目　　录

序

本书体现我探索和阐明民主社会所包含的思想，和把这些思想应用于教育事业的许多问题所做的努力。讨论的内容包括从这个观点来考察，提出公共教育的建设性的目的和方法，并对在早先的社会条件下形成但在名义上的民主社会里仍在起作用以阻碍民主理论充分实现的有关认识和道德发展的各种理论，进行批判性的估价。从本书可以看到，本书所阐明的哲学，把民主主义的发展和科学上的实验方法、生物科学上的进化论思想以及工业的改造联系起来，旨在指出这些发展所表明的教材和教育方法方面的变革。

衷心感谢哥伦比亚大学师范学院古德塞尔博士的批评意见。感谢师范学院克伯屈教授的批评意见以及有关本书章节顺序的建议，我大量地利用了这些建议。还要感谢克拉普小姐的许多批评意见和建议。古德塞尔博士和克伯屈教授还为我读了校样。我也非常感谢师范学院的历届学生，不一一列举。

约翰·杜威

纽约哥伦比亚大学

1915 年 8 月

第一章　教育是生活的需要

一、生活的更新通过传递

生物和非生物之间最明显的区别，在于前者以更新维持自己。石块受击，它抵抗。如果石块的抵抗大于打击的力量，它的外表保持不变。否则，石块就被砸碎。石块绝不会对打击做出反应，使它得以保持自己，更不会使打击成为有助于自己继续活动的因素。虽然生物容易被优势力量所压倒，它仍然设法使作用于它的力量，变为它自己进一步生存的手段。如果它不能这样做，它不只是被砸得粉碎（至少在高等生物是这样），而且不成其为生物。

只要生物能忍受，它就努力为它自己利用周围的力量。它利用光线、空气、水分和土壤。所谓利用它们，就是说把它们变为保存它自己的手段。只要生物不断地生长，它在利用环境时所花费的力量得大于失：它生长着。在这个意义上理解“控制”这个词，我们可以说，生物能为它自己的继续活动而征服并控制各种力量，如果不控制这些力量，就会耗尽自己。生活就是通过对环境的行动的自我更新过程。

对于一切高等生物来说，这个过程不能无限期地继续下去。过一段时间，它们就要屈服，就要死亡。生物不能胜任无限期自我更新的任务。但是，生活过程的延续并不依靠任何一个个体的延长生存。其他生物的繁殖不断地进行着。虽然，正如地质学的记录表明，不仅个体而且物种都会消失，但生活过程却以越来越复杂的形式继续下去。有些物种无法战胜一定的障碍而消失了，更加适合利用这类障碍的生物诞生了。生活的延续就是环境对生物需要的不断重新适应。

我们上面所讲的是最低等的生活，把它当作一种物质的东西。但是我们使用“生活”这个词来表示个体的和种族的全部经验。当我们看到以《林肯传》命名的书时，我们并不指望里面有一篇关于生理学的论文。我们期待有关于社会背景的叙述，有关于家庭的环境、情况和职业的描写，有关于性格发展的主要情节，重大的斗争和成就，个人的希望、爱好、快乐和苦难。我们以恰恰类似的方式讲一个原始部落的生活、雅典人民的生活、美国民族的生活。“生活”包括习惯、制度、信仰、胜利和失败、休闲和工作。

我们以同样丰富的含义使用“经验”这个词。通过更新而延续的原则，适用于最低的生理学意义上的生活，同样适用于经验。就人类来说，信仰、理想、希望、快乐、痛苦和实践的重新创造，伴随着物质生存的更新。通过社会群体的更新，任何经验的延续是实在的事实。教育在它最广的意义上就是这种生活的社会延续。社会群体的每个组成分子，在一个现代城市和在原始部落一样，生来就是未成熟的、孤弱无助的，没有语言、信仰、观念和社会准则。每个个体，作为群体的生活经验载体的每个单位，总有一天会消失。但是群体的生活将继续下去。

社会群体中每个成员的生和死这些基本的不可避免的事实，决定了教育的必要性。一方面，存在群体的新生成员——群体未来的唯一代表——的不成熟和掌握群体的知识、习惯的成年成员的成熟之间的对比。另一方面，这些未成熟的成员不仅需要保持足够的数量，而且需要学会成年成员的兴趣、目的、知识、技能和实践，否则群体就将停止它特有的生活。即使在原始部落，成人的成就也远远超过未成熟的成员单靠自己所能取得的成就。随着文明的发展，未成熟的人本来的能力和年长者的标准、习惯之间的距离扩大，仅仅身体的成长，仅仅掌握极少生存的必需品，还不能使群体的生活绵延下去。需要审慎的努力和周到的耐心。人生来不仅不了解而且十分不关心社会群体的目的和习惯，必须使他们认识它们，主动地感兴趣。教育，只有教育能弥补这个缺陷。

社会通过传递过程而生存，正和生物的生存一样。这种传递依靠年长者把工作、思考和情感的习惯传达给年轻人。如果那些正在离开群体生活的社会成员没有把理想、希望、期待、标准和意见传达给那些正在进入群体生活的成员，社会生活就不能幸存。如果组成社会的成员继续生存下去，他们就能教育新生的成员，但是这将是以个人兴趣为导向，而不是以社会需要为导向的任务。这是一件必须做的工作。

如果一场瘟疫突然夺去社会全体成员的生命，这个群体显然将永远消灭。群体的每个成员的死亡和瘟疫把他们全部弄死，同样明确无疑。但是，人的年龄有大有小，有些死去，有些出生，这个事实，使社会结构通过思想和实践的传递而不断重新组织成为可能。但是这种更新不是自动的。除非尽力做到真正和彻底的传递，否则最文明的群体也会退化到野蛮状态，然后回归到原始人类。事实上，初生的孩子是那样不成熟，如果听任他们自行其是，没有别人指导和援助，他们甚至不能获得身体生存所必需的基本能力。人类的幼童和很多低等动物的幼崽比较起来，原有的效能差很多，甚至维持身体所需要的力量必须经过教导方能获得。那么，对于人类一切技术、艺术、科学和道德的成就来说，那就更需要教导了！

二、教育和沟通

的确，社会的继续生存，必须通过教导和学习，这是那么显而易见，我们似乎过分详述了一个自明之理。但是，我们所以这样强调一下，乃是要避免过分学校式的和形式的教育观念。从这个事实来看，我们是无可非议的。诚然，学校乃是传递的一种重要手段，通过传递来形成未成熟者的各种倾向；但是这仅仅是一种手段，和其他许多机构比较起来，又是一种相对表面的手段。只有当我们领会更为基本的和更为持久的教导方式的必要性时，我们才能把教育方法摆在适当的位置上。

社会不仅通过传递、通过沟通继续生存，而且简直可以说，社会在传递中、在沟通中生存。“共同”“共同体”“沟通”这几个词之间不仅字面上有联系，人们也因为有共同的东西而生活在一个共同体内；而沟通乃是他们达到占有共同的东西的方法。为了形成一个共同体或社会，他们必须共同具备的是目的、信仰、期望、知识——共同的了解——和社会学家所谓的志趣相投。这些东西不能像砖块那样，从一个人传递给另一个人；也不能像人们用切成小块分享一个馅饼的办法给人分享。保证人们参与共同了解的沟通，可以促成相同的情绪和理智倾向——对期望和要求做出反应的相同的方法。

人们住地相近并不成为一个社会，一个人也并不因为和别人相距很远而不在社会方面受其影响。一本书或一封信，可以使相隔几千里的人们建立起比同住一室的住户之间存在的更为紧密的联系。甚至为一个共同目的工作的个人也不构成一个社会群体。一部机器的各个部分，为着一个共同的结果而以最大限度的相互合作运转，但是它们并不形成一个共同体。但是，如果他们都认识到共同的目的，大家关心这个目的，并且考虑这个目的，调节他们的特殊活动，那么，他们就形成一个共同体。但是这将牵涉到沟通。每个人必须了解别人在干什么，而且必须有办法使别人知道他自己的目的和进展情况。意见的一致需要沟通。

因此我们不得不承认，甚至在最社会化的群体内部，有许多关系还不是社会化的。在任何社会群体中，有很多人与人的关系仍旧处在机器般的水平，各个人相互利用以便得到所希望的结果，而不顾所利用的人的情绪的和理智的倾向和同意。这种利用表明了物质上的优势，或者地位、技能、技术能力和运用机械的或财政的工具的优势。就亲子关系、师生关系、雇主和雇员的关系、统治者和被统治者的关系而论，他们仍旧处在这个水平，并不形成真正的社会群体，不管他们各自的活动多么密切地相互影响。发命令和接受命令改变行动和结果，但是它本身并不产生目的的共享和兴趣的沟通。

社会生活不仅和沟通完全相同，而且一切沟通（因而也就是一切真正的社会生活）都具有教育性。当一个沟通的接受者，就获得扩大的和改变的经验。一个人分享别人所想到的和所感到的东西，他自己的态度也就或多或少有所改变。传递的人也不是不受影响。试验一下把某种经验全部地、正确地传递给另一个人，特别是当这种经验比较复杂的时候，你将会发现你自己对你的经验的态度也在变化；要是没有变化，你就会突然惊叫起来。要传递经验，必须形成经验；要形成经验，就要身处经验之外，像另一个人那样来看这个经验，考虑和另一个人的生活有什么联系点，以便把经验搞成这样的形式，使他能理解经验的意义。除了论述平凡的事物和令人注意的话以外，必须富有想象力地吸收别人经验中的一些东西，以便把他自己的经验明智地告诉别人。一切沟通都像艺术。所以，完全可以说，任何社会安排只要它保持重要的社会性，或充满活力为大家所分享，对那些参加这个社会安排的人来说，是有教育意义的。只有当它变成铸型，照章办事时，才失去它的教育力量。

所以，说到最后，不仅社会生活本身的经久不衰需要教导和学习，共同生活过程本身也具有教育作用。这种共同生活，扩大并启迪经验，刺激并丰富想象，对言论和思想的正确性和生动性担负责任。一个在身体和精神两方面真正单独生活的人，很少有机会或者没有机会去反省他过去的经验，抽取经验的精义。成熟的人和未成熟的人，彼此的成就不等，这不仅使教育年轻人成为必要，而且这种教育的需要提供巨大的刺激，把经验整理成一定的次序和形式，使经验最容易传递，因而最为有用。

三、正规教育的地位

因此，每个人从和别人共同生活（只要他真正地生活而不只是继续生存）中所得到的教育，和有意识地教育年轻人，这两者有着明显的区别。在前一种情况下，教育是偶然的；这种教育是自然的、重要的，但它并不是人们联合的确切的理由。虽然可以不夸张地说，任何社会制度，无论是经济制度、家庭制度、政治制度、法律制度和宗教制度，它的价值在于它对扩大和改进经验方面的影响，但是这种影响并不是它原来目的的一部分，原来的目的是有限度的，而且是比较直接的、实际的。例如，宗教制度，始于希望取得统治力量的恩赐和避开罪恶的影响；家庭制度，始于希望满足各种欲望和使家庭永垂不朽；劳动制度，主要为了奴役别人；等等。一种制度的副产品，它对有意识的生活的素质和程度的效果，只是逐步被注意到的，而这种效果被视为实施这种制度的一个指导性因素，则需要更加漫长的时间才能被人注意到。甚至在今天，在我们的工业生活中，除了某些勤奋和节俭的价值观念以外，世间工作得以进行的人类联合的各种形式的理智的和情感的反应，和物质的产品比较起来，所受到的注意要少得多。

但是对待年轻人，联合生活的事实本身，作为直接的人生事实，显得非常重要。我们在和年轻人接触的时候，虽然容易忽略我们的行动对他们的倾向的影响，或者把这种教育的效果看得不及某种外界有形的结果重要，但对待成人就不那么容易了。训练的需要太明显了；改变他们的态度和习惯，要求很急迫，以致完全无法考虑这些后果。既然我们的主要任务在于使年轻人参与共同生活，我们就不能不考虑我们是否在形成能获得这种能力的力量。如果人类在认识到各种制度的最终价值在于它对人生的特殊影响——对有意识的经验的影响——中有所前进，那么我们可以相信，这个启示主要是在和年轻人相处中学到的。

因此，我们可以在上面所考虑的广阔的教育过程之内区别出一种比较正规的教育，即直接的教导或学校教育。在不发达的社会群体中，很少正规的教学和训练。野蛮人为把必需的倾向灌输给年轻人，主要依靠使成年人忠于他们群体的相同的联合。除了使青年成为完全的社会成员的入社仪式以外，他们没有特殊的教育方法、材料或制度。他们主要依靠儿童通过参与成年人的活动，学习成人的风俗习惯，获得他们的情感倾向和种种观念。这种参与一部分是直接的，参与成人的各种职业活动，当他们的学徒；一部分是间接的，通过演戏，儿童重复成人的行动，从而学会了解他们像什么。对野蛮人来说，要找到一个专供学习的地方，除学习以外别无他事，这是十分荒谬的事。

但是，随着文明的进步，年轻人的能力和成年人所关心的事情之间差距扩大。除了比较低级的职业以外，通过直接参与成人的事业进行学习，变得越来越困难。成人所做的事情很多在空间和意义方面那么遥远，游戏性质的模仿越来越不足以再造它的精神。因此，有效地参与成人活动的能力，依靠事先给予以此为目标的训练。有意识的机构——学校——和明确的材料——课程——设计出来了。讲授某些东西的任务委托给专门的人员。

没有这种正规的教育，不可能传递一个复杂社会的一切资源和成就。因为书籍和知识的符号已被掌握，正规教育为年轻人获得一种经验开辟道路，如果让年轻人在和别人的非正式的联系中获得训练，他们是得不到这种经验的。

但是，从间接的教育转到正规的教育，有着明显的危险。参与实际的事务，不管是直接地或者间接地在游戏中参与，至少是亲切的、有生气的。在某种程度上，这些优点可以补偿所得机会的狭隘性。与此相反，正规的教学容易变得冷漠和死板——用通常的贬义词来说，变得抽象和书生气。低级社会所积累的知识，至少是付诸实践的；这种知识被转化为品性；这种知识由于它包含在紧迫的日常事务之中而具有深刻的意义。但是，在文化发达的社会，很多必须学习的东西都储存在符号里。它远没有变为习见的动作和对象。这种材料是比较专门的和肤浅的。用通常的现实标准来衡量，这种材料是人为的。因为通常的尺度和实际事务有联系。这种材料存在它自己的世界内，没有被通常的思想和表达习惯所融合。总是有一种危险，正规教学的材料仅仅是学校中的教材，和生活经验的教材脱节。永久的社会利益很可能被忽视。那些没有为社会生活结构所吸收，大部分还是用符号表现的专门知识，受到学校的重视。因此，我们有了这样一个通常的教育概念：这种概念忽视教育的社会必要性，不顾教育与影响有意识的生活的一切人类群体的一致性，把教育和传授有关遥远的事物的知识，和通过语言符号即文字传递学问等同起来。

因此，教育哲学必须解决的一个最重要的问题，就是要在非正规的和正规的、偶然的和有意识的教育形式之间保持恰当的平衡。如果所获得的知识和专门的智力技能不能影响社会倾向的形成，平常的充满活力的经验的意义不能增进，那么学校教育只能制造学习上的“骗子”——自私自利的专家。一种是人们自觉地学得的知识，因为他们知道这是通过特殊的学习任务学会的，另一种是他们不自觉地学得的知识，因为他们通过和别人的交往，吸取别人的知识，养成自己的品性。避免这两种知识之间的割裂，成为发展专门的学校教育的一个越来越难以处理的任务。

提　　要

努力使自己继续不断地生存，这是生活的本性。因为生活的延续只能通过经久的更新才能达到，所以生活便是一个自我更新的过程。教育和社会生活的关系，正如营养与生殖和生理生活的关系一样。这种教育首先是通过沟通进行传递。在个人经验成为共同财富以前，沟通乃是一个共同参与经验的过程，通过沟通，参与经验的双方的倾向有所变化。人类联合的每种方式，它的长远意义在于它对改进经验的素质所做出的贡献。这一事实，在对付未成熟者时最容易认识出来。换言之，虽然每种社会安排在功效方面都具有教育性，但是教育效果首先成为与年轻人和年长者的联合有关的联合的目的的重要部分。随着社会结构和资源变得越来越复杂，正规的或有意识的教导和学习的需要也日益增加。随着正规教学和训练的范围的扩大，在比较直接的联合中所获得的经验和在学校所获得的经验之间，有产生不良的割裂现象的危险。鉴于几个世纪以来知识和专门技能的迅猛发展，这种危险从来没有像现在这样严重。

第二章　教育是社会的职能

一、环境的性质和意义

我们在上面讲过，一个共同体或社会群体通过不断的自我更新维持自己，这种更新的进行，依靠群体中未成熟成员的教育成长。社会通过各种无意的和计划好的机构，把蒙昧的和似乎异己的人改造成为它自己的资源和理想的、健全的托管者。所以，教育乃是一个抚养、培育和教养的过程。所有这些词都意味着教育含有注意成长条件的意思。我们也用“养育”“培养”“教化”等词，这些词表明教育所要包括的不同水平。从词源学来说，“教育”这个词恰好就是引导或教养的过程。当我们想起过程的结果时，我们把教育说成是塑造、形成、模制的活动，即塑造成社会活动的标准模式。我们在本章要研究社会群体把未成熟的成员培养成它自己的社会模式的方法的一般特征。

既然要求的是改造经验的素质，使它具有社会群体流行的各种兴趣、目的和观念，问题显然不是一个单纯物质方面的形成问题。物质的东西可以在空间搬动，可以转运。信仰和抱负却不能在物质上取出或插入。那么它们怎样沟通呢？已知它们不可能直接传播或灌输，我们的问题是要发现一种方法，使年轻人用来吸收老年人的观点，老年人使年轻人和他们自己有共同的志趣。

一般地说，问题的回答就是：依靠环境的作用，引起某些反应。所需要的信仰不能硬灌进去，所需要的态度不能粘贴上去。但是，个人生存的特定的生活条件，引导他看到和感觉到一件东西，而不是另一件东西；它引导他制订一定的计划以便和别人成功地共同行动；它强化某些信仰而弱化另一些信仰，作为赢得他人赞同的一个条件。所以，生活条件在他身上逐渐产生某种行为的系统、某种行动的倾向。“环境”“生活条件”这些词，不仅表示围绕个体的周围事物，还表示周围事物和个体自己的主动趋势的特殊的连续性。当然，无生物是和它的周围事物连接在一起的；但是，除非用比喻的说法，周围的情况并不构成环境。因为无机物并不关心影响它的各种势力。另一方面，有些东西在空间和时间上和一种生物，特别是人类，相隔遥远，甚至可以比有些和他接近的东西更加真实地形成他的环境。一个人的活动跟着事物而变异，这些东西便是他的真环境。因而，天文学家的活动跟着他所凝视或计算的星星而变异。在他直接的周围事物中，他的望远镜是他最亲密的环境。作为一个文物工作者，他的环境包括他所关心的人类生活远古时代以及他借以和那个时代建立联系的遗迹、铭刻等等。

总之，环境包括促成或阻碍、刺激或抑制生物的特有的活动的各种条件。水是鱼的环境，因为水对鱼的活动、对它的生活是必需的。北极是北极探险家的环境的一个重要成分，不管他是否到达北极，因为北极说明他的活动，使这些活动具有自己的特色。正因为生活不仅仅意味着消极的存在（假如有这样的东西），而是一种行动的方式，环境或生活条件进入这种活动成为一个起着支持作用或挫败作用的条件。

二、社 会 环 境

一个人的活动和别人的活动联系起来，他就有一个社会环境。他所做的和所能做的事情，有赖于别人的期望、要求、赞许和谴责。一个和别人有联系的人，如果不考虑别人的活动，就不能完成他自己的活动。因为，这些活动是实现他的各种趋势的不可缺少的条件。他活动时，引起别人的活动；别人活动时，也引起他的活动。我们不妨设想一个商人做生意，自买自卖，可以用他孤立的行动来解释他的活动。此外，一个制造商在他的账房里独自拟订计划，他的活动和在他购买原料或出售制成品时的活动，同样都是真正受社会指导的活动。和别人联合行动有关的思想和感情，和最明显的协同行动或敌对行动，同样都是社会行为。

我们必须特别指出的是，社会环境怎样培育未成熟的成员。要了解社会环境怎样塑造他们的外部行为习惯，没有多大困难，甚至狗和马在和人有联系时也改变它们的行动；它们养成不同的习惯，因为人关心它们的所作所为。人是通过控制影响动物的自然刺激来控制动物的。换言之，就是通过创造一定的环境。食物、嚼子、马勒、噪声、车辆都是用来指导马的自然反应或本能反应的方法。通过稳定的操作引起某种动作，形成了习惯，这种习惯和原来的刺激同样一致起作用。如果把一只老鼠放在迷宫里，使它以一定的顺序转几个弯才得到食物，它的活动就逐渐有所改变，直到当它饥饿时习惯地走这条路而不走另一条路。

人的行动也以同样的方式改变。被灼伤的孩子怕火。如果父母安排一些条件，使孩子每次接触到某一玩具就烫他一下，他就学会自动地避开玩具，像他不去接触火一样。但是，我们刚才讨论的是和教育性的教学不相同的所谓训练。我们所考虑的是外部行动的变化，而不是行为的心理和情感倾向的变化。不过这种区别并不是非常明显的区别。可以想象，这个孩子最后可能不仅对特定的玩具，而且对和它相像的一类玩具都产生强烈的反感。这种反感，甚至在他已经忘却原来的灼伤以后还保持着，以后他甚至会捏造某种理由来说明他的似乎不合理的反感。在有些情况下，通过改变环境影响对行动的刺激来改变外部的行为习惯，也可以改变与行动有关的心理倾向。但是并不总是发生这种情况，一个人被训练躲避威胁性的打击，他自动躲避而并无相应的思想或情感。于是，我们必须找到训练和教育的某种区别。

有一个事实可以说明这种区别。一匹马并不真正参与它的行动的社会功用。有人利用马做有益的事，给马一些好处，例如使它得到食物。但是，这匹马也许没有什么新的兴趣。它仍然对食物感兴趣而对服役不感兴趣，它不是一个共同行动中的伙伴。假如它成为一个合伙者，它在从事共同活动时，对活动的成功会和别人同样感兴趣，从而分享他们的思想和感情。

在许多情况下，这种情况太多了，未成熟的人的活动只是被利用来获得有用的习惯。他像动物一样受训练，而不像一个人那样受教育。他的本能仍旧依附在它们原来的痛苦或快乐的事物上。但是，要得到快乐或避免失败的痛苦，他必须以别人同意的方式行动。在其他情况下，他真正分享或参与了共同的活动。在这种情况下，他原来的冲动被改变。他不仅以同意别人的行动的方式行动，而且，在行动中，在他身上引起了激励别人的同样的思想和感情。譬如说有一个好战的部落，它所力求的成功和它所重视的成就，都是与战斗和胜利有联系的。这种环境的出现，引起孩子好战的表演，首先表现在游戏中，然后当他足够强壮时，表现在实践中。他战斗时，就赢得赞许和升迁；他不战斗时，就不被喜爱，被嘲笑，得不到好评。毫不奇怪，他原来的好斗的趋势和感情，在损害其他趋势和感情的情况下得到强化，他的思想转向与战争有联系的事物。只有这样，他才能完全成为被群体承认的成员，因而他的心理习惯逐渐地同化于群体的心理习惯。

如果我们把这个例子所包含的原则概括起来，我们将看到社会环境既不直接给人灌输某些愿望和观念，也不仅仅养成某些纯粹肌肉的动作习惯，如“本能地”眨眼或躲避打击。第一步是设置一种环境，激起某些看得见和摸得着的行动方式。使个人成为联合活动的共同参加者或伙伴，使他感到活动的成功就是他的成功，活动的失败就是他的失败，这是结束的一步。一旦他受群体情感、态度的支配，他将警觉地认清群体的特殊目的和取得成功所使用的方法。换言之，他的信仰和观念，将采取群体中别人类似的信仰和观念。他也将获得同样丰富的知识，因为这种知识是他习惯从事的事业的组成部分。

语言对获取知识的重要性，无疑是通常认为知识可以直接从一人传给另一人的见解的主要原因。好像要把一个观念传递给另一人的头脑，我们必须做的就是把声音传给他的耳朵。因而传授知识变得和纯粹物理的过程相似。但是，如果分析一下语言的学习，将会发现符合刚才所提出的原则。一个孩子通过像别人使用帽子那样使用帽子，通过把帽子戴在头上，把帽子给别人戴，出门时给别人戴上，等等，获得帽子的观念，这是不用犹豫就可以承认的。但是，可能有人会问：这个共同活动的原则是怎样应用于通过言语或阅读获得希腊头盔的观念的，对此没有出现任何直接的使用？从书本上学习发现美洲的历史，有什么共同的活动呢？

既然语言往往是学习许多事情的主要工具，让我们看一下语言是怎样工作的。婴儿当然从没有意义即不表达观念的单纯的声音、嘈杂声和音调开始。声音只是引起直接反应的一种刺激，有些声音产生抚慰的效果，有些声音使人惊跳，等等。"帽子"的读音，如果不和许多人参与的行动联系起来，会和发音不清楚的呼噜声一样没有意义。当母亲带着婴儿出门时，她把一样东西戴在婴儿头上，同时说"帽子"。对孩子来说，被带出门变成一种兴趣；母亲和孩子不仅一同出门，两个人都出门有关系；他们喜欢一同出门。通过和活动中其他因素的联合，"帽子"的发音对孩子来说很快得到和对母亲来说同样的意义；"帽子"这个发音成为他所参与的活动的一个符号。语言由可以相互理解的声音构成，仅仅这一事实本身足以表明语言的意义依靠和共同经验的联系。

总之，"帽子"这个发音和帽子这件东西正以同样的方式获得它的意义。"帽子"的发音和帽子这件东西，在孩子和成人那里获得同样的意义，因为它们被两人在共同参与的经验中使用。帽子这件东西和"帽子"一词的发音首先在联合的活动中被使用，作为在孩子和成人之间建立主动联系的手段，这个事实，可以保证相同的使用方式。两个人产生类似的观念或意义，因为这两人作为伙伴从事一个活动，每个人所做的事依靠另一人所做的事并影响他所做的事。譬如有两个野蛮人共同打猎，某信号对发出信号的人来说，意思是"向右走"，而对听到信号的人来说意思却是"向左走"，他们显然不能成功地一同打猎。相互了解意味着包括声音在内的事物，对从事共同工作的人来说，具有同样的价值。

在声音通过和在联合工作中使用的其他事物联系而获得意

义以后，可以和其他相似的声音联系起来用以发展新的意义，就像它们所代表的东西联合起来一样。因而孩子学习的词语，比如说“希腊头盔”，原来在一次具有共同的兴趣和目的的行动中使用这个词语而获得意义（或者被理解），现在通过激励听到或朗读在想象中排练使用这头盔的活动，它唤起了新的意义。眼下，了解“希腊头盔”的意义的人在心理上变成使用头盔的人的伙伴。他通过想象从事一个共同的活动，并不容易掌握这个词语的全部意义。大多数人也许止于“头盔”表示希腊人曾经戴过的一种奇怪的帽子。因此，我们的结论是使用语言传递和获得观念，是事物通过在共同的经验或联合的行动中使用而获得意义的原则的扩大和提纯；它绝不违反那个原则。当词语并不明显地或是想象地成为一个共同的情境的因素时，它们像纯物理刺激一样生效，不具有意义或理智的价值。它们使活动按常规行动，但并不伴有有意识的目的或意义。因而，例如加号可能是完成在一个数目下面再写一个数目，然后把两个数加起来这个行动的刺激。但是，做这个动作的人除非他了解他所做的事情的意义，否则他的活动就全和机器人一样。

三、社会环境的教育性

我们以上讨论的结果是，社会环境能通过个体的种种活动，塑造个人行为的智力和情感倾向。这些活动能唤起和强化某些冲动并具有某种目标和承担某种后果。一个生长在音乐家的家庭里的儿童，不可避免地使他在音乐方面所具有的任何能力得到激励，而且，相对地说，要比在另一环境中可能被唤醒的其他冲动受到更大的激励。除非这个儿童对音乐有兴趣并有一定的造诣，否则他就没有希望；他不能共享他所属的群体的生活。参与一些与个人有联系的那些人的生活是不可避免的；对他们来说，社会环境无意识地、不设任何目的地发挥着教育和塑造的影响。

在野蛮、未开化的社会，这种直接的参与（即我们讲过的间接的或偶然的教育），几乎成为教育青年的唯一影响，使他们获得群体的习俗和信仰。甚至在目前的社会，即使对于最坚持受学校教育的青年，这种直接参与也提供他们基本的教养。按照群体的兴趣和职业，有一些事物成为高度尊重的对象，而另外一些事物却成为厌恶的对象。联合并不创造喜爱和厌恶的冲动，但是提供他们依附的对象。我们一个群体或一个阶级做事情的方法往往决定应该注意的事物，从而规定观察和记忆的方向和范围。凡是奇怪的或外来的东西（即在群体活动以外的东西），往往非道德所许可，在理智上也往往被怀疑。例如，我们非常了解的东西，在过去的时代竟没有被认识，对我们来说似乎不可思议。我们倾向把这种情况归因于我们祖先先天的愚蠢，和假定我们自己具有卓绝的天赋智力。但是，所以产生这种情形，乃是由于他们的生活方式并不引起他们对这些事实的注意，他们在注意别的东西。正如感官需要可以感觉的东西刺激它们一样，我们的观察力、记忆力和想象力并不自发地起作用，而是被当前社会职业所提出的要求发动的，我们的倾向的主要结构就是由这些影响形成的，与学校教育无关。有意识的、深思熟虑的教学所能做到的事，至多是释放这样形成的各种能力，使它们得到更充分的运用，去粗取精，并给青年提供一些事物，使他们的活动更富有意义。

虽然这种“环境的无意识的影响”难以捉摸而又无处不在，影响着性格和心理的每根纤维，但指出它的效果最为显著的几个方面可能是有价值的。第一，语言习惯。基本的言语模式，大量的词汇，是在日常生活交往中形成的，这种生活交往不是作为规定的教导手段，而是作为社会需要进行的。婴儿学会母语，这话说得好。虽然这样养成的言语习惯可能被改正，或者甚至被有意识的教学所取代，但是，在兴奋的时候，有意识地学会的言语模式常常消失，恢复他们真正的本族语。第二，仪表。榜样的力量比格言大得多。我们常说，好的仪表是良好的教养的结果，或者毋宁说就是良好的教养；而教养是通过对习惯的刺激做出反应的习惯的行为养成的，而不是通过传授知识。尽管有意识的改正和教导不停地起着作用，但是，周围的气氛和精神最终在形成仪表方面是主要力量。仪表只是次要的道德。在主要的道德方面，有意识的教导，也许仅仅在它符合构成儿童的社会环境的人们的一般言行标准时才有效验。第三，美感和美的欣赏。如果眼睛常常接触形式和色彩华美和谐的事物，审美的标准自然会发展起来。一个俗气的、没有秩序的和装潢过度的环境会败坏美感，正如贫乏而荒芜的环境会饿死美的愿望一样。在这样的不利条件下，有意识的教导不过传达一些别人讲过的第二手的有关美感的旧话罢了。从传说得来的美感，绝不会变成自发的，也不会对人产生根深蒂固的影响，只不过用来提醒人们别人是怎么想的。更深刻的价值判断标准，是一个人习惯地参与的情境所构成的，这不能作为第四点，因为这是上面提到的那几点的融合。我们用有意识的估计去分辨什么东西是有价值的和什么东西是没有价值的，但是我们很少认识这种有意识的估计在多大程度上受我们根本没有意识到的那些标准的影响。但是我们一般可以说，凡是我们不经研究或思考而视为当然的东西，正是决定我们有意识的思想和决定我们的结论的东西。这些不经思考的习惯，恰恰是我们在和别人日常交际的授受关系中形成的。

四、学校是特殊的环境

以上有关那种不管人们喜不喜欢都进行着的教育过程的论述，其重要性在于使我们注意，成人有意识地控制未成熟者所受教育的唯一方法，是控制他们的环境。他们在这个环境中行动，因而也在这个环境中思考和感觉。我们从来不是直接地进行教育，而是间接地通过环境进行教育。我们容许偶然的环境做这个工作，还是为了教育的目的设计环境，有很大的区别。任何环境，除非它已被按照它的教育效果深思熟虑地进行了调节，否则就它的教育影响而论，乃是一个偶然的环境。一个明智的家庭和一个不明智的家庭的区别，主要在于家庭中盛行的生活和交往习惯是不是根据它们对儿童发展的关系的思想进行选择的，或者至少带有这种思想的色彩的。但是，学校当然总是明确根据影响其成员的智力的和道德的倾向而塑造的环境典型。

大体上说，当社会传统很复杂，相当部分的社会经验用文字记载下来，并且通过书面符号进行传递时，学校便产生了。书面符号甚至比口头符号更加属于人为的或传统的东西，它们不能在和别人偶然的交往中学会。此外，书面的形式往往选择和记录与日常生活不相干的事物。每个世代积累起来的成就都贮藏在里面，虽然有些已经暂时无用。因而，一旦社会在相当程度上依靠在它自己领土以外和它自己直接的一代人以外的东西，它就必须依靠固定的学校机构保证其一切资源的适当传递。举一个明显的例子：古希腊人和罗马人的生活深深地影响我们的生活，但是它们影响我们的方式并不呈现在我们日常经验的表层。同样，现在还存在的但在空间上远离我们的人民，英国人，德国人，意大利人，直接和我们的社会事务有关，但是，如果没有明白的说明和注意，相互影响的性质就不能理解。恰恰同样的道理，我们不能依赖日常联合生活给年轻人说明远处的自然力量和肉眼看不见的组织在我们活动中所起的作用。所以，建立了社会交往的特殊模式即学校来经办这件事情。

这种联合的模式和日常的生活联合相比较，有三个足够特殊的功能应该注意。

第一，复杂的文明过分复杂，不能全部吸收。必须把它分成许多部分，逐步地、分层次地、一部分一部分地吸收。我们目前社会生活中的各种关系，数量很大，相互交织在一起，即使处于最有利地位的儿童，也不能很快地分享其中很多最重要的部分。由于儿童没有参与这些关系，它们的意义不被儿童理解，因而不会变成儿童心理倾向的一部分。见林不见树。商业、政治、艺术、科学、宗教，喧嚷一时，要人们注意；结果是一团混乱，无所适从。我们称作学校的社会机构的首要职责就在于提供一个简化的环境。选择相当基本并能为青少年反应的种种特征。然后建立一个循序渐进的秩序，把先学会的因素作为领会比较复杂的因素的手段。

第二，学校环境的职责，在于尽力排除现存环境中的丑陋现象，以免影响儿童的心理习惯。学校要建立一个净化的活动环境。选择的目的不仅是简化环境，而且要清除不良的东西。每个社会都被一些无关紧要的东西、旧时留下的废物以及确实是邪恶的东西所累，阻碍进步。学校有责任从环境中排除它所提供的这些坏东西，从而尽其所能抵制它们在通常社会环境中的影响。学校选择其中最优秀的东西，全部自己使用，努力强化它们的力量。随着社会变得更加开明，学校认识到它的责任不在于把社会的全部成就传递下去，保存起来，而只是把有助于未来更美好的社会的部分传递和保存起来。学校就是社会完成这个目的的主要机构。

第三，学校环境的职责在于平衡社会环境中的各种成分，保证使每个人有机会避免他所在社会群体的限制，并和更广阔的环境建立充满生气的联系。“社会”和“共同体”这类名词可能使人误解，因为我们往往认为有一种单独的东西和这些名词相符。事实上，现代社会由许多社会松散地联系起来。例如，每个家庭和它接近的朋友构成一个社会；乡村或街道上的一群游戏伙伴是一个共同体；每个经商的集体，每个俱乐部，都是一个共同体。超出这些比较亲密的群体，像我们这样的国家，就有各种种族、不同的宗教团体和不同的经济区域。在现代都市内部，尽管名义上是一个政治统一体，也许比过去时代整个大陆有更多的共同体，更多的各种不同的风俗习惯、传统、抱负和各种不同的政府或管理模式。

每个这样的群体，都有形成群体成员的主动倾向的势力。一个派系、一个俱乐部、一个团伙、一个教唆犯的盗窃集团、一个监狱里的犯人，都为那些加入他们群体或共同活动的人提供教育的环境，正像一个教会、一个工会、一个商业团伙或一个政党一样。它们每个都是一种联合的或共同生活的模式，正如一个家庭、一个城镇或一个国家一样。也还有许多共同体，它们的成员互相之间很少有或者没有直接的联系，像美术家协会、文人学会，以及散布在世界各地的专业学术团体的成员。因为他们有共同的目的，每个成员的活动直接因了解其他成员的活动而改变。

在旧时代，群体的多样性大体上是地理上的关系。有很多社会，但是每个社会在它自己的领土以内是比较相似的。但是，随着商业、运输、交通和移民事业的发展，像美国这样的国家，由具有各种传统习惯的群体联合组成。就是这种情境，也许比任何其他原因更强烈要求有一个教育机构为青少年提供一个相似和平衡的环境。只有这样，同一个政治单位内，不同群体的联合所引起的离心力才能得到抵制。不同种族、不同宗教和不同风俗习惯的青少年混合在一所学校里，为大家创造一个新的和更为广阔的环境。共同的教材使大家习惯于统一的观点，比任何孤立群体的成员看到更为广阔的前景。美国公立学校的同化力量，是对共同和平衡的要求的功效的有说服力的证据。

学校还具有一种功能。每个人所加入的社会环境有种种不同，每个人的倾向受到种种不同势力的影响，学校发挥着协调作用。譬如，在家庭通行一种准则；在街道通行另一种准则；在工场或商店，通行第三种准则；在教会，通行第四种准则。一个人从一个环境转到另一个环境时，不免受到各种相互对抗的拉力的影响，产生一种危险，使一个人在不同场合具有不同的判断标准和情感标准。这种危险强加给学校一个起稳定作用和一体化作用的职能。

提　要

青少年在连续的和进步的社会生活中所必须具有的态度和倾向的发展，不能通过信念、情感和知识的直接传授发生，它要通过环境的中介发生。环境由一个生物实行其特殊活动时有关的全部条件所组成。社会环境由社会任何一个成员在活动过程中和他结合在一起的所有伙伴的全部活动所组成。个人参与某种共同活动到什么程度，社会环境就有多少真正的教育效果。个人因为参与联合的活动，就把激励活动的目的作为自己的目的；熟悉进行这种活动的方法和材料，获得必需的技能，并且浸透着活动的情感精神。

当青少年逐渐参与他们所属的各种群体的活动时，他们的倾向不知不觉地得到更为深刻和更为密切的教育陶冶。但是，随着社会变得日益复杂，就有必要提供一个特殊的社会环境，特别关心培养未成年人的能力。这个特殊的社会环境有三个比较重要的功能：一是简化和安排所要发展的倾向的许多因素；二是净化现有的社会习惯并使其观念化；三是创造一个更加广阔和更加平衡的环境，使青少年不受原来环境的限制。

第三章　教育即指导

一、环境的指导作用

我们现在进而研究教育的一般功能所采取的一个特殊形式，即指导、控制或疏导。这三个词中，“疏导”一词最能传达通过合作帮助受指导的人的自然能力的思想；“控制”一词，更确切地说，表示承受外来的力量并碰到被控制的人的一些阻力的意思；“指导”是一个比较中性的词，表明把被指引的人的主动趋势引导到某一连续的道路，而不是无目的地分散注意力。指导表达一种基本的功能，这一功能的一个极端变为方向性的帮助，另一个极端变为调节或支配。但是无论如何，我们必须慎防有时加进“控制”的意义。有时明显地或无意识地假定，一个人的趋势天然是纯粹个人主义的或自我中心的，因而是反社会的。控制表示使他的自然冲动服从公共的或共同的目的的过程。就概念来说，既然他的本性和这个过程很不相容，是反对这个过程而不是帮助这个过程的，按这种看法，控制就具有压制或强迫的意味。政府的体制和国家的学说就是建立在这个观念上的，所以，这种观念严重地影响了教育的思想和实践。但是任何这种观点都是没有根据的。各个人肯定有时喜欢走他们自己的路，而他们自己的路可能和别人的路相反。但是，一般来说，他们也有兴趣参加别人的活动和参加共同的、合作的活动。否则，像共同体这样的东西是不可能有的。甚至不会有任何人有兴趣给警察提供情报以保持一种外表的和谐，除非他认为他能从中得到某种个人利益。事实上，控制只是一种断然的权力指导形式，包括个人通过他自己的努力所得到的调节，这和别人领导所带来的调节完全相同。

一般来说，每个刺激都指导着活动。它不仅仅引起活动，或挑起活动，而且指导着活动走向一个目标。反过来说，一个反应不只是一个反作用，似乎是对被干扰所做出的抗议。正如这个词所表示的，它是一个回答。它面对刺激，并对此做出反应。刺激和反应互相适应，例如，光线刺激眼，使眼看到一些东西，眼的任务就是看。如果眼睛是睁开的，又有光线，那么眼就看见东西。刺激只是完成器官的正当功能的一个条件，而不是一个外界的阻碍。在某种程度上，一切指导或控制都是活动的向导，以实现自己的目的；它在做某个器官已经准备做的工作中是一个帮助。

但是，这个一般的说明须有两点保留。第一，除少数本能以外，儿童所受的各种刺激，在开始时都不够明确，不能引起特别的反应，总是引起大量多余的精力。这种多余的精力可能是浪费的、和活动无关的，也可能使一个动作不能顺利完成。这种多余的精力，有时因妨碍别人而造成损害。我们可以比较一下自行车初学者和骑车能手的行为。初学者使出的精力没有一个方向中心，这种精力基本上是散漫的、离心的。指导就是集中和固定一个动作，使它真正成为一个反应，这就需要排除不必要的和纷乱的动作。第二，如果一个人无一定程度的合作，就不能产生活动，但是一个反应可能和行动的顺序、连续性并不吻合。一个拳师可能成功地躲避一次打击，但是这样一来就使他下一次面临更沉重的打击。适当的控制就是把相继的许多动作排列成连续不断的顺序；每个动作不仅碰到它直接的刺激，而且帮助后继的许多动作。

总之，指导既是同时的，又是相继的。在一定时间，要求从所有被部分地唤起的倾向中，把集中精力于需要的那些倾向挑选出来。从前后连续来说，指导要求每个动作和在它前后的动作取得平衡，使活动井然有序。所以，使动作集中和有顺序是指导的两个方面，一个是空间的，另一个是时间的。前者保证击中要害，后者保持进一步行动的平衡。显然，我们可以在观念上加以区别，但在实践中不可能把它们分开。活动必须在一定时间这样地加以集中，以便准备下一个活动。直接反应的问题由于人们必须注意未来发生的事情而变得复杂了。

从上述一般的说明中可以得出两点结论。一方面，纯粹的外部指导是不可能的。环境至多只能提供刺激以唤起反应。这些反应从个人已有的倾向开始。甚至当一个人因受威胁去做一件事情时，也只是因为人有恐惧本能，所以威胁才起作用。如果没有恐惧本能，或者，虽然有这种本能而在他控制之下，那么，威胁对他的影响并不比光线在引起一个没有眼睛的人去看到东西中所产生的影响大。虽然成人的习俗和规则提供许多刺激，引起并指导儿童的活动，但是，儿童终究还是分享他们自己的行动所采取的指导。严格地说，我们不能强加给儿童什么东西，或迫使他们做什么事情。忽视这个事实，就是歪曲和曲解人的本性。考虑被指导的人现有的本能和习惯所做出的贡献，就能经济地和明智地给予指导。正确地说，一切指导不过是再指导；它使正在进行的活动走向另一个渠道。除非一个人了解已经在起作用的精力，否则他指导的尝试几乎肯定会失败。

另一方面，别人的习俗和规则所提供的控制也许缺乏远见。这种控制可能立刻见效，但却使受控制者后来的行动失去平衡。例如，通过威胁，使一个人觉得如果他要坚持做一件事，就会产生不良后果，从而使他不去做他天然倾向要做的事。但是可能使他以后受到一些引导他去做更坏的事情的势力的影响。他的狡诈的本能可能被引起，使得他对今后的事情采取回避和欺骗的手法。从事指导别人行为的人，总是有一种忽视受指导者后来发展的重要性的危险。

二、社会指导的模式

成人在直接以指导别人的行为为目的时，自然最能意识到自己在指导别人的行为。一般来说，当成人发现自己受到抵制，或者别人在做成人不希望他们做的事情的时候，成人就会意识到指导别人行为这一目的。但是，比较永久和有影响的控制模式乃是随时都在进行而没有这种审慎用意的控制模式。

1. 当别人并不做我们希望他们做的事情或者以不服从为威胁时，我们最能意识到需要控制他们，也最能意识到用以控制他们的各种影响。在这种情况下，我们的控制变得最直接，也是在这一点上，我们最可能犯刚才所讲到的错误。我们甚至可能用强力进行控制，而忘了我们虽然可以把马引到水边，却不能迫使它饮水，我们虽然能把一个人关在教养所，却不能使他悔过。所有这些对别人强加直接行动的情况，我们需要区别身体上的结果和道德上的结果。一个人可能处于这样的情况，强迫进食或强制禁闭，为他自身的利益着想是必要的。一个儿童可能不得不被人从火旁拖开，使他不被灼伤。但是他的性情不一定有所改进，也不一定产生教育效果。严厉而命令式的语调也许能奏效，使儿童离开火焰，而且随后会产生同样良好的身体效果，就好像他已被人从火焰旁拖开了一样。但是，这两种情况都不会产生道德意义上的服从。可以把一个人关起来，以防止他闯进别人家里去，但是把他关起来并不会改变他盗窃的倾向。当我们混淆身体上的结果和教育上的结果时，我们总是失去使一个人自己参与获得所希望的结果的机会，从而失去了在他身上正确地发展一种内在的和持久的方向的机会。

一般地说，较有意识地控制行为的机会，应该限于本能的或冲动的行为，完成这些行为的人无法预见这些行为的结果。如果一个人不能预见他的行为的后果，又不能理解有经验的人告诉他的这种行为的后果，他就不可能明智地指导他的行为。在这种情况下，对他来说每个行为都是一样的。凡是激动他的东西都能激动他，除了激动以外，没有其他作用。在有些情况下，不妨让他试验，让他自己发现后果，以便他以后在同样情况下会明智地行动。但是，有些行动的途径使人过分为难，引起反感，不能采用。现在人们求助于直接的不同意，采用羞辱、嘲笑、冷待、指责和惩罚等方法。或者利用儿童的相反的倾向，使他离开这种讨厌的行为。儿童对认可比较敏感，希望用优良的行为赢得人们的好感。可以利用这种心理，诱使行动走向另外的方向。

2. 这些控制方法（由于有意识地运用）非常明显地表明，如果不是为了要和另外一种比较重要而永久的控制方式进行对比，几乎不值一提。这另一种方法属于常和青少年相处的人们使用东西的方法，同时也就是他们用来达到自己目的的手段。人在社会环境中生活、行动、存在，这种社会环境就是指导他活动的长期有效的力量。

这个事实使我们有必要较为详细地考察一下什么叫作社会环境。我们习惯于把我们生存的自然环境和社会环境分离开来。这种分离，一方面应对夸大我们上面所说的比较直接的或个人的控制方式在道德上的重要性负责，另一方面应对目前心理学和哲学中夸大和纯粹自然环境联系的理智的可能性负责。事实上，除了把自然环境作为中介以外，不存在一个人对另一个人的直接影响这样的东西。一个微笑，一个蹙额，一次指责，一次警告或鼓励，都包含着某种物质的改变。否则，一个人的态度不能改变另一个人的态度。比较而言，这种影响的方式可以看作属于个人的性质。物质的环境变为个人接触的手段。和这种直接的互相影响的方式相反，有一种方法，就是联合起来做共同的事业，把一些东西作为手段，并借以取得结果。譬如母女两人共同生活，即使母亲从来没有叫女儿帮助她，或从未因女儿不给帮助而加以指责，女儿在活动中还是会服从母亲的指导，因为女儿在家庭生活中与父母朝夕相处，息息相关。模仿、竞争、共同工作的需要等都能加强控制。

如果母亲给孩子一点儿需要的东西，孩子要得到这个东西就必须拿到它。有所给必有所取。孩子拿到这个东西以后怎样处理它，做什么用，肯定受孩子所见到的母亲的做法的影响。当孩子看见母亲在寻找什么东西时，孩子自然也会寻找这个东西，当他找到时，就交给母亲，正像以前在其他情况下接受这个东西一样。这种例子在日常交往中成千上万，我们就有了指导儿童活动最永久和最持久的方法。

我们这样说，不过是重复以前曾经说过的有关把参与联合活动作为形成倾向的主要方法。但是，我们曾明确承认使用东西在联合活动中所起的作用。学习的理论曾过分地受到错误的心理学的支配。人们常常这样说，一个人仅仅通过感官的途径把事物的特性铭刻在脑子里。接受了许多感觉印象后，通过联合或某种智力综合的能力，使它们联结成为观念，成为有意义的东西。一件东西、一块石头、一个橘子、一棵树、一把椅子，传达不同的颜色、形状、大小、硬度、嗅觉、味觉等等的印象，这些印象集合起来构成每件东西特有的意义。但是，事实上，一件东西所以有意义，使人认识它，乃是这件东西由于它的特性而被人特殊使用。一把椅子有一种用法；一张桌子，为另一个目的所使用；一个橘子值那么多钱，生长在温暖的地方，是可以吃的，而且味美可口，令人精神倍添，如此等等。

对物质刺激的适应和智力活动之间的区别，在于智力活动包含对事物意义的反应，而物质刺激没有这种反应。喧哗声也许使我惊跳，但与我的心理无关。当听到喧哗声时，我就会跑去提水扑火，做出理智的反应；声音意味着起火，火意味着需要加以扑灭。我碰到一个石块，便把它踢到一旁，这是物质上的反应。我把石块搬到一旁，因为怕有人被它绊倒，这就有了理智的因素；我对石块所具有的意义做出反应。一次霹雳，不管我是否认识它，都使我大吃一惊。如果不认识它，更会使我吃惊。如果我高声说或自言自语说那是雷声，我就是对这一扰乱的意义做出反应。我的行为就有了智力的性质。如果事物对我们来说是有意义的，我们做的事情就是有意义的、有意识的、有目的的；如果它们没有意义，我们的动作就是盲目的、无意识的、没有理智的。

在这两种对外界的反应适应中，我们的活动都受到指导或被控制。但是纯粹盲目的反应，它的指导作用也是盲目的。可能得到训练，但是没有教育。对经常出现的刺激反复做出反应，也许可以使按某种方式行动的习惯得到固定。我们都有许多习惯，但并不十分理解这些习惯的含义，因为它们是在不知不觉之中形成的。因此，它们支配我们，不是我们支配它们。它们推动我们，控制我们。除非我们认识这些习惯的作用，并且能判断所产生的结果的价值，否则我们就没有控制它们。我们可以压迫一个孩子的颈部肌肉，使他每遇到一个人就鞠躬，到了后来，鞠躬成为一种自动的行动。但是，在他的鞠躬具有一定目的和一定意义以前，他的鞠躬并不是一种认识或敬重的行动。除非他明白他所做的事情，并为这件事的意义去行动，否则就不能说培养或教育过他，让他以某种方式去行动。所以，要获得事物的**观念**，并不只是得到一些感觉就够了。要能根据事物在全部行动计划的位置对事物做出反应；要预见到事物的行动对我们有什么趋向和可能的结果，以及我们的行动对事物有什么趋向和可能的结果。

所以，要对事物具有和别人相同的观念，和他们有同样的思想，并因而成为一个社会群体的真正成员，就要赋予事物和行动以别人所赋予的相同的意义。否则，就没有共同的理解，没有社会的生活。但在一个共同参与的活动中，每个人所做的事情都参照别人所做的事情，别人所做的事情都参照他所做的事情。这就是说，每个人都要把他的活动放在同一个包括一切的情境之中。拉一条碰巧别人也在拉的绳子，这并不是一个共同参与的或联合的行动，除非拉绳子时知道别人也在拉，而且是为了帮助或阻挠他们才去拉绳子，那才是共同参与的活动。又如一根针在它的制造过程中也许经过许多人的手，但是，每个人各做各的事情，并不知道别人在做什么，并没有参照别人所做的事；每个人可能只是为了自己的结果——为了自己的工资。在这种情况下，几个行动并没有共同的结果，尽管几个行动并列在一起，尽管它们各自的行动有助于一个单独的结果，但并没有真正的交往或联合。但是，如果每个人把他自己行动的结果看作和别人所做的事情有关，并考虑他们的行为对他自己的后果，那么他们就有了共同的思想，他们的行为就有了共同的意愿。在各个人之间有一种了解，这种共同的了解控制着每个人的行动。

假如情况是这样安排：一个人自动地接住一个球，然后扔给另一个人，这个人接住球，又自动地扔回来；每个人这样做，并不知道球来自何处或扔向何方。显然，这种行动并没有意义。从物质方面说，这种行动是被控制的，但从社会方面说，它并没有受到指导。但是，假如每个人知道别人在做什么，并且对他人的行动感兴趣，从而对他自己所做的事情和别人的行动有联系而感兴趣，那么每个人的行为就会是理智的行为；就社会方面来说，这种行为是可以理解的，是受到指导的。再举一个不那么虚构的例子。一个婴儿饿了，有人在他面前准备好食物，他还哭。如果他不把自己的情况和别人的行动联系起来，也不把别人的行动和自己将得到的满足联系起来，他不过对自己越来越感到的不舒服做出越来越不耐烦的反应。这个时候，他在身体方面被他自己有机体的状态所控制。但是，如果他能瞻前顾后，他的整个态度就改变了。他感到有兴趣，他注意并注视着别人在做的事情。他不再只对自己的饥饿做出反应，而是根据别人的行动为他预期的满足而行动。这样，他也不再只是不知不觉地屈服于饥饿，而是注意、认识或证实他自己的状况。这种状况变成了他的对象。他对饥饿的态度在某种程度上含有理智的性质。由于这样注意别人的行动的意义和他自己所处状况的意义，他就在社会方面得到了指导。

回想一下，我们的主要命题有两个方面，一个方面已经讨论过，即物质的东西并不影响心智（或形成观念和信念），除非它们和为着将来的结果而做的动作有关系。另外一个方面就是，人们只有通过特别利用物质环境，才能改变**彼此的倾向**。首先考虑一下别人容易感觉到的所谓富于表情的姿势——脸红、微笑、蹙额、紧握拳头，以及其他各种各样的自然姿势。

这些姿势本身并不富于表情。它们是一个人的态度的有机组成部分。一个人脸红并不表明对人怕羞或窘迫，而是因为毛细血管中血液循环因反应刺激有了变化。但是别人却利用与他们有联系的人的脸红，或肌肉上微微可以察觉的绷紧，作为那个人所处情况的一个信号和采取什么行动的一个迹象。蹙额表明这个人必须准备即将来临的指责，或者指明这个人迟疑不决的态度，必须通过相当的说明或动作来恢复信心。

远处有一个人，在胡乱地挥动手臂。我们只需保持一种超然的漠不关心的态度，那个人的动作，和我们偶尔注意到的任何遥远的物质变动一样。如果我们不感兴趣，那么挥动手臂对我们就像风车翼子的旋转一样，没有意义。但是，如果引起我们的兴趣，我们就开始参与。我们把他的行动参照我们自己正在做的或应该做的事情，我们必须判断他的动作的意义，以便决定怎么办。这个挥舞手臂的人，在招手求助吗？他在警告我们应该防卫一次爆炸吗？如果是前一种情况，他的动作表明我们要向他跑去；后一种情况，表明我们应该逃避。无论哪一种情况，他在物质环境中所引起的变化，是我们应该怎样行动的一个信号。我们的行动受到社会的控制，因为我们努力把我们应该做的事情，参照他行动的相同的情境。

我们在前面讲过（参见第 21 页），语言是把我们自己的行动和别人的行动联合参照一个共同的情境的例子。所以，语言作为社会指导的手段，其重要性无与伦比。但是，如果我们不先用比较粗糙和可以捉摸的方法，运用物质工具借以获得结果，作为语言的背景，语言就不能成为有效的工具。一个儿童看到和他同住的人以某种方式使用椅子、帽子、桌子、铲子、锯子、犁、马、钱等等。如果他真能参与他们所做的事，他就被引导以同样的方式使用这些东西，或者以适当的方式使用别的东西。如果有人把一把椅子移近桌子，这就是要他坐这把椅子的一个信号；如果一个人伸出自己的右手，他也必须伸出他的右手；以此类推以至无穷。利用人类艺术产品和天然原料的流行的习惯，极大地构成最深刻和最普遍的社会控制模式。当儿童上学时，他们已经有了“见解”，即已经有了知识和判断的倾向。通过使用语言就可以唤起这些倾向。但是这些“见解”乃是过去他们通过像别人那样使用东西所获得的有组织的明智反应的习惯。这种控制是不可避免的，它渗透在人的倾向之中。

以上讨论的最后结果是，控制的基本方法不是有关个人的，而是属于理智的。这种控制方法的“道德”意义，不是用直接的个人感染力去激动别人，虽然这种方法在紧要关头也很重要。这种控制方法有理解的习惯，这种习惯是通过和别人一致地去使用事物养成的，或是通过合作和协助，或者通过竞争。如果把心智看作一种具体的东西，它恰恰就是一种能力，根据使用事物的方法去理解这些事物；社会化的心智也是一种能力，就是根据在联合的或共同的情境中使用事物的方法去理解这些事物。在这个意义上，心智就是社会的控制方法。

三、模仿和社会心理学

我们曾经提到过一个学习心理学流派的缺陷。这种心理学认为，只要把赤裸裸的个人心智和物质的东西接触，它们的相互作用就能产生知识、观念和信念。只是到了最近人们才认识到人类的联合生活对形成智力的和道德的倾向具有居支配地位的影响。甚至到现在，通常还是把这种影响从属于和事物直接接触的学习方法，只是当作关于人的知识来补充关于物质世界的知识。我们的讨论表明，这种观点在人和事物之间制造了一种荒谬的和不可能的划分。人和事物的相互作用可能养成外部适应的习惯。但是，只有当这个人利用事物产生结果时，这种相互作用才引出有意义的和有自觉意愿的活动。一个人要能改变别人的心理，唯一的方法是利用天然的或人为的物质条件，引出别人某种应答性的活动。这就是我们两个主要的结论。我们最好把这两个结论和另一种理论对比，进一步发挥和强调这些结论，这种理论把假定人类相互之间直接关系的心理学附属于假定个人和事物之间直接关系的心理学。这个所谓的社会心理学从本质上讲是建立在模仿的概念之上的。因此，我们要讨论模仿在形成心理倾向中的性质和作用。

按照这个理论，社会对个人的控制要依靠个人模仿或照搬别人的动作的本能趋向，他把别人的动作作为模型。儿童的模仿本能很强，他们努力按照别人所树立的模式，在他们自己的行为系统中照样重做。按照我们的理论，这里所说的模仿是一个容易引起误解的名称，实际上是和别人共同使用一些东西，导致共同兴趣的结果。

这种流行的模仿概念的根本错误好像是把车子放在马前面，本末倒置，倒果为因。毫无疑问，许多个体在组成社会群体时，他们有共同的思想，互相了解。他们在相似的环境中，往往按相同的有控制作用的观念、信念和意向有所行动。从外部看，他们可以说在彼此从事“模仿”，意思就是他们以非常相同的方法，做非常相同的事情，这种说法也许很对。但是，“模仿”不足以说明他们为什么这样行动；“模仿”二字不过用重复事实当作事实本身的说明。这种说明，无异于一句名言：鸦片使人入睡，因为它有催眠作用。

我们的许多动作具有客观相似性，我们因自己的行为和别人一致而感到心理上的满足，我们把这些称为模仿。这个社会事实随后又被认为是产生相似状态的心理学力量。其实，所谓模仿，相当大的一部分不过是在结构上相似的人以同样方式对相似的刺激做出反应。人因受侮辱而发怒，要打击侮辱者，并不是由于模仿才这样做的。对这种说法可能有人引用一件无可怀疑的事实来反驳，就是不同的群体，有不同的风俗习惯，他们对侮辱的反应，采取不同的方式。在一个群体里，也许用拳斗来对付，在另一个群体里，也许用决斗来对付，在第三个群体里，也许用轻蔑的漠视来对付。因此，有人说，所以发生这种情况，是因为模仿的模型不同。但是，我认为无须求助于模仿。群体的风俗习惯不同，这个事实说明对行为的实际刺激是不同的。此外，有意识的教学也起一部分作用；早先对行为的赞许和非难有巨大的影响。更为有效的是这样的事实：除非一个人以他所在群体内所流行的方式行动，否则他就等于脱离这个群体。他的一举一动只有和别人的举动一样，才能和他们以亲密而平等的地位联合起来。一个人以一种方式行动，被允许加入群体的活动，以另一种方式行动，被拒于群体活动之外，从这一事实来的压力是继续不断的。所谓模仿的效果，主要是有意识的教学的产物，也是他所联系的人的无意识的赞同和认可所起的有选择的影响的产物。

假使有一个人滚一个球给一个儿童，这个儿童接住球，又把球滚回去，游戏便这样进行下去。在这里，刺激不只是看见了球，或看见了滚球的人。刺激是这个情境——正在玩的游戏。这里的反应不仅仅是把球滚回去，而是把球滚了回去，以便别人可以接住球，并且再把球滚回来——使游戏可以继续下去。这里的“模式”并不是另一个人的行动。全部情况要求每一个人考虑别人已经做的事和要做的事来调整他的活动。可能有模仿的作用，但是它的作用是次要的。儿童为了自己的利益而对这个游戏感兴趣，他要把游戏继续下去。他也许注意别人怎样接球，怎样抓球，以便改进他自己的动作。他是模仿这个动作的做法，而不是模仿动作的结局或要做的事情。他所以要模仿这个做法，因为为了他自己，作为他自己主动性的一部分，他希望有效地参与这个游戏。我们只要考虑一下，儿童从小时候起，为了顺利地达到他的目的，是多么完全依靠使他的动作合于别人的动作，懂得依照别人的举止去行动能得到什么奖励，并了解别人的动作，使自己能照样行动。从这方面来的压力，要求在行动方面有共同的想法，这个压力是很大的，求助于模仿是完全不必要的。

事实上，模仿结局和模仿有助于达到结局的手段不同。模仿结局是一件表面的和暂时的事情，对性情很少有影响。白痴特别善于这种模仿；这种模仿影响外表的行为，而不影响行为的意义。当我们发现儿童从事这种模仿时，我们并不鼓励他们（如果这种模仿是社会控制的重要方法，我们就要鼓励他们），更可能是指责他们，说他们像类人猿、猴子、鹦鹉或盲目的模仿者。另一方面，模仿完成一件事的手段，却是一种理智的行为。这种模仿包含仔细的观察和审慎的选择，所选择的方法使他能把已在试做的事情做得更好。模仿的本能，如果为了一个目的加以运用，也许能和任何其他本能一样，成为发展有效的行动的一个因素。

这样看来，上面的讨论对我们的结论具有强化的作用，这个结论就是：真正的社会控制就是要养成一定的心理倾向，就是理解事物、事件和动作的一种方法，使我们有效地参与联合的活动。只有为对付别人的抵抗而产生的冲突才会得出这样的看法：只有强行与自然倾向相反的动作，才会出现社会控制的方法。只有因为不考虑人们互相关心的情境（或彼此反应的动作都有兴趣的情境），才把模仿看作促进社会控制的主要力量。

四、教育上的一些应用

为什么一个野蛮的群体永远处于未开化状态，而一个文明的群体却保持着文明？我们脑际出现的第一个回答无疑是因为野蛮人就是野蛮人；他们的智力低下，也许道德观念也有缺陷。但是，审慎的研究使我们对他们的天赋能力是否明显低于文明人的天赋能力产生了怀疑。这种研究肯定天赋的差异不足以说明文化的差异。在一种意义上，野蛮人的心理是他们落后的制度的结果，而不是落后制度的原因。他们的社会活动限制他们所要注意和感兴趣的事物，因而这种社会活动限制能够发展智力的刺激。甚至在注意范围以内的事物，原始的社会风俗也往往抑制人们对心理上毫无结果的特性的观察力和想象力。他们缺乏对自然力的控制，就是说，在他们的联合行为里面，只有少量事物，只有少量自然资源被利用，而且这些资源使用不当。所谓文明的进步，就是把大量自然力和事物转化为行动的工具，转化为达到目的的手段。我们初生的时候，与其说是我们有优秀的能力，不如说是我们有引发和指导我们能力的优越的刺激。野蛮人所应付的大部分是天然的刺激，我们却能权衡刺激。

从前人类的努力改造了自然环境。自然环境原来存在的时候，它们并不关心人类的努力。每种驯化的植物和动物，每件工具，每个用具，每种器械，每种工业品，每件审美装饰，每个艺术品，都是把从前对人类特有的活动怀有敌意或漠不关心的环境，转化为友好的和有利的环境。由于今天儿童的活动都受这些经过选择的和有能量的刺激所控制，种族需要漫长而苦楚的年代才能得到的东西，儿童在短短的一生就能获得。人类与自然界的斗争，满载了前人取得的一切成就。

我们现在有了很多刺激，能够唤起经济而有效的反应。例如我们的道路系统和运输工具，我们顺利控制的热、光和电，我们现成的各种机器和仪器，这些东西本身，或者它们的集合体，并不构成文明。但是，我们把它们使用起来就是文明，没有这些东西，使用也是不可能的。如果没有这些东西，我们的时间就要用来与恶劣的环境夺取生计，抗御严寒，现在这种时间节省下来了。前人积累的知识可以传递下来，知识具体化的物质设备所产生的结果和自然界的其他事实相符，这就保证了知识的合法性。因此，上面所说的许多工具，给我们提供一种保护，也许是我们主要的保护，不致再出现这些有关自然的由迷信引起的信念、怪诞的神话和贫乏的想象。过去很多最优秀的智慧力量就花费在这种事情上面。现在我们有许多工具可以利用，如果我们再加一个因素，就是我们不但使用这些工具，而且为了**真正共同的或联合的生活**使用这些工具，那么这些工具就变成了文明的**积极的**来源。如果说物质资源只有我们的十分之一的希腊曾经创造了有价值的、壮丽的知识和艺术事业，这是因为希腊把它所有的资源都用来达到社会的目的。

但是，无论什么情况，不管它是野蛮的情境还是文明的情境，也不管它是对自然力有限控制的情境还是一部分奴役于尚未归附共同经验的机制的情境，只要有东西加入人类的行动，就能提供日常生活上有教育意义的环境，就能指导智力和道德倾向的形成。

我们已经说过，有意识的教育就是一种特别选择的环境。这种选择所根据的材料和方法都特别能朝着令人满意的方向来促进生长。因为语言代表着为了社会生活的利益经过最大限度改造的物质环境——在变成社会工具时物质的东西已丧失它们原来的特性——所以，和其他工具比较起来，语言应起更大的作用。通过语言，我们间接地参与过去人类的经验，因而拓宽并丰富了目前的经验，使我们能运用符号和想象去期待种种情境。语言能用无数方法把记录社会结果和预示社会前景的意义凝缩起来。自由参与生活中有价值的东西，是一件非常重要的事情，不识字和未受教育几乎成为同义语。

但是，学校强调这一特殊工具有其危险，这种危险不在理论上，而表现在实践中。尽管灌输式的教学和被动吸收式的学习普遍受到人们的谴责，但是为什么它们在实践中仍旧那么根深蒂固？教育并不是一件“告诉”和被告知的事情，而是一个主动的和建设性的过程，这个原理几乎在理论上无人不承认，而在实践中又无人不违反。这种可悲的情境，难道不是由于原理本身仅仅是听人讲讲的事吗？这个原理只是被人宣讲，被人讲课，被人写作罢了。但是，如果要在实践中贯彻，就要求学校环境有实行的机构，有相当的工具和具体的材料，这样的程度是很少达到的。实行这个原理，要求改变教学和管理的方法，使学生能够直接地和继续不断地利用东西作业。我们的意思，并不是要削弱语言这种教育资源的运用，而是要使语言和共同活动建立正常的联系，使语言的运用更有生气，更有效果。“这种事情你们应该把它们做好，但不可丢开别的事情不做。”对学校来说，应该做的“这些事情”就是为合作的或共同参与的活动配备种种工具。

如果学校脱离校外环境中有效的教育条件，学校必然用拘泥书本和伪理智的精神替代社会的精神。儿童无疑要进学校学习，但是，如果学习成为不与社会联系的有意识的事情，要能够最适当地学到东西就还有待于证明。如果把学习看作这样的事情，就会排除因参与有共同兴趣和价值的活动而得来的社会意义。努力求得孤立的知识，和学习的目的是背道而驰的。我们使一个人与外界发生关系，也许能学会运动性的活动和感官兴奋，但是，我们不能使他理解种种事物在生活上的意义，而他乃是生活中的一部分。我们可能获得代数、拉丁文或植物学方面的专门能力，但是不能学到一种智慧，它指导这种能力达到有用的目的。只有通过从事联合的活动，一个人在这种活动中运用材料和工具，有意识地参照别人如何运用他们的能力和器具，他的倾向才获得社会的指导。

提　要

儿童天然的或天赋的冲动和他们出生加入的群体的生活习惯是不一致的。所以，必须对他们进行指导或疏导。这种控制和身体上的强迫不同；它把在任何一个时间起作用的冲动集中到某一特殊的目的上，并使一连串的动作有前后一贯的顺序。别人的行动常常受引起他们行动的刺激的影响。但是，有时人们发出的刺激，如命令、禁止、赞许和谴责，具有影响行动的直接目的。因为在这些情况下，我们最有意识地控制别人的行动，我们很可能过分夸大这种控制的重要性，而牺牲比较永久的和有效的方法。基本的控制存在于儿童参与的情境的性质。在社会情境中，儿童必须把他的行动方法，参照别人正在做的事情，使他所用的方法适合。这样就能指导他们的行动，达到共同的结果，并使参与者有共同的理解。大家从事不同的行动，却意味着同一个东西。这种对行动的手段和目的的共同的理解，乃是社会控制的本质所在。这种社会控制是间接的，或是属于情感的和理智的；不是直接的或个人的。而且这种控制是内在于一个人的倾向的，不是外在的，也不是强迫的。教育的任务就在于通过兴趣和理解的认同达到这种内在的控制。虽然书籍和对话的作用很大，但是通常过分地依赖了这些方法。学校为了充分发挥它们的效率，要有更多联合活动的机会，使受教育者参与这些活动，使他们对于自己的力量和所使用的材料、工具都获得社会的意义。

第四章　教育即生长

一、生长的条件

社会在指导青少年活动的过程中决定青少年的未来，也因而决定社会自己的未来。由于特定时代的青少年在今后某一时间将组成那个时代的社会，所以，那个时代社会的性质，基本上将取决于前一时代给予儿童活动的指导。这个朝着后来结果的行动的累积运动，就是生长的含义。

生长的首要条件是未成熟状态。我们说一个人只能在他未发展的某一点上发展，这似乎是自明之理。但是，“未成熟状态”这个词的前缀“未”却有某种积极的意义，不仅仅是一无所有或缺乏的意思。值得注意的是“能量”（capacity）和“潜力”（potentiality），这两个名词都有双重意义，一个意义是消极的，另一个意义是积极的。能量可以仅指接纳性，如1夸脱①的容量。我们可以把潜力仅仅理解为蛰伏或休眠的状态——在外部影响下变成某种不同的东西的能力。但是，我们也可以把能量理解为一种能力，把潜力理解为势力。我们说的未成熟状态就是有生长的可能性。这句话的意思，并不是指现在没有能力，到了后来才会有；我们表示现在就有一种确实存在的势力，即发展的**能力**。

我们往往把未成熟状态只是当作缺乏，把生长当作填补未

---

①　1夸脱（美制）=0.946升。——译者注

成熟的人和成熟的人之间的空缺的东西，这种倾向是由于用比较的观点看待儿童期，而不是用内在的观点看待儿童期。我们所以仅仅把儿童期当作匮乏，是因为我们把成年期作为一个固定的标准来衡量儿童期。这样就把注意力集中在儿童现在所没有的、他成人以前所不会有的东西上。这种比较的观点，要是为了某种目的也是够合法的，但是，如果我们把这种观点看作不可变更的道理，那就产生一个问题，就是我们是否傲慢武断。如果儿童能清晰地和忠实地表达自己的意见，他们所说的话将与此不同。我们有非常可靠的成人凭据，使我们相信，在某种道德的和理智的方面，成人必须变成幼小儿童才对。

当我们考虑到提出一个静止的目的作为理想和标准时，这个关于未成熟状态的可能性的消极性质的假设，其严重性是明显的。他们把不断地成长理解为已完成的生长，就是说停止生长（ungrowth），即不再继续成长。这个假设毫无价值，从这样的事实可以明白，每个成人，如果有人诋毁他没有进一步生长的可能性，他就要怨恨；只要他发现自己没有进一步生长的可能性，他就要悲痛，把这件事视为丧失的证据，而不把已往的成就作为力量的适当表现。为什么对儿童和成人采用不平等的标准呢？

我们如果不用比较的观点，而用绝对的观点来看，未成熟状态就是指一种积极的势力或能力——向前生长的力量。我们不必像有些教育学说那样，从儿童那里抽出或引出种种积极的活动。哪里有生活，哪里就已经有热切的和激动的活动。生长并不是从外面加到活动的东西，而是活动自己做的东西。未成熟状态的可能性的积极的和建设的方面，是理解未成熟状态的两个主要特征即依赖和可塑性的关键。（1）把依赖说成某种积极的东西，听来未免可笑，把依赖说成一种力量，更加荒谬。

但是，如果依赖完全是无依无靠的性质，那么发展永远不会发生。一个仅仅是软弱无能的人，永远要别人提携。依赖伴随着能力的成长，而不是越来越陷入寄生状态，这个事实表明依赖已是某种建设性的东西。仅仅寄人篱下不会促进生长。(2) 因为寄人篱下不过是筑墙于软弱无能的周围。对物质世界来说，儿童是无依无靠的。在他诞生的时候和以后长时间内，缺乏行走和维持自己生命的能力。如果他必须自己谋生，那就连一小时都难以生存。在这方面，儿童几乎是全盘无依无靠。幼兽也要比他强得多。他的身体是虚弱的，不能运用他所有的体力去应付物质的环境。

1. 但是，这种彻底的无依无靠性质，暗示着具有某种补偿的力量。幼兽早期就有相对的能力，能够很好地适应物质环境。这种事实表明，这种动物的生活和它们周围的兽类的生活并不密切地结合在一起。可以这么说，因为它们缺乏社会的能力，所以不得不具有相当的体力。另一方面，人类婴儿身体上软弱无能，所以还能生活下去，正是因为他们有社会的能力。我们有时谈起儿童，想到儿童，似乎他们只是从身体方面讲偶然处于社会环境之中；似乎社会力量完全存在于抚养他们的成人之中，儿童乃是受抚养的人。如果说儿童自己本来具有非常的力量，引起别人的合作注意，便有人想，这不过是转弯抹角地说成人非常注意儿童的需要罢了。但是，观察表明，儿童赋有头等社交能力。儿童具有灵活的和敏感的能力，对他们周围的人的态度和行为，都同情地产生感应，很少成年人能把这种能力保持下来。儿童对自然界事物的不注意（由于无力控制它们）相应地强化了他们对成人行为的兴趣和注意，这两方面是相伴随的。儿童生来的机制和冲动都有助于敏捷的社会反应。有人说，儿童在进入青年期以前是利己主义的和自我中心的，这句话即使是正确的，也和我们上面所说的话没有矛盾。这不过表明儿童的社会反应能力是用来增加他们自己的利益，并不是表明儿童没有这种社会反应能力。但是，这句话事实上并不正确。有些事实被引用来辩护所谓儿童的纯利己主义，其实是表明儿童趋向他们标的的强烈性和直接性。如果构成标的的许多目的对成人来说似乎是狭隘的和自私的，这不过是因为成人通过幼年时类似的独占行为，已经达到了这些目的，因而不再使他们感兴趣。所谓儿童天生的利己主义的剩余部分，大部分都不过是违反成人的利己主义的利己主义。成人过分专心于他自己的事务而对儿童的事务没有兴趣。在他看起来，儿童无疑似乎过分专心于他们自己的事务。

从社会的观点看，依赖性指一种力量而不是软弱；它包含相互依赖的意思。常常有一种危险，个人独立性的增加将降低他的社会能力。让一个人更加依靠自己，也许因此使他更加自以为是，脱离群众，冷漠无情，在和别人的关系方面麻木不仁，以致生出一种真能独善其身的幻想——这是一种无名的癫狂，世界上大部分本可挽救的苦难，都是由于这种癫狂。

2. 未成熟的人为生长而有的特殊适应能力，构成他的可塑性。这种可塑性完全不同于油灰或蜡的可塑性。它并不是因受外来压力就改变形式的一种能力。这种可塑性和柔韧的弹性相近，有些人通过弹性作用于他们周围的环境并保持他们自己的倾向。但是，可塑性比弹性更加深刻，它主要是从经验中学习的能力，从经验中保持可以用来对付以后情境中的困难的力量。这就是说，可塑性乃是以从前经验的结果为基础，改变自己行为的力量，就是发展各种倾向的力量。没有这种力量，获得习惯是不可能的。

高等动物的幼崽，特别是人类的幼儿，必须学会利用它们的本能反应，这是大家熟悉的事实。人类生来比其他动物具有更多的本能倾向。但是，低等动物的本能在生后不久就自行完善，以应对适当的活动。至于人类婴儿的本能，按它们原来的状态，大部分没有什么用处。有一种生来的特别适应能力，立刻发生效率，但是，好像一张火车票只能用在一条路线上。一个婴儿要运用他的眼、耳、手和腿，必须试验做各种不同的反应的结合，学会灵活多样的控制能力。例如，一只小鸡孵出后几小时，就能准确地啄食。这就是说，眼睛看东西的活动与身体和头部的啄食活动的准确的协调，经过几次试验就完善了。一个婴儿生后六个月，能够接近准确地把伸手抓物的动作和他的视觉活动协调起来；就是说，能够说出他是否能伸手抓到所看见的物件和怎样伸手去抓。结果，小鸡反受原来本能相对完善的限制。婴儿则具有大量尝试性的本能反应以及跟着这些反应所得到的许多经验的有利条件，即使他因为这些反应互相阻碍以致暂时处于不利地位，但这不过是暂时的事情。我们学习一种动作，不是按现成动作去做，必须学会变化动作的因素，根据不同情况做出种种因素的联合。人类学习一种动作，能够发展许多方法，应用到其他情境，从而开辟继续前进的可能性。更重要的是，人类养成学习的习惯，学会怎样学习。

依赖和可变的控制能力这两件事在人类生活中很重要。这个原理早有人总结在延长婴儿期的重要意义的学说之中。① 婴儿期的延长无论从群体中成人的观点和青少年的观点来看都是重要的。依赖他人和从事学习的小孩就是一个刺激，要成人负责教养和抚爱。儿童需要成人经常继续不断的养护，也许就是

---

① 许多作家提出过延长婴儿期的意义，但是菲斯克（J. Fiske）所著的《一个进化论者的游记》一文被认为首先提出了系统的说明。

把暂时的同居变为永久婚姻的一个主要原因。儿童有这种需要，肯定是养成慈爱的和同情的照顾别人的习惯的主要影响；这种对别人幸福的建设性的兴趣，是联合生活所必需的。这种道德方面的发展，在理智方面就是能够引进许多引起注意的新事物，激发对未来的远见和为未来计划。所以，有一种相互的影响。社会生活日益复杂，需要一个较长的婴幼期，以便获得所需要的力量；这种依赖的延长就是可塑性的延长，或者就是要获得可变的和新奇的控制模式的力量。因此，这种延长能进一步地促进社会进步。

二、习惯是生长的表现

我们在上面已说过，可塑性是保持和提取过去经验中能改变后来活动的种种因素的能力。这就是说，可塑性乃是获得习惯或发展一定倾向的能力。我们现在要研究习惯的主要特征。首先，习惯乃是一种执行的技能，或工作的效率。习惯就是利用自然环境以达到自己目的的能力。习惯通过控制动作器官而主动地控制环境。我们也许易于强调控制身体，而忽略对环境的控制。我们想起步行、谈话、弹钢琴，想起雕刻工、外科医生、建筑桥梁的工人等等的技能，好像他们的技能不过是有机体的行动流畅、灵巧和精确，当然，他们的动作的确流畅、灵巧和精确，但是，衡量这些特性的价值的标准，在于它们对环境的经济而有效的控制。我们能够走路，就是能支配自然界的某些特性，所有其他习惯也是如此。

人们常常把教育解释为获得能使个人适应环境的种种习惯。这个定义表明生长的一个重要方面。但是，这个定义中的所谓适应，必须从控制达到目的的手段的主动的意义上来理解。如果我们把习惯仅仅看作机体内部引起的变化，而忽视这种变化在于造成环境中以后许多变化的能力，就会把“适应”看作与环境一致，正如一块蜡依照印章一样。环境被看作某种固定的东西，这种固定性为有机体内部发生的变化提供目的和标准；所谓适应不过是使我们自己切合外部环境的这种固定性。① 如果把习惯看作“习以为常”，确实是比较被动的东西。我们习惯于周围环境——习惯于我们的衣服、我们的鞋子和手套，习惯于相当稳定的气候，习惯于我们的日常朋友，等等，这些都含有被动的性质。和环境保持一致，在有机体内引起变化，而不问改变周围环境的能力，就是这种习以为常的显著特点。我们不能把这种适应（不妨称之为迁就，以别于主动的适应）的特点转到主动利用周围环境的习惯，除此以外，“习以为常”有两个主要特征值得注意。第一个特征是，我们首先通过使用事物而习惯于这些事物。

试想一下，我们怎样习惯于一个陌生的城市。初进城时，我们碰到过多的刺激，引起过多的和不易适应的反应。我们逐渐地选择一些有关系的刺激，把其他刺激降级，我们可以说我们不再对这些刺激做出反应，或者更加正确地说，我们已经对这些刺激做出持久的反应，或称为适应平衡。这种持久的适应，给我们提供一种背景，待有机会时做出各种特殊的适应。这就是“习以为常”的第二个特征。我们从来不想改变整个环境；有很多事情，我们认为理所当然，安之若素，接受现状。

① 当然，这个概念与前章所研究的刺激和反应的外部关系的概念及本章所研究的未成熟状态和可塑性等消极概念在逻辑上也是彼此相关的。

在这种背景下，我们的活动集中在环境中的某些方面，努力进行必要的改革。所以，“习以为常”就是我们对当时我们还不准备改变的环境的适应，这种环境对我们的主动习惯还具有积极的影响。

总而言之，所谓适应，既是我们的活动对环境的适应，也是环境对我们自己活动的适应。譬如，一个野蛮部落设法在沙漠平原上生活，他们使自己适应。但是，他们的适应包含最大限度的接受、忍受和容忍现状，最大限度的被动默认，以及最小限度的主动控制和利用环境。后来，文明人出现了，他们也使自己适应。但是他们引进灌溉；寻找能在这种环境中繁荣昌盛的植物和动物；通过审慎的选择，改良正在那里生长的动植物。结果，这个荒芜的地方，好像盛开的玫瑰。野蛮部落只是顺应环境，习以为常；文明人却有习惯，这些习惯能改造环境。

但是，习惯的重要性并不止于习惯的执行和动作的方面，习惯还指培养理智的和情感的倾向，以及增加动作的轻松、经济和效率。无论什么习惯，都标志着一种倾向，能主动选择习惯运行的环境。习惯并不像米考勃式的人物①，静候刺激出现才忙碌起来。习惯能主动地寻找机会，转入全面的运作。如果习惯的表现过分受阻，它就显出不自在的状态和强烈的渴望。习惯也具有理智的倾向。哪里有习惯，哪里就要熟悉所用的材料和设备。要了解习惯运行的情境，也有确定的方法。思维、观察和反思的模式变成各种技能和愿望，一同进入习惯，这种习惯使人成为工程师、建筑师、医师或商人。在不熟练的劳动

① 英国作家狄更斯的小说《大卫·科波菲尔》中的人物，幻想突然走运的乐天派。——译者注

中，智力的因素非常少，这正是因为所包含的习惯不是高级的。但是，判断和推理的习惯，正如操纵一种工具、绘制一幅画或进行一个实验的习惯一样。

但是，这种说法还不是充分表达实情的说法。在眼和手的习惯里面，包含智力的习惯，这就使眼和手的习惯的意义增加。首先，习惯的智力因素使习惯和各种不同的灵活运用的关系固定下来，因而也就和继续生长发生关系。我们常说固定的习惯，这句话的意思也许指我们所有的种种能力成为我们固定的资源，需要的时候随时可以用。但是，也有人用这句话表明老规矩，陈规陋习，没有什么新鲜，缺乏公开性和创造性。习惯的固定性可以指有一些东西牢牢地控制着我们，而不是我们自由地控制着这些东西。这个事实说明了通常关于习惯的概念的两点见解：一点是把习惯等同于机械的和外部的动作模式，而忽视智力的和道德的态度；另一点是往往给习惯以坏的含义，把习惯和“坏习惯”等同起来。很多人对他们所选择的专业的心理倾向被称为习惯可能感到惊异，他们自然而然地把吸烟、喝酒或使用亵渎的语言看作典型的习惯。对这种人来说，习惯是某种控制着他们的东西，某种即使判断力谴责它都不易排除的东西。

各种习惯和智力脱离到什么程度，这种习惯变成呆板的动作的方法，或者变成奴役我们的动作方法就到什么程度。常规性的习惯就是不加思考的习惯；“坏”的习惯没有理智，违反有意识的考虑和决定所做出的结论。我们已经说过，习惯的养成是由于我们天性所原有的可塑性：我们具有各种变化反应，直到发现一种适应有效的行动方法的能力。常规性的习惯，这种习惯控制我们，不是我们控制它们，这是抹杀可塑性的习惯。这种习惯表明丧失变化的能力。毫无疑问，随着年龄的增长，有机体的可塑性、动作的生理学基础会逐渐衰退。童年时代本能好动和热衷变化的动作，以及对新的刺激和新的发展的爱好，很容易“固定下来”，厌恶变革，躺在过去的成绩上。只有一种环境，在养成习惯的过程中，充分运用智力，才能抵制这种倾向。当然，有机体的衰老现象也影响思维中包含的生理结构。但是，这个事实只是表明需要经常注意使智力的作用产生最大限度的可能性。如果我们采取近视的方法，求助于机械的常规和反复的练习获得习惯的外表效率，没有思维的动作技能，那就是蓄意束缚生长。

三、发展概念的教育意义

本章讲到这里，很少谈到教育。我们一直在讨论生长的条件和含义。但是，如果我们的结论是正确的，它们就包含明确的教育结果。当我们说教育就是发展时，全看对“发展”一词怎样理解。我们的最后结论是：生活就是发展；不断发展，不断生长，就是生活。用教育的术语来说，就是：(1) 教育的过程，在它自身以外没有目的；它就是它自己的目的。(2) 教育的过程是一个不断改组、不断改造和不断转化的过程。

1. 当我们用比较的术语，即从儿童和成人生活的特征来解释发展时，所谓发展，就是将能力引导到特别的渠道，如养成各种习惯，这些习惯含有执行的技能、明确的兴趣以及特定的观察和思维的对象。但是，比较的观点并不是最终的。儿童具有特别的能力；忽视这个事实，便是阻碍生长所依靠的器官的发育或使它们畸形发展。成人利用他的能力改造他的环境，因此引起许多新的刺激，这些新的刺激再引导他的各种能力，使它们不断发展。忽视这个事实，发展就受阻挠，成为被动的适应。换言之，常态的儿童和常态的成人都在不断生长。他们之间的区别不是生长和不生长的区别，而是各有适合于不同情况的不同的生长方式。关于专门应付特殊的科学和经济问题的能力的发展，我们可以说，儿童应该向成人方面发展。关于同情的好奇心、不偏不倚的敏感性和坦率的胸怀，我们可以说，成人应该像儿童一样生长。这两句话都是同样正确的。

我们在本章已经评论过三种思想，这就是：（1）把未成熟状态仅仅看作缺乏发展；（2）把发展看作对固定环境的静止的适应；（3）关于习惯的僵硬性。这三种思想都和生长或发展的错误观点有关——都认为生长或发展乃是朝着一个固定目标的运动。它们把生长看作有一个目的，而不是看作就是目的。这三种错误思想在教育上相应的错误就是：第一，不考虑儿童的本能的或先天的能力；第二，不发展儿童应付新情境的首创精神；第三，过分强调训练和其他方法，牺牲个人的理解力，以养成机械的技能。这三件事都是把成人的环境作为儿童的标准，使儿童成长到这个标准。

人们不是无视自然的本能，就是把它们看作讨厌的东西——看作应该受压制或者无论如何应该顺从外部标准的可憎的特性。由于把顺从看作目的，所以青年人的个性被忽视，或被看作调皮捣蛋或不守纪律的根源。同时，又把顺从等同于一律。结果导致青年对新鲜事物缺乏兴趣，对进步表示反感，害怕不确定和未知的事情。由于生长的目的在生长过程之外，超越不断生长的过程，所以就不得不依靠外部力量使生长走向这个目的。当一种教育方法被污蔑为机械方法的时候，我们可以肯定，这就是依靠外部的压力来达到外部的目的。

2. 既然实际上除了更多的生长，没有别的东西是和生长有关的，那么除了更多的教育，没有别的东西是教育所从属的。有一句平常话说，一个人离开学校之后，教育不应停止。这句话的意思是，学校教育的目的在于通过组织保证生长的各种力量，以保证教育得以继续进行。使人们乐于从生活本身学习，并乐于把生活条件造成一种境界，使人人在生活过程中学习，这就是学校教育的最好的产物。

当我们不再企图用和成人的成就进行固定的比较来解释未成熟状态时，就不得不抛弃把未成熟的状态看作缺乏所需要的特性的见解。抛弃了这种见解，我们也就不得不放弃一种习惯，把教学看作把知识灌进等待装载的心理的和道德的洞穴，看作填补这个缺陷的方法。因为生活就是生长，所以一个人在一个阶段的生活和在另一个阶段的生活是同样真实、同样积极的，这两个阶段的生活，内部同样丰富，地位同样重要。因此，教育就是不问年龄大小，提供保证生长或充分生活的条件的事业。我们对未成熟状态先是觉得不耐烦，愈快过去愈好。于是，用这种方法教育出来的成人，回顾儿童期和青年期，感到无穷遗憾，只看到失却机会和浪费能力的景象。在我们承认生活有它自己内在的品质，而教育的任务就在于发展这种品质以前，这种讽刺性的情境将会持续下去。

认识到生活就是生长，这就使我们能避免所谓把儿童期理想化，这种事情实际上无非是懒惰成性。不要把生活和一切表面的行动、兴趣混为一谈。我们虽然不能断定，有些东西看来仅属表面的玩笑，是否就是某种初生而未经训练的能力的征兆，但是我们必须牢记，不要把表面现象认为就是目的本身。它们不过是可能的生长的征兆。要把它们转变成发展的手段和使能力进一步发展的工具，不要为了它们自己而纵容它们或培养它们。过分注意表面现象（即使用指责和鼓励的方式）也许使这些现象固定，从而使发展阻滞。对家长和教师来说，重要的事情是注意儿童哪些冲动在向前发展，而不是注意他们以往的冲动。尊重未成熟状态的正确原则，没有比埃默森①讲得再好的了。他说：“尊重儿童。不要过分摆起家长的架子。不要侵犯儿童的孤单生活。但是对于这个建议，我却听到有人叫嚷：你真要放弃公私训练的缰绳吗？你要让儿童去过他自己激情和奇想的狂妄生涯，把这种无政府状态称为尊重儿童的天性吗？我回答说，尊重儿童，尊重他到底，但是也要尊重你自己。……关于儿童训练，有几点要注意：保存儿童的天性，除了儿童的天性以外，别的都要通过锻炼去掉；保存儿童的天性，但是阻止他扰乱、干蠢事和胡闹；保存儿童的天性，并且正是按照它所指出的方向，用知识把儿童天性武装起来。”埃默森接着指出，这种对儿童期和青年期的尊重，并不为教师开辟一条容易而悠闲的道路，“却立刻对教师的时间、思想和生活提出巨大的要求。这个方法需要时间，需要经常运用，需要远见卓识，需要事实的教育，还需要上帝的一切教训与帮助；只要想到要运用这个方法，就意味着高尚的品格和渊博的学识了”。

提　　要

生长的能力，依靠别人的帮助，也有赖于自己的可塑性。这两种情况，在儿童期和青年期达到顶点。可塑性或从经验中学习的能力，就是形成习惯的意思。习惯使我们能控制环境，并且能为了人类的利益利用环境。习惯有两种形式：一种形式是习以为常的形式，就是有机体的活动和环境取得全面的、持

---

① 埃默森（G. B. Emerson，1797—1881），美国教育家。——译者注

久的平衡；另一种形式是主动地调整自己的活动，借以应付新的情况的能力。前一种习惯提供生长的背景，后一种习惯构成继续不断的生长。主动的习惯包含思维、发明和使自己的能力应用于新的目的的首创精神。这种主动的习惯和以阻碍生长为标志的墨守成规相反。因为生长是生活的特征，所以教育就是不断生长；在它自身以外，没有别的目的。学校教育的价值，它的标准，就看它创造继续生长的愿望到什么程度，看它为实现这种愿望提供方法到什么程度。

第五章　预备、展开和形式训练

一、教育即预备

我们上面讲过，教育的过程是一个继续不断的生长过程，在生长的每个阶段，都以增加生长的能力为其目的。这个概念和影响过教育实践的其他许多观念形成鲜明的对比。讲清楚这种对比，这个概念的含义将更清楚地显露出来。首先一个对比，是关于教育乃是一种预备的过程或做好准备的思想。当然，所预备的乃是成人生活的种种职责和权利。儿童在社会中不被视为有充分正式地位的成员。他们被看作候补人，列在等待批准的名单上。这个概念仅比下面一种看法稍稍前进一步，这就是认为成人的生活本身并没有意义，只是作为“另一种生活”的预备期。这种把教育看作预备的观念只是我们曾经批评过的关于生长的消极性质的和缺乏性质的概念的另一种形式。所以我们将不再重复批评，而是进而研究把教育建立在这个基础上所产生的不良后果。

第一，这种观点丧失动力。原动力未被利用。众所周知，儿童生活在现在，这不仅是一个不能回避的事实，而且是一件好事。将来只是作为将来，它缺乏紧迫性和可见的形体。为某件事情做预备，如果不知道去预备什么，也不知为什么要预备，这是抛弃已有的力量，而在模糊的机会中寻找动力。

第二，在这种情况下，助长了犹豫不决和拖延。所预备的将来非常遥远，在将来变为现实以前要经过很长的时间。为什么急于为将来做预备呢？拖延的引诱大大增加，因为现在提供许多极好的机会，邀请人们去做很多惊险的活动。注意力和精力自然用在这些方面，教育的结果只好任其自然增长，但是，如果全力使环境尽可能具有教育作用，教育效果就更大。

第三，用传统一般的期望和要求替代受教育者个人的特殊能力的标准。把以个人的优点和缺点为基础的严格的和明确的判断，代之以模糊不定的观念，预期青年在遥远的将来的成就。例如，年终升级时，准备升大学时，或开始担任与试用期不同的严肃工作任务时，由于我们把注意力从战略性的地方移到比较无效益的地方，对所造成的损失不可能估计过高。这种办法自以为成功的地方——自以为为将来做了预备，实际上正是它最失败的地方。

第四，预备的原则使人不得不极大地求助于利用外来的快乐和痛苦的动机。如果预期的未来和现在的可能性割裂，就没有激发和指导的力量，必须另外搭上一些东西，才能发生作用。于是就采用威逼利诱的方法，以奖赏为诺言，以痛苦为威胁。为了现在的缘故和为了生活上的需要而做的有益于健康的工作，大部分是无意识的。刺激存在于一个人实际上所面临的情境中。但是如果我们忽略了这个情境，就必须告诉学生：如果他们不按规定的方法去做，自然要受到惩罚；如果他们按规定的方法做，就可以希望在将来一定时间获得报酬，以补偿现在的牺牲。每个人都知道，为预备将来而忽视现在可能性的教育制度，基本上都不得不诉诸各种惩罚的制度。于是，由于学生讨厌这种方法的严厉苛刻和软弱无能，他们又摇摆到另一极端，为后来所需要的一点儿知识包上糖衣，以便哄骗学生，使学生吃些本不想吃的东西。

这当然不是一个教育应否为未来做预备的问题。如果教育是生长，这种教育必须循序渐进地实现现在的可能性，从而使个人更适合于应付后来的要求。生长并不是有空的时候能够完成的东西，生长是不断地通向未来。如果校内和校外的环境能提供适当地利用儿童现在的能力的条件，那么从现在产生出来的未来是肯定能得到照顾的。把教育看作为将来做预备，错误不在强调为未来的需要做预备，而在把预备将来作为现在努力的主要动力。为不断发展的生活做预备的需要是巨大的，因此，应该把全副精力一心用于使现在的经验尽量丰富，尽量有意义，这是绝对重要的。于是，随着现在于不知不觉中进入未来，未来也就被照顾到了。

二、教育即展开

有一种教育观念自称是根据发展的思想。但是，这个教育观念，它一只手提出的东西，却用另一只手收了回去。发展不被构想为继续不断的生长，而被视为潜在能力向特定的目标展开。这个目标又被设想为完全的、完美无缺的。任何阶段的生活都没有达到这个目标，只是向这个目标的展开。从逻辑上说，这个学说只是预备说的变种。实际上，这两个理论的区别在于：预备说的追随者重视青年正在准备的实际的和专业的职责，而发展说则提到正在展开的原则所具有的理想的和精神的特性。

主张展开说的人认为生长和进步不过是一步步向着终极不变的目标接近，这种观念是心理从静止人生观转到能动人生观的最后一个弱点。它模拟能动的生活方式，赞扬发展，赞扬过程，赞扬进步。但是，发展和进步都被视为只是过渡性质的，它们本身并没有什么意义。发展和进步只有看作离开现在正在进行的事情向某种东西的运动才有意义。因为生长只是一个向着完善的人的运动，所以，最后的理想是固定不变的。一个抽象不定的将来，控制着一切含有贬低现在的能力和机会的观念。

既然发展的标准、完美无缺的目标离我们很远，非我们所能及，那么，严格地说，就是达不到的。因此，为了要用这个目标来指导现在，必须把它化为能够代表它的东西。否则，我们就不得不把儿童的任何一个表现都看作从内部的展开，因而都是神圣不可侵犯的。如果我们不树立某种正确的标准来代表这个理想的目的，借以判断某种态度和行为是否接近或远离这个标准，那么我们的唯一选择便是撤回环境的一切影响，以免它们妨碍正当的发展。这种办法实际上是行不通的，必须设置一个工作的代替品。通常这种代替品自然是成人希望儿童获得的某种观念。所以，教师就通过"暗示性的提问"或者某种别的教育方法，从学生那里"引出"教师所希望的回答。如果得到所希望的回答，就证明儿童正在正当地展开。但是，在这方面学生一般没有自己的主动性，结果使他们胡乱摸索所要的东西，并使他们养成依赖别人提供线索的习惯。正因为这些方法模拟一个正确的原则，并自称得到认可，这种方法可能比直截了当地告诉儿童造成的危害更大。采用告诉的方法，至少儿童记得多少，就存留多少。

在哲学思想领域内，曾经有过两次有代表性的尝试，提供绝对目标的一个工作典型。这两次尝试都从人类生活中"内在的"整体——绝对——开始。他们认为，完美无缺的或完全的理想不仅是一个理想；此时此地它在起着作用。但是，这种理想的存在只是含蓄的、"潜在的"，或者只是处于被包着的状态。所谓发展，就是逐步地使包着的东西明显外露。这两个哲学体系的创始人福禄培尔和黑格尔，对于如何逐步实现这个完美原则的道路有着不同的看法。照黑格尔的意思，一系列的历史制度，体现绝对中种种不同的要素，完善的原则就是通过历史制度实现的。照福禄培尔的意思，实现这个完善原则的力量，是给儿童呈现和绝对的重要特性相应的符号，这些符号基本上是属于数学的。当这些符号呈现在儿童面前时，潜伏在他内心的整体或完美被唤醒。有一个简单的例子可以表明这个方法。每个熟悉幼儿园的人，都不了解儿童集合的圆圈。圆圈是把儿童分组的一个便利的方法，但是这样说还不够。所以，必须用圆圈，这乃是“因为圆圈是普通人类集体生活的象征”。

福禄培尔承认儿童天赋能力的重要性，他对儿童的热情关怀，以及他在劝使他人研究儿童方面所起的作用，也许是近代教育理论中使生长的概念得到普遍承认的一股最有效的力量。但是，由于他把发展理解为现成潜伏的原则的展开，以致严重地阻碍了他的发展概念的表述，以及促进发展的方法的组织。他没有看到，不断的生长就是生长，不断的发展就是发展，因而强调已经完成的产品。所以他树立了一个目标，这个目标使生长受阻。他建立一个标准，除非化为一种抽象的和象征性的公式，否则不能实际用来直接指导种种能力。

一个遥远的完全展开的目标，用专门的哲学语言来说，是先验论的。就是说，这种目标与直接经验和知觉没有关系。就经验而论，这种目标是空洞的；它代表一种模糊的情感上的渴望，而不是代表可用理智领会和说明的东西。这种模糊性必须用某种先验的公式来补偿。福禄培尔通过把经验中的具体事实作为先验的发展理想的符号而把两者联系起来。按照某种武断的先验公式（每个先验的概念都是武断的），把已知的事物作为符号。这种办法容易引起一种浪漫主义的幻想，捕捉引起幻想的任何相似的东西，并把它们看作规律。在象征主义的计划决定以后，必须发明某种明确的方法，使儿童理解所用感觉符号的内在意义。成人是象征主义的制订者，他们自然也是这种方法的创造者和管理者。其结果就是，福禄培尔偏重抽象的象征主义，往往胜过他的富于同情心的真知灼见。这就是教育史上曾出现的以专断的和从外部强加的命令式的计划代替了发展。

照黑格尔的意思，要找一个和我们所要用来代表难以理解的绝对的相对应的具体的东西，就要采取制度的形式，而不是采取象征的形式。黑格尔的哲学和福禄培尔的哲学一样，在一个方向表明对正确的生活过程的概念做出必不可少的贡献。黑格尔很懂得抽象的个人主义哲学的缺陷；他认识到要彻底扫除历史上的种种制度，把历史制度看作生于诡计和养于欺诈的专制主义的东西，都是不可能的。黑格尔在他的历史和社会哲学中总结了历来德国著作家如莱辛、赫尔德、康德、席勒、歌德等人的学说，使人认识伟大的人类集体制度的产物的教育力量。从那以后，凡是认识这个运动的教训的人，都不可能把制度或文化看作人为的东西。这个运动的教训，从观念上而不是在事实上彻底摧毁了把“精神”看作纯粹个人现成的占有物的心理学，表明“客观的精神”——语言、政府、艺术、宗教——在形成个人精神方面的重要意义。但是，由于黑格尔念念不忘绝对目标这个概念，他就不得不把种种制度按照它们的具体状况排成逐步向上接近的阶梯。这个阶梯的每级，在时间和地点上都是绝对必需的，因为每级都是绝对精神的自我实现过程的一个阶段。这种一层一层的阶段，它的存在证明它是完全合理的，因为它是整体的一个组成部分，这个整体就是理性。和制度相比，个人没有精神的权利；个人的发展和教养在于对现存制度的精神的恭顺同化。教育的本质是顺从，而不是改造。历史表明，各种制度是变化的，但是，制度的变化，国家的兴亡，都是“世界精神”的事情。至于个人，除非伟大的“英雄人物”，他们是“世界精神”所选的喉舌，否则都是没有份的。19 世纪末期，这派唯心论和生物进化论结合起来，以为“进化”是能自己发展以达到自己目的的一种力量。个人的有意识的观念和抉择，同进化的力量对抗，或与进化的力量比较，是无能为力的。或者，更确切地说，个人只是进化成就自己的工具罢了。社会进步是一种“有机体的发展”，不是实验选择。理性是强大的，但是只有绝对理性才有力量。

伟大的历史制度是精神的理智教养的积极因素，这种认识(或重新发现，因为希腊人熟悉这个概念）在教育哲学上是一个巨大的贡献。这种观念表明它真正比卢梭进步。卢梭主张教育必须是自然发展，不是从外部强加于个人或移植给个人，但是卢梭认为社会条件不是自然的，这个看法有损于他的主张。但是黑格尔的理论也有缺点。黑格尔认为，发展的目的是完全的，是包罗万象的，这种理论虽然抽象地夸大个人，却淹没了具体的个性。一部分黑格尔的追随者想用社会是一个有机的整体或有机体的概念，来调和全体和个性的要求。社会组织须以个人能力的适当运用为先决条件，这是不容置疑的。但是，如果按身体器官相互之间的关系以及身体器官与整个身体的关系，来解释社会有机体，就意味着每个人都有一种有限的地位和功能，要求用其他器官的地位和功能来补充。譬如身体组织的一部分被区分开来，它可能是手而且只能是手，另一部分可能是眼睛，等等，等等，各部分合起来成为一个有机体。说到社会，可以把各个人区分开来，一个人可以区分开来负责社会的机械的运行，另一个人负责政治家的工作，再另一个人负责学者的工作，等等。因而这种“有机体”的概念被用来为社会组织的阶级差别提供哲学的认可——这个概念在教育上的应用，又意味着外来的命令，而不是自然的生长。

三、教育即官能的训练

有一个理论在生长的概念很有势力以前已经存在，而且风行一时，这就是“形式训练”的理论。这个理论有一个正确的理想，即教育的一个结果，应该是创造使人成功的特殊能力。一个受过训练的人，对他切身有关的重大事情，应该做得比没有受过训练的人更好。所谓“更好”是指更加娴熟，更有效率，更加经济，更加敏捷，等等。之所以说这是教育的一个结果，我们在前面讲习惯就是教育发展的产物时已经说过了。但是，关于这个理论，好像要取一条捷径，它把有些能力（下面就要提出）看作教学的直接的和有意识的目的，而不仅仅作为生长的结果。一个人有一定数量的能力需要训练，正如人们可以列举打高尔夫球的人必须掌握几种打法一样。所以教育应该直接以训练这些能力为目的。但是照这样讲，表明已经有未经训练的种种能力存在；否则，它们可能是其他活动和方法的间接产物。既然这些能力已经存在，只是未经训练，那么，教育所要做的事就是不断地和分阶段地反复练习，使这些能力不可避免地得到精炼和完善。应用在这种概念上的“形式训练”，所谓“训练”既指经过训练的能力的结果，也指通过反复练习的训练方法。

上面所说的种种能力，诸如知觉、保持、回忆、联想、注意、意愿、感觉、想象、思维等能力，只要用材料来练习，就能形成各种官能。这个理论的经典形式是洛克表述的。他认为，一方面，外部世界通过我们被动地接受的感觉给我们材料或知识的内容，另一方面，我们的心智有一定数量现成的能力，如注意、观察、记忆、比较、抽象、组合等等，如果心智能把事物按照它们在自然界的联合和分化加以区别和联合，就形成知识。但是，对教育来说，重要的事情是练习这些心理官能，使它们成为稳固的习惯。主张这个理论的人，常常用这样一个比喻：一个玩弹子游戏的人或者体操家用同一方法反复练习某些肌肉，终于获得自动的技能。甚至思维的官能也能通过反复练习简单区别的联合养成熟练的习惯。洛克认为，数学对此可以提供无与伦比的机会。

洛克的主张很适合当时的二元论。这种说法似乎对于心和物、个人和世界都能顾到。其中之一，提供心智应该工作的知识材料和对象。另一个，提供特定的心理能力，这些心理能力数量不多，可用特别的练习进行训练。这个计划似乎对于知识的材料有相当的影响，但是，它坚持教育的目的不在于单纯吸收知识和储藏知识，而在于形成个人注意、记忆、观察、抽象和概括的能力。这个计划一方面有现实主义的色彩，强调一切知识材料都是从外界接受来的；另一方面有理想主义的色彩，强调最终要形成智力。这个计划是客观的、非个人的，主张个人不能依靠自己占有或产生任何真正的观念；但它又是个人主义的，主张教育的目的是完善个人固有的各种官能，这种价值分配准确地表示了洛克以后几个世代的见解。不必明白地引证洛克，这种见解已成为教育理论和心理学上的常识。事实上，这种见解似乎给教师提出了明确而不是模糊的任务，使教师确定教学技术的工作比较容易。所需要的，是给每种能力足够的练习。这种练习就是使学生**反复运用**他的注意、观察、记忆等能力。把许多动作按难易分成等级，使每组重复动作比前一组的重复动作困难一些，一个完整的教学方案就产生了。

我们可以用同样确定的方法，就这个概念提出的基本原则及其在教育上的应用进行批评。

1. 最直接的抨击也许在于指出观察、回忆、决心、思维等假定的原始官能纯属虚构。没有这种现成的能力等待着练习，并从而得到训练。我们确实有很多原来的天赋倾向、种种本能的动作模式，这些天赋倾向和动作模式都以中枢神经系统的神经元的原始连接为基础。譬如，我们的眼睛有追踪和注视光线的冲动倾向，我们颈部的肌肉有转向光线和声音的冲动倾向，我们的双手有伸手取物、旋、捻和捶击的冲动倾向，我们的发音器官有发声的冲动倾向，我们的口有喷出使人不愉快的物质、张开和卷曲嘴唇的冲动倾向，等等。但是，第一，这些倾向并不是少量的，彼此没有截然的界限，而是有无限的种类，以各种难以捉摸的方式相互交织在一起。第二，这些倾向并非只需加以练习就可以完善的潜在的智能，而是以某种方式去应付环境中的变化，以便引起其他变化。譬如，喉咙里有了一些东西，便使人咳嗽；有一种要吐出这令人不快的东西的倾向，从而改变原来的刺激。又如，手碰到一件热的东西便冲动性地、完全非理智地急缩回来。但是把手缩回来改变了运作中的刺激，使这些刺激和有机体的需要更加一致。通过有机体活动的这种特殊变化，借以应付环境中的特殊变化，实现对环境的控制（参见第 31 页）。我们最初的一切所见、所闻、接触、嗅觉和尝味，都属于这一类倾向。这类动作都缺乏精神的、理智的或认知的特性，无论多少次反复练习，都不能使这类动作有观察、判断或有意识的行动（意志）所具有的理智的特性。

2. 所以，我们对原始的冲动性活动的**训练**，并不像人们通过练习强化肌肉那样，可以通过“练习”而得以精炼和完善。这种训练包括：第一，从在特定时间所引起的散漫的反应中，选择那些特别适应利用刺激的反应。就是说，我们的眼睛在受光线刺激时，我们的全身①特别是手，本能地做出种种反应。在这些反应里面，选择那些特别适应有效地接近、抓住和处理对象的反应，其余不适宜的反应都逐渐消灭，否则就没有训练发生。我们前面讲过，最初的许多反应除了极少数例外，过分散漫和一般，实际上对人类婴儿没有多大用处。所以训练和有选择的反应是一件事。（比较第 32 页）第二，和选择作用同样重要的，是所发生的反应的各种因素的特殊协调作用。譬如，我们的眼受光刺激时，引起种种反应，我们不但选择适于抓的动作的手的反应，还要选择能恰好引起这些反应，而不引起其他反应的特殊视觉刺激，并建立两者之间的联系。但是，协调作用并不止于此。当我们的手抓住物件时，也许要发生特有的温度反应。这些反应将会引进来；以后，温度反应可能直接与光刺激发生联系，手反应被抑制——因为看见明亮的火焰，即使不曾接触，也会使人离开。儿童拿着物件，用它来敲打，或者把它扭弯，由此发出一种声音。耳朵的反应便引进反应系统。如果别人发出某种声音（一个习惯的名字），伴随着活动，耳朵和发音器官的反应与听觉刺激联系起来，也就变成复杂的反应中的一个相关因素。②

---

① 事实上，各种反应相互之间的联系非常密切，有很多建造的通道，每个刺激，在所有反应器官中都带来一些变化。但是，我们习惯于忽略整个有机体活动的大多数变化，而集中在特别最适应当时最紧急的刺激的一个反应。

② 这几句话应与前面所说的有关反应的顺序和排列互相参看。这里所说的话，不过是一种更为明显的说法，指出连续的安排发生的方法。

3. 反应和刺激的相互适应愈加专门化（因为考虑到活动的顺序，反应适应刺激，刺激也适应反应），所获得的训练就愈加刻板，愈加不易普遍应用。换言之，训练的理智的或教育的性质就愈少。这个事实的通常说法就是，反应愈加专门化，在练习和完善这个反应中所获得的技能，愈加不容易转移到其他行为方式中。按照正统的形式训练理论，一个学生在学习拼法时，除拼写那个特殊的词的能力以外，还增强观察、注意和回忆的能力，在需要这些能力时，都能加以运用。事实上，如果学生愈加限于注意和注视词的形式，而不顾这个词和其他事物的联系（例如词的意义，习惯使用时的上下文关系，词语的派生和分类，等等），这个学生除了注意词的视觉形式之外，愈少获得可以用于其他事情的能力。他甚至不能用此增加辨别几何图形的能力，更不用说一般的观察能力了。这个学生只是选择字形所给的刺激以及口读默写的运动反应。协调的范围极其有限。学生在仅仅练习字母和词的形式时，有意识地排除在其他观察和回忆（或再生）中所用的联系。这些联系被排除以后，需要时不能恢复。他所获得的观察和回忆词语形式的能力，不能用来观察和回忆其他事物。用通常的话来说，这种能力不能迁移。但是，前后的关联愈宽广——就是说，协调的刺激和反应愈多样化——获得的能力愈能用来有效地完成其他行为；严格地说，不是因为有任何“迁移”，而是因为在特殊的行为中所利用的大量因素，等于范围广泛的活动，等于灵活的而不是狭隘的和呆板的协调作用。

4. 归根结底，形式训练理论的基本谬误是它的二元论。这就是说，这个理论把人的活动和能力与所用的材料分离开来。其实我们并没有所谓一般的看、听或记忆的能力，我们只有看、听或记忆**某种东西**的能力。离开练习所用的材料，一般的心理的和身体的能力的训练全是废话。练习身体可能对血液循环、呼吸和营养起反应，发展体力，但是要使这种力量适用于特殊的目的，必须和完成这些目的的物质手段联系起来使用。一个有活力的人能比身体虚弱的人把网球或高尔夫球打得更好，把帆船驾驶得更好，但是，只有以特定的方式使用网球和网球拍、高尔夫球和高尔夫球棒、帆和舵柄，才能成为打网球、打高尔夫球或驾驶帆船的能手。几件事里，我们在一件事上的熟练技能，只有当它表示优良的肌肉协调作用的能力倾向或者包含同样的协调作用时，才能在另一件事上获得熟练技能。此外，我们训练拼法能力有两种方法：一种方法是仅注意狭隘的上下文中的视觉形状，训练拼字的能力；另一种方法是联系需要领会意义的活动，如上下文、词源等来看视觉形状，训练拼写能力。这两种训练方法的区别，可以和在健身房练习滑车举重来“发展”某些肌肉和竞技或运动游戏的差别相比较。前一种训练是不变的、机械的，是呆板的、专门化的。后一种训练是时刻变化的，没有两个动作完全相同；必须对付新的突发事件；形成的协调必须是灵活的、有伸缩性的。所以，这种训练是比较“一般的”；换句话说，它包含较广的范围，包含更多的因素。心智的专门教育和普通教育，完全和这两种操练的区别相似。

单调的没有变化的练习，可以通过练习在一种特别的动作上获得高度技能。但是，这种技能，不管是簿记，或对数的运算，或关于碳氧化合物的试验，都限于这种特别的动作。一个人也许是某个领域的权威，但是，除非他在专门领域的训练和其他领域所用的材料有关系，否则对于其他没有密切联系的事情，其判断力的拙劣也许超过一般的程度。

5. 所以，像观察、回忆、判断、审美等能力，都是天赋的主动倾向运用某些材料的有组织的结果。一个人并不是通过按一个按钮使观察的官能开始活动（换言之，通过“愿意”观察）就能仔细地、全面地进行观察；但是，如果他有某种事情要做，而这件事只有通过集中地和广泛地使用眼和手才能顺利地完成，那么他自然会去观察。观察的能力是感觉器官和材料相互作用的一个产物、一个结果。因此，观察力将随所用材料的不同而不同。

所以，除非我们先决定我们希望学生熟练观察和回忆的是什么材料，为了什么目的，否则只顾发展学生的观察和记忆等等官能，都是劳而无功的事情。这里只是用另一种形式重复我们已经说过的话，就是声称在这里必须采取社会的标准。我们希望这个人注意、回忆和判断的事物须能使他成为他所联系的群体的一个有效成员。否则，我们就不妨使学生仔细观察墙上的裂缝，记忆一种陌生语言的无意义的单词表——这差不多就是当我们屈服于形式训练时实际上所做的事情。如果一个植物学家、一个化学家或一个工程师的观察习惯，比这样养成的习惯好，这就是因为他们所处理的材料是生活中比较有意义的东西。

总结一下这部分的讨论，我们注意到专门教育和普通教育之间的区别和功能或能力的可迁移性无关。按字义来说，任何迁移都是不可思议的、不可能的。但是，有些活动有宽广的范围；它们包含许多因素的协调作用。它们的发展要求继续不断的变换和调整。当条件有变化时，某些因素须退居从属地位，而原来比较次要的因素反而变得重要。行动的焦点经常出现重新分配，正如我们在利用一系列一致的动作去拉一个质量固定、运动方向相反的物体的例子中所见到的那样。因此，随着活动的焦点的转移以适应材料的变化，立刻进行新的组合的练习。哪里活动的范围宽广（就是说，这种活动包含多种附属活动的协调作用），而且不得不经常地、突然地改变循序渐进发展的方向，哪里就必然能发生普通教育的效果。因为这就是“普通”的含义，范围宽广而动作灵活。实际上，教育符合这些条件。因此教育考虑社会关系到什么程度，它所具有的普通性质就到什么程度。一个人可能擅长专门的哲学、语言学、数学、工程学或财政学，而在他专业以外的行动和判断中却愚蠢妄为。但是，如果他把这些专门性题材的研究和具有广阔的社会意义的人类活动相联系，那么，所引起作用和灵活结合的主动的反应的范围就广阔得多。所用材料和社会背景的割裂，是当前教育实际中心智的普通训练的主要障碍。文学、艺术、宗教等等如果和社会背景脱离，就和专门主张普通教育的人所强烈反对的专门的东西同样狭隘。

提　　要

教育过程的结果是进一步教育的能力，这个概念和曾经深刻地影响教育实践的其他几个概念相反。第一个相反的概念，是把教育看作某种将来的职责或权利的预备。这个目的把教师和受教育者的注意力从可以有成效地指向的唯一目的——利用当前的种种需要和可能——上引开。我们论述了这一事实所造成的特殊恶果，因此，这个概念达不到它自称的目的。第二个相反的概念，是把教育看作是从内部的展开。这个概念似乎和前面提出的生长的概念比较相似。但是，像福禄培尔和黑格尔理论所提出的那样，这个概念忽视当前有机体的倾向和当前环境的相互作用，与预备的概念有同样的流弊。某种含蓄的整体被看作现成的，生长的重要性只是暂时的，生长本身并不是目的，只是使已经含蓄的东西显露出来的手段。因为不显露的东西不能明确使用，必须寻出一种可以代表它的事物。按照福禄培尔的意思，某些物体和动作（主要是数学方面的）的神秘的象征价值代表正在展开过程中的绝对整体。按照黑格尔的意思，现存的种种制度就是这种绝对整体的有效的实际代表。强调符号和制度，使人转移对经验直接生长丰富的意义的认识。还有一个有影响的但有缺点的理论，认为心灵生来具有某些心理官能或能力，如观察、记忆、意愿、判断、概括、注意等等，教育就是通过反复练习训练这些官能。这个理论把教材看作比较外部的东西、不重要的东西，教材的价值只在于它可以引起一般能力的练习。我们对这种所谓的各种能力的相互割裂及能力与所作用的材料之间的割裂进行了批评。这个理论在实践中的结果，表明过分强调训练狭隘的和特殊的技能而牺牲主动性、创造性和适应性——这些特性，有赖于各种特殊活动的宽广的和连续的相互作用。

第六章　保守的教育和进步的教育

一、教育即塑造

我们现在要谈一种教育理论，这种理论否认官能的存在，强调教材对发展智力和道德品质的独特作用。按照这个理论，教育既不是一个从内部开展的过程，也不是存在于心灵本身的官能的训练，而是依靠从外部提示的教材，通过建立内容的种种联合或联结而塑造心灵。教育通过严格意义上的教学进行，从外部构筑心灵。教育是心灵的塑造，这一点没有疑问；这是我们曾经提出过的概念。但是，这里的塑造有专门的意义，它有赖于从外部起作用的某种东西的思想。

赫尔巴特是这种理论历史上最好的代表。他绝对否认天生官能的存在。他认为，多种实际存在的事物作用于心灵，心灵不过是富有对这些事物做出反应，产生各种特性的能力。这些在性质上各种不同的反应，称为表象（vorstellungen）。每个表象一旦产生，就持续存在；我们的心灵对新材料的反应就是产生新的、更有力的表象，旧的表象也许被驱至意识阈之下，但是，它的活动，通过它自身固有的动力，在意识底下继续进行。所谓官能，如注意、记忆、思维、知觉，甚至情操，都是这些被淹没的表象相互作用及其与新表象相互作用所构成的种种安排、联合和复杂结构。例如，知觉就是旧表象欢迎新表象并与新表象结合而成的表象的复杂结构；记忆就是新表象激起旧表象，使旧表象升到意识阈之上；等等。又如，快乐是各种表象独立活动强化的结果，痛苦是各种表象各方面牵引的结果，等等。

所以，心灵的具体特性完全在于各种不同性质的表象所形成的各种不同的安排。心灵的“内容”就是心灵。心灵完全是一个“内容”问题。这个理论的教育含义有三方面。（1）我们所以有这种或那种心灵，完全是由于利用事物形成的，这些事物能引发这样或那样的反应，所引起的反应能产生这样或那样的安排。心灵的塑造完全是一个提出恰当的教材的问题。（2）因为先前的表象构成“统觉器官”，用以控制同化新的表象，所以，先前表象的性质十分重要。新表象的作用是强化以前形成的组合。教育者的任务首先是选择恰当的材料以固定原来的反应；其次，根据先前的处理所积蓄的观念，安排后来的表象的顺序。控制是从后面来的，是从过去来的，就像展开的概念那样，不在最终的目标中。（3）一切教学方法都可以规定几个正式的步骤。提示新教材显然是中心一环，但是，既然认知在于使新教材和已经淹没在意识之下的内容的相互作用，教学的第一步就是“预备”。所谓预备，就是唤起旧表象的特殊活动，使它升到意识的表面，同化新的表象。在提示新教材以后，跟着是许多新旧表象相互作用的过程；再进一步就是运用新形成的内容，完成某种工作。无论教什么，都必须通过这样的过程；因此，不论学生年龄的大小，一切科目的教学完全采用统一的方法。

赫尔巴特的伟大贡献在于使教学工作脱离陈规陋习和全凭偶然的领域。他把教学带进了有意识的方法的范围，使它成为具有特定目的和过程的有意识的事情，而不是一种偶然的灵感和屈从传统的混合物。而且，教学和训练的每件事，都能明确规定，而不必满足于终极理想和思辨的精神符号等模糊的和多少神秘性质的一般原则。他抛弃形式训练的理论，这种理论主张，我们有许多现成的官能，可以通过练习任何材料得到训练。他十分重视注意具体教材，注意内容。赫尔巴特在注意教材问题方面比任何其他教育哲学家都有更大的影响，这是无疑的。他用教法和教材联系的观点来阐明教学方法上的各种问题：教学方法必须注意提示新教材的方法和顺序，保证新教材和旧教材的恰当的相互作用。

这个观点的基本理论上的缺陷在于忽视生物具有许多主动的和特殊的机能，这些机能是在它们对付环境时所发生的改造和结合中发展起来的。这个理论表明教师得到了自己名分应得的荣誉。这个事实，既有它的优点，也有它的缺点。根据这个理论，心灵包含所传授的事物，而所传授的事物所以重要，在于它有利于进一步的教学。这个概念能反映教师的人生观。哲学上有关教师教授学生的职责讲得很有说服力，但是关于教师的学习权利，却一字不提。这种哲学强调智力环境对心灵的影响，但忽视环境实际包含个人对共同经验的参与。这种哲学出乎情理，过分夸大有意识地形成和运用的方法的可能性，而低估充满活力的、无意识的态度的作用。这种哲学坚持古旧的和过去的东西。简言之，赫尔巴特的哲学考虑教育的一切事情，唯独没有考虑教育的本质，没有注意青年具有充满活力的、寻求有效地起作用的机会的能量。一切教育都能塑造智力的和道德的品质，但是这种塑造工作在于选择和调节青年天赋的活动，使它们能利用社会环境的教材。而且，这种塑造工作不只是先天活动的塑造，而是要通过活动进行塑造。这是一个改造和改组的过程。

二、教育是复演和追溯

向终极目标发展和从外部进行塑造，这两种思想的特殊结合产生了教育上的复演理论，包括生物学的复演说和文化复演说。根据这个理论，个体在发展，但是他的恰当的发展，在于有秩序地重复动物生活和人类历史过去进化所经过的许多阶段。动物生活的复演是在生理学上发生的，人类历史的复演应该依靠教育使它发生。在生物学上，有人主张个体的成长从简单的胚胎到成熟，是重复动物生活进化的历史，从最简单的形式进化到最复杂的形式（用专门的术语来说，就是个体发育与种系发育并行），这个观念，除了假定它为过去的复演提供科学的基础以外，与我们没有关系。至于文化复演说，这个理论认为儿童在一定年龄的智力和道德的状况下，与野蛮时代的人一样；他们的本能是漂泊不定的、掠夺性的，因为他们的祖先有一个时期过着这样的生活。主张这个理论的人因此推断，在这个时期，儿童教育的合适的教材，就是人类在相似阶段所创作的材料，特别是神话、民间故事和歌谣这一类文学材料。然后，儿童通过某种与游牧时代生活方式相应的阶段，一直到他准备参与现代生活的时候，他就到达现代文化时代。

除德国一个小学派（多数是赫尔巴特的追随者）以外，一贯信守这个理论的人并不多。但是，这个理论的基本思想认为：教育在本质上是追溯性质的；教育主要是回顾过去，特别是追溯过去的文学作品。我们按过去的精神遗产的模型塑造心灵到什么程度，心灵就被适当地塑造到什么程度。这个思想对高等教育具有特别巨大的影响，所以值得对它极端的主张做一番考察。

首先，这个观念的生物学基础是错误的。人类婴儿胚胎的发育，无疑保存低级生活形式的一些特性。但是，婴儿丝毫并不严格通过过去的许多阶段。如果说有什么严格的重复的“规律”，那么进化发展显然不会发生。照这样讲，每个新的世代都不过是重复前人的生活方式。简单地说，发展就在于修改从前的生长计划和另辟捷径。这个事实表明教育的目的就是促进这种缩短路线的成长。从教育上说，儿童未成熟状态的很大优点，就是使我们能解放儿童，无须走过去的老路。所以，教育的任务在于使儿童从复演过去和重蹈覆辙中解放出来，而不是引导他们去重演以往的事情。儿童的社会环境是由文明人的思维和感情的种种习惯的行为构成的。如果忽视目前这种环境对儿童的指导性影响，就是放弃教育的功能。有一位生物学家曾经说过：“各种动物发展的历史，给我们提供一系列机灵、坚决、多样但又多少不很成功的努力，以避免必须复演过去，而以比较直接的方法替代祖先的方法。”当然，如果教育不在有意识的经验里审慎地促进类似的努力，使这种努力越来越成功，那将是愚蠢的。

这个复演的概念含有两个正确的因素，要把它们和歪曲这两个因素的错误见解区分开来。第一点是在生物学方面，我们所得的事实，不过是任何婴儿都开始有各色各样冲动性的活动，这些活动是盲目的，其中有许多活动互相冲突，偶然发生，零星分散，和它们当前的环境不相适应。第二点是，以往历史的成果只要有益于将来都应该利用它们。这种利用乃是我们智慧的一部分。因为它们代表从前经验的成果，它们对将来经验的价值当然是非常巨大的。过去创造的文献，只要人们现在还掌握并加以利用，就是个人当前环境的一部分；但是，把它们作为我们当前的资源和把它们当作追溯性质的标准、模式，两者还有极大的区别。

1. 第一点所以被曲解，通常来自遗传概念的误用。有人以为遗传就是过去的生活不知怎么地预先决定了个人的主要特性，这些特性非常牢固，很难做重大的变动。这样理解就把遗传的影响和环境的影响对立起来，轻视环境的功效。但是，为了教育的目的，遗传恰恰就是一个人所有的禀赋。教育必须从一个人的禀赋着手。某个人有这样那样的天赋的活动能力，这是一个基本的事实。这些天赋能力以这样那样的方式产生，或者来自祖先的遗传，和它们现在存在这个事实比较，这个事实虽然对生物学家来说也许很重要，但是对教师来说，他只注意现在已有的能力，能力的来源对他并不特别重要。假如我们指导一个人有关继承遗产的问题，如果说因为这是遗产就能决定它未来的用途，这个假设的谬误是很明显的。指导者的任务是充分利用已有的东西——使已有的东西在最有利的条件下起作用。他当然不能利用不存在的东西，教师也不可能利用不存在的东西。在这个意义上，教育受到遗传的制约。承认这个事实，可以防止能力的消耗，以及现在十分流行的想通过教学养成一个人天性不近的东西的习惯所激起的愤怒。但是，这个理论并不决定怎样利用已有的能力。而且除低能儿以外，甚至比较迟钝的人所具有的天赋能力也比我们懂得如何利用的能力种类多，潜力大。因此，我们对儿童天赋能力和缺陷的审慎研究，虽然总是首先必须做到的事情，但是随后的重要步骤乃是提供一种环境，无论现在有什么活动，这种环境都能适当地发生作用。

遗传与环境的关系在语言学习方面表现得很清楚。如果一个人没有发出清晰声音的发音器官，如果他没有听觉器官或其他感觉感受器，没有这两种器官的联合，要想教他对话，简直是白费时间。这个人生来就有这种缺陷，教育必须承认这个限制。但是，如果这个人有这种天赋的器官，也不能保证他就会讲话或讲他所要说的话。他能否这样讲话，全看他的活动所在的环境和实现这些活动的环境。如果他生活在没有社交关系的哑巴社会，人们都不愿彼此交谈，仅仅使用最低限度的手势，没有这种手势，他们就不能生活，他就不会口头语言，就好像他没有发音器官一样。如果他在讲中国话的人的环境里发音，他所选择的和所调节的发音，也是发同类的语音。这个例子可以应用于一个人的全部可受教育性。这样就使过去的遗产与现在的要求和机会有确当的联系。

2. 复演论认为，适当的教材来自过去时代的文化产品，或者是一般的文献，或者是和受教育者发展阶段相应的文化时代所产生的特殊的文献。这个理论，给我们提供有关生长的过程和生长的结果分离开来的另一个例子。我们已经批判过这种分离现象。使生长的过程不断进行，并使它进行得便于将来更容易进行下去，这是教材应有的功能。但是一个人只能生活在现在。现在不只是跟在过去后面的东西，更不是过去所产生的东西。现在就是离开过去向前进的生活。研究过去的产物并不会帮助我们了解现在，因为现在并不归功于这些成果，而应归功于生活，它们是生活的成果。关于过去的知识和过去的遗产，必须和现在发生关系，必须进入现在，才有巨大的意义。把过去的记录和遗物作为主要教材，其错误在于割断现在和过去的重要联系，使过去成为现在的对手，现在成为过去的或多或少无用的模仿。在这种情况下，文化成为装饰品和安慰物，变成避难所和庇护所。人们逃避现在的粗鲁行为而生活在想象的精神之中，而不是把过去所提供的东西当作使这些粗鲁的东西成熟的一种力量。

总之，现在发生一些问题，这些问题引导我们从过去寻找启示，同时使我们找到的东西有了意义。过去之为过去，正是因为它并不包含现在所特有的东西。前进中的现在包含过去，条件是它利用过去指导它自己的运动。过去是幻想的伟大源泉；它给生活增加新的方面，但是条件是必须把过去看成现在的过去，而不是另一个和现在没有联系的世界。如果不重视现在的生活行为和不断生长的作用，这种唯一总是现在的东西，这样的原则自然要指望过去，因为这个原则所提出的未来目标是遥远的、空洞的。但是，背弃了现在，不会载着过去的废物回归到现在。对当前现实的需要和机会有适当的敏感性的心灵，对现在的背景的兴趣，具有最活跃的动机，决不会后退，因为过去和现在永远不会失去联系。

三、教育即改造

生长的理想和前面所讲的两种教育思想不同，这两种思想，一种主张教育就是从内部将潜在能力展开，另一种主张教育就是从外部进行塑造工作，不管是靠生理的本质，还是靠过去的文化遗产。生长的理想归结为这样的观点，即教育是经验的继续不断的改组和改造。教育始终有一个当前的目的，只要一个活动具有教育作用，它就达到这个目的，即直接转变经验的性质。婴儿期、青年期、成人生活，它们的教育作用处于相同的水平，就是说，在经验的任何一个阶段，真正学到的东西，都能构成这个经验的价值，也就是说，任何一个阶段的生活的主要任务，就是使生活过得有助于丰富生活自身可以感觉到的意义。

这样我们就得到一个教育的专门定义：教育就是经验的改造或改组。这种改造或改组，既能增加经验的意义，又能提高指导后来经验进程的能力。

1. 经验的意义的增长，是和我们对于所从事的种种活动相互关系和连续性的认识的提高相应的。活动开始是一种冲动的形式；这就是说，这时的活动是盲目的。这种活动不知道它在干什么，就是说，不知道它和其他活动有什么相互的作用。一个具有教育或教学意义的活动，能使人认识到过去未曾感觉到的某些联系。重提一下我们举过的简单例子，一个儿童伸手去碰火光，烫痛了，从此以后，他知道某个接触活动和某个视觉活动联系起来（反过来，某个视觉活动和某个接触活动联系起来）就意味着烫和痛，或者知道光就是热的来源。一个科学家在他的实验室里通过多种活动学到更多有关火焰的知识，在原理上毫无区别。他也是通过做一些事情，认识到过去曾被忽略的热和其他事情的联系。这样，他的活动在和这些事情的关系上，获得更多的意义；当他必须做这些事情时，他对于正在做什么，知道得更清楚；他能设想一些结果，不只是让结果自行发生。这几句话，说法不同，但都是关于同一件事情。这样一来，火焰获得了意义；所有关于燃烧、氧化作用以及有关光和温度的知识都可以变成有关火焰的知识内容的本质部分。

2. 有教育作用的经验的另一方面，是增加后来的指导或控制的能力。我们说一个人知道他在做什么，或者说他能设想某些结果，这当然就是说，他更能预料将会发生的事情；因此他能预先准备，以便获得有益的结果，避免不良的后果。这样，一种真正有教育作用的经验，一种有教育意义和足以提高能力的经验，一方面与机械般的活动不同，另一方面与任性的活动有别。（1）任性的活动，当事者“不顾发生什么结果”；

他只是任性地去做，回避把他的行动和行动的结果联系起来（这种结果就是这个行动和其他事情有联系的证明）。对于这种无目的的、杂乱无章的活动，人们往往为之皱眉蹙额，看作故意捣蛋、漫不经心或无法无天。但是有一种错误倾向，即孤立地在青年自己的性情中寻找这种无目的活动的原因。而事实上，这种活动是爆发性的，由于不能适应环境而发生。无论何时，人们在外来的命令下行动，或者按别人的指示行动，没有他们自己的目的，看不到这个行动同其他行动的关系，他们的行动就是任性的行动。一个人可以通过做一件他所不了解的事情有所学习；甚至最明智的活动，有许多是我们无意中做出来的，因为我们有意识地想做的事，有极大部分关联并没有被发觉或预料到。只是因为事情做了以后，我们看出了从前没有见到的结果，才有所认识。但是，学校很多工作就是制定规则，要求学生照做，甚至在学生做了以后，还不引导他们去发现所用的方法和结果——例如答案——之间的联系。就学生来说，整个事情只是一个把戏和一种奇迹。这种活动本质上是任性的活动，并且会养成任性的习惯。（2）机械般的活动，自动的活动，可能提高做某一特定事情的技能。就这一点看，机械般的活动也许可以说具有教育效果。但是这种活动不能使人对活动的意义和联系有新的认识，它只是限制而不是开拓意义的领域。因为环境是要改变的，我们行动的方式也必须改变，以便成功地保持和各种事物的平衡联系，孤立的、一律的行动方式在紧要关头会造成惨重的损失。这种自吹自擂的“技能”，原来是十足的愚蠢无能。

教育作为继续不断改造的思想，和在本章及前一章所批判的其他片面的观点的本质区别，是这个思想把目的（即结果）和过程视为一件事。这句话在字面上自相矛盾，但只是字面上矛盾。这句话的意思是，经验作为一个主动的过程是占据时间的，它的后一段时间完成它的前一段时间；它把经验所包含的但一直未被察觉的联系显露出来。因此后面的结果揭露前面的结果的意义，而经验的整体就养成对具有这种意义的事物的爱好或倾向。所有这种继续不断的经验或活动是有教育作用的，一切教育存在于这种经验之中。

还有一点要指出，经验的改造可能是个人的，也可能是社会的（这一点以后还要详论）。在以前各章，为简明起见，我们的讨论多少有点儿把未成年人的教育，把他们所属的社会团体的精神灌输给他们，看作似乎就是使儿童赶上成年人的能力倾向和机智。在故步自封的社会，在把维护已有的风俗习惯作为价值标准的社会，这种观点基本上适用。但是这个观点不适用于进步的社会。进步的社会力图塑造青年人的经验，使他们不重演流行的习惯，而是养成更好的习惯，使将来的成人社会比现在进步。长时期以来，人们表示要有意识地利用教育，使青年人在不应产生社会弊病的道路上开始，以消除这些显著的社会弊病。同时，他们还设想使教育成为人类实现更好希望的工具。但是，我们无疑还没有实现教育作为改进社会的建设性媒介的潜在的功效，也还远没有实现使教育不仅阐明儿童和青年的发展，而且阐明未来社会的发展，这些儿童和青年将是这个未来社会的成员。

提　　要

教育可以从追溯既往和展望未来两方面解释。这就是说，我们可以把教育看作使未来适应过去的过程，也可以把教育看作利用过去，成为发展中的将来的一种力量。前一种教育，在以往的事物中寻找它的标准的模式。心智可以看作一种从提示某种事物得来的内容。在这种情况下，先前的表象构成后来的表象要加以同化的材料。强调未成熟的人的早期经验的价值是非常重要的，特别因为现在有一种轻视早期经验的倾向。但是这些经验并非由外面提示的材料构成，而是由于先天的活动的环境的相互作用，这种相互作用逐步地改变着先天的活动，也逐步改变着环境。赫尔巴特关于通过表象形成心智的理论的缺点，在于忽视这种经常的相互作用和变化。

这同一个批判的原则，也可应用于把人类历史的文化遗产——特别是文学作品——作为主要材料的教育理论。这些文化遗产脱离与个人进行活动的当前环境的联系，它们就变成一个敌对的和使人分心的环境。它们的价值在于可以用来增加我们必须在当前积极地去做的那些事情的意义。以上几章所提出的教育思想，可以正式概括成经验的继续不断的改造的思想。这个思想和把教育看作为遥远将来的预备，作为潜在能力的展开、作为外部的塑造工作和作为过去的复演等观点区别开来。

第七章　教育中的民主概念

到现在为止，除顺便提到以外，我们大部分是讲在任何社会群体中可能存在的教育。现在我们必须说清楚在各种不同的社会生活中进行的教育的精神、内容和方法的区别。说教育是一种社会的功能，通过未成年人参与他们所在群体的生活，使他们得到指导和发展，实际上等于说，教育将随着群体中生活质量的高低而不同。一个不仅进行着变革，而且有着改进社会的变革理想的社会，比之目的在于仅仅使社会本身的风俗习惯延续下去的社会，将有不同的教育标准和教育方法，这一点尤为正确。所以，要把提出的一般思想应用于我们自己的教育实践，必须详细研究一下目前社会生活的性质。

一、人类联合的含义

“社会”虽然只是个名词，但有许多含义。人们为各种各样目的，以各种各样方式进行联合。一个人和许许多多群体有关系，他在这些群体中的朋友可能很不相同。在表面看起来，这些群体，除了一些联合生活的模式以外，毫无共同之处。在每个较大的社会组织之内，有无数小集体：不仅有政治上的小团体，而且有工业、科学和宗教上的联合。有目的不同的政党，社会派别，小集团，帮派，法人，合股，血缘关系结成的亲密团体，等等，等等。在许多近代国家和某些古代国家，有众多不同的人口，众多不同的语言、宗教、道德准则和传统。从这个观点来看，很多小的政治单位，例如我们的大城市，乃是一团松散联合的社会，而不是一个包括一切和具有渗透作用的行动与思想的共同体。①

所以，“社会”“共同体”这些名词的含义是含糊的。它们既有颂扬性或规范性的意义，也有描述性的意义；有法律上的意义，有事实上的意义。在社会哲学中，几乎总是注重前一种含义。社会被它的本质构想为一个整体，于是人们特别注重这种统一体所有的种种品质，诸如值得称赞的目的与福利的共同性，忠实于公共目标，以及相互的同情心等都得到强调。但是，如果我们着眼于“社会”这个名词所表示的事实，而不把我们的注意力局限于社会的内在含义，我们就找不到统一体，而只是许许多多团体，有好的团体，有坏的团体。聚众搞阴谋犯罪活动，为公众服务而诈取公众的商业团体，为掠夺而联合起来的政治小集团，都可以包括在社会之内。如果有人说，这些组织不是社会，因为它们并不符合社会概念的理想要求，对于这句话的一部分回答是这样的：社会概念不顾事实，变得这么“理想”，以致没有用处。还有一部分回答是：上面所说的每个组织，不管和其他群体的利益如何对立，都具有使它维系不散的“社会”的某些值得颂扬的品质。例如，一群窃贼，也有他们的道义；一股强盗，对成员也有共同利益；一个帮派，也有友好的感情。狭隘的小集团强烈地忠实于自己的准则。家庭生活对家庭以外的人，可能表现出排他性、猜疑和嫉妒，但是在家庭以内，却能彼此和睦互助。一个群体所进行的教育，

① 参见本书第27页。

都能使它的成员社会化，但是，社会化的质量和价值，视群体的习惯和目的而定。

因此，必须再一次指出，对我们现有任何社会生活方式需要有一个标准来测量它的价值。在寻找这个测量标准时，我们必须避免两个极端。我们不能从我们脑子里提出一个什么东西把它看作理想社会。为了保证我们的理想是一个可以实行的理想，我们必须把我们的概念建立在实际存在的社会基础上。但是，我们刚才看到，这个理想不能只是重复我们实际发现的那些特点。问题在于从实际存在的社会生活形式汲取优良的特点，并运用它们来批评不良的特征，提出改进的方法。在任何社会群体，甚至一伙窃贼中，我们都找到了共同的利益和一定的相互作用以及和其他群体的合作往来。从这两个特点我们可以导出我们的标准。群体内成员有意识地参与的利益有多少？和其他团体的相互作用，充分和自由到什么程度？如果我们把这些考虑应用到一个犯罪集团，我们就发现，把这一伙人有意识地团结起来的纽带为数很少，几乎可以减少到一个共同的掠夺利益；这些纽带的性质，使这个集团和其他许多集团隔离开来，彼此没有人生价值的授受。所以，这种社会所给予的教育是不完全的、反常的。另外，如果我们以说明标准的那种家庭生活为例，我们就发现，有着大家共同参与的、物质的、理智的和审美的利益，同时，一个成员的进步，对其他成员的经验是有价值的——在这种家庭里，经验容易传授。而且，这种家庭并不是一个孤立的整体，它和其他商业团体、学校、一切文化机构以及其他类似团体，都有密切关系，它对于政治组织也发挥相当的作用，并且得到政治组织的支持。总之，有许多共同的利益有意识地相互传递，共同参与；和其他联合方式有许多不同的和自由的接触。

1. 让我们把这个标准的第一个因素应用于一个专制国家。如果说，在这种组织里统治者和被统治者之间没有共同利益，这是不正确的。统治者必须对国民的天性活动提出一些要求，必须使他们的一部分能力发挥作用。泰雷兰说过，一个政府能借刺刀做许多事情，但不能坐在刺刀上。这句讽刺的话，至少承认一国的结合并不全靠强制力。无论如何，可以这样说，专制政府所要求做的活动，本身是没有价值的低级活动——这种政府只是唤起被统治者的恐惧本能。这句话，在某种程度上是正确的。但是，这种说法忽略了一个事实，即恐惧不一定是经验中的不良因素。小心谨慎，深谋远虑，希望预见未来事件的发展以避免危害，这些优良特性与胆怯和卑躬屈膝，同样是恐惧本能的产物。真正的困难，在于这种诉之于恐惧的做法是孤立的。在唤起恐惧和希望特殊的实质性报酬，例如安慰和舒适时，很多其他能力一概不动。或者更确切地说，这些能力就是受到影响也是被滥用。它们不是为它们本身运用，不过是趋乐避苦的工具。

这就等于说，在这种社会里很少有共同的利益；社会各成员之间没有自由的往来。刺激和反应是非常片面的。为了要有大量共同的价值观念，社会全体成员必须有同等的授受机会，必须共同参与各种各样的事业和经验。否则，很多势力教育一些人成为主人，却教育另一些人成为奴隶。这两方面的不同的生活经验模式，不能自由交流，每一方面的经验都失去意义。社会划分为特权阶级和受压迫阶级，社会失却内渗作用。上层阶级在物质方面所受的影响较小，也较难察觉，但他们所受祸害同样是实在的；他们的文化往往枯燥无味，他们的艺术变成炫耀和矫揉造作；他们的财富使他们奢侈豪华；他们的知识过分专门化；他们的仪表过分讲究但并不高尚。

由于缺乏各方面的共同利益的自由而平等的交往，理智的刺激作用失却平衡。刺激的多样性意味着有许多新奇的事情，有了新奇的事情，思维就受到挑战。如果人们的活动愈加限于狭隘的范围，如果有严格的阶级界限，彼此的经验无法适当交流，活动的范围就受到限制——处于不利地位的阶级，他们的行动就愈加墨守成规，而在物质上处于优越地位的阶级，他们的行动就愈加任性、无目的和暴躁。柏拉图曾经给奴隶下过这样的定义：一个奴隶控制他行为的目的，是从别人那里接受来的。现在在法律上虽然没有奴隶制度，但仍旧有这种情况。无论在什么地方，只要人们所做的事有益于社会，但是他们并不了解他们工作的意义，而且不感兴趣，就可以发生这种情况。现在有许多人谈论工厂的科学管理。他们把获得工作效率的科学局限于肌肉的运动，这是一种狭隘的观点。其实利用科学的主要机会，在于发现一个人和他的工作的关系——包括他和参与工作的其他人的关系——懂得这种关系，能使他对他正在做的工作有理智的兴趣。要增加生产的效率，需要分工。但是，除非工人懂得他们所做的工作所包含的技术的、理智的和社会的种种关系，并且由于这种认识所提供的动机而从事他们的工作，否则，这种工作就变成机械的呆板行为。有人把活动的效率和科学管理视为纯属技术的外部的事情，这种趋势证明那些管理工业的人，即提供工业目的的人，他们在思想上只受到片面的刺激。因为这种人缺乏全面的和平衡的社会兴趣，没有足够的刺激使他们注意工业中的人的因素和人际关系，他们的智力被缩小到关于货物的生产和销售。在这种狭隘的范围内，他们也能发展非常敏锐和深睿的智慧，这是无可怀疑的。但是，由于忽视重要的社会因素，终是心不在焉，并破坏了情感生活。

2. 上面这个例子（利益上没有相互关系的一切联合，都有这种情形），可以引出我们要说明的第二个问题。一个团伙或小集团的孤立状态和排他性质，突出了它的反社会精神。但是，任何群体各有它“自己的”的利益，这种私利使它和其他群体隔离，没有充分的相互作用，所以，它的主要目的在于保护它的既得利益，而不是通过更开阔的关系求得改造和进步。这种群体都可以找到反社会的精神。在国家，则表明彼此隔离独立；在家庭，则只顾自己的家庭事务，好像与广大社会的生活没有联系；在学校，则和家庭、社会的利益分离；还有贫富的划分、有学问的人和无学问的人的区别。重要的是，孤立的生活能使生活僵化和形式制度化，使群体内部只有静止的和自私自利的理想。原始部落把“外来的人”和“仇敌”看作同义词，这不是偶然的。因为他们把他们的经验和固守他们过去的习惯视为一件事，在这样的基础上，他们怕和别人交往，这是完全合乎逻辑的。因为这种接触可能毁灭习惯。这种接触肯定会引起改造。活跃的和开拓的精神生活，扩大和物质环境的接触，这是寻常的道理。但是，在我们容易忽视的领域，即社会接触的领域，应用这个原理甚至更加重要。

在人类历史上，每个开拓的时代，都和过去各民族和阶级之间从相互封闭到消除隔阂相应。甚至所谓战争的利益，也是由于各民族之间的冲突，至少加强他们之间的交往，从而偶然使他们相互学习，扩大他们的视野。到了现在，旅行、经济和商业上的种种趋势，已经打破外部的障碍，使各民族和阶级的相互联系更为密切、更为明显。这种物质上的空间接近在极大程度上还有待于促进智力和情感的意义。

二、民主的理想

我们以上所提出的标准的两个要素都说明民主主义。第一个要素，不仅表明有着数量更大和种类更多的共同利益，而且更加依赖对作为社会控制的因素的共同利益的认识。第二个要素，不仅表示各社会群体之间更加自由的相互影响（这些社会群体由于要保持隔离状态，曾经是各自孤立的），而且改变社会习惯，通过应付由于多方面的交往所产生的新的情况，社会习惯得以不断地重新调整。这两个特征恰恰就是民主社会的特征。

在教育方面，我们首先注意到，由于民主社会实现了一种社会生活方式，在这种社会中，各种利益相互渗透，并特别注意进步或重新调整，这就使民主社会比其他各种社会更加关心审慎的和有系统的教育。民主政治热心教育，这是众所周知的事实。根据表面的解释，一个民主的政府，除非选举人和受统治的人都受过教育，否则这种政府是不能成功的。民主的社会既然否定外部权威的原则，就必须用自愿的倾向和兴趣来替代它；而自愿的倾向和兴趣只有通过教育才能形成。但是，还有一种更为深刻的解释：民主主义不仅是一种政府的形式，它首先是一种联合生活的方式，是一种共同交流经验的方式。人们参与一种有共同利益的事，每个人必须使自己的行动参照别人的行动，必须考虑别人的行动，使自己的行动有意义和有方向，这样的人在空间上大量地扩大范围，就等于打破阶级、种族和国家之间的屏障，这些屏障过去使人们看不到他们活动的全部意义。这些数量更大、种类更多的接触点表明每个人必须对更加多样的刺激做出反应，从而助长每个人变换他的行动。

这些接触点使各人的能力得以自由发展，只要行动的刺激是不完全的，这些能力就依然受到压制，因为这种刺激必须在一个团体里，而这个团体由于它的排外性排除了很多社会利益。

共同参与的事业的范围的不断扩大，和作为民主的特征的个人各种各样能力的解放，当然不是深谋远虑和有意识的努力的结果。相反，这是利用科学控制自然能量而出现的制造业、商业、旅游、移民和通信的发展所造成的。但是，在出现更大的个性化和更广泛的共同利益以后，要加以维持和推广，就是审慎努力的事了。很显然，对一个社会来说，划分成许多阶级将是致命的。一个社会必须让全体成员在平等和宽厚的条件下有求得知识的机会，一个划分成阶级的社会，只需特别注意统治者的教育。一个流动的社会，有许多渠道把任何地方发生的变化分布出去，这样的社会，必须教育成员发展个人的首创精神和适应能力。否则，他们将被突然遇到的种种变化所迷惑，看不出这些变化的意义或关联。结果将是一片混乱，人们盲目的、由外部势力指挥的活动的成果将为少数人滥用。

三、柏拉图的教育哲学

在以后几章，我们将阐明教育上的民主主义思想的含义。在本章所余的篇幅中，我们要研究三个历史时期逐渐形成的教育理论。在这三个历史时期里，教育的社会含义特别显著。首先要研究的是柏拉图的教育理论。没有谁能比柏拉图更好地表达这样一个事实：当社会中每个人都能按他的自然禀赋做有益于别人的事情（或对他所属的整体有贡献的事情）时，社会就能稳固地组织起来；教育的任务就在于发现一个人的禀赋，循序渐进地加以训练，应用于社会。柏拉图第一次这样有意识地昭示世人，我们上面所讲的许多内容都是借用柏拉图的话。但是，有许多情况，柏拉图没有见到，因此，他的这些思想应用时受到限制。他从来没有认识到个人和社会群体的活动的无限的多元性。因而，他的观点就局限于几种天赋能力和社会安排。

柏拉图的出发点是，社会的组织最终决定于对生存的目的的认识。如果我们不懂得生存的目的，我们的行为将受偶然事件和一时怪想的支配。除非我们懂得这个目的，即善，否则我们将没有标准合理地决定应该促进的可能性，也无法合理地决定社会应如何安排。我们也就不懂种种活动的适当限制和分配，即柏拉图所谓的正义，把它作为个人和社会组织的一个特征。但是，怎样获得终极的和永恒的善的认识呢？要论述这个问题，我们遇到一个似乎不可克服的障碍，这就是，除非在一个公正和谐的社会秩序里面，否则这种认识是不可能的。除了在这种社会秩序以外，在任何其他地方，心灵都受到错误的价值估量和错误的观点的迷惑。一个组织不健全和搞派别活动的社会，会提出很多不同的模式和标准。在这种情况下，个人不可能得到心理上的一致。只有一个完全的整体，才能完全始终一致。一个社会，依靠某种优势地位的因素，而不顾其他因素的合理的或均衡的要求，不可避免地把人们的思想引入歧途。这样的社会奖励某些事情，而忽视其他事情，它造成一种心理，表面上似乎是统一的，但是，这种一致性是强加的、被歪曲的。教育的进行最终是从制度、风俗和法律提供的模式出发。只有在一个公正的国家，它的制度、习俗和法律才能给人正确的教育；也只有心灵受到正确训练的人们，才能认识这个目的和事物的指挥原则。我们似乎被困在绝望的循环之中。但是，柏拉图提出了一个出路。他认为，哲学家，智慧或真理的爱好者，可能通过学习，至少学会真正生存的恰当模式的轮廓。如果一个强有力的统治者按照这些模式建立一个国家，那么这个国家的规章就能够保存下来。这个国家能够进行一种教育，对各个人进行筛选，发现他们有什么用，并且提供一个方法，给每个人分配与他的禀赋适合的工作。每个人做他分内的事情，永不侵犯他人，以能维持整体的秩序和统一。

柏拉图的哲学一方面充分认识社会组织的教育意义，另一方面充分认识社会组织有赖于教育儿童所用的手段。在任何别的哲学体系中，都不可能找到有人比柏拉图对这两方面有更充分的认识，也不可能找到有人比柏拉图对教育的功能，无论在发现和发展个人的能力，以及训练这些能力使它们和别人的活动联系方面有更为深刻的认识。但是，这个理论提出的社会，是很不民主的社会，所以柏拉图明知所应解决的问题的条件，却不能想出解决的方法。

柏拉图虽然强调个人在社会中的地位不应该由出身、财富或任何传统的地位来决定，但是，按各人在教育过程中所发现的天性，柏拉图并没有理解个人的独特性。在柏拉图看来，个人按天性分成阶级，而且分成极少量的阶级。因此，教育的试验和筛选作用，仅仅表明一个人属于三个阶级中哪一个阶级。柏拉图不承认每个人构成他自己的阶级，也不承认有无限变异的活动倾向和各种倾向的结合。他认为，一个人的体质中，只有三类官能或能力。所以，在每个阶级，教育很快达到一个极限，因为只有变异才能产生变革和进步。

柏拉图认为，有些人的欲望自然地处于支配地位；这种人被分配到劳动和商人阶级，这个阶级表示和提供人类的欲望。另外一些人受了教育，表明他们高于欲望，具有慷慨、开朗、自信、勇敢的性情，这种人成为国家的公民，成为国家在战时的保卫者，成为国家在和平时期的内部保护人。但是，他们也有限制，因为他们缺乏理性，缺乏领会普遍性的能力。那些具有领会普遍性的能力的人，才能够受最高一类的教育，最后可以成为国家的立法者——因为法律是控制经验中的特殊性的普遍性。这样看来，我们不能说柏拉图有意使个人从属于社会整体，但是，我们可以说，由于柏拉图缺乏对每个人的独特性和个人与众不同的特性的认识，因而，他不承认社会可以变革，但又是稳固的，所以他所主张的有限的能力和有限的阶级的理论，最后的结果就归结为个性处于从属地位的思想。

柏拉图深信，如果每个人都从事具有天赋的活动，个人就觉得愉快，社会的组织就完善；他又深信，教育的首要功能在于帮助人发现他的天赋并训练他有效地利用这种天赋。关于这两点，我们都不能胜过柏拉图。但是，知识的进步使我们认识到，柏拉图把个人和他们本来的能力分成很少明显划分的阶级是很肤浅的见解。知识的进步教导我们，本来的能力是无限众多和变化多端的。这个事实的另一个方面，就是说如果社会是民主的，社会组织就要利用个人特殊的和有变化的品质，而不是把它们分成阶级。虽然柏拉图的教育哲学是革命的，它仍然受他的静止的理想所束缚。他认为变革是非法动荡的证明，真正的现实是不可改变的。因此，虽然他想根本改变当时的社会状况，他的目的却是建立一个不容变革的国家。他认为，生活的最终目的是固定的；根据这种目的组织国家，即使很小的细节都不应改变。他认为，虽然这些细节本身无关紧要，但是如果容许改变，就会使人们的心理习惯于变革的观念，因而有破坏作用，发生无政府主义现象。

柏拉图哲学的失败，从以下的事实可以了然，就是他不信任教育的逐步改进能造成更好的社会，然后这种更好的社会又能改进教育，如此循环进步以至无穷。他认为，在理想的国家存在以前，正确的教育不能产生，而在理想的国家产生以后，教育将仅仅致力于保存这个理想的国家。为了这个国家的生存，他不得不信任某种可喜的偶然机会，使哲学的智慧和占有国家的统治权统一起来。

四、18 世纪的“个人主义的”理想

在 18 世纪的哲学中，我们觉得自己处于一个很不相同的思想领域之中。所谓“自然”，仍旧指某种和现存社会组织相反的东西。柏拉图对卢梭有很大的影响。但是，这个时候的自然要求个人才能的多样化和个性在很多不同方面的自由发展，顺应自然的教育，提供教学和训练的目标和方法。而且，在极端的情况下，天生的或本来的禀赋被视为非社会的，甚至是反社会的。他们认为，社会组织不过是外部的一些紧急办法，使这些非社会的个人能获得更多的私人幸福。

但是，以上的话，对于这个运动的真正意义来说，只表达了一个不适当的概念。实际上，这个运动的主要兴趣是注重进步，注重社会进步。这个似乎反社会的哲学，其实是走向更广泛、更自由的社会的动力，走向世界大同的动力的一个明显的面具。这个哲学的积极的理想是人道主义。人作为人类的一个成员，和作为国家的一个成员不同，他的种种能力将获得解放；而在当时的政治组织中，他的种种能力受桎梏，被歪曲，以满足国家统治者的要求和自私的利益。极端个人主义的理论

不过是人性无限完善的主张，是范围和人类一样广阔的社会组织的理想的对立面。获得解放的个人要成为全面的和进步的社会的喉舌和代理人。

这个主义的先驱们敏锐地意识到他们的社会状况的种种弊端。他们把这些弊端归因于用强力限制人的自由能力。这种限制既是歪曲的，又是腐败的。他们满怀热情，要使生活从外部的限制中解放出来，这些限制完全有利于过去封建制度赋予特权的阶级，这种崇奉生活解放的理智的表述就是崇拜自然。让“自然”充分发挥它的作用，就要以一个新的和更好的人道主义世界去替代人为的、腐败的和不平等的社会秩序。他们对把自然作为一个模式和工作力量的无限制的信仰，由于自然科学的进步而更加牢固。不受教会、国家的偏见和人为限制所束缚的研究，表明世界乃是一个有规律的景象。牛顿的太阳系表明自然规则的统治，它是一个惊人和谐的景象，在这个太阳系里，各种力量彼此都处于平衡的状态。如果人们排除所强加的人为的、强制的限制，自然规则在人际关系方面将造成相同的结果。

主张这个理论的人认为，自然的教育是确保这种更有社会精神的社会的第一步。他们清楚地认识到，经济上和政治上的限制最终是由理想和感情的限制决定的。使人们从外部的锁链解放出来的第一步，是使他们从内部的信仰和理想的锁链中解放出来。过去所谓的社会生活，当时的制度，都是虚伪腐败的，不能委托它们承担这个事业。要它们承担这个事业，意味着它们自身的毁灭，我们怎么能希望这种制度承担这个事业呢？必须让“自然”的力量去做这个事业。甚至当时极端流行的极端感觉主义的认识论也是从这个思想派生出来的。坚持主张心灵本来是被动的和空洞的，就是颂扬教育的可能性的一种方式。如果心灵是一块用事物书写的蜡版，那么，利用自然环境进行教育的可能性是无限的。同时，既然自然的事物世界是一个和谐“真理”的景象，这种教育必能确实可靠地产生充满真理的心灵。

五、国家的教育和社会的教育

最初争取自由的热情浪潮一旦衰退，顺应自然的教育理论在建设方面的弱点立刻显露出来。仅仅把一切事情都让给自然去做，毕竟否定教育的本义；这是教育交给环境中的偶然事件。教育过程的进行，不仅需要有某种方法，而且需要某种积极的机构，某种行政机关。这个理论所主张的“一切能力的完全的和和谐的发展”，在社会方面就是要有开明的和进步的人类，要实现这种发展，要求有明确的组织。散在各处的私人能宣传这个主义，但是他们不能实现这个事业。裴斯泰洛齐能尝试种种实验，并且劝告有财产和权力的慈善家追随他的做法。但是，甚至裴斯泰洛齐也认识到，要有效地实行新教育思想，需要国家的支持。要实现产生新社会的新教育，终究有赖于现存国家的活动。所以，民主主义教育的运动不可避免地成为由政府实施和管理的学校的运动。

就欧洲来说，历史情况把国家支持的教育运动和政治生活中的民族主义运动合为一件事。这个事实，对于后来的运动有着不可估量的意义，特别是在德国思想的影响下，教育变成一种公民训练的职能，而公民训练的职能就是民族国家理想的实现。于是用“国家”代替人类，世界主义让位于国家主义。教育的目的是塑造公民而不是塑造“人”。① 上面提到的历史情况，是拿破仑征服的后果，特别是在德国。德国的各邦感觉到系统地注意教育是恢复和保持他们政治上的统一和权力的最好手段（后来事态的发展表明这种信念的正确性）。当时德国的各邦表面上是虚弱的、分裂的。但是，在德国政治家的领导下，他们把这种情况作为一种刺激，发展了一个广泛的、有巩固基础的公共教育制度。

教育实际的这种变革必然带来理论上的变革。个人主义的理论退到隐蔽地位。国家不仅提供公共教育的工具，而且提出公共教育的目的。在教育实施方面，从小学的各个年级到大学的各个学院，整个学校都是培养爱国的公民、士兵和未来的国家官吏，并提供军事、工业、政治防御和扩张的手段，在理论方面，就不可能不强调社会效率的目的。这时，一个民族国家被和它竞争敌对的国家所包围，随着民族国家的重要性的增加，同样不可能用模糊的世界主义的人道主义来解释社会效率。因为要维持国家主权，就要求个人在军事防御和国际商业竞争方面服从国家的最高利益，所以，社会效率也含有要求个人服从国家利益的意义。教育过程被看作纪律训练的过程，而不是个人发展的过程。但是，因为把教育作为人格的圆满发展的理想，继续为人所信奉，所以，教育哲学就试图调和这两种思想。调和的方法是把国家看成一个“有机体”。孤立的个人是不存在的；个人只有吸收有组织的制度的目的和意义，并通

① 卢梭在思想上有这个倾向，但为人们所忽视。卢梭所以反对当时的现状，是因为当时既不塑造公民，又不塑造人。在当时的情况下，他宁愿尝试塑造人而不去尝试塑造公民。但是，他有许多话指出塑造公民是更高的理想，而且在《爱弥儿——论教育》一书中，他表明自己的努力不过是当时的腐败情况允许他描绘的最好的权宜之作。

过这种吸收过程，才能获得真正的人格。从表面上看，好像是个人屈从政治权力，为服从上级的命令而牺牲自己，实际上不过使他自己获得表现于国家的客观的理性——这是他能够变成真正合理的唯一途径。制度的唯心论的发展观念（如黑格尔的哲学），就是要有意识地把两种观念结合起来，要有意识地把人格的圆满实现和彻底的、有规律的服从现有制度结合起来。

在德国为争取民族独立反抗拿破仑的时代，教育哲学改造到什么程度，可以从康德的教育哲学中看出来。康德很好地表达了早期个人的世界主义的理想。他所著的《教育学纲要》包含 18 世纪末期所写的讲稿。他在这本书中，把教育解释为人变成人的过程。他认为，人类历史的开端始于自然——人的开始，不是作为理性的动物的人，自然只提供本能的欲望。自然只给人以胚芽，必须由教育使他发展和完善。真正的人类生活的特点，是人必须通过他自己的自愿努力，创造他自己；他必须使自己成为一个真正有道德的、合理的和自由的人。这种创造性的努力要通过缓慢的一代一代的教育活动来进行。加速这种创造性的努力有赖于人们有意识地努力教育他们的接班人，这种教育不是为了现状的需要，而是为了使未来更好的人类成为可能。但是，要做到这一点有很大的困难。每个时代都倾向于教育，它的青年能在目前的世界生活下去，而不是为了正确的教育目的，即促进尽可能好地实现真正的人性。父母教育子女，使他们能过目前的日子；君主教育臣民，使他们成为供自己使用的工具。

那么，应该由谁来进行教育以便人性得以改进呢？按康德的意见，我们必须依靠开明的人士以他们私人的资格做出努力。他说：“一切文化，都是从私人开始，然后从他们向外传播。只有通过具有博大的胸怀、能领会未来更好社会理想的人们的努力，才能使人类天性逐步地接近它的目的。……现在的统治者，只对使臣民成为他们自己目的的工具的训练感兴趣。”康德认为，甚至对于统治者给私立学校津贴，也必须谨慎戒备。因为，如果统治者把金钱给学校，他们对他们自己民族的利益而不是对人类的最大利益将决定他们的办学计划。这个观点表达了18世纪世界主义所特有的论点。个人人格的充分发展和整个人类的目的以及进步的思想是完全一致的。此外，我们显然害怕由国家办理和由国家调节的教育会阻碍达到这些思想。但是，在不到20年的时间内，康德的哲学继承人——费希特和黑格尔发挥了这样的思想，即国家的主要职能是教育；特别是德国的复兴，通过根据国家的利益而进行的教育才能完成，个人必然是利己主义的、没有理性的动物，除非他自愿服从国家制度和规律的教育训练，否则都要受他的欲望和环境的奴役。根据这种精神，德国是第一个实行公立的、普及的和强迫的教育制度的国家，从小学一直到大学，一切私立的教育事业，都要服从有戒备的国家的规程和监督。

从以上简短的历史评述中，应该得出两个结论。第一个结论是，诸如个人的教育观和社会的教育观这类术语，一般来说，如果离开当时的背景就毫无意义。柏拉图的教育理想认为个性的实现和社会的团结与稳定，应该同等对待。他的处境使他不得不主张阶级划分的社会，使个人淹没在阶级之中。18世纪的教育哲学在形式上是高度个人主义的，但是这个形式是一种崇高的和慷慨的社会理想所唤起的。这个理想就是，要组织一种社会，包括全人类，并提供人类无限完善的机会。19世纪早期德国唯心主义哲学又一次力图把两个理想同等对待：一是有教养的个性的自由的和完全的发展；一是社会的训练与政治上的服从。这派哲学把民族国家作为实现个性和实现全人类理想的中介。因此，这派哲学的令人激动的原则同样可以正确地用两种说法来表达：一是用古典的术语，即“个人一切能力的和谐发展”；一是用比较新近的术语，即“社会的效率”。所有这一切，都加强本章开头所讲的话：教育是社会的过程，也是社会的功能。这个概念，除非说明我们所设想的社会的性质，否则就没有明确的意义。

以上考虑为我们第二个结论铺平了道路。在民主主义的社会中，为民主主义社会设置的教育有一个基本的问题，是由于国家主义的目的和更广阔的社会目的的冲突而提出的。以前世界主义的和“人道主义”的概念的缺陷在于意义含糊，又缺乏一定的执行机关和管理机构。在欧洲，尤其在大陆各国，这个注重为人类福利和进步而教育的新思想，成为国家利益的俘虏，被用来进行社会目的非常狭隘而且具有排他性的事业。把教育的社会目的和教育的国家目的等同起来，结果使社会目的的意义非常模糊。

这种混乱现象符合现在人类交往的情况。一方面，科学、商业和艺术超越了国界。这些事业的性质和方法大部分是国际性的。它们要求居住在各国的人民之间互相依赖和合作。另一方面，政治学上国家主权的思想，从来没有像现在这样被强调。各个国家都处在被抑制的敌视和互相戒备的状态。每个国家都以为是自己利益的最高裁判，以为各国当然有绝对属于自己的利益。对于这种事情产生疑问，就是怀疑国家主权思想本身，而国家主权思想被认为是政治实施和政治学的基本思想。一方面是范围较广的联合、互相协助的社会生活，另一方面是范围较狭的、排他性的因而含有敌对性质的事业和目的。这两个领域之间的矛盾（因为的确是矛盾），要求在教育理论上对教育的社会功能和社会的检验标准中所用的“社会的”一词的意义，有比过去更为明确的概念。

一种教育制度能否由民族国家实施，而教育过程的全部社会目的又不受限制、不被约束、不被腐蚀呢？这个问题从内部来看，必须面对由目前经济状况所造成的各种倾向，这个倾向使社会分成若干阶级，其中一部分阶级不过是别的阶级达到更高的文化的工具。从外部来看，这个问题关系到将对国家的忠诚和爱国主义，与不问国家的政治分野而使人们为共同目的团结起来的崇高这二者协调起来。这个问题的无论哪一方面，都不是仅仅用消极的方法所能解决的。仅注意使教育不被一个阶级积极用来作为更加容易剥削另一个阶级的工具还不够。学校设施必须大量扩充，并提高效率，以便不只在名义上，而是在事实上减轻经济不平等的影响，使全国的青年为他们将来的事业受到同等的教育。要达到这个目的，不但要求有适当的学校管理设施，并辅以青年能够利用的家庭教育，而且要求对传统的文化理想、传统的课程以及传统的教学和训练的方法进行必要的改革，使所有青年能继续在教育影响之下，成为他们自己经济和社会的前途的主人。这种理想的实现也许要在遥远的将来；但是，除非民主主义的教育思想能越来越大地支配我们的公共教育制度，否则，这种理想只是一种可笑而又可悲的幻想。

关于一国与别国的关系，同样可以应用以上原理。只是讲一些有关战争的恐怖和防止可能刺激国际猜忌、仇恨的事情还是不够的。凡是能使人们不受地理限制，团结起来从事协作性的人类事业的事情，都必须加以强调。就全体人类相互之间更充分、更自由、更有成效地联合和交往而言，国家主权属于次要的和暂时的性质，这个思想必须灌输给学生，成为有效的心理倾向。如果有人认为这方面的应用似乎和教育哲学很少联系，这个印象表明，他们还没有适当领会前面所阐述的教育观点的意义。这个结论，和把教育作为解放个人能力，朝着社会的向前生长的观点是密切联系的。否则，教育的民主主义标准就不能彻底地应用。

提　要

因为教育是一种社会的过程，而世界上又有各色各样的社会，所以教育批判和教育建设的标准，意味着一种特定的社会理想。我们选择了两点用来衡量社会生活的价值，这两点就是：一个团体的利益被全体成员共同分享到什么程度，以及该群体与其他群体相互影响的充分程度和自由程度。换言之，一个不良的社会对内对外都设置重重障碍，限制自由的往来和经验的交流。倘有一个社会，它的全体成员都能以同等条件，共同分享社会的利益，并通过各种形式的联合生活的相互影响，使社会各种制度得到灵活机动的重新调整，在这个范围内，这个社会就是民主主义的社会。这种社会必须有一种教育，使每个人都有对于社会关系和社会控制的个人兴趣，都有能促进社会的变化而不致引起社会混乱的心理习惯。

我们曾根据这个观点研究了历史上三派有代表性的教育哲学。柏拉图的教育哲学的理想，在形式上与我们所讲的观点很相似，但是在他把这个理想付诸实施时，却把阶级作为社会的单位，而不是把个人作为社会的单位，从而放弃了这个理想。18 世纪启蒙时期的所谓个人主义，把社会看得和人类一样广大，个人是人类进步的器官。但是，这一派哲学缺乏任何发展其理想的机构，它的求助于自然就是证明。19 世纪的制度化的唯心主义哲学，把民族国家作为实现其理想的机关，弥补了这个缺陷。但是，在实施中又把社会目的的概念限于同一政治单位的成员，重新引进了个人从属于制度的思想。

第八章　教育的目的

一、目的的性质

以上各章有关教育的论述，实际上已经预示我们有关民主主义社会教育的意义的讨论结果。因为，我们假定教育的目的在于使个人能继续其教育，或者说，学习的目的和报酬，是继续不断生长的能力。但是，除非一个社会人与人的交往是相互的，除非这个社会的利益能平等地分配给全体成员，从而产生广泛的刺激，并通过这些刺激适当地进行社会习惯和制度的改造，否则这个思想不能应用于社会的全体成员。而这样的社会就是民主主义的社会。所以，我们探索教育目的时，并不要到教育过程以外去寻找一个目的，使教育服从这个目的。我们整个教育观点不允许这样做。我们所要做的，是要把属于教育过程内部的目的和从教育过程以外提出的目的进行比较。当社会关系不平等、不均衡时，一定会出现后一种情况。因为在这种情况下，整个社会的某部分人将会发现他们的目的是由外来的命令决定的；他们的目的并不是从他们自己的经验自由发展而来，他们有名义上的目的，并不真是他们自己的目的，而只是达到别人比较隐蔽的目的的手段。

我们的第一个问题，是要解释存在于活动内部而不是从外部提供的目的的性质。我们通过把单纯的结果和结局进行对比来研究目的的定义。任何能量的表现都有结果。风吹过沙漠，沙子的位置就改变。这里是结果，是影响，而不是终结。因为在结果中没有东西完成在此以前的事情。沙子位置的改变，只是空间的重新分配。沙子在改变位置前后的情况没有什么两样。因此，把前一种情况作为起点，把后一种情况作为终点，把介于两者之间的情况作为改造和实现的过程，这是没有根据的。

以蜜蜂的活动为例，和上面风吹沙漠时沙子位置的变化进行对比。蜜蜂行动的结果可以称为结局，不是因为这些结果是预先计划好的，或有意识地要这样做，而是因为它们是真正的结局或完成先前的行动。当蜜蜂采集花粉、分泌蜂蜡和构筑蜂房时，每个动作都为下一个动作做准备。蜂房筑成以后，蜂王在蜂房内产卵；产好卵，就关起来孵化，把卵保持在孵化所要求的温度。幼蜂孵出以后，蜜蜂喂幼蜂，到它们能照料自己为止。我们很熟悉这些事实，容易不去考虑它们，以为不管怎样，生活和本能都是一件不可思议的事。因而，我们没有注意到这种事情的主要特征，即事情的每个要素的时间的地位和次序都有重要意义；前件事引出后件事，而后件事又接过所提供的东西，为另外一个阶段所用，直到我们到达终点，这个结局好像总结和结束整个过程。

因为目的总是和结果联系着，所以在谈到目的问题时，首先要注意的一件事是所指定的工作是否具有内在的连续性。或者，所指定的工作只是一连串动作的堆积，先做一件事，然后做另一件事。如果学生的每个行动大概都由教师命令，他的许多行动的唯一顺序来自功课指定和由别人给予指示，要谈什么教育目的，就是废话。在自发的自我表现的名义下，允许学生任性的或不连贯的活动，对教育目的也是致命伤。目的所包含的意思，是指有秩序的、安排好的活动，在这个活动中，秩序就是循序地完成一个过程。如果一个活动须经一段时间，在这段时间内，活动逐渐发展，这个活动的目的就是预见终点或可能的结局的能力。如果蜜蜂预见到它们活动的结果，如果它们在想象的预见中看到它们的终点，它们就有了目的的主要成分。因此，如果情况不允许预见结果，不能使人事前注意特定活动的结局，谈什么教育的目的，或者任何其他事业的目的，就是废话。

其次，目的作为一个预见的结局，活动就有了方向；这种目的，不是一个单纯旁观者的毫无根据的期望，而是影响着为达到结局所争取的各个步骤。这种预见有三个作用。第一，它包含仔细地观察特定的情况，注意什么是达到终点的手段，并发现挡路的障碍。第二，它提出运用手段的恰当的顺序，便于合乎经济的选择和安排。第三，使我们能选取可供选择的办法。如果我们能预测这样做或那样做的结果，我们就能比较两种行动走向的价值；我们能判断哪一个办法较为可取。如果我们懂得不流动的水滋生蚊子，而且蚊子很可能传播疾病，因为我们不愿有那种预期的结果，我们就能采取措施，防止这个结果。因为我们预见结果并不是仅仅作为旁观者，而是和这个结果有关系的人，我们是产生结果的过程的参加者。我们进行干预，以取得这种结果或那种结果。

当然，这三个作用是紧密关联的。我们所以肯定能预见结果，只是由于我们仔细考察了当前的情况，结果的重要性为我们提供了观察的动机。我们的观察愈加充分，情况和障碍就愈加变化多端，可供选择的办法也愈加众多。反过来，我们所认识的可能出现的情况或可供选择的行动方法愈多，被选择的活动所具有的意义就愈多，这种活动就愈可以灵活控制。如果我们只想到一种结果，心里就想不到别的东西，附加在行动上的意义就有限制。我们只是朝着目标前进。有时这种狭隘的进程可能见效。但是，如果出现没有预料到的困难，可以采取的办法就有限；如果对情况做过比较广泛的调查，选择同样的行动，办法就比较多。否则，遇到困难就不能很快地进行必要的调整。

最后的结论是，有目的的行动和明智的行动是一件事。预见一个行动的终点，就是有一个进行观察、选择以及处理对象和调动我们自己能力的基础。要做这几件事，就要用心——因为用心就是认识事实及其相互关系所控制的有意识、有目的的活动。用心做一件事，就是预见未来的可能性；就是具有实现这个可能性的计划；就是注意使计划得以实现的手段和挡路的障碍，或者，如果真有心做这件事，而不只是一种模糊的愿望，就是有一个考虑到各种力量和困难的计划。心思就是一种能力，能把当前的情况参照未来的结果，又能把未来的结果参照当前的情况。这些特性就是所谓有目的。一个人所以愚蠢、盲目或不聪明——没有心思——和他在任何活动中不了解他行为的可能结果的程度有关。如果一个人满足于对结果随便推测，全碰运气，或者不研究实际情况和自己的能力就制订计划，他是不完全明智的。这种相对的不用心就是用感情来衡量所发生的事情。要明智，我们在制订活动计划时必须“停停、看看、听听”。

把有目的的行动和明智的活动等同起来，足以表明有目的的行动的价值，即表明这种行动在经验中的作用。我们喜欢把抽象名词“意识”当作一种实体。我们忘了这个名词来自形容词“有意识的”。“有意识的”就是知道我们在做什么，“有意识的”就是我们的活动具有有意的、观察的和计划的特征。意识并不是一个人所有的什么东西，并不是一种凝视一个人的周围情况的东西，也不是外界事物留下的印象；意识就是一个活动的有目的的性质的名称，因为这个活动被一个目的所指引。换句话说，活动有目的就是行动有意义，不像一个自动化的机器；这是有意要做些事情，并根据这个意向来认识事物的意义。

二、良好目的的标准

我们可以把我们讨论的结果，用来研究正确地决定目的的标准。

1. 所确定的目的必须是现有情况的产物。这个目的必须以对已在进行的事情的研究为依据，还应根据所处情境的各种力量和困难。有关我们活动的正当的目的的种种理论——教育理论和道德理论——往往违背这个原则。这些理论认为：目的在我们活动之外；目的和实际情境无关；目的来自某种外部的来源。因此，问题就在于如何使我们的活动实现这些从外部提供的目的。我们应该为这些目的而行动。无论如何，这种“目的”限制人的智力；它们并不表现心智的预见、观察和在几个可能性中选优的过程。这种目的所以限制智力，是因为它们是现成的，是必须由智力以外的某种权威强加的，留给智力做的事不过是机械地选择手段而已。

2. 照上面这样讲，似乎在试图实现目的以前就能完全确定好目的。这个印象必须加以说明。最初出现的目的不过是一种试验性的草图。努力实现这个目的的行动才能测验它的价值。如果这个目的能成功地指导活动，我们就不再需要别的东西，因为它的全部作用在于事先确立一个标志；有时只要暗示一下就够了。但是，通常——至少在复杂的情境中遇到在按照目的行动时，往往发现被忽略的情况，这就要求我们修正原来的目的；必须对原来的目的有所增减。所以，目的必须是灵活的，它必须可以更改以符合情况的要求。从外部建立的目的对行动过程来说，总是僵硬的。这种从外部插入或强加的目的，与情境的具体情况没有工作关系。在行动过程中，所发生的情况既不证实这个目的，也不推翻这个目的，也不改变这个目的。对于这个目的，因缺乏适应性而造成的失误，只归因于环境的反常，而不归因于在这种情况下这个目的本身的不合理。与此相反，一个合理的目的，它的价值在于我们能用它来改变环境。合理的目的是应付环境的一个方法，使环境产生有益的变化。一个农民，如果被动地接受事物的现状，就和一个完全不顾土壤、气候等情况而制订农事计划的人一样，会犯同样大的错误。教育上如果用抽象的或遥远的外部的目的，有一个弊端就是，这种目的在实践中不能应用，很可能胡乱应付环境。一个良好的目的会调查学生目前的经验状况，制订一个试验性处理计划，并经常考虑这个计划，但是当情况变化时，就改变这个计划。总之，这个目的是试验性的，因而当它在行动中受到检验时，就会不断地得到发展。

3. 我们所定的目的必须使活动自由开展。“目标”这个名词是有暗示作用的，因为它使我们把某一过程的终点或结局放在心上。我们解释活动的唯一方法，是把活动结尾的对象摆在面前，例如，一个人射击，他的目的就是靶子。但是我们必须牢记，这个对象只是心里指定他希望进行的活动的标志或符号。严格地说，目标并不是靶子，而是击中靶子；放枪的人通过靶子来瞄准，但是也要看着枪。放枪时，所想到的种种对象，都是指导活动的工具。譬如说，一个人瞄准一只兔子，他所要做的是立刻开枪，这是某种活动。如果他所要的是这只兔子，这不是离开他的活动的兔子，而是他的活动的一个因素；他要吃兔肉，或者用它来证明射击术——他要用兔子来做一件什么事情。他的目的是用这个东西做点儿什么事情，而不是孤立的东西。对象只是主动的目的的一个方面，就是成功地把活动继续下去。这就是上面所用的“使活动自由开展”这句话的含义。

和以上所讲的为完成某一过程以便活动可以继续下去的目的相反，从活动以外强加的目的具有静止的性质。这种目的始终被看成固定的；它是要达到和占有的东西。如果我们持这种观点，活动就只是获得某种别的东西的不可避免的手段；活动自身没有意义，无关紧要。和目的比较起来，活动只是不得不做的苦事；这是在达到目标以前必须通过的事情，只有目标才是有价值的。换言之，外部的目的观把手段和目的分离，而从活动内部产生的目的，作为指导活动的计划，始终既是目的，又是手段，目的和手段之间的区别只是为了方便。每个手段在我们做到以前，都是暂时的目的。每个目的一旦达到，就变成进一步活动的手段。当它标示我们所从事的活动的未来方向时，我们称它为目的；当它标示活动的现在方向时，我们称它为手段。目的和手段分离到什么程度，活动的意义就减少到什么程度，并使活动成为一种苦工，一个人只要有可能逃避就会逃避。一个农民必须利用植物和动物，以便开展他的农业活动。他是否爱好这些动植物，还是不过把它们看作他必须采取的手段，以获得他所感兴趣的某种别的东西，对这个农民的生活，这肯定有很大的区别。在前一种情况下，他的整个活动过程是有意义的；活动的每一阶段有它自己的价值。在每个阶段，他都有实现他的目的的经验；延缓的目的，即目标，只是使他的活动保持全面地、自由地进行下去的前景。因为如果他不向前看，他很可能发现自己受阻。目的和活动的任何其他部分肯定都是行动的手段。

三、教育上的应用

教育的目的并没有什么特殊。它们和任何有指导的职业的目的正好一样。教育者和前面所说的农民一样，也有一些事情要做，有一些做事情的办法，有一些待排除的障碍。农民所应付的环境，无论是障碍或是可以使用的力量，都有它们自己的结构和作用，与农民的任何目的无关，例如种子发芽，雨水下落，阳光照耀，害虫吞食，疫病流行，四季变化。农民的目的，只不过是利用这种种环境，使他的活动和环境的力量共同协作，而不相互对抗。如果农民不顾土壤、气候以及植物生长的特点等条件，规定一个农事目的，那便是荒谬的。农民的目的，只是在于预见他的力量和他周围各种事物的力量结合的结果，并利用这种预见指导他一天一天的行动。对于可能结果的预见，使他对自己所要对付的事情的性质和活动进行更审慎、更广泛的观察，以便拟订一个工作计划，即规定一个行动的程序。

教育者也是这样，不管是家长还是教师。如果家长或教师提出他们“自己的”目的，作为儿童生长的正当目标，这和农民不顾环境情况提出一个农事理想，同样是荒谬可笑的。所谓目的，就是对行使一种职责——不管是农业还是教育——所要求进行的观察、预测和工作安排承担责任。任何目的，只要能时时刻刻帮助我们观察、选择和计划，使我们的活动得以顺利进行，这就是有价值的目的；如果这个目的妨碍个人自己的常识（如果目的是从外面强加的，或是因迫于权势而接受的，肯定要妨碍个人自己的常识），这个目的就是有害的。

我们要提醒自己，教育本身并无目的。只是人，即家长和教师等才有目的；教育这个抽象概念并无目的。所以，他们的目的有无穷的变异，随着不同的儿童而不同，随着儿童的生长和教育者经验的增长而变化。即使是能以文字表达的最正确的目的，除非我们认识到它们并不是目的，而是给教育者的建议，在他们解放和指导他们所遇到的具体环境的各种力量时，建议他们怎样观察，怎样展望未来和怎样选择，那么这种目的，作为文字，将是有害无益的。正如一位近代作家说过："引导这个男孩读司各特写的小说，不读旧的斯留斯写的故事；教这个女孩缝纫；使约翰根除横行霸道的习惯；准备这一班学生学医——这些都是我们在具体的教育工作中实际所有的无数目的的几个例子。"

牢记以上这些条件，我们将进而提出一切良好的教育目的所应具备的几个特征。

1. 一个教育目的必须根据受教育者的特定个人的固有活动和需要（包括原始的本能和获得的习惯）。我们前面讲过，把预备作为教育目的，有不顾个人现有能力而把某种遥远的成就和职责作为教育目的的倾向。总的来看，人们有一种倾向，就是提出千篇一律的目的，忽视个人的特殊能力和要求，忘记了一切知识都是一个人在特定时间和特定地点获得的。成人的见识范围较广，对观察儿童的能力和缺点，决定儿童能力的强弱、缺点的大小，具有很大价值。例如，成人的艺术能力可以表现儿童的某种倾向能有多少成就；如果我们没有成人的艺术上的成就，我们就没有把握了解儿童期的绘画、复制、塑造和着色活动的意义。同样，如果没有成人的语言，我们就不能了解婴儿期咿呀学语的冲动有何意义。但是，以成人的成就为一种背景，把儿童和青年的活动放在这个背景中进行观察，这是一回事；把成人的成就定为固定的目的，不顾受教育者的具体活动，那完全是另一回事。

2. 一个教育目的必须能转化为与受教育者的活动合作的方法。这个目的必须提出一种解放和组织他们的能力所需要的环境。除非这个目的有助于制订具体的操作程序，除非这些程序又能检验、校正和发挥这个目的，否则这个目的便是没有价值的。这种目的不但无助于具体的教学任务，并且阻碍教师应用平常的判断观察和估量所面临的情境。这种目的除了与固定目标相符的事物以外，其他事物概不承认。每个呆板的目的，只是因为它是硬性规定的，似乎就不必审慎注意具体的情况。因为这种目的无论如何必须实施，注意那些不值得考虑的细节又有什么用处呢？

从外面强加的教育目的的缺陷根子很深。教师从上级机关接受这些目的，上级机关又从社会上流行的目的中接受这些目的。教师把这些目的强加于儿童。第一个结果是使教师的智慧不能自由发挥，只许接受上级所规定的目的。教师很难免于受官厅督学、教学法指导书和规定的课程等等的支配，使他的思想不能和学生的思想以及教材紧密相连。这种对于教师经验的不信任，又反映了对学生的反应缺乏信心。学生通过外面双重或三重的强迫来接受目的，他们经常处于两种目的的冲突之中，无所适从。一种是符合他们当时自己经验的目的，另一种是别人要他们默认的目的。每个发展中的经验，都具有内在的意义，除非我们承认这个民主主义的标准，否则我们将会在思想上因适应外来目的的要求而陷于混乱。

3. 教育者必须警惕所谓一般的和终极的目的。每个活动无论怎样特殊，就它和其他事物的错综复杂的关系来说，它当然是一般的，因为它引出无数其他事物。一个普通的观念，就它能使我们更注意这些关系来说，愈一般愈好。但是，“一般”也意味着“抽象”，或者和一切特殊的上下前后关系分开。这种抽象性又意味着遥远而不切实际，这样又使我们返回到把教和学仅仅作为准备达到和它无关的目的的一种手段。我们说教育确实有它自己的酬报，意思是说，除非所说的学习或训练有它自己的直接价值，否则，这种学习或训练就没有教育意义。一个真正一般的目的，能开拓人们的眼界，激发他们考虑更多的结果（即联系）。这就意味着对各种手段进行更广泛、更灵活的观察。例如，一个农民，他所考虑的相互影响的力量愈多，他直接的应付能力就愈大。他将发现更多可能的出发点和更多的方法，完成他所要做的事情。一个人对将来可能成就的认识愈全面，他当前的活动就愈少束缚于少数可供选择的方法。如果他了解得很透彻，他几乎可以在任何一点开始行动，并且继续不断地、有成效地把活动持续下去。

所谓一般的或综合性的目的，意思不过是对现在活动的领域进行广泛的观察。有了这种了解，我们将就当代教育理论中流行的比较重大的教育目的，选取几个来讨论，并且研究这些目的能否使我们明白教育者真正关切的当前各种具体的目的。我们先提出一个前提（其实从以上所述中立即产生这个前提），就是对于这些目的，用不着选择，也不必把它们看作互相竞争的对手。当我们实际上有所作为时，我们必须在一个特定的时间选择一个特定的行动，但是无论多少综合性的目的，都可以同时存在，并行不悖，因为它们不过是对同一景色不同的看法。一个人不能同时攀登几个山峰，但是在攀登不同的山峰时，各种景色互相补充：它们并不揭示互不相容、互相竞争的世界。或者，用稍稍不同的说法：一种目的的说法，可以暗示某些问题和观察；另一种目的的说法，可以暗示另外一些问题，要求进行别的观察。因此，我们的目的愈一般愈好。一种说法可以强调另一种说法所忽略的方面。众多的假设能给科学研究工作者多少帮助，众多的目的也能给教师多少帮助。

提　　要

一个目的所表明的是任何自然过程的结果，这个结果是被意识到的，并成为决定当前的观察和选择行动的方式的一个因素。目的还表明一个活动已经变成明智的活动。明确地说，所谓目的，就是我们在特定情境下有所行动，能够预见不同行动所产生的不同结果，并利用预料的事情指导观察和实验。所以，一个真正的目的和从外面强加给活动过程的目的，是完全相反的。从外面强加给活动过程的目的是固定的、呆板的；这种目的不能在特定情境下激发智慧，不过是从外面发出的做这样那样事情的命令。这种目的并不直接和现在的活动发生联系，它是遥远的，和用以达到目的的手段没有关系。这种目的不能启发一个更自由、更平衡的活动，反而阻碍活动的进行。在教育上，由于这些从外面强加的目的的流行，才强调为遥远的将来做准备的教育观点，使教师和学生的工作都变成机械的、奴隶性的工作。

第九章　自然发展和社会效率作为教育目的

一、由自然提供目的

我们前面指出，要想建立一个所有其他目的可以归属的唯一的终极目的，这种尝试是徒劳的。我们表明，既然一般的目的只是一些预期未来的观点，用以观察现有的环境和估量环境的可能性，那么我们可以有任何数量的目的，这些目的都是前后一贯的。事实上，在不同的历史时期提出了大量的目的，这些目的在当时当地都具有巨大的价值。因为目的的叙述乃是一个在一定时间所强调的重点不同的问题，我们并不去强调不需要强调的东西——这就是说，有些东西已经很受重视，就无须强调。我们往往根据当时情境的缺陷和需要来制定我们的目的；凡是正确的东西或近乎正确的东西，我们都视为当然，就不必明确论述。我们根据应该进行的某些改动来确定我们的明确的目的。在一定的时期或一定的世代，在有意识的规划中，往往只强调实际上最缺乏的东西，这并不是一个需要加以解释的矛盾。在一个由权威统治的时代，呼唤极大的个人自由；在一个充满无组织的个人活动的时代，呼唤把社会控制作为一个教育目的。

因此，实际的和含蓄的实践，与有意识的或叙述的目的，是相互平衡的。在不同的时代，有许多目的曾经被使用过，如完全的生活，更好的语言学习方法，以实物替代文字，社会效率，个人修养，社会服务，个性的全面发展，百科全书式的知识，纪律，审美的沉思，实用，等等。下面的讨论要研究近来有影响的三种目的，其他一些目的在以前各章曾附带讨论过，还有一些目的将在以后讨论知识和科学价值时加以讨论。我们现在先讨论卢梭提出的教育目的，即教育是一个自然发展的过程。这个目的，把自然和社会对立起来（参见第 102 页）。然后进而研究对立的社会效率的概念，这个概念常常把社会和自然对立起来。

教育的改革家们厌恶学校方法的因袭性和人造性，易于采取自然的标准。他们认为自然能提供儿童发展的规律和目的，我们的任务是追随和遵循自然的方法。这个概念的积极价值在于它有说服力地引起人们注意那些不顾受教育者的自然禀赋的许多目的的错误。这个概念的缺陷在于把自然发展视为正常的发展，容易和身体的发展混淆。于是不重视智慧在预见未来和努力工作中所起的建设性作用；我们只是置身事外，让自然去做教育工作。因为对于这个理论的真理和谬误的论述，没有一个人胜过卢梭，所以让我们先讨论卢梭的观点。

卢梭说：“我们从三个来源接受教育，即自然、人和事物。我们的器官和能力的自发的发展构成自然的教育。教我们如何利用这个发展，构成人给我们的教育。从周围事物获得的个人经验构成事物的教育。只有当这三种教育和谐一致，走向同一个目的时，人才朝向他真正的目标。……如果有人问我们这个目的是什么，回答是，这个目的就是自然的目的。因为，既然三种教育必须协同进行，这三方面的教育才能完善，那么完全不受我们控制的那一种教育，必然控制我们，决定其他两种教育。”在讲了上面这番话以后，卢梭进而解释自然的意义，自然就是与生俱来的能力和倾向，因为这种能力和倾向在由于强制性的习惯和他人意见的影响而发生变化以前已经存在。

仔细研究卢梭的话，会有很大的收获。他的话包含历史上曾经讲过的有关教育的基本的真理，也有一点奇特的偏见。他开头的几句话，不可能有人比他说得更好。教育的发展有三个因素：第一是我们身体器官的结构和这些器官的功能性活动；第二是在他人的影响之下，利用这些器官的活动；第三是身体器官和环境的直接的相互作用。这段话当然包括了教育的各个方面。卢梭还有两项建议同样是正确的：第一，只有当教育的三个因素相互一致和合作时，个人才有适当的发展；第二，个人身体器官的天赋的活动是原来固有的，三个因素能否和谐一致，这种天赋的活动是基本的。

但是，只要读一下卢梭这几句话，补充一些卢梭的其他论述，就可能发现他并没有把这三件事看作必须在某种程度上合作的因素，使其中任何一个因素都能发挥教育作用，而是把这三个因素看作分离的和各自独立的活动。特别是卢梭相信天生的器官和能力能独立地、“自发地”发展。卢梭认为，不论如何利用这些器官和能力，这种自发的发展都能不断进行。从社会接触得来的教育，必须从属于这种独立的发展。按照天赋活动本身来运用这种活动，而不是强迫这种活动和滥用这种活动；假定这种活动不需任何运用就能正常发展，这种发展能提供一切通过运用而学习的标准和规范，在这两者之间有着巨大差别。重新提一下我们前面的例子，学习语言的过程，是正当的教育发展的一个完善的模式。学习语言，从发音器官、听觉器官等的天赋活动开始。但是，如果认为这些活动有它们自己独立的发展，自身能发展完善的言语，那是荒谬的。卢梭的原则，按字义理解，意味着成人应接受和重复儿童的咿呀学语声和吵闹声，不仅作为清晰的语言发展的开端——事实是如此，而且作为提供语言本身——作为一切语言教学的标准。

这个问题可以这样来概括，卢梭给教育引进一种很需要的改革，主张我们的器官的结构和活动，提供一切教人利用器官的条件，这一点是正确的；但是，如果说器官的结构和活动不仅提供它们发展的条件，而且提供它们发展的目的，那是非常错误的。事实上，天赋活动和偶然的、随意的练习相反，它们是通过运用发展的。我们知道，社会环境的职责在于通过充分利用这些能力来指导发展。本能的活动，用比喻的说法，可以称它们是自发的，意思是说，器官对某种活动有强烈的倾向性——这种倾向性很强，我们不能违抗它，要想违抗它，就可能歪曲它，阻碍它生长，使它败坏。但是，如果以为这些活动是自发的、正常的发展，那纯粹是神话。自然的或天赋的能力，提供一切教育中的起发动作用和限制作用的力量；但是它们并不提供教育目的。除了从不学而能的能力开始学习以外，便没有学习，但是学习并不是不学而能的能力的自发的溢流。卢梭之所以有与此相反的意见，无疑是由于他把上帝和自然等同起来。在他看来，天赋的能力完全是善的，直接来自聪明善良的造物主。上帝创造人类天赋的器官和能力，人利用这些器官和能力。所以，器官和能力的发展，提供利用这些器官和能力必须服从的标准。当人们企图决定先天的活动的用处时，他们干预了神圣的计划。社会组织干预自然，干预上帝的工作，这是个人腐败的主要根源。卢梭关于一切自然倾向具有内在的善的热情主张，乃是对当时流行的关于天赋的人性彻底腐败堕落的观念的反对，对于改变对儿童的利益的态度有强大的影响。但是，根本不需要指出，人类原始冲动本身既不是善的，也不是恶的，原始冲动或善或恶，就看我们怎样使用它们。我们忽略、压制和过早地强使某种本能发展而牺牲别的本能，是发生很多可以避免的错误的原因，这是无可怀疑的。但是，从这件事引出的教训，不是让这些本能“自发地发展”，而是提供一种环境，去组织这些本能。

回到卢梭的主张中所包含的真理因素上，我们发现，把自然发展作为教育的目的，使得他能指出种种方法，纠正目前教育实践中的许多流弊，并指出若干可取的特殊的目的。

1. 把自然发展作为教育目的，使人特别注意儿童的身体器官和健康的需要。自然发展的目的对于家长和教师说就是：把健康作为一个目的；如果不顾身体的活力，就不能得到正常的发展，这是一个很明显的事实。在实践中，适当认识这一事实，差不多能自动地使很多教育实践产生革命的变革。“自然”确实是一个含糊的和隐喻性的名词，但是，“自然”确能指示我们，教育的效率有许多条件，在我们懂得这些条件是什么，并且懂得如何使我们的实践按这些条件进行以前，我们最崇高和理想的目的是注定要失败的——它们不过是空谈的和感情用事的目的，而不是有效验的目的。

2. 把自然发展的目的转化为尊重身体活动的目的。用卢梭的话来说：“儿童总是不停地动；久坐的生活是有害的。”他又说：“自然的意思是先强身体，后练心智。”卢梭这句话，很难说他把事实讲清楚了。但是，如果他说自然的“意图”（用他富有诗意的言语）是特别通过锻炼身体的肌肉来发展心智，那么，他就说明了一个正面的事实。换言之，遵循自然的教育目的，具体来说，就是注意儿童在探索、处理各种材料、游戏和竞赛中运用他们的身体器官所起的实际作用。

3. 把一般的目的转化为关心儿童个别差异的目的。凡是考虑儿童天赋能力的原则的人，没有不对不同的儿童天赋能力各异这样的事实感到惊异。这种差异不仅是关于能力的强度，甚至在能力的质量和组织方面，也各人不同。正如卢梭说过："每个人生来具有特异的气质……我们往往不加区别，使具有不同爱好的儿童从事同样的练习；他们的教育毁灭特殊的爱好，留下死板的、千篇一律的东西。所以，在我们消耗我们在阻碍儿童真正的天赋的努力之后，我们用来代替的短命的和虚幻的才华化为乌有，而我们所扼杀的儿童的天赋能力也不能复活。"

4. 遵循自然的教育目的，意思就是注意儿童爱好和兴趣的起源、增长和衰退。儿童能力的萌芽和焕发是参差不齐的，甚至没有四路并进的发展。我们必须趁热打铁。特别宝贵的是儿童能力的最初萌发。我们对待儿童早期的许多趋势的方法，能确定儿童的基本倾向，并制约他们的能力日后的转变，其影响之大，超出我们的想象。继卢梭之后，裴斯泰洛齐和福禄培尔重视自然的生长原则。教育上对早期儿童的关怀和实用技艺的培养截然不同，这种教育观点完全可以追溯到裴斯泰洛齐和福禄培尔时代。关于生长的不规则性及其重要意义，有一位学者这样说："在儿童生长发育过程中，在身体方面和心智方面，都是不平衡的。因为生长从来不是一般的，而是有时在这一点上突出，有时在那一点上突出。各种教育方法，对天赋能力的巨大差异，必须认识到生长中自然的不平衡的能动价值，并能利用这种不平衡性，宁有参差不齐的不规则性，不要一刀切。这种方法最能遵循身体的自然发展，因而证明是最有效的。"①

在受束缚的情况下观察儿童的自然倾向是一件困难的事情。在儿童自发的语言和行为中——就是在儿童不做规定的工作，不觉得被观察时所说的话和所做的事——最容易出现这种

① 唐纳森（Donaldson）：《大脑的发育》，英文版，第357页。

自然倾向。但不能因此就说，因为这些倾向是自然的，所以它们都是可取的。不过我们的确可以说，既然有这些倾向，那么它们就是起作用的，而且必须予以重视。我们务必使可取的倾向有一个适当的环境，使它们保持活跃，这些自然倾向的活动必须控制其他倾向的方向，使那些没有什么结果的倾向因不用而废弃。儿童有许多倾向，它们出现的时候使父母感到不安，这些倾向很可能是昙花一现的。有时过分直接注意这些倾向，只能使儿童集中注意它们。无论如何，成人往往容易把他们自己的习惯和愿望作为标准，而把儿童冲动的一切偏差视为必须革除的弊端。遵循自然的观念，主要是对人为造作的反抗，而人为造作，乃是企图直接强迫使儿童符合成人标准的模型的结果。

总之，我们注意到，遵循自然的观念的早期历史，兼有两个因素，这两个因素彼此并无内在的联系。在卢梭以前，教育的改革家们倾向于在实际上把无限的权力归于教育，竭力主张教育的重要性。他们认为，在不同的民族之间、同一民族的各个阶级之间和个人之间的一切差别，都是由于训练、学习和实践的差异。各人原来的心智、理性和理解，实际上都是相同的。各人心智的这种本质上的同一性，表明各人本质上是平等的，并且可以把他们培养到相同的水平。遵循自然的教育学说反对这种观点，这个学说对心智及其力量的观点，并不那么刻板和抽象。这个学说不认为我们有辨别、记忆和概括的抽象能力，而认为我们有特殊的本能、冲动和生理能力，这种特殊的本能、冲动和生理能力，各人都不相同。正如卢梭指出的，甚至同一窝狗，它们的本能也都是不同的。在这一方面，教育遵循自然的学说，由于近代生物学、生理学和心理学的发展而加强了它的力量。这种学说实际上就是说，尽管教养、矫治和通过直接的教育努力而进行改造有它们的重要性，但是自然或不学而能的能力为这种教养提供基础的和根本的力量。

另外，遵循自然的学说也是当时政治上的一个信条。这个信条反抗当时的社会制度、风俗习惯和理想（参见第102页）。卢梭说过，一切来自造物主的东西都是好的。这句话只有在和同一句话的结尾部分对比时才有意义。就是说，一切东西经过人的手都要退化变质。卢梭又说：“自然的人有绝对的价值；他是一个数量单位，是一个完全的整数，除他自己和他的同伴以外，没有别的关系。文明的人只是一个相对的单位，是一个分数的分子，其价值决定于它的分母，以及它和社会整体的关系。良好的政治制度，是使人不自然的制度。”卢梭认为，自然不仅提供开始生长的原始的力量，而且提供开始生长的计划和目标。这种观点就建立在他所谓当时有组织的社会生活具有人为造作和有害的性质这个概念之上。① 腐败的制度和风俗习惯几乎自动地给儿童一种错误的教育，就是最审慎的学校教育也不能补偿这种错误教育，这是完全正确的；但是，我们的结论不是要离开环境进行教育，而是要提供一种环境，使儿童的天赋能力得到更好的利用。

二、社会效率作为目的

上面提出的教育观念认为自然提供真正的教育目的，而社

① 我们决不能忘记，卢梭抱着一个根本不同的社会观念，就是一个博爱的社会，其目的应与全体社会成员的利益一致。他认为，这种社会比当时的状况好得多，正如当时的状况比自然状况坏得多一样。

会提供坏的教育目的。这个观念很难不引起人们的反对。反对方面强调这样一种学说，就是教育的任务恰恰就在于提供自然所不能获得的东西，即个人习惯于社会控制，天赋能力服从社会准则。毫不奇怪，我们可以发现，社会效率这个概念的价值主要在于它反对自然发展的学说把人引入歧途的那些观点；而社会效率这个概念所以被误用，则由于在运用社会效率的概念时，抹杀了它的真理性。我们必须注意社会生活的各种活动和成就，寻找能力发展——就是说效率——的含义，这是事实。错误就在于认为我们必须采取使天赋能力服从的办法，而不是利用天赋能力的办法去获得效率。如果我们认识到，社会效率的取得不是通过消极限制个人的天赋能力，而是通过积极利用个人的天赋能力，去做具有社会意义的事情，这个学说就表达得适切了。

1. 把社会效率转化为具体的目的，表明工业生产能力的重要性。没有维持生活的东西，我们就无法生存；使用和消耗这些生活手段的方法，对人们相互之间的一切关系有着深刻的影响。如果一个人无力自谋生计并抚养子女，他就是依赖别人活动的累赘或寄生虫，他就失却一种最有教育意义的生活经验。如果他不知道正确地利用工业产品，没有受过相当的训练，他拥有的财富也许有腐化堕落和伤害别人的严重危险。这种基本的考虑，教育计划都不能忽视，但是，高等教育的各种安排，在更高和更富于精神的理想的名义下，不仅常常忽视这些考虑，而且蔑视这些考虑，认为与教育无关。随着寡头独裁政治发展为民主社会，教育应该使受教育者有能力在经济上自谋生计，并能有效地管理经济资源，而不是仅仅为了炫耀自己和过奢侈生活。这种教育的意义，自然应受到重视。

但是，坚持这样的目的也有严重的危险，现有的经济状况和标准将被视为是最后的，没有改进的必要。民主的准则要求我们发展学生的能力，使他们能选择自己的职业，在事业上取得成功。如果我们想预先使青年受有限的工业职业的训练，这种职业并非根据受过训练的能力进行选择，而是根据父母的财富和社会地位进行选择，那么就要违反这个原则。事实上，我们现在的工业由于新发明的进展，正经历着迅猛而突然的变革。新的工业崛起，旧的工业经过彻底改革。因此，如果要训练儿童获得过于专门职业的效率，就不能达到自己的目的。当这种职业改变它的方法时，受过这种训练的人就会落后，他们甚至比没有受过特定训练的人更缺乏适应的能力。但是，最重要的是现在社会的工业结构与过去存在过的社会一样，充满着不平等。进步教育的目的，在于参与纠正不公平的特权和不公平的遭受剥夺，而不在于使这种不公平状况永久存在下去。无论什么地方，如果社会控制意味着个人的活动屈服于阶级的权威，工业教育就有迁就现状的危险。于是，经济机会的不同，决定着个人未来的职业。我们不知不觉地重蹈柏拉图的计划（参阅第 100 页）的缺陷，而没有柏拉图那样的开明的挑选学生的方法。

2. 公民的效率或良好的公民训练。当然，我们把工业生产的能力和良好的公民训练能力分开讲，是一种专断的做法。但是，公民训练能力可以表示比职业能力更加模糊的若干资格。这些资格包括的范围很广，从使一个人成为比较令人满意的伙伴，到有政治意义的公民训练，例如明智地判断人和各种措施的能力，在制定法律和服从法律时起决定作用的能力。把公民效率作为教育的目的至少具有一个优点，就是使我们不受一般心理能力训练的观念的影响。这种目的使我们注意这样的事实：我们的能力必须和做某件事有关系；我们最需要做的事情乃是涉及我们和别人的关系的事情。

这里，我们必须防止把这个目的理解得过分狭隘。虽然归根到底社会进步的保证依靠科学的发现，但是，如果把社会效率理解得过分狭隘，有些时候就排除了科学的发现。因为科学家可能被看作仅仅是理论上的空想家，完全缺乏社会效率。必须牢记，社会效率最终恰好就是平等参与授受经验的能力。这种能力，包括使个人自己的经验对别人更有价值，以及使他能更加有效地参与别人有价值的经验的能力。创作艺术和欣赏艺术的能力，娱乐的能力，有意义地利用闲暇的能力，都是公民效率的重要成分，比通常和公民训练联系在一起的成分更加重要。

在最广的意义上，社会效率就是心智的社会化，主动地使各人的经验更加可以相互传授，打破使个人对别人的利益漠不关心的社会分层的障碍。如果社会效率局限于通过外表行为的服务，就忽略了效率的主要成分（这是效率的唯一保证）：明智的同情心或善意。因为，同情心作为一种良好的品质，不单纯是一种情感；它是一种有素养的想象力，使我们能想到人类共同的事情，反抗那些无谓地分裂人们的东西。有时所谓对别人有仁慈的兴趣，可能只是一种无意的假面具，企图控制决定别人的利益应该是什么，而不是努力使别人能够自由，使他们能寻找他们自己选择的利益。社会效率，甚至社会服务，如果不主动承认生活会给不同的人以各种各样的利益，又不相信鼓励各人自己做出明智的选择的社会效用，就会变成生硬的东西。

三、文化作为目的

社会效率的目的是否和文化的目的相一致，取决于以下这些考虑。文化至少是某种有素养的东西、某种成熟的东西，它与粗俗和粗野是对立的。当“自然”等同于这种粗野状态时，文化就是和所谓自然发展相对立的。所谓文化，也是某种属于个人的东西；文化是培养观念、艺术和广泛的人类兴趣的鉴赏能力。如果效率就是狭隘的行动，而不是活动的精神和意义，那么文化就和效率对立。如果我们能注意一个人的独特性——如果一个人没有什么不能测量的东西，他就不能称个人。无论我们称为文化或人格的怎样完全发展，结果都是和社会效率的真正意义一致的。与个性相反的东西就是平庸，就是平均标准。当我们发展特异的品质时，就能形成特异的人格，并对社会服务做出更大的贡献，这种个人的贡献超出物质商品数量上的供应。因为，一个社会，除非构成这个社会的各个成员具有良好的个人品质，否则有什么值得为它服务的呢？

有人反对人格对社会效率的重大价值，这是严格划分尊卑的产物。在封建社会，高贵者有时间和机会发展自己成为人；卑贱者受到限制，专为高贵者提供外部产品。一个号称民主的社会，如果仍把产品或产量作为衡量社会效率的理想，就是接受贵族社会所特有的贬低群众的传统，并把它继续下去。但是，如果民主主义具有道德的和理想的含义，那么就要求每个人对社会做出贡献，同时，给每个人发展特殊才能的机会。个人发展和社会效率这两个教育目的分开，是对民主主义的致命打击；采用比较狭隘的效率，就丧失效率的正当理由。

效率的目的（像任何其他教育目的一样），必须包括在经验的过程之中。如果我们用有形的外部产品来度量效率，而不是用获得很有价值的经验来度量效率，那么效率的目的就变成物质主义的了。我们发展有效率的人格，可能获得产品，但是，严格地说，这种结果只是教育的副产品：是不可避免的，而且是重要的，但无论如何，它们是副产品。提出一个外部的目的，就会加强把文化视为某种纯粹“内在”的东西的错误概念。完善“内在”人格的概念，是社会阶级分化的明确标志。所谓内在的，不过就是和别人没有联系的东西——这种东西不能自由地和全面地互相传达。所谓精神文化，所以常常是无用的东西，是某种腐朽的东西，正是因为这种东西常被人认为是一个人可以内部占有的东西——因此仅是某些人专有的。一个人成为什么人，看他在和别人联合生活中，在和别人自由交往中是什么人。有了这种认识，就不会误解效率和文化，不至于把效率理解为为别人提供产品，把文化理解为少数人所专有的文雅和修饰。

无论何人，不论是农民、医生、教师或学生，如果不知道他所造成的对别人有价值的东西只是有内在价值的经验过程的副产品，他就没有领会他的职业。为什么有人认为一个人必须在以下两种情况中做出选择：是牺牲自己去做有益于别人的事情，还是牺牲别人，以求达到自己独有的目的？实际的情况是，因为这两种事情没有一件是能够持续进行的，我们就想出一种折中的办法，两方面交替进行。一个人轮流尝试两件事中的一件事。世界上有许多公开声称的精神的和宗教的思想，强调自我牺牲和精神的自我完善这两个理想，而不是大力反对这种生活的二元论，没有比这更大的悲剧了。这种二元论已根深蒂固，不易推翻。由于这个原因，目前教育上的一个特殊任务，就是争取达到这样一个目的，使社会效率和个人修养是同义词，而不是彼此对抗。

提　　要

一般的或概括的目的，只是研究特殊的教育问题的观点。

因此，要检验任何大的目的叙述有何价值，就要看这个目的能否迅速地、前后一致地转化为另一个目的所提出的操作程序。我们曾经应用这种检验方法研究三个一般的目的：(1) 按照自然发展；(2) 社会效率；(3) 文化或个人精神财富。每次检验我们都发现，如果这些目的的叙述不全面，就会互相冲突。自然发展的目的如果叙述不全面，会把所谓自发的发展中的原始的能力作为最终目标。根据这个观点，凡是使这种能力对别人有用的训练，乃是变态的强制行为；凡是通过审慎的教育深刻地改变这种能力的训练，乃是起败坏作用的训练。但是，如果我们认识到，所谓自然的活动就是天赋的活动，这些活动只有通过使用才能发展，那么在使用中进行教育，冲突就消失了。同样，如果社会效率是指对别人外部的服务，这种目的必然和丰富经验意义的目的相反；如果文化是指心智的内部优雅，就和社会化的倾向相反。但是，社会效率作为教育目的，应该指培养自由地和充分地参与共同活动的能力。虽然这种参与能促进文化的修养，但是没有文化，这种参与是不可能的。因为，一个人没有学问——不先获得较为广泛的观点，来观察他所不知的事物，他就不能和别人交往。文化就是不断扩大一个人对事物意义的理解的范围，增加理解的正确性的能力，也许没有比这更好的文化的定义了。

第十章　兴趣和训练

一、兴趣和训练的意义

我们谈到过一个旁观者的态度和一个代理人或参与者的态度的区别。旁观者对正在进行的事情漠不关心；一种结果和另一种结果分不出好坏，因为每种结果只是供人看的。代理人或参与者和正在进行的事情休戚与共，事情的结果和他息息相关，他的命运或多或少和事件的结果相关。因此，他就要尽其所能，影响这件事情的趋向。旁观者就像一个身在监狱，注视着窗外下雨的囚徒，对他来说，窗外下不下雨都是一样。参与者就像一个计划着第二天要去郊游的人，下雨不停会挫败他的郊游计划。当然，他不能用现在的反应影响第二天的天气，但是，只要推迟计划中的郊游，就可以影响未来的事情。又如一个人看到一辆马车向他驶来，可能会撞到他；虽然他不能阻止马车的运动，但如果他能及时预见到结局，他至少能避开马车。有些时候，他甚至能比较直接地干预车辆的行进。所以，一个参与者在事情发生的过程中可以有两种态度：一方面是对未来结果的关心和渴望；另一方面是采取一种行动趋向，保证得到较好的结果，防止较坏的结果。

有两个名词表示这种态度：关心和兴趣。这两个名词表明一个人和他的对象所固有的可能性有密切的关系，因此，他很注意这个对象对他有什么影响；根据他的期待或预见采取行动，把事物引到一个方面而不引到另一个方面。兴趣和目的、关心和效果必然是联系着的。“目的”“意向”“结局”这些名词，强调我们所希望和争取的结果，它们含有个人关心和热切注意的态度。“兴趣”“爱好”“关切”“动机”等名词，强调预见的结果和个人命运的关系，以及他为要取得一个可能的结果而采取行动的愿望。这几个名词含有客观的变化。但是，这两类名词的区别，只是重点不同；在一类名词中隐蔽的意义，在另一类名词中被阐明。我们所预期的东西是客观的、非个人的，如明天的雨、被马车撞到的可能性。但是，对很关心结果而不是漠然旁观结果的人来说，同时也有个人的反应。在想象中预见到的区别，会使在目前的行为中也出现区别，表现在渴望和努力的态度上。“爱好”“关心”“动机”这些名词，虽然表明个人偏爱的态度，但也是个人对于对象所持的态度——对所预见的事的态度。我们虽然可以把客观的预见方面称为理智的方面，把个人关心的方面称为情感的和意志的方面，但是，在全部情境的事实中，这两个方面并不是截然划分的。

只有在个人的态度能独自沉浸于一世界时，这两个方面才会出现分离的情况。但是，个人的态度总是对情境中正在进行的事情的反应，而且这种态度乃是情境的一部分，这种态度能否成功地表现，决定于它们和情境中其他变化的相互影响。生命活动只有和环境的变化有关联，才会出现活跃和衰退。生命活动确实和环境的变化有密切的联系；我们的愿望、情感和爱慕，不过是我们的行为与我们周围的事和人的行为紧密联系的各种不同的方式。生命活动并不表明一个与客观的和非个人的领域分离的纯粹个人的或主观的领域。生命活动表明并不存在这种分离的世界。它们提供令人信服的证据，事物的变化和一个人的自我活动并非漠不相关，自我的前途和幸福与人们和事物的运动紧密联系在一起。所谓兴趣和关心，是指自我和世界在一个向前发展的情境中是彼此交织在一起的。

“兴趣”这个名词的通常用法有三种意义：（1）活动发展的全部状态；（2）预见的和希望得到的客观结果；（3）个人的情感倾向。

1. 一种作业、职业、研究、商业，常有人称之为一种兴趣。所以，我们说某人的兴趣是政治，或新闻工作，或慈善事业，或考古学，或收集日本印刷品，或银行业。

2. 我们也称兴趣是事物感动人或吸引人的地方，是事物影响人的地方。在法律事务中，一个人要在法庭上有地位，必须证明他有“兴趣”。他必须表明所建议的步骤关系到他的事务。一个隐名的合伙人，虽然他并不积极参与具体业务，但对商业有兴趣，因为商业的兴旺或萧条影响他的利润和债务。

3. 当我们说某人对这件事感兴趣，或对那件事感兴趣时，重点直接放在他个人的态度。感兴趣就是能专心致志，全神贯注于某个对象，或置身于某个对象。感兴趣也就是保持警觉、关心、注意。我们说一个人对某事感兴趣，有两种说法，或者说他已经被某件事迷住了，或者说他已经发现自己陷入某件事了。这两种说法都表示这个人的自我专注于对象。

关于兴趣在教育上的地位，贬低兴趣的人，首先是夸大上述第二种意义，然后又把这种意义孤立起来。他们所谓的兴趣，不过是指一个对象影响个人的利害和成败。他们把兴趣和任何客观事物的发展隔离起来，使它们变成仅仅是个人快乐或痛苦的状态。就教育方面说，他们认为，注重兴趣，就是把某种富有魅力的特征加到本来不感兴趣的教材上，用快乐行贿，引诱儿童注意和努力。这种方法被诬蔑为“软的”教学法和“施粥所”的教育理论，这种批评是正确的。

但是，反对这种方法的人，他们的理由是根据这样的事实或假设，即儿童所要获得的各种技能和教师所用的教材，本身并无兴趣。换言之，它们与学生的正常活动并无关系。补救的办法不在于寻找兴趣理论的不足，也不在于寻找某种取悦儿童的诱饵，使他们注意所不喜欢的材料。补救的办法在于发现与儿童目前的能力有联系的事物和活动。这种材料能使儿童乐于从事，并使活动始终如一地、连续地坚持下去，这种材料的作用就是它的兴趣。如果我们的教材有这种作用，我们就不需去寻找使材料有兴趣的方法，也不需诉诸专断的、半强制性的努力。

“兴趣”这个词，从英文词源上说，含有居间的事物的意思，即把两个本来远离的东西联结起来的东西。在教育上，这个距离可以视为时间上的。一个过程的成熟需要时间，这个事实非常明显，我们很少详述。我们忽略了这样的事实，在生长中，在生长过程的开始阶段和完成时期之间有一段路程，中间插进了某种事情。我们往往忽略这个事实，在学习中，学生现有的能力是开始阶段，教师的目的代表遥远的终点。在这两者之间是手段，即居间的种种情况，如要完成的动作、要克服的困难、要使用的工具。只有通过这种种居间的事物，开始的活动才能取得完满的结果。

这些居间的情况之所以饶有趣味，正是因为现有的活动要向前发展到我们所预见的结果和期待着的目的，全靠这种居间的情况。称这种居间的情况是达到目前趋势的手段，或者称它们是参与者和他的目的之间的“中介”，或者说饶有趣味，这种种说法虽然不同，其实都是同一件事。如果我们所用的教材必须设法使人感兴趣，这就意味着所提出的教材没有与目的和儿童现在的能力联系起来，或者即使有联系，并未被察觉。所以，通过使学生了解存在的联系，从而使材料有兴趣，这不过是一种常识；通过外部的和人为的诱因，使材料有兴趣，应该承担加在教育上的兴趣原理的所有败坏的名声。

以上都是关于“兴趣”这个名词的意义。下面说训练的意义。完成一个活动需要时间，在活动的开始和完成之间，要经过很多手段和有障碍的地方，这就需要进行审慎的思考和持久的努力。很显然，通常所谓意志，极大部分正是说我们有一种深思熟虑的或有意识的倾向。在一个有计划的行动过程中，尽管面临很多困难和相反的诱惑，但能够坚持和忍耐，通俗地讲，一个有坚强意志的人，就是说他在努力达到所选择的目的时，既不变化无常，又不苟且敷衍。他有实行的能力，就是说，他能持久地、有力地实行或实现他的目的。一个意志薄弱的人，就像水那样不稳定。

意志显然含有两个因素。一个因素是讲对结果的预见性，另一个因素是讲预见的结局对人控制的深度。

1. 固执是一种坚持性，但并不是意志力。固执可能只是动物的惯性和感觉迟钝。一个人持续地做一件事，只是因为他已经开始做了，而不是由于有了任何经过明确考虑过的目的。事实上，一个固执的人通常不愿意使自己明白他所提出的目的究竟是什么，虽然他可能没有意识到这种不愿意；他有一种感觉，如果让自己完全明确目的，这个目的可能并不值得。固执更多地表现在不愿意对所提出的目的有什么批评，而不是表现在运用手段以达到目的的坚持性和使用的力量上。一个真正有执行能力的人会考虑他的许多目的，尽可能清楚和全面地了解他行动的种种结果。我们所谓意志薄弱或放纵自己的人，往往对他们的行为的结果，自己欺骗自己。这种人拣出一些可以满意的特点，而不管所有伴随的情况。当他们开始行动时，他们所忽略的不良结果开始暴露出来。他们就为之垂头丧气，或者埋怨命运不好，他们的美好目的受到阻挠，因而转向别的行动。坚强意志和脆弱意志的主要区别是理智的区别，表现在考虑行动结果的坚定和全面的程度，强调这一点并不过分。

2. 当然，有一种情况是推测性地勾画出许多结果。这样一来，虽然能预见到结果，但是，这种预见的结果并不使人坚持进行。它们是供人看的东西，是为了好奇供人玩的东西，而不是要去达到的东西。世界上没有过分的智力活动，但却有片面的智力活动。有人在想所假定的行动的结果时，并没有智力活动。他的性格上的软弱性使他所冥想的对象不能抓住他，使他有所行动。多数人因为遇到不平常的、没有预见到的困难，或者因为受到一个直接的、比较使人满意的行动的引诱，而自然地离开计划中的行动的进程。

如果我们能训练一个人，使他能考虑他的行动，并且深思熟虑地实行这些行动，这个人到这种程度就是一个有训练的人。如果在这种能力以外，加上在外诱、迷乱和困难面前，坚持明智地进行所选择进程的能力，他就有了训练的真髓。所谓训练就是具有运用自如的能力；能支配现有的资源，以实现所从事的行动。一个人知道他要做什么事，并能迅速地运用必需的手段去做这件事，这就是使他接受训练，军队的训练是这样，心智的训练也是这样。训练是积极的事情。威胁人的精神，克制人的爱好，强迫人服从，抑制人的情欲，使下属做不合志趣的工作——所有这些事情是否具有训练的作用，就看它们能否使人认识他在做什么，和能否使人坚持进行，把事情做成功。

兴趣和训练是相互联系的，不是彼此对立的，这一点没有必要再强调了。(1) 甚至比较纯理智方面所训练出的能力——对于所做的事的结果的理解能力——如果没有兴趣，也是不可能的。没有兴趣，就是思考也会是草率的和肤浅的。父母和教师往往埋怨——埋怨得正确，说儿童“不愿意听或者希望理解”。他们的心思所以不在学科上，正是因为这种学科并不触动他们，不为他们所关心。这些情形是需要补救的，但是补救的办法，不应采用足以加剧和反使儿童厌恶的方法。甚至惩罚一个儿童不肯用心，也是一种方法，使他认识到这件事并非完全与他无关；这是唤起儿童的“兴趣”，或者使他认识到这件事的关联。从长远的观点来看，这种方法的价值，要看是否能在身体上刺激儿童，使他按照成人所期望的方法去做，或是否能使儿童“思考”——考虑他的行动，并使行动充满目的。(2) 要有坚持的行动，兴趣必不可少，这一点更为明显。做雇主的人并不聘用对工作不感兴趣的工人。如果有人聘请一位律师，或一位医师，如果工作和此人志趣不合，仅仅出于责任感做这个工作，他就决不会推论所聘请的人能更加认真地坚持工作。兴趣能够测量——毋宁说就是所预见的目的，深深地吸引人积极行动，去实现这个目的。

二、兴趣观念在教育上的重要性

兴趣是任何有目的的经验中各种事物的动力，不管这些事物是看得见的，还是呈现在想象中的。具体地说，承认兴趣在有教育意义的发展中的能动地位，其价值在于使我们能考虑每个儿童的特殊的能力、需要和爱好。承认兴趣的重要性的人不会认为，因为儿童偶然由同一个教师任教，采用同一种课本，他们的心理就会同样活动。同样的教材，随着对儿童的特殊感染力的不同，儿童对教材的态度、研究教材的方法和对教材的反应各有不同，而教师的这种感染力本身又随着儿童的自然倾向、各人的过去经验以及各人生活计划等等的差异而各有不同。但是，有关兴趣的种种事实，对教育哲学可提供有一般价值的考虑。我们如果能正确地理解关于兴趣的事实，就可以对有关心智和教材的某些观念保持警惕，这些观念过去在哲学思想上曾流行一时，并对教学和训练的进行产生了严重的不良影响。心智往往被置于有待认识的事物和事实之上；把心智看作孤立存在的东西，心理的状态和活动独立存在。他们认为知识就是纯粹的心理存在从外部运用于有待认识的事物，或者是外界的教材作用于心智所造成的种种印象；或者是两者的结合。因此，教材被看作自身完成的东西，教材不过是有待学习或认识的东西。至于学习的方法，或者通过自动地运用心智于教材，或者通过作用于心智的种种印象。

关于兴趣的种种事实表明，这些观念都是无稽之谈。经验中的心智，是根据对未来可能结果的预测而应付目前刺激的能力，目的在于控制将会发生的结果。事物，即已知的教材，就是和预料的事件进程有关系的东西，不管这些事物促进这个进程还是延缓这个进程。上面的这些话过于抽象，不易理解。举个例子就可以明白这些话的含义了。

你从事某种职业，譬如说用打字机写作。如果你是一个能手，你已经养成的习惯能照顾身体方面的活动，使你的思想自由地考虑你的题目。但是，如果你打字并不熟练，或者，即使你打字熟练，打字机运转不灵，那么，你就要运用智慧。你不希望胡乱在打字机上按键，随便发生什么结果；你希望把词打成一定的次序，使它们有意义。你注意键子，注意你所打的内容，注意你手的运动，注意打字机上的色带或打字机的装置。你的注意力并不是毫不在乎地和杂乱地分配在任何一个细节上，而是集中在与有效地从事你的职业有关的事情上。你目光向前，你注意当前的许多事实，因为它们是你做事取得成功的因素。你必须发现你能力有多大，掌握了哪些事件，有什么困难和障碍。这种预见和对所预见的情况所进行的全面调查就构成心智。一种行动，如果没有这种对结果的预见，没有这种对方法和障碍的考虑，那么这种行动不是一种习惯，就是盲目的行动。无论是习惯的动作，或是有目的行动，都没有理智的作用。如果对于所想要做的事情含糊不定，对实现这件事的条件的观察漫不经心，这样的人是拙笨的，或只有部分的智力。

如果我们再用前面的例子，一个人的心思不关心打字机的操作，而注意所要写作的文章，情况也是相同的。这个人在打字时，有一个正在进行中的活动，他正致力于阐发这一个题目，除非他像留声机说话那样写作，否则就要用智力；就是说，他一边打字，一边机灵地预见到目前的材料和思考可能得到的各种结论，并不断地加强观察、追忆，掌握和所要达到的结论有关的材料。他的整个态度是一种关切的态度，关注着将发生的事情，以及是否有利于达到目的。如果目前的行为没有由预见未来可能的结果所决定的方向，这种行为就没有智力。对未来只有想象的预测，而不注意预测所依靠的条件，那就只是自己欺骗自己，或是痴心妄想，这是一种发育不全的智力。

如果这个例子具有典型意义，那么心智就不是什么自身完成的东西；它是一个得到智力指导的行动的过程；换言之，在行动的过程中有目的、有结局并且要选择手段，以促进达到目的。智力并不是一个人所有的特殊的占有物；一个人所参与的活动具有上面所说的特性，他就是明智的。一个人所从事的各种活动，无论他是否运用智力去参与，都不是他个人独有的财产；这些活动不过是他从事和参与的事情。还有其他事情，其他事情和人物的独立的变化参加到他的活动中来，或者和他合作，或者阻碍他的活动。个人的行动可以是事件进程的开端，但是这件事的结果决定于他的反应和其他事物所提供的力量的相互作用。如果不把心智看作一个和其他因素共同参与而取得结果的因素，那么心智就变成没有意义的东西。

因此，教学的问题，乃是寻找材料使一个人从事特殊的活动的问题。这种活动有一个重要的目的，或对他有兴趣；同时，这种活动不把事物当作操练的器械，而当作达到目的的条件。我们前面谈到形式训练说的缺陷，补救的方法不在于用特殊训练说来取代它，而在于改革心智和有关心智训练的观念。补救形式训练说的缺陷的方法，是要发现一些典型的活动，不管是游戏还是有用的作业，每个人都关心这种活动，他们认识到活动的结果和他们利害攸关，感到这种活动不经思考、不运用判断去选择观察和回忆的材料，就无法完成。总之，关于心智训练概念的长期流行的错误根源，在于不顾个人参与的事物向未来结果的运动，不顾观察、想象和记忆在指导运动中所起的作用。错误的根源就在于把心智看作准备直接应用于目前材料的自身完成的东西。

这个错误在历史实践中有两个流弊。一方面，这个错误包庇和保护了传统的课程和教学方法，不许人进行明智的批评和必要的修正。说传统的课程和教学方法具有“训练”作用，这就保护了它们，使它们不受任何查问。仅仅说明这种课程和教学法在生活中无用，或者它们对自我修养真正无所贡献，还不足以推翻这个错误观念。只要说它们有“训练作用”，就能窒息一切疑问，抑制一切怀疑，排除对问题进行合理的讨论。这种说法就其性质来讲，是无从检验的。即使训练在事实上并无结果，学生在实践中漫不经心，并丧失明智地自我定向的能力，他们仍认为过失在学生本人，而不在课程或教学方法。学生的失败只证明他需要更多的训练，从而为保存陈旧的方法提供一个理由。这件事的责任，从教师转移到学生，因为教师所用的材料不必经过特别的测验；也无须表明这种材料是否满足任何特殊的需要，或达到任何特殊的目的，这种材料是为进行一般训练设计的，如果没有效果，这是因为学生不愿接受训练。

另一方面，把训练看作消极的概念，不把训练看作就是创造能力的发展。我们曾经说过，所谓意志，就是对待未来、对待产生可能的结果的态度，这种态度包含一种努力，清楚地和全面地预见各种行动方式的可能结果，并主动地认识某些预期的结果。如果我们的心智所具有的能力只应用于现有的材料，我们就会把意志或努力视为单纯的紧张。一个人对于现有的材料只有愿意或不愿意应用的问题。所用的材料愈是没有关系的东西，愈是与一个人的习惯和爱好毫不相干的东西，就愈要求做出努力，使心智用到这种材料上去，因而更能训练意志。按照这个观点，一个人因为材料中有一些有关他所要做的事，才注意应用这种材料，这不算是训练的作用，即使创造能力取得令人喜悦的增进，也不算是训练的作用。只有为应用而应用，为训练而训练，那才是有训练作用的。如果所提出的教材和学生志趣不合，这种见解更可能发生。因为，在这个时候，除了承认义务或训练的价值以外，就没有什么动机了。逻辑上必然的结果，就像一位美国幽默家说的："只要孩子并不喜欢你给他的东西，无论你教他什么东西都是一样的，没有什么区别。"

上面所说的流弊，是把心智和应付事物以达到目的的种种活动隔开，各自孤立起来。和这种孤立相应的，就是把所要学习的教材孤立起来。传统的教育计划即所谓教材，就是要学习的那么多的材料。各门学科代表许多独立的门类，每一门类有它自己完全独立的编排原则。历史就是这样一群事实，代数是另一群事实，地理又是另一群事实，等等。以至全部的课程，所有的学科，都是自身现成存在的东西。它们和心智的关系，除了为心智提供学习的材料以外，别无其他关系。这种思想与传统的教学实践符合。按照这种教学实践，每天、每月以至逐年的学校工作计划，由彼此不相联系的科目组成，每门科目，至少从教育的目的来看都自成一体。

本书第十四章将专门研究教材的意义。在这方面，我们只需要指出，和传统的理论相反，智慧所学习的任何事物都是在进行有主动兴趣的活动方面发挥作用的事物。一个人“研究”打字机，作为使用打字机以取得结果的活动的一部分，对于任何事实或真理的学习，也是这样。如果一个事实或真理是要用来完成一个人所从事的事态的进程，这种事态的结果又和这个人有切身的关系，那么它就成为学习的一个对象，即探究和思考的对象。数字所以成为学习的对象，不是因为数字已经构成学问的一个分支，称为数学，而是因为它们代表我们进行活动的世界的特性和关系，因为它们是达成我们目的所依靠的因素。这样广义地叙述看来似乎抽象。说得详尽一些，就是如果我们单纯向学生提示要学习的课业，这种学习的行动就是矫揉造作的、没有效果的。如果学生能认识到他所研究的数字知识在完成他所从事的活动中的地位，他的学习就是有效的。把学习的对象和课题与推动一个有目的的活动联系起来，乃是教育上真正的兴趣理论的最重要的定论。

三、问题的某些社会方面

我们前面所讲的理论上的错误，虽然表现在学校的实施方面，但这种错误观念本身乃是社会生活条件的产物。如果只有教育者转变他们的理论信念，虽然也可能做出更有效的努力，改变社会条件，但是，并不能消除困难。人们对于世界所持的基本态度，是他们所参与的多种活动的范围和性质决定的。艺术的态度可以作为例子来说明兴趣的理想。所谓艺术，既不是仅属内部的，也不是仅属外部的；既不是仅属心理的，也不是仅属身体的。和所有活动的形式一样，艺术也要使世界上的事物发生变化。有些行动所造成的变化（可以称作机械的变化）是外部的，这种变化不过把东西移动一下。这些变化不能丰富人的理想，也不能增进人的情感和理智。还有一些行动所造成的变化有助于维持生计，有助于生活的外部装饰和表现。我们现有的许多社会活动，无论是工业方面的还是政治方面的，都属于这两类。无论是参与这些活动的人，还是直接受这些活动影响的人，他们的工作都缺乏充分的和自由的兴趣。由于一个人所做的工作缺乏任何目的，或者由于工作的目的的局限性，智力得不到适当的运用。同样的情况迫使许多人不想改革。他们用情感和幻想的内心活动来回避现实。他们的态度是审美的，不是艺术的，因为他们的情感和思想是面对自己的，而不是改变环境的行动方法。他们的精神生活是感情用事，欣赏内心的境界。甚至科学研究也可能变成逃避艰苦的生活条件的庇护所——不是为了休养生息，准备将来对付世界而暂时后退。"艺术"这个名词可能和具体事物的特别改造没有联系，不是要增加事物对心智的重要性，而是和古怪的幻想以及情感的纵容有关。"实际的"人和偏重理论或文化的人，彼此分离，相互轻视。美术和工艺美术的分离就是这种情况的标志。因此，兴趣和心智不是变得狭隘，就是违反常情。关于这个问题，可参阅前一章有关效率和文化两个概念的片面含义的论述，进行比较。

只要社会是根据劳动阶级和有闲阶级的区分来组织的，这种事态就必然存在。在这种社会中，制造东西的人，他们的智力在和事物的不懈斗争中变得坚实了；而没有受到工作锻炼的人，他们的智力却变得放纵和柔弱了。再者，现在，大多数人仍然缺乏经济上的自由。他们的职业都是由偶然和环境的需要决定的；这种职业不是他们自己的能力与环境的需要和资源相互作用的正常表现。我们现在的经济状况仍然使很多人陷于奴役的地位。结果，掌握实际权力的人，他们的智慧也不是自由的。他们的智慧不是自由地运用，征服万物，为人类造福，而是为少数人所独占的非人类的目的，控制别人。

这种事态足以说明我们历史上的教育传统中的许多事情。它使我们了解教育制度的不同部分所表现的目的的冲突，了解大部分初等教育的狭隘的实用性质、大部分高等教育的狭隘的训练和文化性质。这种事态说明为什么需用智力的事情趋于孤立，知识变成学院式的、学术性的和专门技术性的；又说明为什么有很多人深信自由教育和生活中有价值的职业教育的要求相对立。

但是，这种事态也有助于解释目前教育的特殊问题。学校不能立即逃出以前社会条件所制定的理想。但是，学校应通过它所形成的智力的和情感的倾向改进这种社会条件。正是在这里，真正的兴趣和训练的概念十分重要。如果一个人在有目的的主动作业（不管是游戏，还是工作）中，应付各种事物的事实，扩大了兴趣，训练了智慧，这种人就最有可能避免在学术性的、远离实际的知识和呆板的、狭隘的、仅仅是“实用的”实践之间做出选择。如果我们教育的组织能使儿童天生的主动倾向在做作业中得到充分的调动，同时注意到这种作业要求进行观察、获得知识和运用建设性的想象力，那就是改进社会条件所最需要的教育。如果我们的教育一方面不运用智力，但求表面做事的效率的机械练习，另一方面积累知识，认为知识本身就是最终目的，在两者之间摇摆不定，这就意味着教育接受目前的社会条件，视之为终极状况，不可更改，从而负起使它们永存下去的责任。教育的改造，要使学生在运用智力进行有目的的活动中进行学习，这样的改造是一件缓慢的工作。它只能一点一滴地完成，一次走一步。但是，这并不是名义上接受一种教育哲学，却在实践中迁就另一种教育哲学的理由。这是一种挑战；要勇敢地从事改造工作，并坚持不懈地进行这个工作。

提　　要

兴趣和训练是有目的的活动的相关的两个方面。兴趣就是一个人和他的对象融为一体。这种对象规定他的活动，并对活动的实现提供手段和障碍。任何有目的的活动都含有先前的未完成阶段和后来的完成阶段之间的区别，也含有中间的许多步骤。要有兴趣，就是把事物放在这种继续不断发展的情境之中，而不是把它们看作孤立的东西。在特定的未完成的事态和达到所期望的结果之间，有一段时间，需要努力改造，要求我们继续不断地注意和忍耐。这种态度就是实际上所谓的意志。训练或继续不断的注意能力的发展，就是这种态度的结果。

这个原理对教育理论有两个方面的意义。一方面，这个原理使我们避免一种观念，认为心智和心理状态是自身完成的东西，把它们应用于某种现成的对象，就形成知识。这个原理表明，心智和运用智慧或有目的地从事有事物加入的行动过程，两者是完全一致的。所以，发展和训练心智，就是提供一个能引起这种活动的环境。另一方面，这个原理使我们避免一种观念，认为教材是某种孤立的和独立的东西。这个原理表明，学习的教材和加入继续不断地、有意识地从事的行动过程中，作为资源或障碍的一切事物，观念和原则两者是完全一致的。有了这种目的和条件都被认识的不断发展的行动过程，常被分割的一方面是独立的心智，另一方面是独立的事物和事实的世界，这两者就结合在一起，成为一个统一体。

第十一章　经验和思维

一、经验的性质

经验包含一个主动的因素和一个被动的因素，这两个因素以特有形式结合着。只有注意到这一点，才能了解经验的性质。在主动的方面，经验就是尝试——这个意义，用实验这个术语来表达就清楚了。在被动的方面，经验就是承受结果。我们对事物有所作为，然后它回过来对我们有所影响，这就是一种特殊的结合。经验的这两个方面的联结，可以测定经验的效果和价值。单纯活动，并不构成经验。这样的活动只是分散的、有离心作用的、消耗性的活动。作为尝试的经验包含变化，但是，除非变化是有意识地和变化所产生的一系列结果联系起来，否则它不过是无意义的转变。当一个活动继续深入到承受的结果，当行动所造成的变化回过来反映在我们自身所发生的变化中时，这样的变动就具有意义，我们就学到了一点儿东西。一个孩子仅仅把手指伸进火焰，这还不是经验；当这个行动和他遭受的疼痛联系起来的时候，才是经验。从此以后，他知道手指伸进火焰意味着灼伤。一个人被灼伤，如果他没有察觉到这是另一行动的结果，那么这只是物质的变化，像一根木头燃烧一样。

盲目的和变化无常的冲动，使我们轻率地从一事转向做另一事。出现这种情况，事事都是昙花一现，丝毫没有生长的积累。有了生长的积累，经验才具有生命力。另外，我们碰到很多使人感到快乐和痛苦的事情，但是并没有和我们自己过去的活动联系起来。对我们来说，它们只是偶然的事情。这种经验没有前没有后；既无回顾，又无展望，因此它是没有意义的。我们得不到一点儿东西可以用来预料什么事很可能接着发生，也没有得到一点儿使我们能适应即将发生的事情的能力——没有增加一点儿控制的能力。称它为经验，只是出于礼貌。常言道“从经验中学习”，就是在我们对事物有所作为和我们所享的快乐或所受的痛苦这一结果之间，建立前前后后的联结。在这种情况下，行动就变成尝试，变成一次寻找世界真相的实验；而承受的结果就变成教训——发现事物之间的联结。

由上面的讨论可以得出两个与教育有重要关系的结论。(1) 经验本来就是一种主动而又被动的事情，它本来就不是认识的事情。(2) 估量一个经验的价值的标准在于能否认识经验所引起的种种关系或连续性。当经验已经是积累性的经验，或者有点儿价值、有点儿意义时，只是在这个程度上，经验才含有认识的作用。在学校里，学生往往过分被人看作求取知识的理论的旁观者，他们通过直接的智慧力量占有知识。“学生”一词，几乎是指直接吸收知识而不从事获得有效经验的人。所谓心智或意识，和活动的身体器官隔离开来。因此，前者被认为是纯粹理智的和认识的因素，后者则被认为是一个不相关的、起干扰作用的物质因素。活动和使我们认识经验意义的承受活动结果的紧密结合被破坏了；结果我们有了两个片段：一方面是单纯的身体活动，另一方面是靠“精神”活动直接领会的意义。

这种身心二元论所产生的不良后果罄竹难书，更谈不上言过其实了。但是，可以列举若干比较显著的影响。

1. 身体活动在某种程度上变成一种干扰。身体活动被认为和精神活动毫无关系，它使人分心，是应该和它斗争的坏事。学生有一个身体，他把身体和心智一起带到学校。他的身体不可避免地是精力的源泉，这个身体必须有所作为。但是，学生的身体活动，并没有用来从事能产生有意义的结果的作业，却被视为令人蹙额的东西。学生应该“专心”做功课，身体活动却引导学生远离功课，它们是学生调皮淘气的根源。学校中“纪律问题”的主要根源，在于教师必须常常花大部分时间抑制学生的身体活动，这些活动使学生不把心思放在教材上。学校很重视宁静；鼓励沉默，奖励呆板一律的姿势和运动；助长机械地刺激学生的理智兴趣的态度。教师的职责在于使学生遵守这些要求，如有违反就要加以惩罚。

对教师和学生所造成的神经紧张和疲劳，乃是身体活动和理解意义分离的不正常情境的必然结果。他们时而冷漠无情，时而激情暴躁。学生的身体受忽视，由于缺乏有组织的、有成效的活动渠道，突然爆发出无意义的狂暴行为，而不自知其所以然；或者陷入同样无意义的装傻和干蠢事。这两种情况都和儿童的正常游戏截然不同。身体好动的儿童变得烦躁不安，不守规矩；比较安静，所谓虚心谨慎的儿童，把他们的精力用在消极地压制他们的本能和主动倾向的工作上，而不用在积极的、建设性的计划和实行计划的工作上。所以，它们不是教育儿童负责地、有意义地、优雅地使用他们的体力，而是教育他们克尽不发泄体力的义务。可以郑重地说：希腊教育所以取得卓越成就，其主要原因在于希腊教育从来没有被企图把身心分割开来的错误观念引入歧途。

2. 但是，甚至对必须用“心”学习的功课，一定的身体活动也是需要的。必须运用感官——特别是眼和耳——领会书本上写的、地图上画的、黑板上写的和教师说的东西。必须运用嘴唇、发音器官和双手，口头和书面复述所贮藏的知识。于是有人把感官看作神秘的管道，信息从外部世界通过管道引入大脑，感官被称为知识的入口和通道。眼睛注视书本，耳朵听老师讲话，这是发展智力的神秘源泉。此外，读、写、算这些重要的学科要求进行肌肉的或动作的训练。因此，眼、手和发音器官的肌肉必须加以训练，作为把知识从大脑带回到外部行动的管道。因为，反复地以同样方式使用肌肉，会使肌肉产生自发重复的倾向。

虽然身体活动通常对精神活动具有阻挠和干预的性质，但是身体活动多少还得使用，其结果就是机械地使用了身体活动。因为，感官和肌肉的作用，不是作为获得有教育作用的经验的有机参与者，而是作为心灵的外部进口和出口。在儿童进学校以前，他用手、眼和耳来学习，因为手、眼和耳是儿童做事过程的器官，他从做事中理解意义。一个放风筝的男孩，必须注视着风筝，注意放风筝的线对于手的不同的压力。他的感官所以是知识的通道，并不是因为外界的事实不知怎么地“传达”到大脑，而是因为它们被用来做一些有目的的事情。他所看见、接触到的东西的性质和所做的事情有关，这些性质很快被理解，也就有了意义。但是，如果要求学生用他们的双眼注意字形而不顾字义，做到能拼能读，这种训练不过是孤立的感觉器官和肌肉的训练。正是这种动作和目的的分离状况使它成为机械的动作。教师习惯于要求儿童有表情地朗读，以便显示读物的意义。但是，如果儿童最初采用不注意字义的方法学会感觉和动作的阅读方法，能辨识字形，读出字音，这就养成一种机械的习惯，以后要能理解地阅读就困难了。他们的发音器官受到孤立的和机械的训练，不能把意义随意加上去。图画、唱歌和写字可以用同样机械的方法来教；因为，我们再说一遍，任何把身体活动缩小到造成身心分离即身体和认识意义分离开来的方法，都是机械的方法。数学的教学，甚至高等数学的教学，如果过分强调计算技术，就有这种弊病；自然科学的教学如果为实验而实验，也会发生这种弊病。

3. 在智力活动方面，“心”和直接的作业隔离，就会强调事物而不顾事物间的关系或联结。人们把知觉甚至观念和判断分离，这是很平常的事情。他们认为判断在知觉之后，以便对所知觉的事物进行比较。大脑离开事物之间的关系，就能理解事物；离开前后事物的联结，就能形成事物的观念。于是，要求判断或思维来把零碎的“知识”合并起来，明白零碎知识的相似之处或因果联系。事实上，每一知觉，每一观念，都是对事物的关系、作用和原因的感觉。我们通过列举椅子各种孤立的特性，并不真正懂得椅子或获得椅子的观念，只有通过把这些特性和某种别的东西联系起来，例如和目的联系起来，表明目的是成为椅子而不是成为桌子，或者和它与我们习见的椅子的区别联系起来，或者和它所代表的“时代”联系起来，等等，才能真正懂得椅子。我们把一辆运货马车的各个部件加起来，并不能察觉这是一辆马车；它之所以是马车，在于它各种部件的特有的联结。这些联结不仅仅是在形体上并列在一块，还包括和拉车的动物的联结，和所装载的东西的联结，等等。我们在知觉里面就使用判断；否则知觉不过是感觉兴奋，或者不过是认识前面判断的结果，例如对于见到熟悉的东西。

词是观念的摹本，但是，我们很容易把词当作观念。如果心理活动和主动关心外界分离开来，和做事情分离开来，不把施与受联结起来，在同样程度上，词和符号代替了观念。这种代替作用是比较微妙的，因为有些意义是认识的。但是，我们很容易满足于微小的意义，而未能注意我们所了解的关系是多么有限，正是这些关系使我们能理解意义。我们彻头彻尾地习惯于虚假观念、一知半解，没有认识到我们的心理活动是多么缺乏生气。如果我们是在要求我们运用判断发现事物联系的充满活力的经验的条件下进行观察，形成观念，那么我们的观察和观念该会怎样更加敏锐、更加广泛啊！

关于这个问题的理论，各方面的意见并无不同。所有学者都同意，识别事物的关系是真正有关智力的事情，因而也就是有教育意义的事情。他们的错误是由于假定没有经验，没有我们前面所说的尝试和承受的结合，就能领会事物的关系。他们认为只要“心灵”能集中注意，不论情况如何，心灵能随意注意，那么它就能掌握事物的关系。因此，若明若暗的观察和字面上的观念泛滥成灾，食而不化的“知识”贻害世界。一盎司经验所以胜过一吨理论，只是因为只有在经验中，任何理论才具有充满活力和可以证实的意义。一种经验，一种非常微薄的经验，能够产生和包含任何分量的理论（或理智的内容），但是，离开经验的理论，甚至不能肯定被理解为理论。这样的理论往往变成只是一种书面的公式、一些流行话，使我们思考或建立真正的理论成为不必需的，而且是不可能的。由于我们所受的教育，我们以为文字就是观念，我们用文字来处理问题，这种处理方法实际上只是使我们知觉模糊，不再能认识困难。

二、经验中的反思

所谓思维或反思，就是识别我们所尝试的事和所发生的结果之间的关系。这层意思我们在前面虽未明显说出，实际上已表明过了。没有某种思维的因素便不可能产生有意义的经验。

但是，我们可以按经验所含思维的比例对比两种类型的经验：我们的一切经验，都有“试验”的一面，即心理学家所谓的尝试错误法。我们先做一件事，等到失败了，又做另一件事，一直尝试下去，直到偶然碰上一件事成功了，我们就采用那个方法，作为以后过程中单凭经验来做的方法。有些经验不过就是这种碰一下失败或成功的过程。我们发现某一行动和某一结果彼此关联的事实，但是没有发现它们是怎样联结的。我们没有看出联结的详细情形，联结的关键失去了。我们的识别是很粗糙的。另外有些经验，我们的观察更为仔细。我们进行分析，以考察处在中间的东西，以便把原因和结果、活动和结果结合起来。我们洞察力的扩充，使我们对将来的预见更加准确、更加全面。仅仅根据尝试错误法的行动全受环境的支配；环境可能变化，以致我们不能按预期的方式行动。但是，如果我们详细了解结果所依靠的条件，我们就能注意看到我们是否具有所需要的条件。这种方法能扩大我们对环境的实际控制。因为，如果某些条件没有具备，而我们知道结果所需要的前提是什么，那么我们就可以设法提供这些条件；或者，如果这些条件会产生不良结果，我们就可以排除一些不必要的原因，以节省精力。

在发现我们的活动和所发生的结果之间的详细关联时，试验性的经验所包含的思维就显露出来。随着经验在数量上增加，经验的价值也成比例地提高，和以前很不相同。所以，经验的质量起了变化；这种变化非常重要，我们可以称这种经验为反省的经验，这是一种典型的反省经验。审慎地培养这一方面的思维，就使思维构成一种特异的经验。换言之，思维就是有意识地努力去发现我们所做的事和所造成的结果之间的特定的联结，使两者连接起来。这两方面的隔离状态，它们纯属任意碰在一起的情况就此消除；一种统一的、不断发展的情境替代了隔离状态。这样，发生的事件被理解了，有了解释了，成为合情合理的了，就是说，事情理应这样发生。

所以，思维就是把我们经验中的智慧的要素明显地表现出来。它使我们有可能行动有目标。它是我们所以有各种目的的条件。一个婴儿，当他开始有所期待时，他就开始把正在进行的事作为将来要发生的事的信号；虽然他的判断非常简单，但他在开始判断了。因为，他把一件事作为另一件事的证据，所以他认识到中间所包含的关系。他的判断力的未来的发展，无论怎样复杂，都只是这个简单推理的进一步扩大和完善。一个最明智的人所能做的一切，就是更广泛地、更细致地观察正在发生的事情，然后从已经被注意到的东西中更谨慎地选择那些因素，这些因素恰恰指向将来要发生的事情。这种考虑周到的行动的对立面，就是墨守成规和任性的行为。墨守成规的行为把习惯的事物作为预料未来可能发生的结果的全部标准，而不顾他所做的特殊事情的种种关联。任性的行为把顷刻的行为作为价值的标准，不顾我们个人的行动和环境势力的联系。任性的行为实际上就是说："我在这顷刻之间，碰巧喜欢东西怎样，它们就得怎样。"墨守成规的行为实际上就是说："任何事情过去怎样，就让它们怎样。"这两种行为，对目前行动所产生的未来的结果都不负责任。反思就是承担这种责任。

任何思维过程的出发点都是正在进行中的事情，这种事情，就它的现状来看，是不完全的，或是未完成的。这种事情的要害、它的意义，全在于它将会是什么结果，怎样产生这种结果。在我写这本书的时候，正值世界大战，两军对峙。对这次战争的积极参与者来说，很显然，重要的问题是当时发生的各种各样的事情将来会产生什么结果。至少在他参战期间，他和战争的结果融为一体了；他的命运完全决定于战争的前途。但是，即使对一个中立国的旁观者来说，军队的每次调动，每次前进和撤退，其意义则在于每次进退预示着什么结果。我们对所听到的战事消息进行思考，就是试图发现从迹象来看，很可能或者可能发生什么结果。把这条新闻和那条新闻作为自身完成的东西，塞满我们的头脑，好像一本剪贴簿那样，这并不是思考。这是使我们变成一种记录的装置。考虑所发生的事情与可能产生但尚未发生的事情的关系，这就是思考。如果我们用时间的距离替代空间的间隔，反省的经验在性质上就并没有什么不同。让我们设想大战已告结束，未来的历史学家要记述这次战争。我们可以假定战争已经过去，但是除非他记住战争的时间顺序，否则他就不能对战争做出有创见的叙述；他所叙述的每件发生的事情的意义，在于这件事将来的结果怎样，虽然并不指历史学家的将来。把这次战争看作自身完全孤立存在的事，就是不假思索地对待这件事。

反思也指对事件结局的关切，把他们自己的命运和整个事件进程的结果富有同情地、戏剧性地看作一件事。对战争中的将军，或者普通士兵，或者交战国一方的公民来说，思维的刺激是直接的、紧迫的。对中立国的人来说，思维的刺激是间接的、有赖于想象的。但是，人类的天性具有明显的派性偏见，这证明我们具有一种强烈的倾向，把自己和一种可能的事件进程视为一体，而拒绝另一种事件进程，视为与己无关。如果我们不能在外表行动上有所偏袒，投入我们微薄的力量，以决定最后的结局，我们就会在情感上、在想象中有所偏袒。我们希望产生这种结果或那种结果。一个对结果完全漠不关心的人，不会注意或者根本不思考正在发生的事情。思维的行为依靠对事情的结果有一种参与其事的感觉，从此产生一种关于思维的自相矛盾的话。思维发生于偏私，要完成思维的任务，必须具有一定的超脱的、不偏不倚的态度。一个将军，如果听任他的希望和欲望影响他对目前形势的观察和解释，他必然会做出错误的估计。一个中立国的旁观者，虽然他的希望和恐惧可能是他深思熟虑注意战争进行的主要动机，但是，如果他的偏爱改变他观察和推理的资料，他也不能有效地进行思考。但是，反思的时机在于个人对进行中的事情的参与，而反思的价值又在于使自己置身于所观察的资料之外，在这两个事实之间并无矛盾。要做到超然事外，有几乎不可克服的困难，这证明思维产生于许多情境，在这些情境中，思维的进程乃是许多事件的进程的一个实际部分，是用来影响结果的。只有逐步地通过社会同情心的发展拓宽我们的眼界，思维的发展才能包括我们直接兴趣以外的事，这个事实对教育具有巨大的意义。

我们说，思维发生在仍在进行之中的而且还不完全的情境中，就是说，思维是在事物还不确定，或者可疑，或者有问题时发生的。只有已经完毕和完成的事，才是完全确定的。哪里有反思，哪里就有悬而未决的事。思维的目的就是帮助达到一个结论，根据已知的情况，设计一个可能的结局。在这个特点以外，思维还有一些事实。既然思维发生的情境是一个可疑的情境，那么思维乃是一个探究的过程、一个观察事物的过程和一个调查研究的过程。在这个过程中，获得结果总是次要的，它是探究行动的手段。探究就是要探索不在手边的东西。我们有时说起“独创性的科学研究”，似乎这是科学家的特权，或者至少也是研究生的特权。但是一切思维都是研究，一切研究即使在旁人看来，已经知道他在寻求什么，但对从事研究的人来说都是独创性的。

还有一件事，一切思维都包含着冒险。事物的确定性，不能在事前担保。研究未知的事物具有冒险的性质，我们不能预先肯定。因此，思维的结论在事实证明以前，多少是属于试验性的，或是假设性的。事实上，他们武断地说这种理论是最后的结论，是没有根据的，也是没有结果的。希腊人尖锐地提出这样的问题：我们怎样能够学习？因为，要么我们已经知道所寻求的是什么，要么我们就是毫无所知。在这两种情况下，学习都是不可能的。在第一种情况下，因为我们已经知道，不用学习；在第二种情况下，因为我们不知道寻找什么，即使我们碰巧找到，我们也不能说这就是我们要寻找的东西，所以也无法学习。这种进退两难的困境，对认识和学习没有什么帮助；它假定我们要么有完全的知识，要么毫无知识。但是，在完全的知识和毫无知识之间，存在着一个探究和思维的暧昧地区。希腊人的进退两难的困境，忽略了假设性的结论和试验性的结果这种事实。我们所遇到的情境有许多令人困惑的地方，它们能暗示一些解决的方法。我们尝试这些方法，或者使我们解脱困难，在这种情况下，我们知道我们已经发现我们在寻找什么；或者情境变得更加黑暗，更加混乱，在这种情况下，我们知道我们仍然一无所知。所谓试验性的，意思就是暂时尝试摸索解决的方法。上面提到的希腊人的论点，就它自身看，是一段很好的形式逻辑。但是，只要人们对于知识和无知保持截然分离的状态，科学只能有缓慢而又偶然的进展。如果人们认识到他们能为了探究的目的利用怀疑，构成假设，进行试验性的探索，指导行动，这种试验的探索能证实这个起主导作用的假设，推翻这个假设或修改这个假设，科学的发明和发现就开始有了系统的进步。希腊人重视知识超过学习，近代科学则把保存的知识作为学习的手段，作为发现的手段。

重提一下我们的例子。一个统率军队的将军，他的行动不能根据绝对的确定，也不能根据绝对的无知。他手边有一定的情报，这些情报我们可以假定是相当可靠的。他根据这些情报推论出某种未来的行动，从而赋予所处情境的事实一定的意义。他的推论多少是可以怀疑的、假设性的。但是，他就根据这个推论采取行动。他制订一个行动计划，一个应付当时情境的方法。他这样行动而不是那样行动，从此直接产生的结果，检验并发现他的反思的价值所在。他所已知的东西起了作用，他所学习的东西具有价值。但是以上这种说法，是否适用于一个非常关心战争进行的中立国的人呢？从形式上说，可以适用，但从内容上说，当然并不适用。他根据当前事实对未来做出种种推测，并利用这些推测，试图对许多不相联系的事实赋予意义，但是这些推测显然不能作为应在战役中产生实际影响的方法的基础。那并不是他的问题。但是，他并不是单纯消极地注意事态的发展，而是主动地进行思考，就在这样的程度上，他的试验性的推论将在和他的情境相适合的行动方法中产生实际的影响。他将预期某些未来的行动，并将保持警觉，注意是否会发生这些行动。只要他在思想上关心，善于思考，他就会主动地注意，采取必要的步骤，尽管这些步骤并不影响战争，也会在某种程度上改变他后来的行动。否则，他以后的“我告诉过你事情会是这样的”这句话根本没有一点儿理智的品质；它并不标志着对以前的思考的任何检验或证实，而只是一种产生情感上的满足的巧合，并且包含一个巨大的自欺因素。

这个例子可以用来和一个天文学家的例子做比较。这个天文学家根据已知的资料预见（推论）未来的日食。不管这种推论在数学上概率有多高，这个推论是假设性的，总还是一种可能性。① 有关所预期的日食的日期和位置的假设，变成确定未来行为方法的材料。他安排仪器，也可能旅行到远方，进行观察。无论如何，要采取主动的步骤，实际改变一些物质的环境。除了这些实际步骤和以后情境的改变以外，思维活动并未完结。这件事仍旧悬而未决。已经获得的知识控制着思维的进行，并使思维产生效果。

关于反省的经验的一般特征就讨论到这里。这些特征就是：（1）困惑、迷乱、怀疑，因为我们处在一个不完全的情境中，这种情境的全部性质尚未确定；（2）推测预料——对已知的要素进行试验性的解释，认为这些要素会产生某种结果；（3）审慎调查（考察、审查、探究、分析）一切可以考虑到的事情，解释和阐明手头的问题；（4）详细阐发试验性的假设，使假设更加精确、更加一致，因为与范围较广的事实相符；（5）把所规划的假设作为行动的计划，应用到当前的事态中去，进行一些外部的行动，造成预期的结果，从而检验假设。以上（3）、（4）两步所达到的广度和准确度，使特异的反省经验和尝试错误阶段的经验区别开来。这些步骤使思维本身转变为经验。但是，我们从来没有完全超出尝试错误的情境。我们最精密、理性上最一致的思维必须在世界上经过一番试验，经受检验。既然我们的思维决不能考虑到一切联系，所以它就决不能完全准确地包括一切结果。但是，如果我们对情境进行审慎、周密的调查，对结果进行有控制的推测，我们就可以把反

① 对于科学实践来说，在许多情况下，人们能计算出概率高低和所涉及的可能误差的大小，这一点非常重要，但是这并不能改变这里所描述的情境的特征，至多只能使这些特征更加明确。

省的经验和比较粗糙的尝试错误的行动方式区别开来。

提　　要

在决定思维在经验中的地位时，我们首先注意到，经验包含着行动或尝试和所经受的结果之间的联结。把经验的主动行动的一面和被动的经受结果的一面割裂开来，就会破坏经验的极其重要的意义。思维便是准确地、审慎地把所做的事和它的结果联结起来。它不仅表明这两者之间的联系，而且指出联结的详细情况。它使联结的各个环节以关系的形式显露出来。当我们要决定某一已完成的行动或即将完成的行动的意义时，就产生了对思维的刺激。然后我们就预期到种种结果。这就是说，现在的情境，不论是在事实上，还是在我们看来，都是不完全的，因而也就是不确定的。预测一些结果就是一种建议性的或试验性的解决方法。要使这种假设完善起来，必须对目前的情况进行仔细的考察，阐发假设的种种含义，这个工作叫作推理。这个假定的解决方法——观念或理论——还必须通过实践进行试验。如果它在世界上能带来某些结果，引起某些明确的变化，它就被认为是正确的。否则就要加以修改，再进行一次尝试。思维就包含所有以上这些步骤——感觉问题所在，观察各方面的情况，提出假定的结论并进行推理，积极地进行实验的检验。尽管一切思维的结果都归结为知识，但知识的价值最终还是服从它在思维中的应用。因为我们并不生活在一个固定不变的和完结了的世界，而是生活在一个向前发展中的世界，在这个世界上，我们的主要任务是展望未来，而回顾过去——一切知识和思想不同，它是回顾过去的——它的价值在于使我们可靠地、安全地和有成效地去应付未来。

第十二章　教育中的思维

教学方法的要素

在理论上，没有人怀疑学校中培养学生优良思维习惯的重要性。但是事实上，这个看法在实践上不如在理论上那么为人们所承认。此外，就学生的心智而论（某些特别的肌肉能力除外），学校为学生所能做或需要做的一切，就是培养他们的思维能力。对于这一点也还没有足够的理论上的认识。在各个不同的教学目的之间，把整个教学分割开来，例如分成技能的获得（如阅读、拼字法、写字、图画和背诵）、知识的掌握（如历史和地理）和思维的训练，这种做法使三个目的都不能有效地达到。如果思维不和提高行动的效率联系起来（不和增加关于我们自己和我们生活的世界的知识联系起来），这种思维就是有毛病的。如果所获得的技能没有经过思维，就不了解使用技能的目的。因此，这种技能使一个人受常规习惯的支配和别人权威的控制，这些指挥人们的人虽然知道他们在做什么，但是他们成事的方法并不特别审慎。脱离深思熟虑的行动的知识是死的知识，是毁坏心智的沉重负担。因为它冒充知识，从而产生骄傲自满的流毒，它是智力进一步发展的巨大障碍。持久地改进教学方法和学习方法的唯一直接途径，在于把注意集中在严格要求思维、促进思维和检验思维的种种条件上。思维就是明智的学习方法，这种学习要使用心智，也使心智获得酬报。我们说思维的方法，这话固然不错，但是关于方法重要的是要牢记，思维也就是方法，就是在思维的过程中明智的经验的方法。

1. 发展中的经验就是所谓思维。思维的开始阶段就是经验。这话听起来好像老生常谈。这句话应该是不言而喻的，不幸的是它并不那么清楚。与此相反，在哲学理论与教育实践中，思维常常被人视为和经验隔绝的东西，可以孤立地培养。事实上，经验所固有的局限性往往被视为要求注意思维的充分理由。于是，把经验局限于感官和欲望，局限于纯粹物质世界；而思维则出自高级的官能（理智），用于属于精神或至少属于书本方面的东西。所以，常常有人把纯粹数学和应用数学截然分开，认为纯粹数学是特别合适的思维教材（因为它与物质的存在无关），而应用数学则具有实利的价值，而没有训练思维的价值。

一般来说，教学方法上的基本错误在于假定学生的经验是可以想当然的。我们主张必须有一个实际的经验情境作为思维的开始阶段。这里所谓的经验，正如我们解释过的，就是一个人尝试做一件什么事，他可以感觉到这件事反过来作用于他。上面所说的错误，在于假定我们不考虑情境的某种直接的个人经验，就可以从算术、地理或其他科目的现成教材开始。甚至幼儿园和蒙台梭利教育法，也急于想“不浪费时间”，使学生掌握理智上的成就，因而他们往往忽略——或减少——学生对熟悉的经验材料的直接的、不够成熟的运用，而立即把他们引进表现成人理智上的成就的材料中。但是，一个人无论在什么年龄，接触任何新材料的第一阶段不可避免地总是属于尝试错误的性质。他必须在游戏或工作中实际上利用材料，试做一件什么事，进行他自己的冲动所引起的活动，然后注意他的力量和他所用材料的力量之间的相互作用。当一个儿童开始玩积木时，就发生这种情形。但是，当一个科学家在他的实验室里开始用不熟悉的材料做实验时，同样发生这种情形。

所以，如果我们要激发学生的思维，而不是单纯学一些文字，学校任何科目的教学法应该尽可能不是学院式的。要懂得经验或经验的情境的意义，我们必须想到校外出现的情境，想到日常生活中使人对活动感兴趣和从事活动的那些作业。细心检查一下正规教育中永远成功的教学方法，无论是算术、阅读、地理、物理或外国语的教学，都将会表明这种教学方法所以有效，全靠它们返回到校外日常生活中引起学生思维的情境。它们给学生一些事情去做，不是给他们一些东西去学；而做事又是属于这样的性质，要求进行思维或者有意识地注意事物的联系，结果他们自然地学到了东西。

情境应该具有引起思维的性质，当然就是说它应该提出一件既非常规的又非任意的事去做。换言之，做一件全新的（因而也是不确定的或有问题的）事情，它和现有的习惯有足够联系，足以引起有效的反应。一个有效的反应就是能完成一个可以看到的结果的反应。这种活动不同于纯粹偶然的活动，把活动结果和所做的事在思想上联系起来。因此，有关提出来引起学习的任何情境或经验的最重要的问题，就是这个情境或经验所包含的问题属于什么性质。

初想起来，似乎通常学校所用的方法很符合这里所提出的标准。教师给学生布置题目，提出问题，指定作业，解释难点，这种种事情占学校工作的一大部分。但是，必须区别两种问题：一种是真正的问题，另一种是模拟的或虚幻的问题。下面许多疑问可以帮助我们区别这两种问题。（1）除了给学生提出一个问题以外，还有什么别的事情吗？这个问题是从学生个人经验的某种情境内部自然产生的，还是只是为了讲授某一学校课题而提出的一个孤零零的问题呢？它是不是能引起在校外进行观察和从事实验的一种尝试呢？（2）它是学生自己的问题，还是教师的或教科书上的问题，只是因为如果学生不解决这个问题，就不能得到所要求的分数，或者不能升级，或者不能赢得教师的赞许而给学生提出的呢？这两个问题显然是互相涵盖的。它们不过是同一个问题的两种说法：学生所得的经验是他个人切身的事情本来具有刺激和指导观察所包含的联结，并能导致推论和检验推论的性质，还是由外部强加给学生，学生的问题不过是满足外界的要求呢？

以上这些问题，要我们表示流行的教学方法能在多大程度上培养学生的思维习惯，未免令人踌躇。一般教室中的设备和布置都是和实际的经验情境不相容的。在教室中有什么东西和能引起困难的日常生活的情况相类似呢？几乎一切都证明非常重视听讲、读书、背诵所听到的和读到的知识。教室中的这种情况和学生在家庭里、在游戏场上、在履行日常生活的职责中与事物和人们主动接触的情况，两者差别很大，这么讲不可能过分。很多情况甚至不能和男女儿童在校外与别人交谈或自己阅读时在脑子里所引起的问题相比。没有人曾经解释过为什么儿童在校外时有那么多的问题（如果他们得到什么鼓励，真会缠住成人不放），为什么他们对于学校课堂上的教材那样惹人注目地缺乏好奇心。想一下这种惊人的对比，就可以明白通常学校的情况在多大程度上能给予学生一些能自行提出问题的经验。无论教师个人在教法上有多少改进，都不能完全补救这种情形。要克服这种缺陷，必须有更多的实际材料、更多的资料、更多的教学用具、更多做事情的机会。我们发现，凡是儿童忙着做事情，并且讨论做事过程中所发生的问题的地方，即使教学的方式比较一般，儿童的问题也是自动提出的，问题的数量是很多的，他们提出的解决问题的方法是先进的、多种多样的，而且是有独创性的。

由于学校缺乏产生真正问题的材料和作业，学生的问题并不是他自己的；或者宁可说，这些问题是他自己的，但只是作为一个学生，而不是作为一个人。所以，把他在应付这些问题时所取得的能力转移到课堂以外的生活事务上，就产生极大的浪费，真是令人痛惜。一个学生有一个问题，但是，这是满足教师所布置的特殊要求的问题。他的问题变成了发现教师喜欢什么、在课堂问答和考试以及外表行为方面什么东西可以使教师感到满意的问题。和教材的关系不再是直接的。思维的机会和材料在算术、历史或地理本身不能找到，在巧妙地使材料适应教师的要求时才能找到。学生虽然在学习，但并没有意识到他所学习的对象乃是教育系统和学校当局的传统和标准，不是那些有名无实的“课程”。这样引起的思维充其量是矫揉造作的、片面的。在最坏的情况下，学生的问题不是如何符合学校生活的要求，而是如何看来好像符合这些要求，或者，如何做到差不多符合这些要求以便能过关而不发生过多的冲突。用这些方法形成的判断力对学生的品格没有好处。如果上面一番话对通常的学校教育方法渲染过分，这种夸大其词至少可以说明这样一点：如果要有能产生引起富有思想的探究的问题的情境，就需要有利用材料达到各种目的的主动的作业。

2. 必须掌握资料，提供对付出现的特殊困难所需要的种种考虑。采用“展开式”方法的教师，有时叫学生自己解决问题，似乎他们能从头脑里凭空编造。思维的材料不是思想，而是各种行动、事实、事件和事物的种种联系。换言之，一个人要有效地进行思维，必须已经具有或者现在有许多经验，给他提供对付所遇困难的办法。困难是引起思维的不可缺乏的刺激物，但并不是所有困难都能引起思维。有时困难使人不知所措，他们被困难所吓倒，感到沮丧泄气。困难的情境必须和学生曾经对付过的情境有足够相似之处，使学生对处理这个情境的方法有一定的控制能力。教学的艺术，大部分在于使新问题的困难程度大到足以激发思想，小到加上新奇因素自然地带来的疑难，足以使学生得到一些富于启发性的立足点，从此产生有助于解决问题的建议。

在某种意义上说，采用什么心理学的方法提供思维的材料，这是一件无关紧要的事。记忆、观察、阅读和传达都是提供资料的途径。从每种途径获取的资料各占多少比例，这是由手头特定问题的特点决定的。要是学生对某些事物很熟悉，能独立地回忆事实，如果坚持要他通过感官进行观察，这是愚蠢的。这种做法可能使人过分依赖感官提示，丧失活动能力。没有一个人能把一个收藏丰富的博物馆带在身边，利用收藏的东西帮助思考。可以这样说，一个经过良好训练的大脑，有极其丰富的资料做它的后盾，同时，习惯于追忆以往的种种经验，看它们能产生什么结果。另外，即使是一个熟悉的事物，它的性质或关系过去可能被忽略，现在却正可以帮助我们对付所遇到的问题。在这种情况下，就需要进行直接的观察，还要运用阅读和“讲述”，这个原则同样适用。直接观察自然比较生动活泼，但是也有局限性。无论如何，一个人应能利用别人的经验，以弥补个人直接经验的狭隘性，这是教育的一个必要组成部分。过分依靠别人获得资料（无论是阅读得来的，还是听来的）是不足取的。尤其要反对的是，他人、书本或教师，很可能提供给学生一些现成的答案，而不是给他材料，让他自己去加以整理，解决手头的问题。

我们可以说，通常学校中由别人提供的知识资料太多，也可以说提供得太少，这两种说法并不矛盾。学校中过分重视学生积累和获得知识资料，以便在课堂问答和考试时照搬。“知识”作为一种资料，意思就是进一步探究的资本、必不可少的资源。知识常被视为目的本身，于是，学生的目标就是堆积知识，需要时炫耀一番。这种静止的、冷藏库式的知识理想有碍教育的发展。这种理想不仅放过思维的机会不加利用，而且扼杀思维的能力。在乱糟糟地堆满废弃破烂的场地上，没有人能建造房屋。学生“脑子”里装满了各色各样从来不用的材料，当他们想要思考时，必然遇到障碍。他们没有做过选择适当材料的练习，也没有标准可以遵循；每样东西都处在同一个呆板、静止的水平上。另外，如果提供的知识资料，学生实际上能够运用，在经验中发挥作用，那么，是否就不需要比通常掌握更多的多种多样的书籍、图画和谈话资料，这也是完全可以怀疑的。

3. 在思维中，和已经获得的事实、资料和知识相互关联的事物，是暗示、推论、猜测的意义、假说和试拟的说明。总而言之，是观念。审慎的观察和追忆决定已知的东西和已有的东西，因此是确定了的东西。它们不能提供所缺乏的东西。它们能解释问题、阐明问题、确定问题的所在，但不能提供答案。要找到问题的答案，还要进行设计、发明、创造和筹划。资料能激发暗示，只有通过参照特别的资料，我们才能判断这些暗示是否适当。但是暗示的意义却超越当时经验中实际已知的东西。暗示预示着将来可能的结果，要去做的事情，而不是事实本身（已经做好的事情）。推论总是进入到未知的东西，是从已知的东西产生的一个飞跃。

在这个意义上，思想（事实所暗示的，而不是它所呈现的）是有创造性的，是突然进入到新的领悟。它含有某种发明的性质。当然，所暗示的事物必须在某种前后关系上是很熟悉的；创新以及有发明意义的筹划，乃是用新的眼光看这种事物，用不同的方法来运用这种事物。当牛顿想到他的万有引力定律时，他的思想的创造性的一面并不在所用的材料上。这些材料是人所共知的，其中许多是平凡的，如太阳、月亮、行星、重量、距离、质量、数的平方。这些都不是有独创性的观念，它们是既定的事实。牛顿的创造性在于利用这些人所共知的材料，把它们引导到未知的前后关系中去。世界上每个惊人的科学发现、每种重大的发明、每件令人欣羡的艺术作品，也都是如此。只有傻瓜才把创造视为离奇和幻想的事情；其他人则认为，衡量创造性的方法，就是用别人没有想到的方法，利用日常习见的事物。新奇的是操作，而不是所用的材料。

在教育上可以得出的一个结论就是：一切能考虑到从前没有被认识的事物的思维，都是有创造性的。一个三岁的儿童，发现他能利用积木做什么事情；或者一个六岁的儿童，发现他能把五分钱和五分钱加起来成为什么结果，即使世界上人人知道这种事情，他也是个发现者。他的经验真正有了增长；不是机械地增加了另一个项目，而是一种新的性质丰富了经验。对于这些幼小儿童的自发行为，富有同情心的观察者莫不为之赞叹，这是因为看到儿童具有这种理智的创造力。如果“创造性”一词不被误解的话，儿童自己体验到的快乐，就是理智的创造性带来的快乐。

但是，我所要引出的教育上的教训，主要的并不是说，如果学校的种种条件支持发现式的学习，而不赞成把别人给学生注入的教材贮藏起来，教师就会感到工作不那么辛苦和劳累了；也并不是说，这样就能使儿童和青年享受到个人知识成果的快乐——虽然这种结果是的确有的，也是重要的。我所要引出的教育上的教训是，思想、观念不可能以观念的形式从一个人传给另一个人。当一个人把观念告诉别人时，对听到的人来说，不再是观念，而是另一个已知的事实。这种思想的交流也许能刺激别人，使他认清问题所在，提出一个类似的观念；也可能使听到的人窒息他理智的兴趣，压制他开始思维的努力。但是，他直接得到的总不能是一个观念。只有当他亲身考虑问题的种种条件，寻求解决问题的方法时，才算真正在思维。如果父母或教师提供了刺激思维的种种条件，并且参加到共同的经验中去，对学习者的活动采取了同情的态度，他们为了唆使学习者学习所能做的工作，就可以说都做到了。其余的事情要直接有关系的人自己去做。如果他不能筹划他自己解决问题的方法（自然不是和教师、同学隔绝，而是和他们有联系），自己寻找出路，他就学不到什么；即使他能背出一些正确的答案，百分之百正确，他还是学不到什么。我们能够向学生提供数以千计的现成的“观念”，而且的确这样做了；但是我们一般并没有尽很大努力使学生在有意义的情境中学习，在这种情境中，他自己的活动能产生观念、证实观念、坚守观念，即察觉到事物的意义或联系。这样做，并不是说教师可以袖手旁观；而是要教师不把现成的教材提供给学生，然后用心听学生背得是否正确，替代的方法并不是要他保持沉默，而是要共同参与学生的活动。在这种共同参与的活动中，教师是一个学习者，而学习者，虽然自己不觉得，也是一位教师——总的看来，无论教师或学生愈少意识到自己在那里施教或受教就愈好。

4. 我们已经知道，我们的观念无论是谦卑的猜测或是高贵的理论，都不过是预料可能的解决方法，预料一个活动的某种连续性或联系和一个还没有显示出来的结果。所以，观念是通过行动来检验的。观念必须指导和组织进一步的观察、回忆和实验。它们是学习的中间物，不是最后的目标。我们曾经说过，所有教育改革家都爱抨击传统教育的被动性。他们反对注入式教学，即好像海绵一样吸收知识。他们抨击注入式教学就像要钻进坚硬的岩石一般把教材内容注入学生的脑子里。但是，要创造一种条件，使获得一个观念就等于得到一次经验，扩大我们和环境的接触，并使这种接触更加精确，实在是一件不容易的事。一种活动，甚至自我活动，太容易被看成仅仅是精神的东西，束缚在头脑里，只是通过发声器官才找到表现。

所有比较成功的教学方法，虽都承认必须把学得的观念应用于实际，但是，有的时候应用观念的练习还是作为一种方法，使已经学到的知识**固定**下来，并且获得更多的运用知识的实际技能。这种结果是实在的，不可轻视。但是，应用学得的知识的练习，首先应该具有理智的性质。我们说过，思想仅仅作为思想是不完全的，它们至多是经验性的；它们只是暗示和迹象；它们是对付经验中情境的观点和方法。思想在实际的情境中运用以前，缺乏充分的意义和现实性。只有应用才能检验思想，只有通过检验才能使思想具有充分的意义和现实性。思想不经过运用往往自成一个特殊的世界。值得怀疑的是，那些把心理孤立起来并和物质世界对立的各派哲学（参见本书第十章第二节），其根源是否因为有一批关于思想和理论的人制造了大量观念，而社会条件又不允许他们实行和检验这些观念。因此，这些人被推回到他们自己的思想中，把这些思想视为目的本身。

无论上面所说的那种哲学的根源怎样，学校里所学的很多东西都带有特别的人为性质，这是无可怀疑的。我们虽然不能说有很多学生有意识地认为他们所学的教材是不真实的，但是，这种教材对他们来说，肯定没有他们生动的经验所具有的那种现实性。学生学习这种教材，也并不希望那种现实性；他们习惯于认为教材的现实性，就在于应付课堂问答、上课和考试。这种教材对日常生活的经验毫无作用，多少被认为这是当然的事。这种情况产生两个不良的后果：一是平常的经验得不到应该得到的营养，这种经验并不因为学习而更加丰富；二是因为学生习惯于一知半解和生吞活剥的教材，把这种教材装到脑子里去，养成了一种态度，削弱思想的活力和效率。

如果说我们特别详细地讲了消极的方面，那么这是为了提出积极的措施，使思想有效地发展。哪里的学校设置了实验室、车间和园地，哪里充分地运用了戏剧、游戏和运动，哪里就存在种种机会，使实际生活的情境重现于校内，使学生求得知识和观念，并加以应用，使进步经验向前发展。这样，观念就不是被隔离的，它们并不形成一个孤岛。它们使平常的生活更有生气，更加丰富。知识材料由于能发挥作用和指导行动，从而增添了活力。

以上所说“存在种种机会”，我们是有意这样说的。这种机会也许没有被人利用；可能有人着重在肉体方面使用手工和建造活动，仅仅作为获得身体技能的手段；也可能有人利用这种活动几乎完全为了“实利的”即金钱的目的。但是，有许多拥护“文化”修养的人有一种倾向，以为这类活动仅仅属于肉体的或职业的性质，这本身就是一种哲学的产物，这种哲学使心理脱离经验的指导，因而也就脱离对事物的行动。如果把“心理的”视为一个独自存在的领域，身体的活动和运动也遭到极为相似的命运。身体的活动充其量被视为仅仅是心理的外部的附属品。为了满足肉体的需要，达到外表的体面和舒适，也许需要身体的活动，但是身体活动在心理方面并不占有必要的位置，对思想的完善也不起必不可少的作用。所以，身体活动在自由教育即培养智力的教育上没有地位。即使身体活动渗入自由教育，也不过是对群众的物质需要的让步。至于应该让身体活动侵入高贵者的教育，那是不能设想的。把心理看作完全孤立的东西，这种看法必然得出这个结论。但是，当我们如实地来看心理，即把它看作经验发展中的有目的的和指导性的因素时，根据同样的逻辑，这个结论也便消失了。

虽然我们希望一切教育机关应该有相当的设置，使学生在代表重要社会情境的主动作业中有机会获得观念和知识，并有机会检验这些观念和知识，但是，要所有教育机关都有这种设备，无疑还要经过很长时间。但是，这种情况并不给教师袖手旁观、坚持采用使知识脱离实际的教学法提供借口。每门科目的每次口头答问，都有机会在课堂上的教材和日常生活的更为广泛、更为直接的经验之间建立相互的联系。课堂教学可以分成三种。最不好的一种是把每堂课看作一个独立的整体。这种课堂教学不要求学生负起责任去寻找这堂课和同一科目的别的课之间或和别的科目之间有什么接触点。比较聪明的教师注意系统地引导学生利用过去的功课来帮助理解目前的功课，并利用目前的功课加深理解已经获得的知识。这种教学的结果好一些，但是学校的教材还是脱离实际的。除偶然外，学生的校外经验仍然处于粗糙的和比较缺乏思想的状况。学生不能利用直接教学的比较准确和比较全面的材料，使校外的经验得到提炼和扩充。直接教学的教材因为没有和日常生活的现实情况相融合，也就缺乏学习的动机，没有现实的感觉。最好的一种教学会牢牢记住学校教材和现实生活二者相互联系的必要性，使学生养成一种态度，习惯于寻找这两方面的接触点和相互的关系。

提　　要

教学的各个过程在培养学生优良的思维习惯方面做到什么程度，就统一到什么程度。我们谈到思维的方法，这话固然不错，但是重要的是我们要知道，思维就是有教育意义的经验的方法。因此，教学法的要素和思维的要素是相同的。这些要素是：第一，学生要有一个真实的经验的情境——要有一个对活动本身感兴趣的连续的活动；第二，在这个情境内部产生一个真实的问题，作为思维的刺激物；第三，他要占有知识资料，从事必要的观察，以解决这个问题；第四，他必须负责地、有条不紊地展开他所想出的解决问题的方法；第五，他要有机会和需要通过应用检验他的观念，使这些观念意义明确，并且让他自己发现它们是否有效。

第十三章　方法的性质

一、教材和方法的统一

学校工作有三个主题，即教材、方法和行政或管理，这三者是三位一体的。我们已经在前面几章讨论过教材和方法这两个主题。以前是合起来讨论的，现在要把它们分开来，详细地讨论它们的性质。我们将从讨论方法开始，因为方法和上一章的讨论最接近。但是，在讨论以前，还是要提请特别注意我们的理论的一个含义，就是教材和方法是相互联系的。有一种思想认为心理和事物及人的世界是两个各自独立的领域，即哲学上所谓的二元论。这种思想的一个结论，就是教学方法和教材是不相关联的事情。这样，教材就变成自然界和人类的种种事实和原理的现成的、有系统的分类。而方法就是考虑这种先行的教材怎样妥善地介绍给学生，给他们的心智留下深刻的印象；或者考虑学生的心智如何从外部影响教材，以促进学生对教材的掌握。至少，在理论上把心理科学看作独自存在的东西，由此推论出一个关于学习方法的完整的理论，根本不了解方法将用于什么科目。因为有很多对各门教材实际上非常精通的人，他们完全不懂得这些方法，这种事态引起人们的反驳，认为教育学作为学生如何学习的一种方法学是无益的；它只是掩盖教师深刻地和正确地熟悉教材的必要性的幕布罢了。

但是，既然思维是教材的有指导的运动，直到圆满的结局，既然心智是这个运动过程的深思熟虑的和有意识的阶段，那么任何把教材和方法割裂开来的看法都是根本错误的。一门科学的材料总是有组织的，这个事实说明，这种材料经过理性的加工，也可以这么说，它已经方法化了。动物学作为一个系统的知识分支，代表着我们通常认识的有关动物的原始的和分散的事实，是经过仔细的考察、审慎的补充和安排，发现有助于观察、记忆和进一步探究的联系以后取得的。这些事实标志着学习的结果，而不是学习的出发点。方法就是安排教材，使教材得到最有效的利用。方法从来不是材料以外的东西。

从处理教材的个人的观点来看，方法是什么呢？方法不是什么外在的东西。方法不过是材料的有效处理——有效就是花费最少的时间和精力利用材料达到一个目的。我们能够识别行动的方法，并且单独讨论这个方法，但是，这个方法只是作为处理材料的方法存在。方法和教材并不是对立的，方法可以使教材有效地导向所希望的结果。方法和胡乱的、考虑不周的行动是对立的，所谓考虑不周就是不相适应。

方法就是使教材达到各种目的的有指导的运动。这句话偏于形式。举个例子可以说明。每个艺术家做工作必须有一个方法，或一种技术。弹钢琴并不是乱弹琴键，弹钢琴是使用键的一种有秩序的方法，这种秩序并不是在弹钢琴的活动以前就在音乐家的双手和头脑里的现成的东西。这种秩序存在于使用钢琴、双手和头脑以便达到所希望的结果的许多动作之中。钢琴的活动是要完成钢琴作为一种乐器的目的。教学方法也是这样。唯一区别在于钢琴是事先为了一个单一的目的而构造的装置，而学习的材料是可以无限制地使用的。但是，就是关于这一点，如果我们考虑到钢琴能够演奏无穷无尽的乐曲，以及在取得不同的音乐效果所要求的技术上的种种变化，这个例子也是适用的。总之，方法不过是为了某种目的运用某种材料的一个有效的途径。

如果我们回到前面所讨论的经验的概念，以上这些考虑可以这样概括：经验作为洞察所尝试的事情和所承受的结果之间的联系，这是一个过程，撇开控制这个过程的进程所做的努力，教材和方法并无区别。只有一个活动，这个活动包括两个方面：个人所做的事和环境所做的事。一个十分熟练的钢琴家没有必要去区分他自己的贡献和钢琴的贡献。任何纯熟、流畅进行的活动，如溜冰、谈话、听音乐、欣赏风景，都不会让人意识到方法和材料之间的区分。在聚精会神的游戏和工作中，也有相同的现象。

如果我们不仅获得一种经验，而且对这个经验进行思考，我们就不可避免地会把我们自己的态度和我们的对象区分开来。一个人正在吃的时候，他是正在吃食物。他并不把他的动作分成吃和食物。但是，如果他对这个动作进行科学的研究，他首先就会这样区分：一方面，他会考察营养品的性质；另一方面，他会考察有机体占有食物和消化食物的动作。这种对经验的思考产生我们经验了什么和怎样去经验之间的区别。如果我们要给这种区别以名称，我们就采用“材料”和“方法”这两个名词。一方面是我们看到、听到、喜爱、憎恨和想象的东西，另一方面是看、听、爱、恨、想象等等动作。

这种区分为了某种目的是那么自然，那么重要，以致我们非常容易把它们看作单独存在的东西，而不看作思想上的区分。于是我们把自我和环境或世界区分开来。这种区分乃是方法和教材的二元论的根源。就是说，我们假定认知、感觉、意愿等等的作用是处于孤立状态的自我或心智的东西，这种种作用对独立的材料施加影响。我们又假定，这些孤立地属于自我或心智的东西有它们自己的运动规律，与对象所具有的活动力量模式无关，就是这些规律提供方法。以上这种看法和以下的看法，同样是荒谬的。后者认为，人们能吃，但不吃一点儿什么东西，或者说，牙床的结构和运动，喉部肌肉、胃的消化活动等等，它们的各种作用并不是由于它们活动所对付的材料。正如有机体的器官是食物材料存在的自然界的一个连续的部分一样，看、听、爱、想象等等的能力也是和自然界的材料有内在联系的。这些能力与其说是作用于事物的独立的动作，不如说是环境介入经验而在经验中起作用的途径。总之，经验并非心智和自然界、主体和客体、方法和材料的结合，而是一种无数力量的继续不断的相互作用。

为了控制向前发展的统一的经验的进程或方向，在思想上，我们在怎样（how）和什么（what）即方法和材料之间划个界限。虽然在实际的行走、吃和学习之外，没有行走的方法、吃的方法和学习的方法，但是，动作中有某种要素，这些要素乃是更有效地控制动作的关键。要特别注意这些要素，使这些要素更加明显，便于认识，而使其他因素暂时退居次要地位。我们对经验怎样前进有个观念，就能给我们指明为了使经验能比较成功地前进，必须具有什么因素，或改变什么因素。说得清楚一些就是，如果一个人仔细观察几种植物的生长情况，有些植物生长良好，有些植物生长较慢，或者根本不长，他就可以发现植物的顺利生长所依靠的特殊条件。这些条件如果依次加以说明，就构成植物生长的方法，或生长的途径，或生长的方式。植物的生长与经验的顺利发展之间并无区别。无论是植物还是经验，都不容易真正抓住它们最佳运动的各种因素。但是，研究了许多成功和失败的事例，进行了细致的、广泛的比较，就有助于掌握各种原因。我们如果把这些原因依次排列，就有一套程序方法或技术。

教育上由于把方法和教材孤立起来而产生的一些弊端，可以使上面的论点更加明确。

第一，忽视经验的具体情境，关于这一点我们已经说过了。如果没有供研究的实例，就不能发现方法。方法是从观察实际发生的事物中引申出来的，目的在于使这件事以后发生时结果更好。但是，在教学和训练中，儿童和青年很少有足够机会获得直接的、正常的经验，使教师能从这些经验中引申出方法或最佳发展的秩序的观念。他们的经验是在受束缚的条件下获得的，所以这些经验不易说明或无法说明经验成功的正常道路。因此，各种“方法”必须由权威方面向教师建议，而不是他们自己明智的观察的表现。在这种情况下，他们的方法机械一律，认为对所有儿童可用同一个方法。如果设置一个环境，使儿童在工作和游戏中进行有指导的作业，促进灵活的个人经验，那么所确定的方法将因人而异，因为每个人肯定都有他特有的做事情的方法。

第二，脱离教材的方法，这个概念是我们曾经提到的误解训练和兴趣的原因。如果把运用材料的有效途径看作脱离材料的现成的方法，有三种可能的途径来建立所缺乏的关系。一是利用兴奋、快乐的冲击来迎合学生的胃口。二是使不注意的学生感到痛苦，用伤害来威胁学生，促使他关心不相干的教材。三是直接投其所好，使他能不说明任何理由就努力工作。我们可以依靠“意志”的直接的压力。但是，最后一种方法只有在学生害怕产生不愉快的结果时才有效果。

第三，使学习活动本身成为一个直接的和有意识的目的。在正常情况下，学习乃是教材作业的产物和酬报。儿童并不是一开始就有意识地学习走路或谈话。他先是表现他的传达的冲动以及与别人更充分地交往的冲动。他从他的直接活动的结果中学习。教儿童阅读比较好的方法，走同样的道路，这种方法不使学生专心想着必须学习的一些东西，因而给他造成一种不自然的和紧张的态度。这种方法使他从事各种活动，在活动的过程中学习数学或学习其他任何事情，比较成功的方法都是这样。但是，如果教材不能使冲动和习惯取得有意义的结果，这种教材就不过是专供人学习的东西。学生对这种教材的态度，不过是以为这是必须学习的材料而已。这种情况最难唤起学生活跃和专心致志的反应。在战争中，正面的袭击是消耗军力的，在学习中，正面的袭击消耗还要大。但是，这并不是说要诱使学生不知不觉地专心听课。它的意思是学生专心功课，必须有真正的理由或目的，而不是把所学的功课作为专供人学习的东西。如果学生认识到教材在完成某种经验中所占的位置，他就能有目的地学习了。

第四，在心理和材料分离的概念的影响下，方法往往成为枯燥的常规，机械地沿袭指定的步骤。不知道有多少课堂，儿童在算术或语法课的答问中，在方法认可的借口下，被迫学习某种预先规定的书面的公式。教师不是鼓励儿童直接投入学习，实验似乎有希望的各种方法，并根据所产生的结果，学习辨别方法的价值，而是认为有一种固定的方法可循。他们还天真地认为，如果学生的报告和解释有一定形式的“分析”，总有一天，他们的心理习惯会符合要求。有一种信念认为，教学法就是把教学上可以遵循的配方和模式交给教师。没有别的东西比它给教育理论带来更坏的名声了。处理问题的灵活性和主动性，是把方法看成运用材料得到一个结论的途径的思想的特征。机械呆板则是任何把心理和有目的推动的活动割裂开来的理论的必然结果。

二、一般的方法和个人的方法

简括地说，教学方法是一种艺术的方法，是受目的明智地指导行动的方法。但是艺术的实践远远不是一种即兴的灵感。重要的是要学习前人取得巨大成就的运作和结果。总是有一个传统，或者艺术的各种流派，非常明确地要使初学者留下深刻的印象，而且常使他们着迷。每个艺术分支的艺术家所用的方法，都依靠彻底地熟悉材料和工具；一个油画家必须懂得油画布、颜料、画笔和操作这些工具的技术。掌握这种知识，就要求持久地、专心致志地注意客观的材料。艺术家研究他自己的各种尝试的进展，注意什么尝试是成功的，什么尝试是失败的。有人认为，在遵循现成的规则和相信天赋之间、在一时的灵感和没有指导的“艰苦工作”之间没有取舍，这种看法与每种艺术的工作程序是矛盾的。

所有这些关于过去的知识，有关现行的方法的知识，有关所用材料的知识，以及关于艺术家保证可以取得最好成绩的各种方法的知识，都为所谓**一般的**方法提供材料。有一套长期积累起来的、相当稳定的取得成果的方法，这套方法为过去的经验和理智的分析所认可。一个人忽视这些方法就要承担风险。我们在讨论习惯养成问题时曾经指出（参见第 57 页），常常有一种危险，即这些方法变得机械僵化，统治着人们，而不是为了达到他自己的目的而自由使用的力量。但是，一个革新家，他取得一个不朽的成就，他的作品并非转瞬即逝、轰动一时的偶然事件，他采用比他自己和他的批评家看来还要多的经典方法，他把这些经典的方法用作新的用途，从而改造了这些方法。

教育也有它的一般的方法。这种说法用在教师方面比用在学生方面更加明显，要知道，在学生方面也是同样真实的。学生的一部分学习，而且是非常重要的部分，在于变成许多方法的主人。别人的经验已经证明这些方法是在相同的获取知识的事例中最有效的方法。① 这些一般的方法和个人的主动性、创造性——个人做事的方法，一点儿也不对立。相反，一般的方法强化了个人的方法。因为，即使最一般的方法，它和规定的规则之间有着根本区别。后者是行动的直接指南，前者则通过它对目的和手段所提供的启发而间接地发挥作用。换言之，它通过智力而不是通过服从外部强加的命令起作用。即使熟练地运用公认的技术的能力，也并不能担保产生艺术的作品，因为艺术的作品也有赖于一个有生气的观念。

如果关于别人所用的方法的知识并不直接告诉我们怎么做，或给我们提供现成的模式，那么，这种知识怎么起作用呢？什么叫作一个含有理智性质的方法呢？以医生为例。没有一种行为比医生的行为更加迫切需要大家公认的有关诊断和治疗的知识。但是，各种病例毕竟只是类似，不是完全相同。现有的治疗方法尽管为大家所公认，但是要运用得法，必须适应特殊病例的要求。因此，大家公认的治疗方法给医生指明他自己应该独立进行什么研究，应该尝试什么措施。这些方法是进行调查研究的立足点；通过提出要特别考察什么问题，对某特殊病例的特征的调查，可以节省不少精力。医生本人的态度、他自己处理和他有关的情境的方法（个人的方法）并不从属于方法的一般原理，相反，方法的一般原理可以促进指导个人的

① 这一点在后面讨论心理的方法和逻辑的方法时将分别阐述。参见第 237 页。

方法。这个例子表明，心理学方法的知识和过去行之有效的经验主义的方法对教师有什么价值。如果采用这些方法，不顾他自己的常识，不了解他必须应付的情境，这些方法比没有还糟。但是，如果他获得了这些方法，在估量他所从事的独特的经验的种种需要、办法和困难时，在思想上有所帮助，那么它们就有了建设性的价值。总之，正因为一切取决于他自己的反应方法，许多事情取决于他在做出自己的反应时，在多大程度上能利用他人的经验所得来的知识。

我们曾经说过，以上所讲的每句话直接适用于学生学习的方法。无论是小学生或是大学生，如果认为向他们提供一些方法的模式可以让他们在获取知识和解释问题时照着做，那就陷入自欺的行为，会产生可悲的后果。无论什么事，一个人必须自己做出反应。别人在类似的事例中所采用的标准化的或一般的方法，特别是已经成为专家的那些人所用的方法，这些方法的提出有价值还是有害，要看它们使人做出个人的反应时是更加明智，还是诱使他不去使用他自己的判断。

如果我们前面（参见第 174 页）关于思维的创造性的一番话，似乎过分紧张，要求受过很多教育的人才能做到，非平常人所能及，那么，困难就在于我们受到迷信的压力。我们提出了一个一般心智的概念，提出了一个人人都相同的求知的方法。然后我们又认为各个人的心智在分量上是不同的。我们指望平常的人做平常的事，只允许超常的人有创造能力。平常的学生和天才学生之间的区别，在于平常的学生缺乏创造性。但是，这种一般心智的概念纯属虚构。一个人的能力怎样和另一个人的能力在数量上进行比较，并不是教师的事。这种比较和教师的工作无关。教师所要做的事，是使每个学生有机会在有意义的活动中使用他自己的力量。心智、个人的方法、创造性

（这些都是可以调换的名词）表示有目的的或有指导的活动的性质。如果我们照这个信念去做，即使按传统的标准，我们也将获得更多的创造性。如果我们把一个所谓统一的一般的方法强加给每个人，那么除了最杰出的人以外，所有的人都要成为碌碌庸才。如果用不同于大众这一点来衡量创造性，就会使他们成为怪僻之辈。所以，我们扼杀多数人的特异品质。而除少数例外（如达尔文），我们又用不健康的品质去影响少数天才。

三、个人方法的特征

我们在关于思维的一章里讨论了认知方法的最一般的特征。这些特征也就是反省思维情境的特征。它们是：问题；资料的搜集和分析；暗示或观念的提出和说明；实验应用和检验；结论或判断。至于一个人的方法或解决问题的途径的特殊要素，最终可以在他天赋倾向和后天获得的习惯和兴趣中发现。由于一个人的原始本能的能量、他过去的经验以及他的爱好和别人不同，因而他的方法也不同（这种差别是正当的）。凡是对这些问题有过研究的教师，都掌握了这方面的知识，并将帮助他们了解不同的学生所做出的反应，帮助他们指导这些反应，以取得更大的效果。有关儿童研究、心理学和社会环境的知识，可以补充教师个人对学生的了解。但是各种方法永远是个人的事情，个人处理问题和解决问题的方法形式多样，种类繁多，没有一个目录可以把它们罗列完整。

但是，可以提出几种态度，它们在有效地、理智地处理材料的各种方法中处于中心地位。其中最重要的态度是：直接性、虚心、专心和责任心。

1. 直接性。所谓直接性，用反面的话比用正面的话更容易说清楚。自我意识、窘困和拘束是直接性的有威胁性的敌人。这些态度表明一个人并不直接关心材料。有些东西介入他和材料之间的直接关系，使他把注意力转向枝节问题。一个有自我意识的人，一方面想他自己的问题，一方面想别人怎样看待他的工作。精力分散意味着丧失能力和思想混乱。一个人对他做的事持一种态度，并不一定要他意识到自己的态度。前一种态度是自发的、朴素的、简单的。这是一个人对他所处理的事情保持全神贯注的标志。后一种态度并不是必然异常的。有时这种态度是纠正错误的方法和提高他所采用的手段的效率的最简易的途径。例如，打高尔夫球的人、钢琴演奏者、演说家等等偶尔必须特别注意他们的姿势和动作。但是，这种需要是偶然的和暂时的。如果一个人想自己应该怎么做一件事，作为达到他的目的一个手段，这种态度就是有效的。就像一个打网球的人一样，先练习练习，体验一下他的打法。异常的态度是，一个人想到自己，但不是把自己看作执行力量的一部分，而是看作一个孤立的对象。这就像一个打网球的人装腔作势，心里想着对观众产生什么印象；或者忧虑重重，因为他害怕他的动作会给人留下不良的印象。

“信心”是一个好名词，表达直接性所要达到的意义。但是，不应该把信心和自信混淆起来。自信是自我意识的一种形式。信心并不表明一个人想他自己的态度，或是感觉到他自己的态度；信心并不是反射。它指一个人对他应该做的事情所持的一往无前的态度。它并不表明一个人对他的能力的功效有自觉的信任，而是对情境的可能性有无意识的信仰。它表明一个人奋起而应付情境的需要。

我们曾经指出（参见第 184 页），我们反对使学生明显地意识到他们是在学习或研究。一旦学校里的情况使学生感到他们是在学习，那么他们就不是真正在研究和学习了。这种学生的态度是分裂的和复杂的。教师无论采取什么方法使学生的注意力离开他应做的事情，转移到他对正在做的事情的态度上去，都要损害注意和动作的直接性。如果坚持用这种方法，学生就会养成一种永久的倾向，乱摸一阵，无目的地东张西望，在教材以外去寻找某种行动的线索。学生依赖外部的暗示和指导，处于朦胧迷糊的状态，失去对生活情境的坚定态度。不但儿童有这种态度，那些没有因受"教育"而失去天真的成人也是这样。

2. 虚心。兴趣就是对某种行动有所分担、有所参与、有所袒护。所以偏心是伴随兴趣而来的。因此，我们更有理由要养成一种态度，积极欢迎从各方面来的暗示和有关的知识。我们在教育的目的一章里曾经说过，预见的目的是变化中的情境发展的因素。这样的目的是控制行动方向的手段。所以它们从属于情境，而不是情境从属于这些目的。它们并不是每件事必须屈从，并为之牺牲的结局。预见的目的是指导情境发展的手段。譬如靶子是当前射击行动中使注意力集中的因素，不是射击的未来目标，虚心就是对于有助于了解需要解决的情境和决定行动结果的任何考虑都能够接受。有些目的被认为是不可改变的终极目的，完成这些目的的效率，能和狭隘的虚心共存。但是，智力的发展必须不断扩充视野，形成新的目的和新的反应。要做到这一点，没有积极的意向，没有欢迎那些迄今为止属于异己的观点，没有考虑改变现有目的的积极的愿望，是不可能的。保持生长的能力就是虚心接受意见的一种报酬。顽固不化，抱有成见，最大的坏处就是抑制发展，使心灵没有接受刺激的机会。所谓虚心，就是保持孩子般天真的态度；而胸襟闭塞，就是在理智上未老先衰。

过高的期望程序的一致和过度要求迅速取得表面的结果，是学校中虚心态度所要对付的主要敌人。教师不允许和不鼓励学生用多种方法应付所发生的问题，这是对学生的智力发展设置障碍，好像把眼罩套在马的眼睛上，把学生的眼光限制在教师所同意的道路上。但是，教师所以热衷于呆板的方法，其主要原因也许是用了呆板的方法能够取得迅速的、可以确切计量的和正确的结果。教师急于要求学生给出“答案”，是他们热衷于采用刻板的和机械的方法的主要原因。教师喜欢采用强迫的方法和高压的方法起于同样的根源，对学生的机灵、多样的理智兴趣产生同样的结果。

虚心和心中空虚不同，在家门口挂出一块牌子，写着“家中无人，请进”，并不等于好客。但是，采取一种被动态度，愿意让经验积累、深入和成熟，这就是发展的本质。结果（表面的答案或解决方法）也许可以加速，但过程也许不能强制。过程的成熟需要时间。如果所有教师认识到教育成长的标准是学生心理过程的质量，而不是提出一些正确的答案，那么教学上发生的变化不亚于一场革命。

3. 专心。就字面来说，我们前面有关“直接性”的讨论，很多适用于专心。但是，这里“专心”一词具有兴趣完全和目的一致的意思；不存在许多被压制而实际起作用的外部目的，明确承认的目的不过是这些目的的一个假面具。专心就是心智完整。如果能全神贯注、全心全意地学习教材，就能养成专心的习惯。如果学习时分心，不集中注意力，就要破坏专心的习惯。

理智的完整性、诚实和真挚，这种特性实际上是主动反应的品质而不是有意识的目的。当然，有意识的意图，能够养成这些品质，但是很容易流于自欺的行为。人的欲望都急于求得满足。如果别人的要求和愿望禁止这些欲望直接表现，它们就容易被压抑，堕入隐蔽和深层的渠道。完全屈服于别人，全心全意接受别人所要求的行动是不可能的。结果可能是有意反抗，或者有意设法欺骗别人。但是，比较常见的结果是兴趣混乱和分散，他自己的真实意图何在，也受愚弄。他好像同时要侍奉两个主人。一方面，他的社会本能强烈希望讨好别人并得到他们的赞许；另一方面，他所受的社会训练，他的责任感和权威观念，以及担心受罚，这一切又都使他半心半意地努力服从教师的命令，注意学校的功课以及学校的任何要求。和蔼可亲的学生要做到教师希望他们做的事。学生也意识到他有意这样做。但是，他并没有放弃自己的欲望。只是这些愿望没有明显表现出来罢了。要学生注意和他的欲望敌对的东西是使人厌烦的；不管他有意识的欲望是什么，他的潜在的欲望决定他主要的思想进程和更深的情感反应。他的心思离开名义上的课题，专心于内心比较喜欢的东西。结果是一贯的注意分散，表现出欲望的表里不一。

一个人只要回忆一下他自己在学校时的经验，回想一下现在他表面上从事一些并不吸引他的欲望和目的的活动的经验，就会认识到这种注意分散即口是心非的态度多么流行。我们对此习以为常，视为当然，认为这种态度大部分是必需的。也许是这种情况。如果是这样，正视这种态度在理智方面的不良影响就更加重要了。如果一个学生有意识地尝试（或者做出尝试的样子）注意一件事，而他的想象却在无意识中自发地注意和他兴趣更相投合的事情，那么，直接可用的思维能力的损失是明显的。对智力活动效率的更加微妙、更加持久的削弱作用，是养成自欺的习惯和对现实的模糊认识。对现实采取双重的标准，一个是对于我们自己私人的或多或少隐蔽的兴趣的标准，另一个是对于公共的和大家公认的兴趣的标准。这种双重标准对我们多数人来说，有碍心理活动的完整性和完全状态。同样严重的是造成有意识的思维和注意与冲动性的盲目爱好和欲望之间的分裂状态。对于教材的反省学习乃是勉强的、半心半意的，注意力游移不定。他所注意的事情是未经公开承认的，因而在理智上是违法的，学习这些东西是暗地里进行的。学生通过有意识地从事有目的的探究，使反应有条理，而这方面的训练是缺乏的；更有甚者，他最关切的事情和最合志趣的想象活动（因为这些活动集中在欲望最爱好的东西上）变成偶然的、隐蔽的。这些想象活动都不是教师所承认的。它们不能因考虑后果而得到纠正，而是对道德品质的培养产生不良的影响。

这种心理分裂情况，一方面从事大家承认的、公共的和对社会负责的事情，另一方面又纵容私人的、不守规章的和受压制的思想活动。产生这种心理分裂的学校环境是不难发现的。有时所谓“严格训练”，即外面的强制压力，就有这种趋势。把所做的事情以外的奖赏作为动机，也有同样的后果。一切使学校教育仅仅成为预备工作的做法也有这种倾向（参见第 64 页）。教育的目的不是学生目前所能理解的，必须借用其他力量使他注意所布置的作业。这种做法虽然能获得一些反应，但是没有被满足的学生的欲望和爱好必须寻找其他出路。过去强调活动技能不用任何思考的练习，这种练习没有目的，只是养成机械的技能，其危害也同样严重。自然憎恶心理的真实。教师们想一下：当学生的思想和感情在目前的活动中找不到出路时，这种思想和感情将会发生什么情况呢？如果这种思想和感情可以暂时搁置起来，或者只要冷淡下来，这就不成为重要问题。但是，这种思想和感情并不就此消失；它们也不就此搁置起来；除了有关的作业以外，它们也不就此被压制。它们沿着它们自己的混乱无序和未经训练的途径前进。学生心理反应中天赋的、自发的和有生命力的东西得不到利用和检验，所养成的习惯使这些心理反应越来越不适用于公开的和大家承认的目的。

4. 责任心。责任心作为理智的态度的一个要素，指的是事先考虑任何计划中的步骤的可能后果，并且有意承受这些后果的倾向。所谓承受这些后果，意思是考虑这些后果，在行动中承认这些后果而不仅仅是在口头上同意。我们知道，观念本质上是解决困难情境的观点和方法，是影响反应对未来的预料。往往有人同意一个报告或相信别人所暗示的真理，而对这个报告或真理的含义并没有经过考虑；对由于他同意而必须承担的义务仅做过粗略的和表面的研究，因而所谓观察和认识、相信和同意，不过是怠惰地默认外部所提出的事情的名称罢了。

如果学校设置少量的情境，使学生能运用智力解决问题，获得一些真实的信念，就是使自己与事实和所预见的结果所要求的行为一致起来，那么，在教学中少给学生一些事实和真理就要好得多。学校科目过分复杂，课程和功课过分拥塞，所产生的最永久的恶果并不是随之而来的忧心忡忡、神经紧张和肤浅的理解（尽管这些后果是严重的），而在于不能使学生理解真正认识一件事和真正相信一件事的含义。理智方面的责任心就是在这方面有严格的标准。这些标准只有通过进一步探究所理解的事物的意义，并根据这种意义见诸行动的实践，才能树立起来。

因此，理智上的**彻底性**乃是我们所讨论的态度的另一个名称。有一种彻底性几乎纯粹是物质的，这种彻底性指对一门学科的细节进行机械的和详尽无遗的练习。理智上的彻底性就是识破一件事。要做到这一点，依靠细节所从属的目的的统一性，而不是依靠提出众多不相联系的细节。这表现在阐明目的的全部意义的坚定性上，而不是表现在注意外部强加的和指导的行动步骤上，不管这种注意如何“细心”。

提　要

方法就是经验材料最有效地和最有成果地发展的途径。因此，方法从观察经验的进程中得来，在这种经验中，个人的态度和举止与所学习的教材之间，并无有意识的区别。认为方法是某种孤立的东西，这种设想和心智及自我与事物世界隔离的观念相联系。这就使教学和学习成为形式的、机械的和强制的。虽然方法是个别化的，但是由于从先前的经验所得来的智慧储备，由于有时所学习的材料具有普遍相似之处，所以对完成经验的正常进程可以辨别出若干特征。用本人的态度来表达，优良的方法有以下几个特征：直截了当的态度，灵活的理智兴趣或虚心的学习意志，目的的完整性，承担包括思维在内的个人活动后果的责任心。

第十四章　教材的性质

一、教师的教材和学生的教材

关于教材的性质，从原则上说，除前面（参阅第 148 页）所讲到的以外，没有什么可以增加的了。所谓教材，就是在一个有目的的情境的发展过程中所观察的、回忆的、阅读的和谈论的种种事实，以及所提出的种种观念。这句话需要联系学校教学的材料和组成课程的科目，这样可以表达得比较具体些。我们的定义应用于读、写、算、历史、自然研究、绘画、唱歌、物理、化学、外语等等有什么意义呢？

让我们重提一下前面讨论过的两点意思。一点是，教师在教育事业中的任务在于提供刺激学生的反应和指导学生学习过程的环境。归根结底，教师所能做的一切在于改变刺激，以便反应尽可能使学生确实形成良好的智力的和情绪的倾向。显然，学校课程的各门学科或教材和提供环境的事有密切的联系。另一点是，需要一个社会环境，使所养成的习惯有意义。在我们所说的“非正规教育”中，教材直接包含在社会交往的情境之中。这就是一个人所联系的人、所做的和所说的事物。这个事实给了我们一个线索，去了解正规的或有意进行的教育中所用的教材。在原始社会，随着人们所进行的活动和所举行的礼拜，有许多故事、传统、歌谣和仪式，我们可以从中找到一个连接的环节。这些东西都代表着从他们过去的经验中所产生的意义的宝藏，群体成员都十分珍惜它们，把它们和他们自己集体生活的思想视为一体。这些东西虽然并不明显地属于日常工作如饮食、狩猎、战争和媾和以及制作地毯、陶瓷、篮筐等等技能的一部分，却有意识地使年轻人对它们有深刻的印象，而且常常和入社仪式那样具有强烈的热情。他们甚至对有意识地永久保存群体的神话、传说和神圣的口头用语比传递群体直接有用的风俗习惯还要费尽心思。这正是因为在平常联合过程中，可以学会群体的风俗习惯，而神话传说则不容易获得。

随着社会群体日益复杂，人们获得了大量的技能，这些技能或者在事实上，或者按群体的信念，都有赖于过去经验中所积累的标准的观念，因此，社会生活的内容得到更为明确的表述，用以教给年轻一代。我们前面曾经说过，我们之所以有意识地讲述群体生活，吸取其最为重要的意义，并使之系统化，条理清楚，主要的动机正是在于教育年轻一代，以延续群体生活的需要。这种选择、表述和组织的工作一旦开始就永无止境。书写和印刷的发明给这一工作以巨大的动力。最终，学校中学习的教材与社会群体的习惯和理想之间联系的纽带被伪装以至掩蔽。两者之间的联结变得那么松散，往往显得好像彼此毫无联系；好像教材不过是为自己的利益而存在的知识，好像学习仅仅是为教材自身而去掌握它，而不考虑任何社会价值。既然为了实际的原因反对这种趋势极为重要（参见第 13 页），那么我们进行理论讨论的主要目的，在于使这种易被忽略的联系明白易晓，并且详细表明学校课程的主要成分的社会内容和作用。

从教师和学生的观点来看，有几点需要考虑。对教师来说，教材中的知识远远超过学生目前的知识水平，重要的问题在于提供明确的标准，使教师明白未成熟的学生的粗糙的活动所具有的许多可能性。（1）学校中的教材，把需要传递的当前社会生活的意义转化为具体的和详细的术语。这种教材，把要永久保存的文化的重要成分以有组织的形式明白地向教师提出，以免在意义没有经过标准化时，教师徒然沉溺于无计划的努力，而一无所得。（2）教师如果了解过去的活动的结果所获得的许多观念，他就能够领会儿童表面上属于冲动性的和无目的的反应的意义，并提出必要的刺激，引导这些反应有一定的价值。教师愈懂得音乐，他就愈能领会儿童初期的音乐冲动的种种可能性。有组织的教材，代表着和儿童的经验相类似的许多经验的成熟产物，这些经验包含同一个世界，也代表着和儿童所拥有的类似的许多能力和需要。这种教材并不代表完美无缺或一贯正确的智慧；但是，它是可以自由支配以增进新经验的最好的教材，至少在某些方面超越现有的知识和艺术作品中所体现的成就。

换言之，从教师的观点来看，学校中的各种课程代表着许多工作的资源和可以利用的资本。但是，这些课程远离儿童的经验并不是表面现象，而是事实。所以，学生的教材与成人的公式化、定型化和系统化的教材即书本中和艺术作品中的教材是不一致的，也不能一致。成人的材料是学生的材料的可能性，而不是学生的材料的现状。成人的材料直接成为专家和教师活动的一部分，而不成为初学者和学生的活动的一部分。不牢记由于教师和学生的不同观念所产生的教材的区别，乃是在使用课本和许多其他先前存在的知识的表现形式时所造成的大多数错误的根源。

正是因为教师对教材的态度和学生对教材的态度是多么不同，所以教师非常需要懂得人类天性的具体的素质和功能。教师实际提出的材料，只是学生可能提出的东西。就是说，教师已经知道的事物，在学生方面只是正在学习的事物。所以，双方的问题是根本不同的。当教师从事直接的教学活动时，他需要精通教材；他的注意力应该集中在学生的态度和学生的反应上。教师的任务，在于了解学生和教材的相互影响，而学生的心思，自然应该用在正在学习的题目上，而不用在他自身。同一个问题用不同的说法就是：教师不应注意教材本身，而应注意教材与学生当前的需要和能力之间的相互作用。所以，教师仅有学问还是不够的。事实上，除非教师习惯于关心教材和学生本人的经验的相互影响，否则，教师的学问或他所熟练掌握的教材，孤立地看，它的某些特点反而有碍有效的教学。第一，教师的知识无限制地超出学生认识的范围。它所包含的原理超出未成熟的学生的理解能力和兴趣。这种知识本身不能代表学生活生生的经验世界，就像天文学家关于火星的知识不能代表婴儿对于他所处的房间的知识一样。第二，一个有学问的人对材料的组织方法，不同于一个初学者对材料的组织方法。有人认为儿童的经验没有组织，是由孤立的片段所构成的，这种看法是不正确的。但是，儿童经验的组织和他的直接的实际兴趣中心有联系。例如，儿童的家乃是他的地理知识的组织中心。他自己在本地的行动，他的国外旅游，他的朋友们的故事，给他提供多种纽带，把他的一桩桩的事情结合在一起。但是，地理学家的地理和已经发展了这些小经验的含义的人的地理，是在各种事实相互关系的基础上组织起来的，而不是根据和他的家、他的身体运动以及朋友的关系组织起来的。对一个有学问的人来说，他的材料是广泛的，是经过精确界说的，而且在逻辑上相互关联；对一个正在学习的人来说，他的材料是不固定的，是局部的，而且是通过他个人的作业联系起来的。① 教学的问题在于使学生的经验不断地向着专家所已知的东西前进。所以，教师既须懂得教材，还须懂得学生特有的需要和能力。

二、学生的教材的发展

在学生的经验中，教材的发展根据事实可以分成三个相当典型的阶段。在第一阶段，学生的知识表现为聪明才力，就是做事的能力。学生熟悉了事物，就表明他已掌握材料。在第二阶段，这种材料通过别人传授的知识，逐步地得到充实和加深。在第三阶段，材料更加扩充，加工成为合于理性的或合于逻辑的有组织的材料——掌握这种材料的人，相对地说，就是这门学科的专家。

1. 人们最初的认识，最根深蒂固地保持的知识，是关于怎样做的知识，例如怎样走路、怎样谈话、怎样读书、怎样写字、怎样溜冰、怎样骑自行车、怎样操纵机器、怎样运算、怎样赶马、怎样售货、怎样对待人等等，不可胜数。通常有种倾向，把适应一种目的的本能的动作看作是一种神奇的知识。这个倾向虽然并不合理，但足以证明有一种强烈的倾向，把对行动手段的明智控制和知识等同起来。学究式的知识的概念除了用科学方法系统地提出的事实和真理以外，其他概不过问。在这种概念影响下，教育上不承认原始的或最初的教材总是一种

① 因为一个有学问的人也还应该是一个学习者，可以认为这些对比是相对的，不是绝对的。但是至少在学习的早期阶段，这些对比实际上是很重要的。

主动的行动，包括身体的运用和材料的处理；学校的教材与学生的需要和目的脱离，仅仅变成供人记忆、在需要时背出来的东西。恰恰相反，如果承认教材的自然的发展进程，就总是从包含着做中学的那些情境开始。技艺和作业构成课程的最初阶段，它们相当于知道怎样实行去完成目的。

通常用来表明知识的词语都还保存着各派哲学已经丧失了的与行动的能力的联系。譬如知（ken）和能（can）就是同源的词。注意的意思是照管一件事物，既有钟爱它的意思，又有照料它的福利的意思。“留心”（mind）一词，一个意思是在行动中执行指示，例如说一个孩子听他母亲的话；还有一个意思是照料一件事物，例如说一个护士照料一个婴儿。考虑周到（to be thoughtful，considerate），意思是留意别人的要求。英文中的 apprehension 一词，意思是理解，也有担心不良结果的意思。有机智或判断力（to have good sense or judgment），意思是懂得一种情境所需要的行为；有辨别力（discernment），并不是为辨别而辨别，并不是要练习做无益而琐细的分析，而是对行动有真知灼见。“才智”（wisdom）一词，总是和生活的正当方向联系在一起。只有在教育中，知识主要地指一堆远离行动的信息库，而在农民、水手、商人、医生和实验室的实验人员的生活中，知识却从来不是远离行动的。

用明智的方法对付事物就能熟悉事物。我们最熟悉的事物，就是我们经常要用的事物，例如椅子、桌子、笔、纸、衣服、食物、刀和叉等寻常的东西。按各人职业的不同，它们又分化为许多更为特殊的东西。“熟悉”一词所暗示的具有亲密和感情含义的对各种事物的知识，是从为了一个目的使用这些事物中而产生的。我们经常对一个事物有所行动，就能预料这个事物将有何动作，有何反应——这就是熟悉的意义。我们对于熟悉的事物总是有所准备；它不会趁我们不备，突然捉弄我们。这种态度使我们有一种兴趣相投或友好的感觉，以及舒坦和有所启发的感觉；而我们所不习惯对付的事物，便感到是陌生的、不相干的、冷淡的、遥远的和“抽象的”。

2. 但是，以上对第一阶段的知识的详尽叙述，可能会引起误解。这个阶段的知识实际上包括我们一切不是通过审慎的专门研究而获得的知识。各种形式的有目的的行动，既包括对付事物，也包括应付人。我们须使相互沟通的冲动和与人往来的习惯，适应于保持和别人有成效的联系；很多社会的知识就自然增长起来。一个人通过这种相互沟通，能从别人那里学到很多知识。他们讲述自己的经验，也讲述他们听来的经验。一个人如能注意这种沟通，别人的事情也就能成为他自己的经验的一部分。我们和别人的种种积极的联系，成为我们自己的事务的密切的和重要的组成部分。所以，不可能划清界限，使我们能说：“我的经验在这里终了，你的经验在那里开始。”我们参与公共的事业，别人把他们参与这个事业的经验告诉我们，这种经验立即和我们自己因做特殊的事情所得的经验混成一体。耳和眼或手一样，都是经验的器官；眼可以用来阅读不在眼前发生的事情的报告。在空间和时间上离开我们很远的东西和我们能嗅、能拿的东西，对我们行动结果的影响完全一样。这些东西都真正和我们有关，因此，任何有关它们的记载，如能帮助我们应付目前的事情，都属于个人经验的范围。

这种材料通常称为信息或情报。沟通在个人行动中所占的地位，为我们估量这种信息资料在学校中的价值提供了一个标准。这种信息资料是否从学生所要解决的某一问题自然地产生？它是否符合学生更直接熟悉的知识，从而增加它的功效，并加深它的意义？如果信息资料能满足这两个条件，它便具有教育意义。学生能听到多少，读到多少，并不重要——假如学生需要这种信息资料，并且能在他自己的情境中加以应用，那么这种知识愈多愈好。

但是，这两个条件在理论上规定容易，在实际工作中就不那么容易满足。近代相互沟通的范围的扩充，熟悉遥远天空星球和以往历史事迹、器械的发明，印刷、记录和传播信息——有真有伪——的工具的降价，这种种事实创造了大量相互交流的知识材料。用这种材料去压倒学生，使他应接不暇，是很容易的；而要把这种材料引进他的直接经验中，就不容易了。这种材料往往构成一个奇异的世界，恰好压在个人熟悉的世界之上。学生唯一的问题是为了学校的目的，为了背书和升级，才去学习这个奇异世界的构成部分。在今天大多数人看来，“知识”一词的最显著含义不过是指别人所确定的许多事实和真理，就是在图书馆书架上一排排地图、百科全书、历史、传记、游记、科学论文里面的材料。

这些给人深刻印象的、卷帙浩繁的材料，不知不觉地影响了人们对于知识本身的性质的观念。书中所载的叙述、命题，贮藏着积极地对付各种问题所获得的知识，他们把这些叙述和命题自身看作知识。知识的记录本是探索的结果和进一步探索的资源，但是人们不顾知识记录所处的这种地位，把它看作就是知识。人们的心灵成为它先前战胜环境的战利品的俘虏；他们不把这些战利品作为战胜未知事物的武器，却用来固定知识、事实和真理的意义。

把知识和记述信息的命题混为一谈，如果逻辑学家和哲学家们也免不了这种看法，那么，这同一理想几乎已经统治着教学领域，就不足为怪了。学校的“课程”大半由分散在各门学科的信息所组成，每门学科又分成若干课，把积聚的知识材料分割成一连串片段教给学生。在17世纪，这种积聚的知识材料还不多，所以人们提出了掌握全部百科全书式的知识的理想。现在，知识材料积聚得那么多，任何人都不可能全部掌握，这一点是很明显的了。但是，教育的理想还没有受到很大影响。学生对每门学科，或者至少对所选择的一组学科，都要获得一点儿信息，这仍旧是从小学以至大学课程编制的一个原则。把比较容易的部分安排在前几年教，把比较困难的部分安排在后几年教。

许多教育者埋怨，知识并不成为品性的一部分，也不影响行为；他们反对强调记忆的工作，反对死记硬背，反对兢兢业业专找“事实”，反对热衷于过分微细的区别、没有理解的法则和原理。凡此种种都是从以上所说的情况而来的。主要是间接的知识，是别人的知识，往往变成仅属字面上的知识。我们并非反对用语言文字表达的信息；沟通信息，必须运用言词。但是，如果所沟通的知识不能组织到学生已有的经验中去，这种知识就变成纯粹言词，即纯粹感觉刺激，没有什么意义。那么这种知识的作用，不过唤起机械的反应，只能运用发音器官重复别人的话，或用手写字或做“算术”。把知识告诉一个人，他就获得间接知识。这就使他掌握有效地解决问题所需要的材料，使得寻求解答和解决问题本身更有意义。资料性的知识就是一个人处于疑难的情境时可以依靠的已知的、确定的、既成的、有把握的材料。它是心灵从疑难通往发现的一座桥梁。它具有一个知识经纪人的作用。它把人类以往经验的最后成果压缩精简，记录成可用的形式，作为提高新经验的意义的工具。

当一个人听到报告说布鲁图①刺死了恺撒，或者一年有三百六十五又四分之一天，或者圆的圆周同直径的比是3.141 5……他听到的实际上是别人的知识，对他来说，不过是认知的刺激物。他要获得知识，依靠他对所传达的知识的反应。

三、科学或合理化的知识

科学是最独特的形式的知识的名称，它在程度上代表完美无缺的知识成果——知识的极致。在某一特定情况，所认知的事物是可靠的、无疑的、确定的、已经处理过的事物；是我们用以思考的事物，而不是我们要考虑的事物。就其高尚的意义讲，这种知识不同于意见、猜测、思索和纯粹传说。在知识中，事物都是确定的；它们就是这样的，不是含糊不清的。但是，经验使我们认识到，教材的理智的确定性和我们的确定性，两者有所区别。可以这么说，我们生来倾向于信仰，轻信是很自然的。未经训练的心灵，不喜欢悬而不决和理智上的犹豫，它倾向断言。未经训练的心灵，喜欢事物不受干扰，固定不变，并且，没有适当的根据，就把它们视为已经确定的事物。熟悉、大家称赞与欲望相投，很容易被用作测量真理的标准。无知使人易犯固执己见的和流行的错误，这种错误对于学习来说是比无知本身更大的敌人。这就使得苏格拉底宣称，意识到无知便是有效的爱智的开始。笛卡儿也说，科学产生于怀疑。

① 布鲁图（Marcus Junius Brutus，约前85—前42），古罗马政治家。——译者注

有一个事实我们已经详细讨论过，就是材料和观念有无价值必须经过实验的检验：材料和观念自身不过是试验性的和暂时性的。我们偏爱不成熟的认可和断言，嫌恶悬而不决的判断，这种偏爱和嫌恶，都是我们自然倾向于缩短试验过程的标志。我们对于表面的和目光短浅的直接应用感到满足。如果这种应用结果略能满意，我们便心满意足，以为我们的假设已经证实。就是遇着失败，我们也往往不归咎于自己材料和思想的不适当和不正确，而是归咎于自己命运不好和环境的作对。我们不能把所得的恶果归咎于自己计划的错误，归咎于对情况未做全面的探索（如能对情况做全面的探索，就能获得修改计划的材料和扩大探索的促进因素），却归咎于不愉快的命运。我们甚至不顾结果如何，以坚持墨守我们的观念而自豪。

科学是人类防止这些自然倾向以及由此所产生的恶果的工具。科学由人类缓慢地设计的特殊的工具和方法所构成，在思考的程序和结果可以试验的情况下，人们运用这些工具和方法从事思考。科学是人为的（是获得的技术），不是自发的；是学得的，不是天生的。因为这个事实，科学在教育上占有独一无二的、无法估价的地位；也因为这个事实，产生了威胁着正确利用科学的危险。一个人没有养成科学的精神，他就没有人类为有效地指导的思考所设计的最好的工具。这种人不但不能利用最好的工具从事研究和学习，而且不能理解知识的丰富意义。因为他不懂得如何将意见和认可与公认的信念区分开来。另外，科学标志着在高度专门化的技术条件下完善的知识，这个事实，使科学研究的结果自身远离平常的经验——这种远离经验的性质通常称为抽象。当这种孤立状态见于学校教学的时候，科学知识甚至比其他形式的知识更加面临提示现成教材所带来的危险。

科学曾经被解释为探索和试验的方法。初看起来，这个定义似乎与作为有组织的或系统化的知识的流行的科学概念是对立的。但是，这种对立只是表面上的；当通常的定义完善的时候，这种对立就消失了。把科学划分出来的不是一般的组织，而是用适当的经过检验的发现的方法所产生的那种组织。一个有能力的农民，他的知识是系统化的。他的知识是根据手段和目的的关系组织起来的——是通过实践组织起来的。作为知识的组织（即经过适当的试验和证实而组成的知识），对根据使谷物丰收和牧畜成长等知识的组织来说，不过是偶然的结果。但是，科学的教材，它是特别根据有成效地进行的发现的事业和认识作为专门的事业而组织起来的。

参考科学所具有的确信的性质便可明白上面所说的话。这是合理的确信——有逻辑的保证。所以，科学的组织的理想是，每个概念和叙述都须是从别的概念和叙述而来，又须能引到别的概念和叙述上去。各种概念和命题互相包含，互相支持。这种“引出后面，证实前面”的双重关系，就是所谓逻辑的和合理的意义。我们平常对于水的概念更适合于水的平常用法，如用来喝、洗物和灌溉等等。但是化学家把水描述为H_2O，从它在研究中的地位和应用的观点来看，实较优胜。化学家这样叙述水的性质，能把水和关于其他事物的知识联系起来，向了解水的性质的人指出这种知识是怎样得到的，这种知识和有关事物结构的知识的其他部分有何关系。严格地说，化学家这样说并未指出水的客观的关系，与我们说水是透明的、流动的、没有味道、没有臭味、能解渴一样。我们说水有种种关系，化学家说水的成分是两个氢原子与一个氧原子合成的，这两种说法同样准确。但是为了指导发现以证实事实的特定目的，后一种关系是基本的。一个人愈强调组织作为科学的标志，他就愈要承认方法在科学的定义中居于首位。因为，方法能说明科学所以成为科学的那种组织。

四、教材的社会性

后面几章将讨论学校的各种活动和课程，讨论的时候，把它们视为我们上面所讨论的关于知识演进的若干连续的阶段。因为我们前面的论述主要注意了教材的理智的方面，所以，关于教材的社会性这方面还要略为讲一下。即使极其重要的知识，也有广度和深度的不同；即使与各种真实的问题有关，并为种种目的所激发的材料和观念，也有广度和深度的差异。因为各种目的的社会范围，以及各种问题的社会重要性，也存在差异。由于有许多可能的材料供我们选择，所以在教育上（特别是除了最专门化以外的各个阶段）应该采取一个社会价值的标准，这是非常重要的。

一切信息和系统化的科学材料都是在社会生活的条件下产生的，都是用社会的方法传递的。但是，这个事实并不能证明这类材料对养成现在社会各个成员的倾向和提供他们的才能，具有同等的价值。一个课程计划必须考虑课程能适应现在社会生活的需要；选材时必须以改进我们的共同生活为目的，使将来比过去更美好。除此以外，在规划课程时，必须把要素放在第一位，把精炼放在第二位。凡是在社会方面最基本的事物，换言之，凡是和最广大的社会群体共同参与的经验有关的事物，就是要素。至于代表特殊群体和专门职务的需要的事物，就是第二位的。有一句话含有真理，就是，教育首先必须是人类的，只是随后才是专业的。但是，说这句话的人，常常把

“人类”这个名词理解为仅仅指非常专门的阶级，即保存以往古典传统的学者阶级。他们忘记了教材须与人类的共同利益有联系才是人类化的教材。

维持民主主义社会尤其要依靠用广泛的人类的标准来编制学校的课程。如果选择教材的主要势力，对于群众的教育，根据狭隘的功利的目的，而对于少数人的高等教育，则按照特别有教养的阶级的传统，那么，民主主义是不能兴旺的。有人认为初等教育的“要素”就是呆板的读、写、算三门，这种看法是因为他们不懂实现民主主义的理想所需要的要素。他们不知不觉地假定，民主主义的理想是不能实现的。他们假定，将来和过去一样，对绝大多数男男女女来说，所谓“谋生”，必然表明这些人所做的事是不重要的，不是自由选择的，不能使当事者高尚的；他们所做的事的目的，他们自己是不认识的，他们进行的工作是为了金钱的报酬而受别人指挥的；要为大量的人预备这种生活，而且只是为了这个目的，教他们读书、写字、拼法、计算的机械的效率，再加上一定程度的肌肉的灵巧敏捷，就是所谓“要素”了。这种情况也把缺乏教养传染给所谓的自由教育。它们意味着在牺牲由关心普通人类最深刻的问题而得来的启迪和训练的情况下，赢得一种寄生的教育。承认教育的社会责任的课程必须提供一种环境，在这种环境中，所研究的问题都是有关共同生活的问题，所从事的观察和传授的知识都能发展学生的社会见识和社会兴趣。

提　　要

教育上的教材首先由供给现在社会生活内容的种种意义所构成。所谓社会生活的连续性，就是说，在这些意义中有许多是过去的集体经验贡献给现在的活动。由于社会生活发展得更为复杂，这些因素在数量上和意义上也随之增加。对这些材料需要加以特别的选择、表述和组织，使它们能适当地传授给新的一代。但是，正是这种过程往往提出一种教材，以为离开教材促使年轻人认识他们现在经验中所含意义的作用，教材自身就有价值。特别是教育者易受诱惑，以为自己的任务就是使学生能掌握和复述指定的教材，不考虑把教材组织到作为发展中的社会成员的学生的活动中去。如果学生首先从事有社会根源和应用的主动作业，然后通过把更有经验的人所传授的观念和事实吸收到自己更为直接的经验中去，达成对所包含的教材和法则的科学理解，那么我们所主张的积极的原理就得到维护了。

第十五章　课程中的游戏和工作

一、主动的作业在教育上的地位

过去一个世代学校课程经过了很大的改革。这种改革的由来，一部分是由于教育改革家的努力，一部分是由于研究儿童心理的兴趣的提高，一部分是由于学校教学的经验。从这三方面来的一个教训，即教学应从学生的经验和能力出发，使学校在游戏和工作中采用与儿童、青年在校外所从事的活动类似的活动形式。近代心理学已经用复杂的本能的和冲动的倾向，代替旧理论关于普通的和现成的官能的主张。经验表明，当儿童有机会从事各种调动他们的自然冲动的身体活动时，上学便是一件乐事，儿童管理不再是一种负担，而学习也比较容易了。

有的时候，人们采取游戏、竞技和建造作业，只是为了以上这些原因，强调解除"正规的"学校功课的沉闷和劳累。但是，没有理由只是把游戏和建造作业作为愉快的消遣。心理生活的研究表明，探索、操作工具和材料、建造、表现欢乐情绪等先天的倾向，具有基本的价值。如果这些本能所激起的种种练习是正规的学校课程的一部分，学生便能专心致志地学习，校内生活和校外生活之间的人为的隔阂因之减少，能供给种种动机，使学生注意有显著教育作用的各种材料和过程，并能使学生通力合作，了解知识材料的社会背景。总之，学校所以采用游戏和主动的作业，并在课程中占一明确的位置，是理智方面和社会方面的原因，并非临时的权宜之计和片刻的愉快惬意。没有一些游戏和工作，就不可能有正常的有效学习；所谓有效学习，就是知识的获得是从事有目的的活动的结果，而不是应付学校功课的结果。讲得更具体些，游戏和工作完全与认识的第一阶段特征相应。我们在前章讲过，这一阶段认知的特征是学习怎样做事和熟悉所做的事情及过程。在有意识的哲学兴起以前，希腊人用同一个词 Tεxu 代表技艺和科学，这是有启发性的。柏拉图论述知识时，也根据分析补鞋匠、木工和音乐家等等的知识，指出他们的技艺（如果不是纯粹的机械工作）都含有一个目的：须掌握工作的材料，控制所做的工具，并有明确的进行程序——这种种事情都须了解，才能获得聪明的技能或技艺。

儿童在校外的时候一般总是在游戏和工作。这个事实在许多教育者看来，无疑是一个理由，它说明了儿童在校内的时候，为什么应该做与校外根本不同的事情。学校里的时间很宝贵，似乎不应该用来重复做儿童无论如何肯定要做的事情。在有些社会条件下，这个理由是有力量的。例如，在开拓的时代，校外的作业能提供明确而有价值的理智的和道德的训练。另外，有关这些作业的书籍和其他资料很少，并且难于得到；这些书籍和资料是当时狭隘和原始环境的唯一排遣的工具。无论哪里，只要有这种情况，主张学校活动集中在书籍上就是有一番道理的。可是，在大多数现代的社会里，情况就大不相同了。特别在城市里，青年所从事的工作大多是反教育的。禁止童工是社会的责任，这件事实就是这一点的证明。另外，现在印刷品很便宜，普遍流通，一切求知识的机会又很多，所以旧式的钻研书本的工作远没有过去那么有力量了。

但是，不要忘记，在大多数校外环境里，教育的结果不过是游戏和工作的一个副产物。这种结果是偶然的，不是主要产物。因此，所得到的教育发展多少也是出于偶然的。很多工作都具有现在工业社会的缺点——这种缺点几乎是青年正当发展的致命伤。游戏往往既重复和肯定成人生活环境中的优点，也重复和肯定成人生活环境中的缺点。学校的任务就是设置一个环境，在这种环境里，游戏和工作的进行应能促进青年智力和道德的成长。如果仅仅在学校采用游戏和竞技、手工和劳作，这还不够。一切还看我们怎样运用它们。

二、可用的作业

稍稍看一下学校已经采用的活动的项目，就知道我们手边有一个多么丰富的领域。学校里的手工，有用纸的，有用硬纸板的，有用木料的，有用皮革的，有用布的，有用纱线的，有用黏土和沙的，有用金属的。有时用工具，有时不用工具。采用的制作法，有折叠、切割、穿刺、测量、浇铸、做模型、制作图案、加热、冷却，以及锤、锯、锉等。作业的方式也很多，除了无数种的游戏和竞技以外，还有户外短途旅行、园艺、烹饪、缝纫、印刷、书籍装订、纺织、油漆、绘画、唱歌、演剧、讲故事、阅读、书写等具有社会目的（不是仅仅作为练习，以获得为将来应用的技能）的主动作业。

教育者的问题在于使学生从事这样一些活动：使他们不但获得手工的技能和技艺的效率，在工作中发现即时的满足，以及预备为后来的应用，同时，所有这些效果都应从属于**教育**，即从属于智育的结果和社会化倾向的形成。这个原则表示什么意思呢？首先，这个原则排除某些做法。按照明确的指示和命令进行的活动，或复制现成的模型，不许有所更改，这种作业也许能养成肌肉的灵巧，但是并不要求认识目的和说明目的，换句话说，就是不许人运用判断力选择活动的方法并使方法适应要达到的目的。这种错误不仅见于特别称为手工训练的作业，并且见于很多传统的幼儿园的练习。此外，做错的机会也是一个附带的条件。这并不是因为错误是件好事情，而是因为如果太热心选择不准有发生错误机会的材料和工具，就要限制学生的首创精神，使学生的判断力减至最小限度，并强迫学生使用远离复杂的生活情境的方法，以致学生所学得的能力毫无用处。诚然，儿童往往过分夸大他们做事的能力，选择不是他们力所能及的设计。但是，能力的限制也是一件要学的事情，和别的事情一样，也要通过体验事情的后果才能学到。儿童从事过分复杂的设计，将会胡乱对付，把事情弄糟，不仅造成粗糙的结果（这还是小事），而且学得粗糙的标准（这倒是大事），这种危险是巨大的。但是，如果学生没有在适当的时候意识到自己表现的不足，从而受到激励，去尝试练习以完善自己的能力，这便是教师的过错。同时使学生保持创造的和建设的态度，较之使他从事太细小和规定太严的活动，以求得外表上的完备，更为重要。对一件复杂的工作，在学生的能力范围以内，可以要求某些部分做到准确和精致。

不自觉地猜疑学生本来的经验，因而过分使用外部的控制，不但见于教师的命令，也常见于教师供给学生的材料。学校的实验室和手工工场、福禄培尔式的幼儿园、蒙台梭利式的幼儿之家，都怕把原料供给学生。要求所给学生的材料是经过别人用心弄得完备的材料。学校中的书本学习有这种要求，现在这种要求也见于主动的作业所用的材料。这种经过别人加工过的材料能控制学生的操作，以便避免错误，这是确实的。但是，要想学生运用这种现成的材料，就可以获得造成这种材料原来的智力，那是错误的。只有从粗糙的材料做起，经过有目的的使用，学生才能获得包含在完成了的材料中的智力。在学校实践中，太重视成形的材料，导致过分夸大数学的特性，因为学生运用物质的东西，能从大小、形式和比例的问题以及从此引申出来的关系，使他的智慧得到好处。但是，只有在作业中提出目的，要求学生注意这种数学特性，学生按照目的行动，认识这些特性，才算了解这些特性的意义。学生作业的目的愈合于人性，或者愈与日常经验所要求的目的相近，学生的知识就愈真实。如果学生活动的目的仅限于掌握数学的特性，学生由此获得的知识就不过是技术性的知识而已。

我们说主动的作业首先应该注意全体，这是同一个原则的另一种提法。但是，教育的目的注意整体，而不是物质的事情。从心理方面说，学生能注意整体，依赖于他对作业有兴趣；整体是指性质而言，是说作业的情境具有完整的感染力。如果不顾目前的目的，太偏重于养成有效的技能，在设计练习时，往往就会脱离作业的目的。实验室的工作不过是一些准确的测量工作，目的在于获得有关物理学的基本单位的知识，而不去联系那些使这种单位显得重要的种种问题；或者是一些使学生能熟练使用实验仪器的操作方法。技术的获得与发现和试验的目的毫不相干，而只有通过发现和试验才能使技术具有意义。幼儿园的作业不过是用来让儿童掌握有关立方体、球体等等的知识，并让他们养成使用某种材料的习惯（因为每件事情都是“一点儿不错”地照做），至于缺乏比较切合生活经验的目的，有人以为可通过所用材料的所谓“象征主义”来补偿。至于手工训练，则变成一系列安排好的指定作业，使学生依次掌握一件件工具和关于建筑物的各种要素——例如各种不同的接合——的技术能力。主张这种教法的人辩解说，学生必须知道怎样应用工具，才能对付实际的制作——他们认为学生不能在制作的过程中学习怎样应用工具。裴斯泰洛齐主张主动地运用感官，替代硬记语言文字，这是合理的。但是，在实践中却留下了各种“实物教学”的计划，使学生熟悉所选实物的一切特性。错误是相同的：这些事件都假定必须使学生先知道实物的特性，然后才能明智地应用这种实物。事实上，在正常情况下，在明智地（即有目的地）应用事物的过程中，同时就在运用各种感官了，因为所观察的特性就是完成一项工作所应考虑的因素。看一下一个制作风筝的孩子的态度，他注意到木材的纹理和其他特性，也注意到大小、角度和各部分的比例；再看一下关于一块木材的实物课上的一个学生的态度，这个时候，木材和它的特性的唯一作用不过是用作实物课的教材。这两种态度是完全不同的。

学生作业情境的发展，使他了解其中的作用，对目的来说，就构成一个“整体”。由于不了解这一点，在关于简单和复杂的教学中，常常发现错误的见解。在研究一门学科的人看来，简单的东西是他的目的——无论执行的过程多么复杂，他都要利用材料、工具或技术过程。有了统一的目的和集中注意作业的细节，在活动过程中所应考虑的许多要素也就觉得是简单的事情了。有了统一的目的，对于每个组成部分，就根据它在整个作业中的作用，赋予它一个单一的意义。一个人在做完全部过程以后，组成的特性和关系就是要素，每个要素都有它自己的一定的意义。上面所说的错误的见解，是从专家的角度来看的。在他看来，要素是独立存在的，把要素和有目的的活动分开，授予初学者，以为这就是“简单的”东西。

但是，现在要从积极方面来讲。主动的作业代表要去做的事情，而不是什么研究。除开这个事实以外，主动的作业在教育上所以重要，在于它们可以代表社会的情境。人类基本的共同的事务集中于食、住、衣、家具以及与生产、交换和消费有联系的工具。这些东西代表生活的必需品和装饰品，这种事情接触到本能的深处；它们充满了具有社会性质的事实和原理。

学校的园艺、纺织、木工、金工、烹饪等等活动，就是把上面所说的人类基本事务引用到学校课程中去。如果指责这些活动仅有谋生糊口的价值，那就失去其本来的意义了。倘若广大群众常觉得他们所从事的工业职业不过是因为维持生计而不得不忍受的灾难，这不能归咎于职业，只能归咎于这种职业所处的情况。当代生活中经济因素日益重要，教育更有必要揭示职业的科学内容和它们的社会价值。因为，在学校中进行的作业不是为了金钱的报酬，而是为了作业本身的内容。学校的作业摆脱了外部的联系和工资的压力，能够供给本身具有价值的各种形式的经验；这种作业在性质上真正是具有使人自由的作用的。

例如，园艺的教学并不需要为了培养未来的园林工人，也不是用来作为舒适的消遣办法。园艺的作业为了解农业和园艺在人类历史上和现在社会组织中所占的位置，提供了一个研究的途径。在用教育的方法加以控制的环境中进行园艺的作业，能借此研究有关生长的事实、土壤化学、光线、空气和水分的作用，以及有害的和有益的动物生活等等。在初学植物学时，没有一件事不能和关心种子的生长生动地联系起来。这样的材料不是属于称为植物学的特殊的研究，而是属于生活的，并且和土壤、动物生活以及人与人的关系具有自然的联系。学生长大后，就能不受原来对园艺的直接兴趣的支配，看出为了发现的目的而可以进行研究的各种有兴趣的问题——例如有关植物的萌芽和营养、水果的生产问题，从而过渡到周密的知识性的研究。

以上说明当然也可以应用到别的学校作业上，如木工、烹饪以及本章所列举的其他各种作业。应该指出，在人类历史上，各门科学都是从有用的社会作业逐步发展起来的。例如，物理学就是从应用工具和机械的过程中慢慢发展起来的；物理学的一个重要分支如力学，从它的名字就可以看出它原本就是和机械有关的。杠杆、滑轮、斜面等等，便是人类最早的知识方面的伟大发现。这些发现虽然是在寻找达到实用目的的工具的过程中发生的，但仍然是知识方面的发现。上一代电学方面的巨大发展是和电力在通信、交通、城市和家庭的照明以及更高效的商品生产方面的应用有密切联系的。电学的发展既是电力在各方面的应用的结果，又是它们的原因。而且这些科学上的应用都是社会的目的。如果说这些应用和个人利益观念的联系太密切，这并不是因为科学应用本身有什么问题，而是因为它们被人作为私用。学校应担负责任，在年轻一代的思想上恢复科学的应用与公共的科学的和社会的利益的联系。同样，化学是从染色、漂白、金工等制作法发展起来的。近年来，化学在工业上已有无数新的应用。

现在数学是一门很抽象的科学，但是，几何学本来是指土地测量，实际应用数字来计算，算清物件，以及度量长短，这是最初发明数字的目的，现在这种实际的应用比以前发明数字的时候甚至更加重要。诸如此类的考虑（在任何一门科学史上，这种例子不可胜数），并不是为了重演以往的人类历史，或久留在古代单凭经验阶段的辩护。但是，这些考虑表示利用主动的作业学习科学的机会的可能性，这种可能性今天比过去更大了。无论我们回顾一下人类过去的生活，或是为了将来的生活，这种学习科学的机会在社会方面都是同样巨大的。例如，年青学生学习公民和经济学的最直接的途径，是研究工业方面的职业在社会生活中的地位和作用。即使对于年龄较长的学生，如果他们学习的社会科学更多属于学生参与的社会团体的日常生活的直接材料，更少作为科学（系统地阐述的知识）来研究，那么，这样的社会科学也可以少抽象一些。

作业和科学方法的联系至少与作业和科学材料的关系同样密切。科学进步迟缓的时代就是有学问的人轻视日常生活的材料和制作法的时代，特别是那些有关手工作业的材料和制作法。因此，他们极力用逻辑推理，从一般原则——差不多是从他们头脑里——发展知识。说学问应该从对物质的东西所起的作用和利用物质的东西有所行动而来，如把酸液滴在石块上，察看会发生什么现象，这和说学问应该用穿着蜡线的锥子刺穿皮革得来，似乎同样可笑。但是，实验方法的兴起已经证明，如果条件得到控制，后一种操作方法比孤立的逻辑推理更能代表求知的正当途径。实验方法发展于 17 世纪和以后的几个世纪，当时人们的兴趣集中在控制自然以供人类利用的问题上，所以实验方法就成为大家认可的求知方法。主动的作业，应用工具对付物质的东西，借此造成有用的变化，这就是实验方法最重要的入门。

三、工作与游戏

主动作业这个名词，既包括工作，又包括游戏。从它们内在的意义来看，游戏和勤奋并不像通常假定的那样是相互对立的，两者之间任何尖锐的对立乃是由于不良的社会条件。两者都有意识地抱着一定的目的，并对材料和过程的选择和适应进行设计，以实现所期望的目的。两者的区别主要是时间跨度的区别。这种区别影响目的和手段之间的联结的直接程度。在游戏中，兴趣比较直接，这个事实常常用这样的话来表示，就是在游戏中，活动就是它自己的目的，而不在于它具有将来的结果。这句话是正确的，但是，如果假定把它理解为游戏活动是短暂的，没有向前看的成分，也没有作业的因素，这样的理解就是错误的。例如，打猎是成人游戏最普遍的形式之一，但是，也要对将来的结果有先见之明，同时要根据他所守候的禽兽指导他当前的活动，这些都是很明显的。所谓活动就是它自己的目的，如果指的是**顷刻**的行动本身是完备的，那么，这种活动纯粹是身体的活动，并没有什么意义（参见第 67 页）。做这种活动的人要么是十分有目的地或纯粹模仿地进行一系列活动，要么就是处于一种紧张状态，使他们精疲力竭。有些幼儿园的运动游戏，游戏的观念具有高度的象征性，只有成人才懂得象征意义，这种游戏就会产生这两种结果。除非参加游戏的儿童对游戏有他们自己很不相同的看法，否则，他们的行动不是好像被催眠的人一样乱动，就是只对直接的兴奋作用做出反应。

上面一番话的意思是说，游戏有一个目的，这个目的就是一个起指导作用的观念，它使一个人的继续的行动有意义。做游戏的人们并非仅仅做一件什么事（纯粹身体的活动）；他们正在去试做一件什么事情，或者要取得一个什么结果，这种态度包含激发他们目前对未来结果的预测。但是，所期待的结果不过是原来的行动，而不是在事物中产生特殊的变化。所以，游戏是自由的，是具有可塑性的。如果要得到某种确定的外部结果，就得坚持目的；所期望的结果愈复杂，愈要坚持目的，并且需要有相当长的中间系列适应行为。如果所想要的是另一种活动，那就不必看得很远，以便易于经常改变活动。如果儿童在制作一个玩具小船，他必须坚持这个目的，并且用这个思想指导他的一系列活动。如果儿童只是玩船的游戏，那么他可以随意改变当作船的材料，随着幻想的暗示，引进新的因素。想象可以把它当作椅子、木块、树叶、木片，如果这些东西能使活动向前推进的话。

但是，从儿童早期开始，就没有全部游戏活动时期和全部工作活动时期的区别，而只有着重点的不同。即使很幼小的儿童，他们也期望一定的结果，而且尝试要达到这个结果。他们对参与成人的作业有浓厚的兴趣，单就这一点来说，就能达到这个目的。儿童要“帮助”别人；他们渴望从事能产生外部变化的成人的各种事务，例如在桌上摆放餐具准备开饭，洗涤杯盘，帮助看护动物，等等。在他们的游戏中，他们喜欢制作自己的玩具和工具。随着儿童逐渐成长，他们对于没有实际可见的成就和结果的活动，会失去兴趣。于是游戏变成开玩笑，如果习惯性地沉迷于这种游戏，就成为道德败坏的事情。要使人们感到他们自己有多大的力量，必须有可以观察到的结果。当假装被公认是假装时，仅仅幻想虚拟的事物不能激起热烈的行动。我们只要观察真正在做游戏的儿童的面部表情，就可以注意到，他们的态度是认真的、聚精会神的；当事物不再能提供适当的刺激时，这种态度就不能维持。

如果能预见到相当遥远而具有一定特性的结果，并且做出持久的努力达到这种结果，游戏就变成了工作。像游戏一样，工作是一种有目的的活动，它和游戏的区别不在于这种活动从属于一个外部的结果，而在于结果的观念引起较长过程的活动。在工作中，更加要求继续不断的注意，在选择和计划工作手段时，必须表现更多的智慧。要引申这方面的讨论，将会重复在目的、兴趣和思维等标题下所讲过的话。但是，研究一下为什么有许多人认为在工作中活动从属于一个较远的物质结果，这是适切的。

活动从属于物质结果的极端形式，即苦工，给我们提供一个线索。在外部压力或强制的情况下进行的活动，这种活动并不带有任何意义。活动的过程本身并不令人感到满意；它只是避免某种惩罚，或者结束时获得某种报酬的一种手段。忍受一种本身令人厌恶的事情，这是为了防止某种更加令人厌恶的事情，或者获得被别人扣住的好处。在不自由的经济条件下，这种事态是必定存在的。工作或勤奋很少能吸引情感和想象；它或多或少是一系列机械的、极度紧张的活动。只有为了完成工作，才控制着一个人使他继续工作。但是，目的应该内在于活动之中；它应该是活动的目的，是活动本身过程的一部分。这样，这个目的就激发人们努力工作，这和由于想到与活动毫无关系的结果而引起的努力很不相同。前面讲过，学校中没有经济的压力，这就提供一个机会，在为作业而进行作业的条件下，重演成年生活的工业情境。如果在某些作业中承认金钱奖赏也是活动的一个结果，虽说不是活动的主要动机，这件事实也很可能增加作业的意义。

凡是所做的事情近于苦工，或者需要完成外部强加的工作任务的地方，游戏的要求就存在，只是这种要求往往被歪曲。通常的活动进程不能给情感和想象适当的刺激。所以在闲暇的时候，人们不择手段地迫切寻求刺激，不惜求助于赌博、酗酒等。或者，在不怎么极端的情况下，求助于无所事事，寻欢作乐，消磨时间，但求即时的惬意。休闲活动，按英文原义是恢复精力的意思。人类天性没有比恢复精力更迫切的要求，或者说没有比这更少要避免的。有人认为这种需要能够加以抑制，这是绝对错误的。清教徒的传统不承认这种需要，结果造成大量的恶果。如果教育并不提供健康的休闲活动的能力，那么被抑制的本能就要寻找各种不正当的出路，有时是公开的，有时局限于沉迷于想象。教育没有比适当提供休闲活动的享受更加严肃的责任；还不仅是为了眼前的健康，更重要的，如果可能，是为了对心灵习惯的永久的影响。艺术就是对这个需求的回答。

提　　要

在上一章里我们已经知道，最初的认识材料包含学习怎样去做一种相当直接的事情。这个原则在教育上就是要坚持利用青年的能力和代表社会活动的一般模式的简单作业。在为活动而进行活动的过程中，获得技能和有关材料、工具和能量规律的知识。这些活动在社会方面具有代表性，这就使获得的技能和知识能迁移到各种校外的情境中。

游戏和工作在心理学上的区别，不能和经济上的区别混为一谈，这一点很重要。从心理学上看，游戏的规定性特征不是消遣，也不是无目的的。在游戏中，目的在于进行更多同类的活动，而不是按所产生的结果规定活动的继续。当活动变得更为复杂时，由于较多地注意所取得的特殊结果，活动的意义就会增加。因此活动逐渐变成工作。人为的经济条件使游戏成为富者无益的兴奋，使工作成为贫者不合意的劳动，离开这些人为的经济条件，游戏和工作都是同样自由的，都能从本身引起动机。从心理学上看，工作不过是一种活动，有意识地把顾到后果作为活动的一部分；当后果在活动以外，作为一种目的，活动只是达到目的的手段时，工作就变成强迫劳动。工作始终渗透着游戏态度，这种工作就是一种艺术——虽然习惯上不是这样称法，在性质上确实是艺术。

第十六章 地理和历史的重要性

一、基本活动的意义的扩充

同是一个活动，有的仅仅是身体的活动，有的具有丰富的意义，这两方面的差异是很大的。从外部来看，一个天文学家通过望远镜凝视天空，一个男孩通过同样的望远镜凝视远方，两者没有什么区别。在这两种情况下，都有玻璃和金属、眼睛和远方的一小点光。但是，在一个关键的时刻，天文学家的活动可能关系到一个世界的诞生，我们所了解的有关太空的一切，都成了它的重要内容。从物质方面说，人从原始状态进化到现在，对地球所产生的影响不过是在地球表面留下一个痕迹，从远处不能看见，而这一段距离和太阳系所能及的范围比较，又是很微小的。但是，在意义上，我们的成就却可以度量文明和野蛮的区别。虽然从物质方面来看，这些活动有一些变化，但是这种变化和活动的意义的发展比较起来，又是很微小的。一个行动可能具有的意义是无限的，这全都取决于行动所处的各种联系有多少能被认识到；在领会这些联系方面，想象力能及的空间是无穷无尽的。

人的活动在获得和发现各种意义方面所具有的长处，使他的教育不像工具的制造或动物的训练。制造工具和训练动物能提高效果，但是，它们并不发展意义。前一章所考虑的游戏和工作方面的种种作业，它们最终在教育上的重要性，在于它们为意义的扩充提供最直接的工具。在适当的条件下，这种作业成为磁铁，能聚集和维系无限广阔的理智思考。如果知识仅仅作为知识被成块地供应，保存起来，这种知识往往和充满活动的经验分离开来。如果知识成为活动的一个因素，为知识本身而追求知识，不管是作为手段，还是扩大目的的内容，这种知识都有启迪人的作用。这样，直接获得的领悟和听来的知识熔于一炉。于是，个人的经验能吸收个人所在群体的经验的结晶，并使这些经验不断发展，包括长时期以来所受苦难和考验的结果。这样得来的知识没有固定的饱和点，能够进一步吸收新的知识。吸收的知识越多，进一步吸收知识的能量就越大。新的好奇心带来新的接受能力，获得的知识产生新的好奇心，循环往复以至无穷。

各种活动所包含的意义都关系到自然界和人类。这句话是一个明显的真理，但是把它转用到教育方面，意味着地理和历史为狭隘的个人行动或单纯的专门技能提供材料，使这些行动和技能有了历史的背景、宽阔的视野和理智的观点。随着我们把自己的行动在时间和空间上联系起来的能力的增强，我们的行动获得了有意义的内容。我们发现我们所居住的空间方面的景象和我们所继承、延续的时间方面的努力的继续不断的表现，我们认识到，我们并不是平庸的城市公民。因此，我们的日常经验不再是瞬间的事情，它获得了持久的实质。

当然，如果地理和历史作为现成的学科来教，一个人仅仅因为他上学才学习这些学科，那就很容易发生这样的情况，即他所学习的东西，不过是大量远离日常经验以及和日常经验无关的事情。他的活动被分割了，建立起两个互相分离的世界，他的活动出现在分割开来的各个时期。没有发生什么演变；日常经验也没有因得到各方面的联系而扩大它的意义；所学习的东西和他目前的活动没有关系，没有生气，也不真实。原来的日常经验虽然范围狭隘，却是有活力的。现在，日常经验失却了流动性和对暗示的敏感性。它被没有被吸收的知识的沉重负担所压倒，并被推到一个角落。它失去了它的灵活的敏感性，不再渴求增加的意义；离开生活的直接兴趣，仅仅堆积知识，使脑子笨拙，灵活性消失了。

通常，每个为了活动本身而进行的活动总要向外伸展，超出它自身的范围。它并不被动地等待人们给予知识，增加它的意义，它主动去寻找这种知识。好奇心并不是一种偶然的、孤立的东西；经验是不断前进、不断变化的东西，与其他事物有着各种各样的联系。好奇心便是这一事实的必然结果。好奇心不过是一种使我们能发觉这些联系的趋势。教师的任务就在于提供一个环境，使向外伸展的经验可以得到有效的报偿并保持继续活动。在一定的环境里面，一个活动可能受到阻止，以致所产生的唯一意义乃是活动的直接的和有形的孤立结果。我们可以从事烹调、锤击或步行等活动；造成的结果可能只是烹调、锤击和步行的表面的或有形的结果，也许没有使心智有所发展。但是，这种动作的结果还是有深远的影响的。譬如步行，就涉及有反抗作用的地面的移位和反作用，只要碰到东西，我们就感觉到地面的颤动。步行还涉及四肢和神经系统的结构，以及力学的原理。烹调就是利用热和水汽改变食物材料的化学关系，它与食物的消化和身体的成长有关。最有名望的科学家在物理、化学和生理学方面所能了解的东西不是认识所有这些结果和联系。我再说一遍，教育的任务就是要注意在完成这些活动的时候所采取的方式和活动的条件，使儿童尽可能认识这些联系。“学习地理”，就是要认识一个普通动作的空间的、**自然的**联系的能力；“学习历史”主要是获得认识动作和人的联系的能力。因为，所谓地理，作为一门学科，不过是在别人的经验中所发现的有关我们居住的自然界的一批事实和原理，把这些原理联系起来，我们生活中的许多动作就可以得到解释。同样，历史作为一门学科，只是与我们的生活密切相连的社会群体的种种活动和疾苦的一批已知的事实，参考这些事实，我们自己的风俗和制度就可以得到说明。

二、历史和地理的互补性

历史和地理——后者包括自然研究，理由以后再说——是学校中典型的知识学科。考察一下这两门学科的材料和利用这些材料的方法，可以知道，这种知识有的深入到活生生的经验，有的单纯孤立地积累，其区别全看这些学科是否忠实于人和自然的相互依赖关系，而这些学科所以有理由被设置，就在于它们能阐明人和自然的相互依赖关系。但是，如果仅仅因为有人习惯地在学校教这些学科，学这些学科，就认为这是适合的教育材料，那就是最大的危险。哲学上有一个理由，认为这种材料对经验的有价值的改造有作用，这种理由被看作空想，或者为支持一件已做过的事情提供高调辞藻。“历史”和“地理”这两个名称仅仅表明它们是学校传统所认可的材料。这种材料卷帙浩大，种类繁多，使人不敢去看一下这种材料究竟代表什么，以及如何进行教学，以便使这种材料在学生经验中能完成它的使命。但是，除非教育上要有一个统一的和社会的方向这一思想只是可笑的托词，否则，课程中历史和地理学科就必须代表在发展真正的社会化和理智化的经验中的一般功能。发现这个功能，必须用作尝试和筛选所教材料和所用方法的一个准则。

历史和地理教材的功能前面已经讲过了。这就是通过对比较直接的和个人的生活的接触，提供前后的联系、背景和观点，来丰富和解放这种生活的接触。虽然地理强调物质的方面，历史强调社会的方面，但这些都只是在一个共同的课题即人类的联合生活的两个方面有所偏重。因为，这种联合生活连同它的实验、它的方法和手段、它的成功和失败，都不是在天空进行的，也不是在真空中进行的。它是在地球上发生的。这种自然环境和社会活动的关系，并不像舞台布景和戏剧表演的关系；因为自然环境深入到构成历史的社会事业的结构中去，成为它们的部分。自然是社会事变的媒介；它提供原始的刺激，也提供障碍和资源。文明就是逐渐地控制自然的各种能量。历史强调人的因素，地理强调自然的因素。如果忽视历史研究和地理研究之间的相互依赖关系，那么历史就流于罗列历史年代，附加历史事件目录，标明“重要”字样，或者变成文字上的幻想——因为在纯粹文字上的历史中，自然环境只是舞台场景而已。

当然，地理具有教育的影响，因为地理体现了自然界的事实和社会的事件及其后果之间的联系。地理的经典性定义是作为人类老家的地球的纪事，这个定义表明教育的实际。但是，下这个定义比较容易，而要把特别的地理教材和人类的重要联系表达出来，就没有这样容易。人的住处、事业、成功和失败，正是这些东西说明教材为什么要包含地理资料。但是，要把两者结合起来，需要有知识的和经过培养的想象。当两方面的纽带中断的时候，地理便成为不相关联的、支离破碎的大杂烩。看起来好像一堆知识垃圾：这里是一座山的高度，那里是一条河的航道，这个市镇所生产木瓦的数量，那个城市的船舶吨位，一个县的疆界，一个国家的首都。

地球作为人类的家乡有人性化的作用，具有一元化的特点；如果把地球看作一堆杂乱无章的事实，就要起分散的作用，缺乏有生气的想象力。地理本来是能唤起人的想象力，甚至唤起浪漫主义的想象力的话题。地理分享着冒险、旅行和探险，分享着所有的奇迹和荣誉。各国人民和各种环境的变化多样，与人们熟悉的情景形成对比，提供了无限的刺激。我们的心智能脱离习惯的单调气氛。虽然乡土地理是自然环境改造发展的自然地点，它也是向未知前进的理智的出发点，不能把地理自身视为终点。如果乡土地理不被看作了解本乡以外的广阔世界的基础，学习乡土地理就变成死气沉沉的了，就像单纯概括一下习见事物特性的直观教学一样，理由是相同的。教师并没有培养学生的想象力，而是抑制他们的想象力，不过是把已知的东西重复叙述、编成目录和加以提炼罢了。但是，当标志农村业主的地界的习见的篱笆，成为解各国国界的记号时，即使篱笆也有深刻的意义了。阳光，空气，流水，地球表面的不平坦，各种各样的工业，地方官吏和他们的职责，所有这些东西都能在本地环境中找到。如果认为这些东西的意义始终局限在它们的范围以内，那么它们就不过是要求学生苦苦地学会的一些稀奇古怪的事实。如果把它们看作扩充经验的界限的工具，本来是奇怪和未知的各国人民和事物，被带进经验的范围以内，那么，它们就因用法的不同，变成不同的东西了。日光，风，溪流，商业，政治关系，它们从远处来，把思想引向远处去。追踪它们前进的路程，就是扩充心智。而这种扩充的方法，不是通过用附加的知识去充塞头脑，而是通过对从前视为当然的东西的意义进行改造。

地理研究有许多分支或方面，它们往往变得专门化，各自分开。数学地理或天文地理、自然地理、地形地理、政治地理、商业地理，就是地理学的各个分支。上面所说的原理，可以把地理研究的各个分支协调起来。怎样使它们协调？用外部的妥协办法，把每个分支的内容都挤进若干分量吗？除了经常牢记教育的重心在于各门学科的文化的或人文的方面，我们找不到其他的方法。从这个中心出发，任何材料，只要需要用它来帮助我们认识人类的活动和人类的关系，就是适合的材料。寒带文化和热带文明的差异，温带人民有关工业和政治方面的各种专门的发明，只有把地球看作太阳系的一分子，才能了解这些。经济活动，一方面深刻地影响社会的交往和政治的组织，另一方面又反映自然的条件。这些题目的专门化研究是专家的事；它们之间的相互作用则关系到每个人，人的经验是社会性的。

把自然研究包括在地理之内，无疑是勉强的，从字面上看是这样。但是，在教育观念中，只有一个现实，可惜在实践中我们却有两个名称。名称的多样性往往把意义的同一性隐藏起来。“自然”和“地球”应该是等同的名词，所以“地球研究”和“自然研究”也应该是等同的名词。大家都知道，学校中的自然研究由于论述大量孤立的课题，在教材方面向来存在拼凑的问题。例如，撇开作为一个器官的花去研究花的各部分，撇开植物去研究花，撇开植物赖以生长的土壤、空气和阳光去研究植物。结果要学生注意的题目不可避免地呆板无趣，这些题目又各自孤立，不能培养学生的想象力。教材毫无趣味，所以有人认真地提出要复活泛灵论，用神话来装饰自然界的事实和事件，以便吸引和保持学生的注意。在无数的情况下，人们或多或少愚蠢地求助于拟人化。这种方法是愚蠢的，但是它却表达了对人类气氛的真实需要。许多事实脱离了它们的背景，被撕得支离破碎。它们不再属于地球，它们在任何地方都没有一个永久的地位。作为补偿，人们不得不求助于人为的和情感的联想。而真正的补救方法在于使自然研究真正成为自然的研究，而不是研究许多没有意义的片段，因为它们完全脱离了它们产生和活动的情境。如果把自然作为一个整体来研究，好比从地球的种种关系来研究地球，那么，自然界的种种现象就和人类生活发生自然的同情和联想的关系，这样，人为的替代物就不需要了。

三、历史和当前的社会生活

扼杀历史的活力的隔离现象，就是把历史与当前社会生活的各种方式和事务分离开来。过去的事情让它过去，不再是我们的事情了。如果过去的事情全都过去，一切完了，那么，对待过去只有一个合理的态度。让死亡埋葬它们的死者吧。但是，关于过去的知识是了解现在的钥匙。历史叙述过去，但是这个过去乃是现在的历史。美洲的发现、探险和殖民地化，美国西部的开拓运动，以及移民等等这些问题的有理解的研究，应该就是对今天美国的研究，对今天我们居住的国家的研究。在事物形成的过程中去研究它，可以使很多太复杂而不能直接理解的东西被人们所理解。发生法也许是19世纪后半叶的主要科学成果。发生法的原理是，洞察任何复杂的成果的方法是追溯成果制作的过程——追踪成果发展的连续各阶段。如果认为把这个方法应用于历史不过是一句不言而喻的话，指当前的社会情况不能和它的过去隔离开来，这种认识就是片面的。它同样意味着过去的事件不能和活生生的现在隔离而保存其意义。历史的真正起点总是某种现在的情境和它的问题。

这个一般的原理可以简括地用来考虑它和几个问题的关系。传记的方法，一般认为是历史研究的自然方式。伟人的生平，英雄和领袖的生平，使本来抽象和不能理解的历史情节具体而又生动。它们把一系列复杂和紊乱的事件，压缩成许多生动的图景，这些事件散布在广阔的空间和漫长的时间里，只有受过高度训练的人才能追踪和解释它们。这个原理的心理学上的正确性是无可怀疑的。但是，如果用这个原理把少数人的事业夸大突出，不顾它们所代表的社会情境，那就是误用这个原理。如果一部传记只记载一个人的事业，和唤起他的环境隔离开来，而他的种种活动不过是对环境的反应，那我们就没有历史的研究，因为我们不研究社会生活，社会生活乃是联合起来的个人的事务。我们只是得到一种糖衣，使得我们比较容易吞服某种片断的知识。

近来有许多人已注意把原始生活作为学习历史的开端。关于原始生活的价值，也有正确的和错误的两种想法。现今状况的似乎现成的性质和它们的复杂性，以及它们在表面上的严格的性质，这对领会它们的性质是一个无法逾越的障碍。求助于原始生活，可能以非常简化的形式提供现在情境的基本要素。这就好像有一块图案非常复杂的布放在眼前，人们不能理解它的图案，直到这块布的较大较粗的线条的特征出现时才能认出来。我们不能通过审慎的实验简化目前的情境，但是求助于原始生活却给我们应该从实验中希望得到的结果。社会的关系和有组织的行动的模式，都用最简单的词语来表达。但是，如果忽视这个社会目的，研究原始生活简直就变成排演野蛮人的感情的和令人兴奋的特征。

远古的历史使人联想到工业的历史。因为追溯比较原始的情况，以便把现在分解成比较容易理解的种种因素，主要理由之一，便是我们可以认识衣、食、住和保卫等基本问题是怎样解决的；通过了解人类在远古时代是怎样解决这些问题的，我们对人类必须走过的漫长道路，以及人类文明所接连涌现出的种种发明有一定的认识。我们无须对历史的经济观进行争论就可以认识到，人类的工业史使我们了解社会生活的两个重要方面，这是历史的其他方面所不能做到的。工业史使我们获得接连涌现的发明的知识，通过这些发明，理论科学被用来控制自然，有利于社会生活的安定与繁荣。因此，工业史揭示了社会进步的前后相接的原因。工业史的另一个贡献，是使我们了解人类共同关心的东西，即与谋生相联系的种种职业和价值观念。经济史研究普通人的活动、职业和财产，历史的其他分支都不研究这些问题。有一件事是每个人必须做的，这就是生活；有一件事是社会必须做的，这就是要求每个人对社会的共同福利做出相当的贡献，并使每个人得到公平的报酬。

经济史更有人性，更加民主化，因此比政治史更有使人自由的力量。它研究的不是主权和权力的兴衰，而是研究普通人通过主宰自然发展有效的自由。而权力和主权正是为普通人而存在的。

工业史也比政治史对认识人类的斗争、成功和失败与自然的密切联系提供更为直接的研究途径——至于军事史就更不必说了，政治史简化到青年理解的水平，容易成为军事史。因为工业史主要叙述人类怎样学会利用自然力，它从人类大多数利用别人的体力的时候起，到自然的资源为人所主宰，使人类扩大对自然的共同统治的时候止。如果说这还不是事实，至少也是一种欲望。如果历史不讲劳动的历史，不讲利用土壤、森林、矿藏的情况，不讲驯养动物和种植谷物，不讲制造和分配，那么历史就变成纸上空谈，不过是不生活在地球上的神秘的人类的系统化的浪漫史。

普通教育中最被忽视的历史分支也许是知识发展的历史。我们仅仅开始认识到使人类命运进步的伟大英雄不是政治家、将军和外交官，而是科学的发现者和发明家，他们给人以不断扩充和受控制的经验的工具；是艺术家和诗人，他们用绘画、雕塑和文字歌颂人类的斗争、胜利和征服，使别人普遍能理解它们的意义。工业史作为人类把自然力逐步用于社会的历史，它的优点之一就是有利于研究知识的方法和结果的进步。现在人们习惯于一般地颂扬智力和理智，强调它们的重要性。但是，学校里的学生常常是用传统的方法学习历史，他们或者认为人类智慧的量是静止的，没有因为发明更好的方法而有所进步，或者认为，智力除了显示个人精明外，不过是一个微不足道的历史因素。要真正了解心智在生活中所起的作用，最好的方法是学习历史，因为历史说明人类从野蛮到文明的整个进步是怎样依靠知识的发现和发明的，通常在历史著作中出现最多的东西在多大程度上是一些枝节的问题，或者是要用智力去克服的阻碍。

用这样的方式研究历史，历史在教学上自然具有伦理价值。一种品格，如果它的道德性不只是无特色的天真，它就必须对现今社会生活的各种方式具有真知灼见。历史的知识有助于提供这种灼见。它是分析现今社会结构的经纬的工具，是使人了解编织图案的各种力量的工具。利用历史培养社会化的智力，构成了历史的道德意义。可以把历史作为轶事的蓄积，为这个道德行为或那个不道德行为灌输特殊的道德教训。但是，这种教学与其说是历史在伦理上的运用，不如说是努力利用多少有些可靠的材料创造道德的印象。最好的情况是产生一种暂时的情感兴奋，最坏的情况是产生对道德说教的冷漠无情。历史对个人所处的现今社会情境更为明智的同情了解所能给予的帮助，是一笔永久的和建设性的道德财富。

提　要

经验有一种性质，它具有远远超出最初所被注意到的含义。认识这些联系或含义，可以增加经验的意义。任何经验，不管初看起来多么平凡，通过扩充它所被看到的联系的范围，就能表现出无限丰富的意义。和别人正常交往是实现这种发展的最快的方法，因为它使群体甚至种族的经验的最后结果和个人的直接经验联系起来。所谓正常交往，就是在交往中有一种联合的兴趣，有一种共同的兴趣，所以，一方急于授予，另一方也急于领受。这种方法和下面的方法形成对比，就是把事物告诉别人，或说明事物，仅仅是为了使别人有深刻的印象，仅仅为了测验他，看他已经记住了多少，能用文字重述多少。

地理和历史是扩大个人直接经验的意义的两大学校资源。前一章所叙述的主动作业，在自然和人两方面，在空间和时间上向外伸展。除非为了外部的原因或仅仅作为技能的模式教这些主动作业，它们的主要教育价值将在于它们为进入历史和地理所讲的广大意义世界提供最直接和最有趣味的道路。虽然历史阐明人类的关系，地理阐明自然的联系，但是，这两门学科是同一活生生的整体的两个方面，因为人类的联合生活是在自然界进行的，自然界并不是一个偶然的背景，而是发展的材料和媒介。

第十七章　课程中的科学

一、逻辑的方法和心理学的方法

我们审慎地运用观察、回想和试验的方法，以获得稳定的和确定的材料。运用以上方法所得的知识便是科学。科学要求明智地、持久地努力修正流行的许多信念，清除其中的谬误，增加信念的准确性，首先要使信念的形式能尽量表现各种事实的相互依赖关系。科学像一切知识一样，乃是给环境带来某些变化的活动的结果。但是，对科学来说，所获得的知识的质量乃是活动的起支配作用的因素，而不是活动的偶然结果。从逻辑方面和教育方面来看，科学乃是认识的完善过程，是认识的最后阶段。

总之，科学就是实现任何知识的逻辑的含义。逻辑顺序不是强加于已知的事物的一种形式，它是完善的知识的正当形式。因为逻辑顺序表明叙述的材料具有一种性质，使了解材料的人明白它的前提和它所指的结论（参见第 212 页）。正如一位有能力的动物学家能从几根骨头中重新构成一个动物一样，一位数学家或物理学家能从数学或物理学中的一段叙述中构成整个真理的体系。

但是，对一个不是专家的人来说，这种完备的形式乃是一块绊脚石。正因为材料的叙述把促进知识本身作为目的，知识和日常生活的材料的联系才是隐蔽的。对外行来说，几根骨头仅仅是珍品而已。在他掌握动物学的原理以前，他想用骨头制造什么东西的努力全是偶然的、盲目的。从学习者的观点来看，科学的形式是要达到一个理想，而不是出发的起点。但是，在学校的教学实践中，常常从经过简化的科学入门开始。必然的后果是把科学和有意义的经验隔离开来。学生学习一些符号，但没有掌握了解它们意义的钥匙。他获得专门的知识，而没有追溯它与他所熟悉的事物和操作的联系的能力，他往往只是获得一些特别的词汇。

有一种强烈的诱惑，认为把形式完善的教材教给学生就是学习的康庄大道。认为学生从有能力的研究工作者研究的成果开始，可以节省时间和精力，避免产生不必要的错误。还有什么比这种假设更自然呢？其结果在教育史上大书特书。学生从教科书开始学习科学，这种教科书按照专家研究的顺序，把教材组织成一个个题目，从一开始就介绍专门的概念和它们的定义。在很早的阶段，就引进许多规律，至多稍微讲一下得到规律的方法。学生学习所谓的“科学”，而不是学习处理日常经验中熟悉的材料的科学方法。研究生的学习方法主宰着大学教学，大学的方法又转移到中学，这样一直往下移用到小学，同时删去一些内容，会使教材更容易一些。

年代学的方法从学生的经验开始，从经验发展正当的科学处理的方式，常常称作“心理学的”方法，以别于专家的逻辑方法。表面上失去的时间，可以从所获得的深刻的理解和生动的兴趣中补偿损失，而且绰绰有余。学生所学习的知识，至少他是理解的。此外，联系从日常熟悉的材料中选择的问题，沿用科学家取得完善知识的方法，他获得处理在他能力范围内的材料的独立工作的能力，避免学习只有象征意义的材料所带来的心理上的混乱和理智上的乏味。既然大部分学生决不会成为科学专家，他们对科学方法的意义的了解，应该比远距离第二手地抄录科学家所取得的结果更加重要。学生所学习的内容也许不会那么多，但是就他们所学的东西来说，他们是确信的、理解的。可以有把握地说，那些将成为科学家的少数人采用这种方法，比淹没在大量纯技术的和象征性的知识中的人，可以得到更好的准备。事实上，那些成为成功的科学家的人，正是通过他们自己的力量，避免了传统的学究式的学习科学的方法的缺陷的人。

在一两个世代以前，有不少人在极不利的条件下，努力为科学在教育上获得一席之地而奋斗，他们的期望和一般达到的结果相比，是令人痛心的。斯宾塞研究了什么知识最有价值，结论说，从一切观点来看，科学知识是最有价值的。但是，他的论点无意识地假定科学知识可以用现成的形式传授给别人。他的论据不注意我们日常活动的材料转变成科学形式的种种方法，也就忽略了科学唯一赖以成为科学的方法。学校里的教法常常按类似的计划进行。但是，用专门的、正确的科学形式叙述的材料，并没有什么魔术附在材料上。这样的材料学习起来仍然是一些没有活力的知识。此外，这种材料的叙述形式比文学上的叙述形式更加远离日常生活的有效联系。但是，不能因此就说有关科学的教学的主张不合理，这种主张不能遵循。因为这样教的材料对学生来说，并不是科学。

虽然根据演绎的方法编辑的教科书有了很大的改进，但是，跟事物和实验室练习接触，本身并不足以应付需要。虽然事物和实验室练习是科学方法的不可缺少的部分，但是，它们并不理所当然地构成科学方法。自然界的材料可以用科学仪器进行处理，但是，这些材料本身以及处理的方法，可以与校外所用的材料和制作方法分离开来。所对付的问题仅仅是科学上的问题，即对一门科学已经入门的人所发生的问题。我们的注意力也许用在获得技术处理方面的技能上，而没有顾及实验室练习与属于教材的问题的联系。有时实验室里的教学徒有一种仪式，和异教的仪式一样。①

我们曾经偶然说过，科学的叙述或逻辑的形式包含符号的使用。当然，这句话适用于所有语言的运用。但是，在母语中，我们看了符号，就能直接了解符号所表示的事物。我们对熟悉材料的联想非常密切，所以，看到符号就联想到它所表示的事物。这种符号不过是用来代表事物和动作的。但是，科学上的术语还有一个用处。我们知道，科学术语并不代表经验中的直接应用的事物，而只代表认知系统中的事物。当然，科学术语最终表示我们常识所了解的事物。但是，它们并不在通常的背景中直接代表这些事物，而是已经转化为科学研究的术语。原子，分子，化学的公式，物理研究中的数学命题，所有这些首先具有知识的价值，但只是间接地有经验的价值。它们代表进行科学研究的工具。和别的工具一样，它们的意义只能通过应用来学习。我们不能看了事物就能了解它们的意义，只能通过它们的工作，把它们作为求得知识的方法的一部分，才能了解它们的意义。

甚至几何学中的圆形、正方形等，也和我们所熟悉的圆形和正方形不同。一个人学习数学愈深，和日常生活中的事物的距离愈远。和研究空间关系的知识无关的特性被略去了，研究空间关系这个目的所需要的特性受到重视。如果再深入研究下去，他会发现甚至对空间知识有意义的特性，也会让位给有利

① 在积极的方面，可以提一下在花园、车间等场所工作中所发生的问题的价值（参见第 218 页）。实验室可以作为附加的资源，为更好地研究这些问题提供条件和工具。

于其他事物的知识——也许是一般数的关系的知识的特性。他所学的概念方面的定义，甚至不能暗示空间的形式、大小或方向。这并不是说它们是一些不真实的凭空捏造，但是它表明直接的物理特性已转变为达到特殊目的即知识组织的目的的工具。每架机器，所用的材料的原来状况已经改变，使之合于某个目的的应用。重要的事情不在于原来形式的材料，而在于材料适应于一个目的。一个能够数出构成机器结构的所有材料的人，并不一定有这个机器的知识。只有知道这些材料的用处，并且能说明为什么这样使用材料的人，才有关于这个机器的知识。同样，一个人必须懂得数学概念发生作用的那些问题和数学概念在研究这些问题中的特殊用处，才能说是有数学概念知识的人。如果仅仅“懂得”数学上的定义、法则、公式等等，就像懂得一个机器的各部分的名称而不懂得它们有什么用处一样。在这两个例子中，意义或知识的内容，就是懂得一个要素在整个系统中的作用。

二、科学和社会进步

从事具有社会兴趣的作业可以获得直接的知识。假定这种直接知识的发展成为完善的逻辑形式，就产生了一个问题，就是这种已成逻辑形式的知识，在经验中占有什么位置。一般地说，对这个问题的回答是，科学标志着人的思想从致力于因袭习惯的目的中解放出来，有系统地追求新的目的。科学是行动中的进步力量。所谓进步，有时被认为更加接近追求中的目的。但是，这是一种小的进步形式，因为，这种进步只要求改进行动的手段或技术的进步。比较重要的进步模式，在于丰富先前的目的和构成新的目的。人的欲望并不是一个固定的数量，进步也不只是增加满足的分量。随着文化的增进和控制自然的能力的加强，产生了新的欲望，要求提高满足的质量，因为人的智慧看出许多新的行动方面的可能性。这些新的可能性导致人们寻找新的实际手段，进步便随之发生。同时，因为发现了从前没有使用过的事物，由此也暗示了新的目的。

科学是完善对行动手段的控制的主要工具，随着人类智力主宰自然奥秘而来的大量发明已经证明了这一点。历史上号称工业革命的生产和分配的惊人改造，乃是实验科学的成果。铁路、轮船、电动机、电话、电报、汽车、飞机和飞船，是科学应用于生活的明显证据。但是，没有成千上万不那么惊人的发明，以上发明便没有一件是非常重要的。正是通过这成千上万的发明，自然科学对我们的日常生活才做出了贡献。

必须承认，我们已经取得的进步在相当程度上只是技术上的进步：它为满足先已存在的欲望提供了比较有效的手段，但并没有改变人类目的的质量。例如，还没有一种近代文明能在各方面和希腊文化媲美。科学还是新近的东西，没有被吸收到人们想象的和情感的倾向中去。人类比较迅速而又踏实地走向实现他们的目的，但是，他们的目的多半仍然处于科学启蒙以前的情况。这一事实，给教育提出了利用科学以改变对想象和情感的习惯态度的任务，而不是对物质方面的扩充享用感到满足。

科学的进步已在相当程度上改变了人们关于生活目的和生活幸福的思想，使他们对这种责任的性质，以及履行责任的方法有所认识。科学在人类活动中产生的影响，已经打破了过去把人们隔离开来的物质障碍，大大地拓宽了交往的领域。科学以巨大的规模带来了利益的相互依赖，使人类深信为人类的利益而控制自然的可能性，从而引导人们展望未来而不是缅怀过去。进步的理想和科学的进步的重合，不只是一种巧合。在科学取得进步以前，人们把远古作为黄金时代。现在，他们面对将来，坚信正确地运用智力能破除一度被认为不可避免的祸害。祛除灾难性的疾病，不再是梦想；消灭贫困的希望，并不是乌托邦。科学使人们熟悉发展的思想，产生了实际的结果，持久地、逐步地改善人类的处境。

所以，在教育上利用科学的问题，就是要创造一种智力，深信智力指导人类事务的可能性。通过教育，使科学方法深入学生的习惯，就是要使学生摆脱单凭经验的方法以及单凭经验的程序而产生的惯例。“经验”这个词的通常用法，并不指“和实验联系”，而是指粗糙和不合理性。在由于不存在实验科学而造成的情况的影响下，所有过去居支配地位的哲学，都把经验与理性和真正合理的东西对立起来。所谓经验的知识，就是由过去许多实例积累起来的知识，对于任何一个实例的原理，并没有明智的见识。有人说医学是经验的性质，就是说它不是科学的，而是以所积累的有关疾病的观察和多少属于随意使用的救治方法为基础的实践模式。这种实践模式必然全靠运气，成功全凭机遇。这种医学徒然助长欺骗和自我吹嘘。单凭“经验”控制的工业，不容许建设性地运用智力；它依靠依样画葫芦的方法来模仿过去的模式。实验科学能够利用过去的经验，把它们当作心灵的仆从，而不是当作心灵的主人。这就是说，理性在经验之内运行而不是在经验之外运行，使经验具有理智的或合理的品质。科学就是变成有理性的经验。所以，科学的效果在于改变人们关于经验的性质和内在的可能性的观念。由于同样的原因，科学的效果改变关于理性及其运行的观念。理性不是经验以外的东西，遥远、孤零属于和生活中经验的事实无关的崇高的领域，理性是经验所固有的，它是过去的经验得以纯化，使过去经验成为发现和进步的工具的因素。

“抽象”一词的普通用法名声不好，它不仅被用来表明深奥难解的东西，而且还表示远离生活的东西。但是，抽象作用却是思想指导活动的不可缺少的特征。我们所遇到的情境，并不件件重复。习惯对待新发生的事情，就好像它们和旧的事情完全一样。因此，如果不同的因素或新发生的因素，对于当前的目的无关紧要，习惯就足够了。但是，如果新的因素需要特别注意，如果抽象概念不发挥作用，就只能求助于乱碰的反应。因为抽象作用就是有意识地从过去经验的材料中选择有助于对付新经验的东西。抽象作用就是有意识地把蕴藏在过去经验中的意义，迁移到新的经验上，加以运用。它是智慧的命脉，是使一种经验有意识地用来指导别的经验。

科学以巨大的规模进行着过去材料的迁移工作。科学的目的就是使经验从所有纯粹个人的经验和严格属于直接的经验中解放出来；凡是它和其他经验材料共同的东西，都把它分离开来。这种共同的东西，可以保存下来，为进一步利用。所以，它是社会进步的不可缺少的因素。任何经验在它刚产生时，虽然对有关个人来说有其重要意义，但这种经验有很大部分是特殊的、不重复的。从科学的观点来看，这种材料是偶然的，尽管它们的共同特征是重要的。情境中无论什么独特的东西，因为它由个人的特性和环境的巧合所决定，不是别人所能利用的，所以，除非经验中共同的东西能抽取出来，并且用适当的符号固定下来，否则，实际上，经验的一切价值可能随着经验的消逝而消失。但是，抽象作用和用词语记录所抽取出来的东西，可以把个人经验的净价值提供给人类永久利用。没有人能详细预料何时进一步利用，或将怎样进一步利用。科学家发掘抽取出来的东西，好像制造工具的人一样，他不知道谁将使用这些抽取出来的东西，也不知道何时使用它们。但是，理智的工具和其他机械的工具比较起来，在适应的范围方面，要更加灵活得多。

概括和抽象是相对应的东西。概括是抽象作用应用于新的具体经验时所起的作用——扩大抽象作用，借以阐明并指导新的情境。为了使抽象作用有效，而不流于无结果的形式主义，必须提一下这些可能的应用。概括本质上是一种社会的手段。如果人们把他们的利益完全等同于一个小集团的利益，所做的概括就相应地受到限制。他们的观点不容许进行广泛而自由的研究。人们的思想被束缚在缩小的空间和短暂的时间上，局限于他们自己已经建立的习俗上，把它作为一切可能的价值的标准。科学的抽象和概括相当于采纳任何人的观点，而不管他所处的空间和时间如何。不受具体经验的条件和情节的影响是科学远离现实和“抽象化”的原因，也是科学能在实践中广泛而自由地进行新的有效应用的原因。

名词和命题把抽象出来的东西记录和固定下来，并传播开去。从一个特定的经验分离开来的意义，不能悬在空中。它必须有一个住地。名词就给抽象的意义一个住地和躯体。所以，意义的表述并不是一种事后的思考或副产品；它是完成思维工作所必需的。有人知道很多事物，却不能表达它们，但是，这种知识仍然是实际的、直接的和个人的。个人能自己利用这种知识，他能有效地按照这种知识行动。艺术家和执行者的知识往往属于这种情况。但是，这种知识仅属于个人，不能转移给别人，也可以说是出于本能的。一个人如果要表述经验的意义，必须有意识地考虑别人的经验。他必须设法找到一个立场，既包含他自己的经验，也包含别人的经验。否则，他传达的经验就不能被人理解，他讲的话别人不懂。文艺在表述经验方面取得了巨大成就，所以，别人了解这些经验的重要意义；科学的语言是以另一种方式设计的，它用符号来表述所经验的事物的意义，任何研究科学的人都懂得这些符号；美学的表述方式揭示和增加人们已有的经验的意义；科学的表述方式，提供建立具有经过改造的意义的新经验的工具。

总而言之，科学体现智力在规划和控制新经验方面的功能，人们系统地、有意识地因不受习惯的限制得以广泛地继续从事这些经验。科学是有意识的进步的唯一工具。这种进步和偶然的进步不同。如果科学的普遍性、科学和个人情况的隔离使它具有某种专门性和孤立性，这些性质和单纯理论的推理的性质也是很不相同的。纯理论的推理永远和实践脱节，而科学的专门性和孤立性则是为了更广泛和更自由地应用于以后的具体行动而暂时脱离。有一种毫无根据的理论与实践对立；但是，真正的科学理论乃在实践之内，成为扩充理论和达到新的可能性的手段。

三、教育中的自然主义和人文主义

教育上有一个传统，把课程中的科学与文学、历史对立起来。这两方面的代表人物之间的争论，是容易从历史上来解释的。在实验科学产生以前，文学、语言和哲学已经在所有高等学校占领了牢固的地位。实验科学自然必须奋力前进。没有一个筑有堡垒的和防守坚固的势力集团会轻易放弃它可能占有的垄断地位。但是，无论哪一方面，都认为语言和文学作品全部是人文主义性质的，而科学则纯粹属于自然界的，这是一个错误的观念。这种观念有助于削弱两类科目的教育作用。人类生活不是在真空中发生的，自然界也不仅仅是人生戏剧的舞台（参见第229页）。人的生活和自然的许多过程紧密相连；人的事业，无论成功或失败，决定于自然在他的事业中所起的作用。人有意识地控制他自己的事务的力量，决定于指导运用自然力的能力，这种能力反过来决定于他对自然界许多过程的认识。不管自然科学对专家来说是一种什么东西，就教育的目的来说，自然科学就是关于人类行动的环境的知识。要了解社会交往的媒介、社会交往不断发展的手段和障碍，就要掌握绝对属于人文主义性质的知识。一个不懂科学史的人，就不知道人类怎样从常规和任性的行为，从迷信屈从自然和从魔术般地利用自然，到在理智上做到沉着自制所进行的种种斗争。自然科学的教学可能流于一套形式上的技术的练习，这种情况是千真万确的。如果在教学中把有关世界的知识作为目的本身，就会发生这种情况。但是，这样的自然科学教学不能使学生获得文化，并不证明自然知识和人文主义事业的对立，而是证明教育的态度错误。

有许多人不喜欢采用在人们职业中所用的科学知识，这本身就是贵族文化的残余。在贵族社会，一切有用的工作都是由奴隶和农奴做的，都是按习惯建立的模式而不是按智力建立的模式管理工业。在这种社会里，“实用的”知识总不及“纯粹的”知识有价值，那是很自然的。因此，科学，或者最高的认识，就是和纯粹的理论与生活上的一切应用无关。有关工艺的知识，带有从事这种工艺的阶级的烙印（参见第十九章）。这样形成的科学观念，在科学本身已经采用工艺的工具并用它们来生产知识和在民主主义兴起以后，仍旧保持下来。但是，仅就理论方面讲，有关人类的事情比仅仅关于自然界的事情对人具有更重要的意义。在采用脱离群众实际需要的书面文化所规定的知识标准时，科学教育的倡导者处于战略上不利的地位。只要他们采用与实验方法和民主的工业社会的运动相适合的科学概念，他们就不难表示，自然科学比根据有闲阶级的专门利益而建立教育计划的所谓人文主义更具有人文主义的性质。

我们前面说过，如果把人文主义的科目和自然的研究对立起来，人文主义的科目就会受到妨碍。人文主义的科目往往流于完全文字的和语言的学习，倾向于缩成“古典文”，变成现在不再有人说的语言。因为近代语显然是有用的，所以就被禁止。在历史上很难找到任何东西比把人文学科完全和希腊文、拉丁文知识等同的教育实践更令人啼笑皆非的了。希腊和罗马的艺术和制度对我们的文明做出了如此重要的贡献，因此，应该总是有非常充裕的机会来学习它们的经验。但是，把它们看作典型的人文科目，便有意忽略了群众在教育上所能学习的教材的可能结果，因此往往养成有知识的阶级的狭隘的势利行为，这个阶级的特点，不过是偶然享受到专有的机会。知识具有人文主义的性质，不是因为它是关于过去人类的产物，而是因为它在解放人类智力和人类同情心方面做出了贡献。任何能达到这种结果的教材都是人文主义的，任何不能达到这种结果的教材就连教育意义也没有。

提　　要

科学是经验中认知因素的果实。科学不主张仅仅叙述个人的或习惯的经验，它旨在叙述能揭示信念的来源、根据和结果的事物。如果能达到这个目的，叙述就具有逻辑性。在教育方面，必须注意科学方法的逻辑特点，因为是属于经过理智上高度精制的教材，这种方法不同于学生的学习方法。学生的学习方法有时间的顺序，是从理智性质比较粗糙的经验，到理智性质比较精密的经验。如果忽视这个事实，就会把科学看作全是单调的知识，这种知识用不寻常的专门词汇表达，比通常的知识更加使人不感兴趣，更加远离生活实际。科学在课程中必须履行的功能，就是它已经为种族履行过的功能：从局部的和暂时的偶然经验中解放出来，开辟没有为偶然的个人习惯和偏爱遮蔽的理智的前景。抽象作用、概括作用和明确表述的逻辑特征，都和这个功能有联系。在使观念从它所产生的特殊背景中解放出来，使它具有更为广泛的关联时，任何个人的经验的结果都可以供所有的人利用。因此，从终极结果来说，从哲学上说，科学乃是一般社会进步的工具。

第十八章　教育的价值

本书在有关教育目的和兴趣的讨论中，已经涉及有关教育价值问题的讨论。通常在教育理论中所讨论的特殊的教育价值和通常主张的教育目的是一致的。通常提到的目的有实用、文化、知识、社会效率、心理训练和心理能力等等。这些目的的有价值的方面，我们在分析兴趣的性质时已有所论述。我们说艺术是一种兴趣，有时也说艺术是一种价值，这两种说法并无区别。但是，我们往往把教育价值的讨论集中在讨论课程中特殊科目所要推动的各种目的上。这种讨论是要指出各门学科对生活的重要贡献，证明这些学科应该设置。因此，详细讨论教育价值可以提供一个机会，一方面回顾一下有关目的和兴趣的讨论，另一方面考察一下有关课程的讨论，把这两个方面互相联系起来。

一、实现或欣赏的性质

我们的经验有很多是间接的。这种间接经验依靠介于事物和我们之间的符号，这些符号就代表事物。譬如战争，有人亲身参加过战争，经受过战争的危险和艰难，这是一回事；有人听人讲过战争或读过有关战争的记载，那是另一回事。一切语言，一切符号，都是间接经验的工具。用专门术语来说，由工具获得的经验，乃是“间接的”经验。这种经验和直接的经验对立。直接经验是我们亲身参与的，不是通过有代表性的媒介物的介入而获得的。我们认为，个人直接经验的范围是非常有限的。如果没有代表不在目前的、遥远的媒介物的介入，我们的经验几乎将停留在野蛮人的经验的水平上。从野蛮到文明，每走一步都有赖于媒介物的发明，这些媒介物拓宽了纯粹直接经验的范围，把它和只能用符号表示的事物联系起来，使它具有深刻而又比较广泛的意义。毫无疑义，这个事实就是有人把没有教养的人和文盲等同起来的原因。所以我们依靠文字，借以获得有效的有代表性的经验或间接经验。

同时，我们曾经反复讲过，总是有一种危险，即我们所用的符号并不真正具有代表性；代表事物的语言媒介不能唤起不在眼前的和遥远的事物，使之进入目前的经验，符号本身却将变成目的。正规的教育尤其面临这种危险，其结果是，因为有了文字，通常称为学术的咬文嚼字的风气常常应运而生。在俗语中，“现实的感觉”这个词语，是用来表示直接经验的紧迫性、温暖性和亲切性与间接经验的遥远性、无生气性和冷淡性对比的。“心理的现实感”和“欣赏”（或真正的欣赏）是表示对事物现实感的比较精致的说法。除非采用同义的说法，例如“打入某人心中”“真正的心领神会”等等，否则不可能解释这些概念，因为要欣赏事物的直接经验的含义，唯一的方法是获得直接经验。譬如我们读一段关于一幅画的专门说明和实际看这幅画，两者是不同的；只是看到这幅画和看了之后被画所感动，两者是不同的；学习有关光的数学方程式，和在朦胧的景色中看到特别壮丽的照明而为之神往，这两者是不同的。

因此，我们面临一种危险的倾向，即技术和其他纯粹代表性的形式侵入直接欣赏的领域。换言之，就是有一种趋势，认为学生对于种种情境已经具有足够的直接现实的基础。在这个基础上，学校课程建立代表性经验的上层结构。关于直接经验不仅有一个数量的问题，要有足够的直接经验，甚至更是一个质量的问题。直接经验一定要能够迅速地、有效地和用符号表达的教材联系起来。学校教育在教学能通过符号的媒介完全地传达事物和观念以前，必须提供许多真正的情境，个人参与这些情境，领会材料的意义和材料所传达的问题。从学生的观点看，所取得的经验本身是有价值的；从教师的观点看，这些经验是提供了解利用符号的教学所需要的教材的手段，又是唤起对用符号传达的材料的虚心态度的手段。

在关于教育性教材的理论中，体现典型情境的游戏和主动作业，可以提供现实性或欣赏的背景。关于这一层，我们已经讨论过了，没有需要多说的。不过有一点应该指出，前面的讨论虽然明显是关于小学教育的教材，在小学教育中，直接经验的背景的要求最为显著，但是这个原理也适用于每门科目的初级阶段。例如在中学和大学，每个新领域的实验室工作，其主要的和基本的作用在于使学生直接熟悉一定范围的事实和问题，使他对这些事实和问题有所感觉。掌握技术和做出概括以及验证概括的方法，最初是次于欣赏的。至于小学的活动，必须记住，基本的意图不是为了消遣，不是以最少的烦恼传达知识，也不是要获得技能，虽然这些都能作为副产品得到，而在于扩大和丰富经验的范围，保持智力发展的兴趣活跃有效。

我们可以用“欣赏”这个题目作为一个适当的标题，来引出以下三个进一步的原则：有效的或真实的（区别于名义上的）价值标准的性质；想象力在欣赏现实中的地位；美术在课程中的地位。

1. 评价标准的性质。每个成年人在他先前的经验和教育过程中，已经获得了各种经验的价值的某种标准。他已经学会把诸如诚实、亲切、坚持、忠诚等品质看作美德，把文学、绘画、音乐方面的某些古典作品作为审美的价值，等等。不仅如此，他还学会这些价值的某种尺度，例如道德方面的金科玉律，审美价值方面的和谐平衡、按比例分布，智力成就方面的确切、清晰和系统。这些原则作为判断新经验的价值标准非常重要，父母和教师往往总是把这些标准教给儿童。他们忽略了一种危险，就是这样教授的标准将仅仅是一种符号或是象征性的。就是说，大多数是传统的和文字的标准。实际上，儿童的工作标准不同于表面上承认的标准，它依靠儿童自己在具体情境中特别欣赏的有深刻意义的东西。一个人也许懂得音乐中某些特点在传统上受到尊重；他也许能和别人谈论古典音乐，谈起来有一定的正确性；他也许甚至真诚地相信这些特点构成他自己的音乐标准。但是，如果在他自己过去的经验中，他最习惯和最欣赏的是使人发笑的拉格泰姆音乐①，他评价音乐的有效标准就固定在拉格泰姆音乐的水平。他自己感到有实际吸引力的东西对他的态度所起的固定作用，要比教师要求他应该说的东西深刻得多；这样固定下来的习惯倾向，在以后的音乐经验中，就成为他真正的评价“常模”。

也许很少人会否认以上有关音乐爱好的话。但是，这番话同样适用于道德价值和知识价值的判断。一个青年，如果他反复体验到友好待人的价值的全部意义，并使这种体验深入到他的性情中，他就会获得宽厚待人的价值的标准。没有这种重要的欣赏能力，别人给他留下的作为标准的大公无私的职责和德

① 一种源于美国黑人乐队的早期爵士音乐。——译者注

行的深刻印象，依然是纯粹的符号，不能适当地变为现实。他的“知识”是间接的；这种知识只说明别人把大公无私珍视为一种优良品质，如果他能表现这种品质，别人就尊重他。因此，一个人公开承认的标准和他的实际标准，这两种标准便发生分裂，一个人可能意识到他的爱好和他的理论观点之间的斗争的结果，他遭受到做他真正喜爱的事和做他知道将会赢得别人赞许的事之间的冲突的痛苦。但是，他并没意识到这种分裂，结果造成无意识的虚伪和性情的不稳定。同样，一个学生费力地通过了某种令人迷惑的理智的情境，奋力前进，消除难解之处，取得了明确的结果，他就能欣赏明晰性和确切性的价值。于是他便有一个可以依靠的标准。我们可以使他在外表上受到训练，对材料进行一定的分析和分割，获得有关这些作为标准逻辑功能的过程的价值的知识。但是，除非这种知识在某一点上“打入他心中”成为他自己欣赏的东西，否则，所谓逻辑的标准不过是表面的知识，和关于中国河流的名称的知识一样。他也许能背出这些名称，但是这种背诵乃是机械的复述。

因此，把欣赏看作好像只限于诸如文学、绘画和音乐这一类东西，那是严重的错误。欣赏的范围和教育事业本身同样广泛。我们养成的习惯，除非这种习惯也就是一种爱好，成为有这种习惯的人所喜欢和尊敬的行为模式，有一种有效的优秀的感觉，否则，这样的习惯就纯粹是一种机械的东西。有人断言，现在学校总是重视表面的“纪律”，重视分数和奖赏，重视升级和留级，就是不注意生活的情境，这是有足够根据的。在生活的情境中，学生能够深切地感到了解事实、观念、原则和问题的重要意义。

2. 有欣赏力的现实感必须和用符号表述的经验区别开来。它们和智慧或了解的工作是相同的。即使是纯粹的“事实”，只有包含想象力的个人反应才可能真正感到有价值。想象力是在每个知识领域中能够欣赏的媒介。任何活动都必须运用想象力，才不致流于机械的性质。不幸的是，通常习惯于把想象和虚构等同起来，而不是把想象看作对全部情境热情的和亲切的认识。这就导致过高地估计童话、神话故事、想象的符号、诗歌和“美术”，把它们作为发展想象和欣赏的工具；同时，由于忽视其他事物可运用想象力的空间，在方法上使很多教学变为没有想象力的获取专门技能和堆积知识负荷的工作。理论已经前进到足以认识游戏活动是一桩富于想象的事情的地步，在某种程度上，实践也已经前进到这个地步。但是通常仍旧把游戏活动看作儿童发展的一个特殊阶段，而忽视这样的事实，即游戏和严肃的工作之间的区别应该不是有无想象力的不同，而是从事想象的材料的不同。结果，一方面过分地夸大儿童游戏的幻想的和“不真实的”方面，另一方面使严肃的作业死一般地降为仅仅因为表面上有形的结果而受到重视的呆板的效率。于是，所谓成功就是指精心设计的机器比人能做得更好，而教育的主要效果，即过一种有丰富意义的生活，却弃置不顾。同时，学生精神恍惚，胡思乱想，不过是无法压制的想象没有用在所做的事情上而误入歧途。

适当地承认想象游戏是认识处于直接的物质反应范围以外的事物的媒介物，是摆脱机械的教学方法的唯一道路。本书按照当代教育的许多趋势强调活动。如果不承认想象和肌肉活动同样是人类活动的正常的组成部分，本书强调活动的观点就会令人误解。手工活动和实验室练习以及游戏的教育价值，都决定于它们在多大程度上有助于学生了解正在进行的事情的意义。如果在名义上我们不能把这活动称为戏剧性表现，那么在实际上，它们就是戏剧性活动。这些活动能够养成技能的习惯，用以获得有形的结果。这种功利的价值是重要的，但是，如果它们和欣赏的方面脱离，它们的实利价值就不重要了。不同时运用想象力，那么没有任何途径可以从直接的活动到符号代表的知识。因为，通过想象，符号才能使人了解直接的意义，并和比较狭隘的活动结合起来，使这种狭隘的活动得以扩大和丰富。如果代表性的创造性想象仅仅是属于文学的和神话的想象，那么所用的符号就成为只是指导言语器官的身体反应的手段。

3. 以上讨论还没有明确地论及文学和美术在课程中的地位。之所以没有讲到这一点是有意的。最初，在实用艺术或工艺美术和美术之间，并无明显的界限。本书第十五章所提到的许多活动，它们本身都包含后来区分的美术和工艺美术的因素。由于这些活动吸引住了情绪和想象，所以它们具有美术的特性。由于它们要求方法或技能，使工具适应不断完美的材料，它们便包含艺术生产所不可缺少的技术因素。从艺术产品或艺术作品的观点看，它们自然是有缺陷的，不过在这方面，如果它们包含真正的欣赏，它们往往具有起码的魅力。作为经验，这些活动既有艺术的特性，又有审美的特性。如果它们形成各种活动，用活动的产品来检验它们的价值，当产品的社会实用价值受到重视时，这些活动就变成实用艺术或工艺美术了。如果这些活动发展的方向是提高适合审美性质的欣赏，它们就成为美术。

欣赏有许多含义，其中一种含义与贬低价值对立。欣赏表示扩大的、强化的估价。有一种含义就是降低的和贬低的价值。这些特性使任何平常的经验都能吸引人，能被全部吸收，使人愉快。提高这些特性便构成教育中文学、音乐、绘画等的主要功能。以上这些科目并非最一般意义的欣赏的唯一手段，但是它们是强化的、提高的欣赏的主要手段。就它们本身说，它们不仅本质上直接使人愉快，并为它们本身以外的目的服务。它们越来越具有一切欣赏的作用，吸引爱好，形成以后经验的价值标准。它们对降低其标准的环境表示不满，它们要求把环境提高到它们自己的水平。它们揭示经验中的意义的深度和广度，如果没有这种意义，这些经验会变得平庸和琐屑。就是说，它们能提供想象的器官。此外，在功用适当时，它们代表善的因素的集中和完备，否则这种因素是分散的和不完全的。它们选择和集中愉快的价值的因素，这些因素使任何经验直接使人愉快。它们不是教育的奢侈品，而是使任何教育有价值的有力的表现。

二、课程的评价

教育价值的理论不仅包含决定原来评价标准的欣赏的性质，而且包括评价的特殊方向。评价的含义首先是觉得东西可贵，其次就是进行估价。换句话说，评价就是一个喜欢一件东西的行动，爱护这个东西，还包含和别的东西比较，对它的价值的性质和分量做出判断的行动。从后一种意义说，评价就是估量价值。这两种意义的区别，有时等于内在价值和工具价值之间的区别。内在价值不是判断的对象，作为内在价值，不能和别的价值比较，不能说哪个大些，哪个小些，哪个好些，哪个坏些。内在价值是无价之宝；如果一个东西是无价之宝，它和任何其他无价之宝相比，说不上哪个更无法估价或哪个更少无法估价。但是，有时我们不得不有所选择，我们为了要一个东西，必须放弃另一个东西。这样就建立起喜欢的顺序，就有了价值大些和小些、好些和坏些。必须联系第三个东西，即进一步的目的来判断或评价事物。对这第三个东西来说，它们是手段或者工具的价值。

我们可以设想，有一个人在某个时间非常喜欢和他的朋友交谈，在某个时间喜欢听交响乐，在某个时间喜欢进餐，在某个时间喜欢读书，在某个时间喜欢赚钱，等等。作为一种欣赏的实现，每件事都有内在价值。每件事在生活中都占一特殊的位置。每件事有它自己的目的，没有别的东西可以替代。这里不存在比较价值的问题，因此也没有评价的问题。每件事都有它特殊的好处，此外无话可说。每件事自身就是目的，没有一件事是达到另一件事的手段。但是，可能出现一种情境，即这几件事发生竞争或冲突，必须做出选择，在这种情况下就要进行比较。因为要做出选择，我们就要了解每个竞争者各自的要求。对此应该怎么说呢？这一选择能提供什么可与别的可能性相比？提出这些问题意味着一种特殊的善本身不再是目的，不再是一种内在的善。因为如果它是内在的善，它的要求就是无法比较的，是绝对必要的。现在的问题是它作为实现其他事物的手段的地位，所要实现的其他事物就是那个情境的无价之宝。如果一个人刚吃过饭，或者如果他一般都吃得很好，听音乐的机会却很少，他可能更喜欢音乐。在这个特定的情境，音乐将做出更大的贡献。如果他正挨饿，或者如果暂时已经饱赏音乐，他就会判断食物更有价值。抽象地说或一般地说. 离开必须做出选择的特定情境的需要，就没有不同程度的价值或价值的顺序。

关于教育的价值可以得出若干结论。我们不能在各种科目中建立一个价值的等级，企图把它们排列成次序，从价值最小的科目开始，进而到具有最大价值的科目，这是枉费心机的。

就任何科目在经验中都具有一个独特的或无可替代的功能来说，就任何科目都标志着生活所特有的丰富的内容来说，各种科目的价值是内在的，或者是不能比较的。既然教育并不是谋生的手段，而与过富有成效和本身有意义的生活的过程是一致的，那么它所能提出的唯一最终价值正是生活的过程本身。这个生活过程并不是各种科目和活动从属的目的，各种科目和活动乃是整体的组成部分。前面所说的有关欣赏的话，意思就是，每一科目都有一个方面应该具有这种终极的意义。一个科目在某地某时应该有一个为自己的利益供人欣赏的善。一句话，它只是作为一种愉快的经验，这一点既适用于算术，也适用于诗歌。如果不是这样，那么当时间和地点要一个科目用作手段或工具时，就会碰到困难。如果一个科目从来没有因其自身而被学生欣赏过，那么它就无法达到别的目的。

还有一点，如果我们根据各种科目的价值对它们进行比较，即把这些科目看作达到它们自身以外的目的的手段，我们就要在必须使用这些科目的特殊情境中，寻找控制各种科目的正确评价的手段。要使一个学生了解数学的工具价值，其方法不是向他讲解在遥远的和不确定的将来数学将给他带来的好处，而是让他发现要在自己喜欢做的事情上获得成功，取决于他使用数字的能力。

此外还有一点，虽然近来费了大量时间企图把不同的价值分配给不同的科目，但是这种尝试是错误的。例如，科学可以具有任何价值，这视用科学作为手段的情境而定。对有些人来说，科学的价值可以是军事方面的，它可以是增加进攻或防御手段的工具；科学可以有技术方面的价值，作为工程的工具；科学可以有商业方面的价值，作为成功地经商的助手；在其他情况下，科学的价值可以是慈善性质的，它的作用在于解除人类的苦难；它还可以有十分传统的价值，用来树立一个人的社会地位，作为一个“有教养”的人。事实上，科学为所有这些目的服务，要想确定其中一个作为科学的“真正”目的，将是一种武断。在教育上，我们可以肯定，科学的教学应该使科学成为学生生活中的目的，科学之所以有价值，是因为科学本身对生活经验所做出的独特的、内在的贡献。科学首先必须具有“欣赏价值”。如果我们举一个好像和科学相反的东西，例如诗歌，上面的话也同样适用。目前，诗歌的主要价值可能是它对享受闲暇所做的贡献。但是这可能是一种退化的情况，而不是必然这样。在历史上，诗歌是与宗教和道德联系在一起的；它曾经用于深入事物的神秘深处的目的。诗歌也具有巨大的爱国主义价值。对希腊人来说，荷马的诗是一部圣经，是一部道德的教科书，是一部历史，又是希腊民族的灵感。无论如何，我们可以这样说，如果教育没有成功地使诗歌成为生活的一个资源和闲暇生活的手段，这种教育就是有缺陷的。否则诗歌只是矫揉造作的诗歌。

以上的考虑也适用于一个科目或一个科目的一个课题在激发动机方面的价值。负责制订教学计划和担任教学的人，应该有理由认为各个科目和其中所包括的课题既能提供直接的内容以丰富学生的生活，又能提供材料，用于其他具有直接兴趣的事情。因为课程常常装满纯属承袭的传统教材和少数有影响人物所喜爱的科目，所以要求对课程进行经常的检查、批评和修订，以保证完成它的目的。此外，常常有一种可能性，就是课程代表成人的价值，而不是代表儿童和青年的价值，或者代表30年前学生的价值，而不是代表今天的学生的价值，因此，还需要有批判的观点和考察。但是，这些考虑并不是说，要使一个科目对学生具有激发动机的价值（不管是内在价值还是工具价值），就要使学生认识到这种价值，或者能够说出这个科目的用处。

任何一个课题只要能够立刻吸引人，就不需要问它有什么用处。只有对有关工具价值的问题，才能问有什么用处。有些事物的用处并不是对什么东西有用，它们本身就是有用的。任何别的看法都是荒谬的。除非事物在某一点上有些内在的用处，就是说，它本身就是有用的，否则我们就不能提出有关工具性的用处的问题，就是说对某一件事有用处。对一个饥饿的健康儿童来说，在这个情境中食物就是有用的；我们不必使儿童意识到食物有益于他的目的，借以提供吃的动机。食物和胃口联系起来，食物就是动机。精神上渴望学习的学生，对很多题目也有这种情形。无论学生和教师都不可能确切地预言这种学习将来要达到的目的；只要学生能继续保持这种热切学习的态度，也就不要指明这种学习应有什么特殊的用处。证明这种学习有用在于学生能对它做出反应，学生的反应就是使用。学生对材料的反应表明这个学科在他生活中起作用。例如，抽象地讲拉丁文本身有价值，它可以作为一个学科，并以此作为教拉丁文的足够理由，这是不合理的。但是，如果主张除非教师或学生能指出拉丁文将来有某种明确的可以指出的用处，拉丁文才有其合理的价值，同样是荒谬的。如果学生真正关心学习拉丁文，这本身就证明拉丁文有价值。在这种情况下，我们最应该问的是，鉴于学习时间有限，是否还有其他既具有内在价值又具有更大工具价值的事物可以学习。

这就把我们带到了工具价值的问题上。所谓工具价值，就是所学习的课题所以有价值是因为课题以外的目的。如果一个儿童患病，没有食欲，食物摆在前面他也不想吃，或者他的胃口反常，喜欢吃糖果而不喜欢吃肉和蔬菜，这就要有意识地指出种种结果。他需要认识吃东西的结果，证明某种东西有积极的价值，某种东西有消极的价值。或者情况虽属正常，但是有人并没有什么行动，因为他不了解要得到某种内在的用处全靠积极关心别人所提出的事物。在这种情况下，智慧的作用显然在于意识到两方面的联系。一般地说，提出一个题目，或者它具有内在价值无须证明；否则就要把它看作达到某种有内在价值的事物的手段。所以，工具价值就具有作为达到目的的手段的内在价值。

也许有人要问，目前教育上对各科目的价值问题的兴趣是否既不过分，也不太狭窄。有的时候，有些科目的课题在学生生活中不再有任何直接的或间接的目的，但人们似乎仍在竭力为保存这些课题辩护。在别的时候，对无用的材料的反应似乎趋于极端，认为制定课程的人或者学生本人能够指出科目或课题的十分明确的未来实用价值，不应教授，没有认识到生活就是它自己所以存在的理由。所能提出的明确的实用价值只因为它们增加了生活本身的经验内容，才有存在的理由。

三、价值的划分和组织

就生活上的各种有价值的方面一般地进行分类，这当然是可能的。为了足够广泛地评述教育的各种目的（参见第121页），使教育事业有适当的广度和灵活性，这样的分类是有一定好处的。但是，把这些价值看作最终目的，而经验的具体满足却从属于这些目的，这是一个大的错误。这些价值不过是具体的用处的适当的概括。健康、财富、效率、社交、实用、文化和快乐，它们只是总结大量特殊的事情的抽象名词。把以上这些东西看作具体课题和教育过程的评价标准，就是把具体事实从属于抽象名词，而抽象名词正是从具体事实派生出来的。它们并不是真正的评价标准。我们前面曾经讲过，评价的标准在特殊的欣赏中可以发现，这种欣赏形成鉴赏力和爱好的习惯。但是，上面所举的各种价值之所以重要，是因为把它们作为超越生活细节的着眼点，根据这些着眼点考察整个领域，看它们构成细节是如何分配的，这些成分是否比例适当。

没有一种价值的分类不是只有暂时的效度的。下面的考虑也许有所帮助。我们可以这样说，学校工作应该提供的经验具有下列使用资源和处理困难的执行能力（效率）：社交的能力，或直接和别人做伴的兴趣；审美能力，或至少能欣赏某些古典艺术珍品的能力；受过训练的智力活动的方法，或对某种科学成就的兴趣；对他的权利和要求的敏感性——真心诚意。虽然这些考虑并不是价值的标准，却是考察、批评和更好地组织现行教学方法和教材的有用的标准。

由于人生的各种职业彼此隔离，教育的价值也有被分割的趋势，因此更需要这种一般的观点。有一种流行的观点认为，不同的科目代表不同的价值。因此，必须集合各种科目来构成课程以照顾到许多独立的价值。下面一段引文没有用“价值”这个词，但是它包含了一种制定课程的思想，认为课程有许多各自独立的目的，各种科目可以按每一科各自的目的进行评价。“要训练记忆力，可以通过许多科目，但是最好是用语言和历史；训练鉴赏力，可以通过高级的语言学习，但最好是用英国文学；训练想象力，通过所有高级的语言教学，但是主要用希腊文和拉丁文诗歌；训练观察力，通过实验室的科学工作，有些训练能从早期拉丁文和希腊文的学习中获得；对于表达能力的训练，首先是用希腊文和拉丁文作文，其次是用英文作文；对于抽象的推理能力的训练，几乎只有数学；对于具体的推理能力，首先是科学，然后是几何；对于社会的推理能力，首先是希腊和罗马的历史学家和雄辩家，其次是普通历史。所以，能够自称完备的最狭义的教育包括拉丁文、一种近代语、一些历史、一些英国文学和一门科学。”

上面所引的这段话的措辞很多地方和我们的论点不一致，必须对此持怀疑态度，加以澄清。引文用语暴露出作者所处的特定地方的传统。其中毫不怀疑假设有许多“官能”要受训练，非常注重古代语言；比较无视人们居住的地球和他们的身体。但是，如果对这些问题留有余地（甚至完全放弃），我们在当代教育哲学中就会发现许多事情。这种教育哲学类似把特殊的价值划分为许多各自分离的科目的基本思想。甚至有时仅举一个目的作为价值的标准，例如社会效率或文化修养，人们常常可以发现这不过是空洞的标题，在标题下面包含了许多不相连贯的因素。虽然一般趋势允许一门科目可以比引文包含较多的价值，但是为每一科目罗列若干价值，并且说明特定科目所拥有的每种价值的分量，这种尝试突出了不言而喻的教育价值的分裂状况。

事实上，这种有关科目价值的计划大部分只是不知不觉地为大家所熟悉的课程辩护。就绝大部分而言，他们接受现有课程的许多科目，然后把价值分配给各个科目，作为讲授这些科目的充足理由。例如，数学具有训练的价值，它使学生习惯于叙述的准确性和推理的严密性；数学也具有实用的价值，它使学生掌握商业和技艺中包含的计算技能；数学也有文化修养的价值，扩大学生处理事物最一般的关系的想象力；数学甚至还有宗教的价值，表现在它的无限的概念和相关的概念上。但是，数学显然并不是因为赋有奇迹般的潜力即所谓价值而达到这些结果；如果数学真能达到这些结果，它才具有这些价值，而不是有了这些价值，它才有这些结果。上述种种可能有助于扩大教师对数学教学所能达到的可能结果的见解。但是，不幸的是，一般趋势认为这样叙述表明学科本身具有这种能力，而不管这些能力是否发生作用，并因而硬说这种叙述是正确的。如果这些能力没有发生作用，不是责怪所教的科目，而是责怪学生不用心和不服从。

对于各科目的这种态度不过是一个方面，它的背面是把经验或生活看作许多独立的兴趣拼凑起来的东西，这些兴趣同时存在而又互相限制。研究政治学的人很熟悉关于政治权力的牵制和平衡的理论。政府有几种独立的职能，如立法、行政、司法、管理等等，如果每种职能牵制所有其他的职能，从而创造一种理想的平衡，那么一切都顺利进行。在哲学方面，也有一种哲学，可以称之为经验的牵制和平衡的理论。生活有多种多样的兴趣。听任这些兴趣发展，不加控制，它们会互相侵犯。所以，理想的办法是给每种兴趣一块专门的领地，直到包括整个经验的领域，然后注意让每种兴趣保留在它自己的界限之内。政治、商业、娱乐、艺术、科学、学术专业、有礼貌的交往、闲暇等就代表这些兴趣。每种兴趣又可分成许多分支，例如营业分成体力工作、行政工作、簿记、铁路运输、银行、农业、贸易和商业等等。其他兴趣也可以分成许多分支。理想的教育就是提供各种手段，满足这些独立的分门别类的兴趣。如果我们看一下学校，很容易得到一种印象，即它们接受这种关于成人生活的性质的观点，担负起满足它的要求的任务。成人生活的每种兴趣都被认为是一种制度，课程中必须有某种东西与此相应。课程中因此必须有：符合政治和爱国主义要求的公民课和历史；一些实用的科目；一些科学；一些艺术（当然主要是文学)；一些娱乐设施；一些道德教育；等等。我们可以看到，现在有一大部分关于学校的宣传鼓动，都是要大声疾呼和互相争论，使每种兴趣得到应有的承认，为每种兴趣在课程中争得一席之地；或者，如果在现行的学校制度中似乎行不通，那么就要设法创造一种新的学校教育以满足这个需要。在众多的教育之中，反而把教育本身遗忘了。

上述情况所产生的明显的结果是课程拥挤，学生负担过重和注意力涣散，以及狭隘的专门化，而这将危及教育的本意。但是这些不良的后果通常使人增加一些同样的东西作为补救。当他们认识到完全的生活经验的要求终究不能满足时，他们便不把缺陷归于现有各科教学彼此不相关联和范围狭隘。这种理论，便是改造教学制度的基础。他们引进别的科目，以补救课程的不足，必要时开办别的学校。至于反对课程拥挤、学习肤浅和学生精神涣散的人，通常也只求助于数量的标准，补救的办法是删去很多科目，把这些科目看作一时的风尚和装饰，初等教育回到读、写、算的老课程，高等教育回到古典文学和数学的老课程。

当然，这种情况有它历史的解释。过去的各个时代，有它们自己特有的斗争和利益。每个伟大的时代都留下文化的沉淀，好像地质学中的地层。这些文化沉淀以科目的形式进入教育制度，表现为科目、特异的课程、特异的学校。随着 19 世纪政治的、科学的和经济的利益的迅速变化，必须为新的价值提供新的设施。虽然陈旧的课程进行反抗，它们至少在美国不得不退出垄断的地位，但是，它们没有在内容和目的方面进行改造；它们仅仅减少了分量。代表新的利益的新科目没有用来改造所有教学的方法和目的，它们已被加进了课程。结果是一个混合体，学校课程或时间表的技巧是混合体的黏合剂。因此就产生了我们上面提到的价值体系和价值标准。

教育上的这种情况代表了社会生活中的区分和隔离。丰富的和均衡的经验中的各种各样兴趣被撕得支离破碎，沉淀在各自分开的制度之中，各有其独立的目的和方法。例如，商业就是商业，科学就是科学，艺术就是艺术，政治就是政治，社会交往就是社会交往，道德就是道德，娱乐就是娱乐，等等。每一科目各有其特殊的目的和进行的途径，各有其独立的领域。每件事只是在外表上偶然对别的事有所贡献。所有这些事情通过并列和相加、集中而构成生活的整体。一个人所期望于商业的，除了商业能提供金钱，用来赚更多的钱维持自身的家庭，用来购买书籍和图画、提供文化修养的音乐会门票，用来支付各种捐税、慈善捐赠，用来购买其他有社会价值和伦理价值的东西以外，还有什么其他希望呢？如果有人期望经商本身应该是有想象力的文化修养，经商应该不是通过它所提供的金钱，而是直接地为它富有生命力的原则而服务社会，并为了社会组织而被当作一种事业来进行，这是多么不合情理啊！对于从事艺术、科学、政治或宗教，也有类似的误解。每件事不仅在应用和对时间的要求方面，而且在目的和有生命力的精神方面，都变得专门化。我们的课程和我们的教育价值的理论都不知不觉地反映出兴趣的分割现象。

因此，教育价值的理论方面的争论点乃是经验的统一性或整体性问题。怎么使经验完备多样，而又不失去精神的统一性呢？怎么使经验统一而在统一性中又不狭隘和单调？从根本上说，关于价值和价值标准的问题，乃是生活兴趣的组织的道德问题。从教育方面说，这个问题关系到学校材料和方法的组织，使经验富有广度和丰富多彩。我们应该怎样才能有远大的眼光，而不牺牲实行的效率？我们怎样能使个人应用他的智力，而不牺牲他的智力？我们应该怎样使兴趣多样化，而不支付孤立的代价？怎样使艺术、科学和政治在丰富的精神状态中相互增强它们的作用，而不是牺牲别的事情来追求自己的目的？怎样能使生活的兴趣和强化生活兴趣的科目丰富人们的共同经验，而不使人们互相分开？我们将在以后各章讨论上面所提出的这些改造的问题。

提　　要

从根本上说，有关价值的讨论中所包含的原理在以前讨论目的和兴趣时已经论述过了。但是，因为教育的价值一般是联系课程中各门科目的要求讨论的，而这里有关目的和兴趣的讨论是从专门科目的观点重新进行的。“价值”这个名词有两种十分不同的意义。一方面，它指珍视一个事物的态度，觉得事物本身有价值。价值就是丰富的或完全的经验的名称。在这个意义上，评价就是欣赏。但是，评价也指一种有特色的理智行为——一种比较和判断的行动，估量事物的价值。当我们缺乏丰富的直接经验时，就要进行估量，同时出现一个问题，就是在一个情境的各种可能性中，选择哪一个可能性，以便达到完全的实现，或者获得重要的经验。

但是，我们决不能把课程的许多科目分成欣赏的科目，即有内在价值的科目和工具的科目，即在它们本身以外有价值或目的的科目。在任何科目中形成适当的标准，决定于实现这个科目对经验的直接意义所做出的贡献，决定于直接的欣赏。文学和美术具有特殊的价值，因为它们代表最好的欣赏，通过选择和集中，深刻地实现它们的意义。但是，每门科目在它发展的某个阶段，对和它有关的个人来说，应该具有审美的性质。

对所有各种不同的经验的内在价值做出贡献，是决定许多科目的工具的价值和派生的价值的唯一标准。给每门科目指定独立的价值，同时把整个课程看作由各种独立的价值聚集而成的混合体，这种趋势是社会团体和阶级隔离孤立的结果。所以，民主的社会团体的教育任务，在于和这种隔离孤立的现象做斗争，使各种利益能相互支援和相互影响。

第十九章　劳动和闲暇

一、对立的起源

上面所讲的教育目的和教育价值的分离导致目的和价值之间的对立。在教育史上出现的根深蒂固的对立，也许就是为有用劳动做准备的教育和为闲暇生活做准备的教育。“有用劳动”和“闲暇”这两个名词，足以证实我们提出过的一个论点，各种价值的分离和冲突并不是孤立的现象，它们反映着社会生活内部的分裂。如果通过劳动自谋生计和有教养地享用闲暇的机会这两种功能可以平等地分配给社会的各个成员，那么就没有人会想到各种教育机构及其所包含的目的彼此之间有任何冲突。问题在于教育怎样能最有效地为这两种功能做出贡献，这是不言而喻的。虽然可能发现有些教材主要达到一种结果，另一种教材达到另一种结果，但是必须注意在条件许可时尽可能使两种结果彼此重叠，就是说，比较直接地以闲暇为目标的教育应该尽可能间接地加强效率和爱好劳动，而以效率和爱好劳动为目的的教育应该培养情感和智力的习惯，促进崇高的闲暇生活。

教育哲学的历史发展足以充分证明以上一般的看法。自由教育与职业技术教育的分离可以追溯到希腊时代，它是明确地根据把社会阶级分成必须为谋生而劳动的阶级和可以免予劳动的阶级的阶级而提出的，认为适合于后一个阶级的人的自由教育在本质上高于给予前一个阶级的奴役训练。这种思想反映这样的事实，即一个阶级是自由的，而另一个阶级的社会地位是奴役于人的。这后一个阶级不仅要为维持自己的生计而劳动，而且要为上等阶级提供生活资料，使他们不必亲自从事职业，这种工作几乎要花掉他们全部时间而且在性质上无须使用智力，或不能获得智力。

每个人必须从事一定的劳动，这是理所当然的。人类必须生活，这就要求工作，提供生活的资源。即使我们坚持与谋生有关的兴趣只是物质方面的兴趣，因而在本质上低于与享用免予劳动的时间有关的兴趣，即使我们承认有些事很引人注意，物质利益也并不低，使它努力占据属于高级的理想利益的地位，但是，如果不是社会阶级区分这个事实，就不会使我们轻视训练人们从事有用的职业的教育，反而使我们对这些职业格外审慎，使人们受到训练，有效地从事这些职业，又使他们保持原来的地位。教育务必使我们避免由于忽视而产生的不良后果。只有当这些利益的区分与社会分成低贱阶级和高贵阶级相一致时，为有用的劳动做准备才会受到轻视，视为不值得的事情。这一事实使人们得出这样的结论，劳动和物质利益等同，闲暇生活和理想的利益等同，这本身是社会的产物。

两千多年前社会状况所形成的教育思想有那么大的影响，它那么明确地、合乎逻辑地认识社会分成劳动阶级和闲暇阶级的含义，这种思想值得特别注意。按照这种思想，人居万物的最高地位。人和动植物具有部分相同的构造和功能，例如营养的功能、生殖的功能、运动的或实践的功能。人所特有的功能是理性，它的存在是为了观察宇宙的奇观。所以，人类真正的目的在于最充分地发展这种人类特性的可能性。作为目的本身而进行的观察、反省、沉思和推测的生活，乃是人的正当生活。此外，从理性可以进而适当控制人类天性的低级要素——

例如嗜好和主动的冲动。这些低级要素本身，贪婪、反抗、暴行，目的只在于自身的满足，但是当它们服从理性的支配时，它们就奉行节制，遵守中庸之道，为良好的目的服务。

以上就是理论心理学的情况，亚里士多德曾对此说明得非常完备。但是，这种情况表现在人们的阶级构成上，因而也就在社会的组织方面得到了反映。只有在少数人中，理性才能发挥作用，像生活的规律一样。在广大群众中，植物性和动物性的功能起着主导作用。他们的智力软弱无力，变化无常，常为肉体的情欲所压倒。这种人本身不是真正目的，因为只有理性构成最终目的。他们像植物、动物和有形的工具一样，是达到别人的目的的手段和工具，虽然他们与植物、动物和物质的工具不同，他们有足够的智力，在完成交给他们的任务时，行使一定的判断力。所以，不仅从社会习惯方面讲，而且从性质上讲，有些人是奴隶，即达到别人的目的的手段①。很多手工业工人，他们在一个重要方面处境比奴隶还差。他们像奴隶一样，为别人的目的服务；但是，因为他们和自由的高层阶级之间并不享受家庭奴隶所经历的亲密联系，他们仍处于较低的地位。此外，妇女与奴隶和工人同属一类，他们是自由或理性生活的手段的生产和再生产的有生命的工具。

从个人和集体来说，都有单纯的谋生与过有价值的生活之间的区别。一个人为了过有价值的生活，他首先必须活着。个人如此，集体的社会也是如此。为单纯谋生所花费的时间和精力，减少了他们从事具有内在理性价值的活动的时间和精力；他们也不适宜于这些活动。供人作手段是卑下的，为人服务是

---

① 亚里士多德并不认为实际的奴隶阶级和自然的奴隶阶级必然一致。

奴性的。只有不经努力和无须注意就能获得物质需要，真正的生活才有可能。所以，奴隶、工人和妇女被用来提供生活的手段，使具有适当的智力的人可以过闲暇的生活，从事有内在价值的事情。

上述两种职业，从事两种不同的活动，一种从事奴性的活动，一种从事自由的活动（或“艺术”）。与这两种职业相对应，有两种教育：一种是卑下的或机械的教育，一种是自由的或理智的教育。有些人接受合适的实际训练，培养做事的能力，以及利用机械工具的能力，制造商品，提供个人服务。这种训练，只是使人养成机械的习惯和技能；这种训练的实施只是通过反复练习和勤奋应用，无须唤起思考和培养思维能力。自由教育的目的在于训练智力，正当地运用智力，获得知识。这种知识与实际事务的关系愈少，与制造或生产的关系愈少，就愈能适当地运用智力。亚里士多德坚持划清卑下的教育和自由教育的界限，甚至把我们现在所谓“美”术、音乐、绘画和雕塑的实践方面，和卑下的技艺归为一类。它们都包括物质的工具、勤奋地练习和外部的结果。例如，亚里士多德在讨论音乐教育时提出一个问题，儿童练习乐器应达到什么水平。他的回答是，儿童练习乐器的熟练程度，可以达到能欣赏音乐的水平。就是说，能够了解和享受奴隶或专业人员所演奏的音乐。如果目的在于职业的能力，音乐就从自由的水平下降到谋生的水平。亚里士多德说，要是这样，我们教烹饪也是一样。甚至像美术创作这种自由的业务，也有赖于有一批被雇用的画师，他们把发展他们自己的人格从属于获得机械的绘画的技能。活动愈高尚，愈属纯粹的智力活动；它与物质的东西或身体的关系愈少。愈是纯粹的智力活动，它就愈是独立的或自给自足的活动。

上面的话提醒我们，亚里士多德甚至认为在过理性生活的人内部也有高等与低等之分。一个人的生活有时仅仅有理性伴随，有时理性却成为生活的介体，因而目的和自由活动之间就有区别。就是说，自由的公民他们献身于社会的共同生活，参与社会事务的管理，赢得个人的荣誉和名声，过着有理性伴随的生活。但是，一个思想家，一个献身于科学研究和哲学思考的人，可以说不仅用理性工作，而是在理性中工作。换言之，即使公民在公共关系方面的活动，也仍保存某些实践的色彩和表面的或仅属工具性的工作的色彩。这种影响，表现在公民的活动或公民的成就都需要他人的帮助；一个人不能独自过公共的生活。但是，按亚里士多德的哲学，一切需要，一切愿望，都包含一个物质的因素；一切需要和欲望都含有缺乏的意思，它们依赖它们自身以外的东西才能完成。但是，一个人能独自过纯粹理智的生活，他可能从别人那里得到帮助，但是这种帮助是偶然的，不是固有的。理性在认知中、在理论的生活中得到全面的表现；为认知而认知，不顾任何应用，只有这种认知才是独立的、自给自足的。因此，只有把认知能力本身作为目的的教育，甚至公民义务的实践也在所不顾，只有这种教育，才是真正的自由教育。

二、目前的情况

如果上面所说的亚里士多德的概念只是他个人的观点，那么这种概念不过是多少令人感兴趣的历史珍品。这种概念可以作为缺乏同情心或者特异天才卖弄学问的例子，不予考虑。但是，亚里士多德只是描述他当时的社会生活，没有一点儿含糊，也没有因思想混乱而产生的不诚实的态度。自亚里士多德的时代以来，实际的社会情况已经发生了巨大的变化，这是无须说明的。但是，尽管这些变化，尽管法定农奴制被废除，民主思想得到广泛传播，以及科学和普通教育（包括书籍、报纸、旅行、社交以及学校）的推广，社会上仍旧分成有学问的阶级和未受教育的阶级、闲暇阶级和劳动阶级，使得亚里士多德的观点成为批判目前教育上文化与实用分离的最有启发性的观点。在教育学的讨论中所出现的理智的和抽象的区分的背后，隐约地呈现着社会的区分：一部分人，他们的事业包含最小限度的自我指导的思想和审美的欣赏能力；另一部分人，比较直接地从事理智的事务和控制他人的活动。

亚里士多德曾说："任何作业、艺术或学习，如果它使自由人的身体、精神或智慧不适于优秀才能的发挥和实践，就应该被称作机械的作业、艺术或学习。"这当然是永远正确的。如果我们主张，我们现在名义上这样主张，不仅少数人是自由的，人人都是自由的，那么亚里士多德这番话的力量就无限地增加了。因为，如果认为大量男子和所有妇女由于他们身心的性质都是不自由的，只能给他们适于机械的技能的训练，而不问这种训练将来对他们参与有价值的生活的能力的影响，这种看法既不是思想上的混乱，也不是道德上的虚伪。当亚里士多德进一步说"所有为金钱而从事的职业和降低身体状况的职业，都是机械性的，因为这种职业剥夺智慧的休闲和尊严"时，这番话也永远是正确的。说它永远正确，还有一个条件，就是说，如果有金钱收入的职业事实上剥夺使用智慧的条件，因而也就剥夺智慧的尊严。如果亚里士多德的话是错误的，这是因为他把社会习俗的一方面视为自然的必然。但是，如果我们采取不同的观点对待精神和物质、心理和身体、智力和社会服务的关系，那么只有当这种观点能使旧的观念在事实上，即在实际生活和教育中已被废弃时，才能说是优于亚里士多德的观点。

亚里士多德认为，仅有实行的技能和外界产品的积累，远不如有理解的能力、欣赏的共鸣和观念的自由运用。这句话也永远是正确的。如果有什么错误，则在于他认为这两个方面必然彼此分离，就是认为在生产商品和提供服务中的效率与自我指导的思想之间，在重要的知识与实际的成就之间，彼此自然分离。如果我们只纠正他在理论上的误解，而容忍所以产生和支持他的观点的社会状况，那也是无济于事的。如果变革的最可贵的结果仅是增加人类生产工具的技术效率，从奴役的制度转变到自由公民的制度，那么我们是有所失而无所得。如果我们满足于那些直接利用自然的人仍处于愚昧和不自由的状况，而把控制自然的智力让相隔很远的科学家和工业界的巨头所独占，那么我们把智力看作通过行动控制自然的力量，我们也只有所失而无所得。只有当我们对教育实践中持续不断地训练多数人从事包含单纯的生产技能的职业，训练少数人获得属于装潢和文化修饰的知识不负任何责任时，我们才能诚实地批评把生活划分为彼此分离的许多功能，批评把社会划分成彼此隔离的若干阶级。总之，超越希腊的人生哲学和教育哲学的能力，不是通过仅仅以自由、理性和有价值等理论的符号进行欺骗所能获得的，也不是通过改变对劳动尊严的情操，觉得为他人服务的生活比自足的独立生活优越，就能超越希腊的人生哲学和教育哲学。这些理论上和感情上的变化固然重要，但是它们之所以重要，在于它们被利用来发展真正的民主社会，在这种社会中，大家都参与有用的服务，大家都享用有价值的闲暇。我们要改造教育，不仅由于文化或者自由的心灵和社会服务的概念的变动。教育改造之所以必要，是因为要给社会生活的变革以充分的和明显的影响。“群众”在政治上和经济上越来越解放，这一点已经在教育上表现出来；它已经导致了免费公立小学教育制度的发展。关于学习是少数天生能注定管理社会事务的人的专利的观念被打破了。但是，这个革命还没有成功。现在还有许多人认为，真正的文化修养或自由教育和工业的事务至少没有任何直接共同的东西，认为适合于群众的教育必须是一种有用的或实际的教育，而这种教育，把有用的和实际的教育与培养欣赏能力和解放思想对立起来。

结果，我们实际的教育制度是一个前后矛盾的混合物。有些科目和方法被保存下来，因为假定这些科目和方法认可特殊的自由性质，而所谓自由，其主要内容实际上就是无用。这种情况主要表现在高等教育，即大学教育和预备升大学的教育。但是，这种现象已渗透到初等教育，基本上控制着初等教育的过程和目的。但是，在另一方面，对必须谋生的群众和经济活动在现代生活中的越来越大的作用已经做了一定的让步。这些让步表现在各专业、工程、手工训练和商业的专门学校和课程上，表现在职业教育和职前教育课程中以及读、写、算等小学课程的教学精神方面，形成了一种制度，“文化”科目和“实用”科目并存于一个缺乏有机结构的混合物之中，其中“文化”科目的主要目的不在于社会服务，“实用”科目不注重解放想象或思维能力。

这种遗留下来的情况甚至同科目出现一种奇异的混合，一方面有对实用的让步，另一方面又保存了原来全部属于为闲暇做准备的遗迹。“实用”的因素表现在科目的动机方面，“自由”的因素表现在教学的方法方面。混合的结果也许比在两个原则之中纯粹坚持任何一个原则的结果更难令人满意。例如，学校前四五年的科目几乎全是阅读、拼法、书写和算术，通常的动机是，准确地读、写、算的能力是进一步学习所不可缺少的。这些科目被看作仅仅是从事可以获利的职业的工具，或以后继续学习的工具，视学生是否继续留校学习而定。这种态度反映在为获得自动的技能对练习和实践的强调中。如果我们考察希腊的学校教育，就可以发现，从儿童早期开始，技能的获得尽可能列在审美的和道德的意义的文学内容的次要地位。强调的东西是目前的教材，而不是获得供以后使用的工具。但是，这些科目和实际应用隔离开来，把它们降为纯粹的符号工具，代表了和实用脱离的自由训练的思想的残余。完全采取实用的思想，也许能使教学把各种科目和直接需要这些科目以及使这些科目立即有用的情境结合起来。课程中很难找到一个科目可以避免由于在这两个相反的理想中采取折中办法所产生的不良后果。自然科学是根据实用的原则引进课程的，但是教学时却作为特殊的成就脱离应用。另外，音乐和文学在理论上是根据它们的文化价值引进课程的，但在教学中却主要强调形成专门的技能。

如果我们少用些折中的办法，少一些折中所造成的混乱，如果我们更审慎地分析文化和实用的各自的意义，我们就可能比较容易地制定一种课程，它应该同时既是有用的，又是自由的。只有迷信使我们相信这两个方面必然对立，即：一个科目既是有用的，便是不自由的；一个科目因为无用，所以有文化修养的作用。我们一般可以发现，以实利为目的的教学牺牲想象的发展、审美能力的改进和理智见识的加深，这些当然具有文化修养的价值，所以不但有损于自由的教育，也在同样程度上限制了所学知识的用途。这并不是说所学的东西完全无法利用，而是只能应用在别人监督之下进行的常规性的活动。狭隘的技能在技能本身以外没有其他用处；任何技能如果能加深知识和完善判断，就容易在新的情境中被应用，并受个人的控制。有些活动在希腊人看来具有奴役的性质，并不完全因为这些活动具有社会和经济的效用，而是因为是直接和谋生有联系的活动，在希腊时代，既不是受过训练的智力的表现，也不是由于个人欣赏活动的意义而从事这些活动。只要从事农业和商业是一种因袭陈规的职业，只要从事这些职业不是为了提高农民和工人的智力，这些职业就没有文化修养的价值，但是仅仅在这个范围以内，才与自由相反。现在，理智的和社会的背景已经改变。在大多数有关经济的职业中，工业中的许多要素过去不过是因袭习俗陈规，而现在却都来自科学研究。今天最主要的职业代表而且依靠应用数学、物理和化学。受经济生产的影响和影响消费的人类世界领域的无限扩大，地理上和政治上考虑的范围也无限扩大了。柏拉图贬低为实用的目的学习几何和算术，这是很自然的。因为事实上它们的实际用处是很少的，内容很浅，多数属于实利性质。但是随着它们的社会用途的增加和扩大，它们的自由的或“理智的”价值和它们的实用价值达到了同样的限度。

我们所以不能完全认识与运用自由价值和实用价值的一致性，主要的原因无疑是进行工作的环境。机器的发明扩大了闲暇的时间，一个人就是在工作时也能利用闲暇。掌握技能成为习惯，可使脑子得到自由，从事高级的思维活动，这是一种常识。在工业中引起机械的自动操作也有同样的情形。它们可以使人的脑子得到自由，思考其他题目。但是，我们使用手劳动的人所受的教育限于几年学校教育，主要用于获得使用基本的符号的能力，有损于科学、文学和历史的学习，我们没有能训练工人的心智，使他们能利用受教育的机会。更为根本的是大部分工人不了解他们的职业的社会目的，对他们的职业没有直接的个人兴趣。他们实际上得到的结果不是他们行动的目的，而只是他们雇主的目的。他们不是自由地和明智地工作，只是为获得的工资而工作。正是由于这个事实，他们的行动变成不是自由的，任何教育如果只是为了传授技能，这种教育就是不自由的、不道德的。这种活动不是自由的，因为人们没有自由地参与这种活动。

但是，如果教育记住工作的比较大的特征，现在就已经有机会把自由培养和社会服务的训练协调起来，把自由培养和有效地、愉快地参与生产性作业的能力协调起来。这种教育本身将逐步消除现在经济情境的缺陷。人们主动地关心控制着他们活动的目的，在这个范围内，即使行为的物质方面仍然一样，他们的活动也变成了自由或自愿的，失去了它外部强加的和奴役的性质。在所谓政治方面，民主的社会组织使人们能直接参与管理；在经济领域，管理还是外面强加的、独断独行的。所以，内部的精神活动和外部的身体活动之间的割裂，历来的自由教育和功利教育之间的区别，就是这种割裂的反映。一种应该统一社会成员的性情的教育，将尽力统一社会本身。

提　　要

在上一章讨论的有关教育价值的许多割裂现象中，文化和实用之间的割裂也许是最基本的。虽然这种区分常常被认为是内在的和绝对的，但是事实上它是历史的和社会的。就有意识地形成这种区分而论，这种区分起源于希腊，并且根据这样的事实，即只有少数人能够过真正的人的生活，他们依靠别人的劳动成果维持生活。这个事实影响了智力和欲望、理论和实际的关系的心理学理论。这个事实体现在人类永远划分成两种人的政治理论之中：一种人能够过理性的生活，因而有他们自己的目的；另一种人只能过欲望和劳动的生活，需要他人给他们提供目的。这两种心理方面和政治方面的区分，用教育的术语来表达，就是造成自由教育和有用的、实际的训练之间的区分：一方面是自由教育，和致力于为认知而认知的自给自足的闲暇生活有关；另一方面是为机械的职业而进行的有用的实际训练，缺乏理智的和审美的内容。虽然目前的情况在理论上出现了根本的多样化，在事实上也有了很大的变化，但是旧时代历史情况的因素仍旧继续存在，足以维护教育上的区分，还有很多折中妥协之处，常常降低教育措施的功效。民主社会的教育问题在于消除教育上的二元论，制定一种课程，使思想成为每个人自由实践的指导，并使闲暇成为接受服务责任的报偿，而不是豁免服务的状态。

第二十章　知识科目和实用科目

一、经验和真知识的对立

像谋生和闲暇相对立那样，理论和实践、智力和实行、知识和活动都是相对立的。这后面几组对立无疑来自产生前一种冲突的同样的社会条件；但是和它们有联系的教育上的若干特定的问题，决定了有必要毫不含糊地讨论一下知与行的关系和所谓的知与行的分离问题。

有人认为知识比实际活动有较高的来源，并且具有较高的和偏于精神方面的价值，这种见解有着悠久的历史。就有意识的表述的历史而论，可以追溯到柏拉图和亚里士多德提出的有关经验和理性的概念。这两位思想家在很多方面看法并不一致，但是，他们都主张经验是纯粹属于实际的事情；因此都同意经验的目的是物质的兴趣，经验的器官是肉体。知识为知识本身而存在，与实用无关，知识的来源和器官都在纯粹非物质的心灵；知识与精神的或理想的兴趣有关。不仅如此，经验总包含缺乏、需要、欲望；经验永远不是自给自足的。另外，理性的认识本身是完全的、全面的。因此，实际生活处于永远流动的状态，而理智的知识乃是关于永恒的真理。

经验和理性认识的这种尖锐的对立与以下的事实有关，这就是雅典哲学是从批判风俗和传统作为知识和行为的标准开始的。雅典哲学在寻找代替这些标准的东西时，找到理性作为信仰和活动的唯一适当的指引。既然风俗和传统与经验是一件事，结果就是理性比经验优越。此外，经验不满足于它所处的次等地位，成为承认理性的权威的大敌。因为风俗和传统的信念束缚人，理性争取合法的优越地位的斗争只有通过表明经验固有的不稳定的和不适合的性质才能赢得胜利。

柏拉图关于哲学家应该是国王的论述，这句话的意思就是理性智慧而不是风俗、欲望、冲动和情感应该管理人事。理性智慧使人获得统一、秩序和法律，而风俗、欲望、冲动和情感则表示多样性和不一致，从一种情况到另一种情况，不合理性的频繁变化。

雅典哲学家所以把经验等同于单凭风俗习惯的方法的不能令人满意的状况，原因不难找到。通商和旅行日益频繁，开拓殖民地，移民和战争，扩大了人们的知识领域。不同社会的风俗和信念，彼此很不相同。在雅典，国内的动乱成为习惯；城市的财富似乎都交托给派系的纷争。人们知识领域的扩大和闲暇时间的增加恰好相合，使他们认识自然界很多新事实，并且激发了他们的好奇心和思索。这种情境向人们提出了在自然界和人类社会是否存在任何永恒和普遍的东西。理性是了解普遍原理和本质的官能，而感官则是认识变化的器官；后者是不稳定的、多种多样的，而前者则是永久性的、始终如一的。感官活动的结果保存在记忆和想象之中，应用于由习惯形成的技能，从而构成经验。

所以，经验处于最好的状态，表现在各种手艺，即和平和战争的艺术之中。补鞋匠、吹笛的人、士兵，他们都经过经验的训练才获得他们所有的技能。这就是说，身体器官，特别是感官，反复和事物接触，这些接触的结果得到保存和巩固，最后获得预见和实践的能力。这就是“经验的”这个词的主要意义。它指的是不以对原理的卓识为基础的知识和能力，但是表明是大量分散尝试的结果。也就是表明现在的“尝试错误法”所包含的思想，特别强调尝试的偶然性。就其控制和管理的能力来说，这种方法相当于常规方法。如果新旧情境相似，这种方法可以行得通；如果新旧情境不同，很可能失败。即使在今天，要是说一个医生是经验主义者，就是说他缺乏科学的训练，他所进行的治疗工作只是根据他从过去经验中偶然获得的方法。正是因为“经验”中缺乏科学或理性，所以难以使它保持最好的状态。单凭经验的医生容易蜕化为骗人的江湖医生。这种医生根本不知道他的知识哪里开始或哪里终止，所以，当碰到超越常规的情况时，他就开始作假，做出不合理的判断，靠碰运气和骗人吓唬人。此外，他以为他学会了一件事，就能知道其他许多事，正如雅典的历史告诉我们，普通的手艺工人认为，因为他们已经学会做他们行业的专门的事情，他们就能管理家务、教育和政治。于是经验总是徘徊在自我吹嘘、假冒哄骗、假象惑人的边沿，与理性所掌握的现实完全不同。

哲学家们从这种事态中很快引出某种结论。感官是和嗜好相关联的，是和需要与欲望相关联的。它们不是掌握现实的事物，而是掌握事物和我们的苦乐的关系，掌握事物和满足身体的需要、福利的关系。感官之所以重要，只是为了身体的生活，而身体不过是享受高尚生活的一个固定的基础。所以，经验具有明确的物质的性质；它和与身体有关的具体的事物有关。相反，理性或科学则掌握非物质的、理想的和精神的东西。关于经验，有某些在道德上危险的东西，例如肉欲的、好色的、物质的和世俗的兴趣这类词语所暗示的意义；而纯粹理性和精神则意味着道德上某些值得赞扬的东西。此外，经验总是和变化中的东西、无法解释的变幻莫测的东西以及形形色色变化多端的东西有着根深蒂固、无法根除的联系。经验的材料本来就是变化无常和不可信赖的。经验是混乱的，因为它是不稳定的。一个信赖经验的人，不知道他依靠什么，因为经验是变化的，人与人不同，一天和一天不同，更不必说国与国不同了。经验和“众多”有联系，和很多不同的特殊有联系，这种情况有同样的结果，也带来不少冲突。

只有单一的东西、一致的东西才能保证内聚与和谐。从经验中产生冲突，即个人本人意见和行为的冲突、个人与个人之间意见和行为的冲突。经验不能产生信念的标准，因为，正如变化多样的地方风俗证明的那样，经验的本性就是要煽动各种各样相反的信念。从此得出的逻辑的结果就是，一个人的经验使他在特定的时间和地点相信是真实的和良好的，任何事物对特定的个人来说都是良好的和真实的。

最后，实践必然属于经验范围以内。做事总是从需要出发，目的在于产生变化。生产或制作东西就是要改变某种东西，消费东西也就是要改变这种东西。因此，变化和多样性的一切，使人引起反感的性质，都和做事联系起来，而认知则和认知的对象一样永久。认知，在理智上或理论上了解一个东西，就是脱离变化、偶然和多样性的区域。真理是无所缺的，它是没有受到感官世界的纷扰触动的。真理涉及永恒和普遍的东西。经验世界只有服从理性的规律，才能使它得到控制、稳定和有序。

当然，说所有这些区别继续存在着专门的明确性，那是不能接受的。但是这些区别深刻地影响了人们后来的思想和他们关于教育的观念。轻视自然科学而重视数学和逻辑学，轻视感官和感官观察；认为知识论述理想的符号而不论述具体的事物才是高尚的和有价值的；藐视特殊的事物，除非它们是从普遍推论出来的；漠视身体；轻视艺术和手艺作为理智的工具：凡此种种，都是以对经验和理性或者对实用和理智的各自价值的估量而找到掩护和支持。中世纪的哲学继续和强化了这个传统。了解现实就是与最高的现实或上帝有关系，并享受由于这种关系所得到的永恒的幸福。冥想最高的现实是人的最终目的，他的行动服从这个目的。经验必须和世俗的、非宗教的事务有关，这些事务实际上的确必要，但是和超自然的知识的对象相比，就无关紧要。如果我们除这个动机以外，加上从罗马教育和希腊哲学传统的偏重文字的性质中所得到的力量，再结合对那些明显区分贵族阶级和下层阶级的科目的偏爱，我们就容易理解不仅在各派教育哲学而且在高级学校中持续地偏爱“知识”科目而轻视“实用”科目所产生的巨大力量。

二、近代有关经验和认识的理论

我们后面将会讲到，实验作为认识的方法的发展有可能而且必须彻底改造刚才提出的观点。但是，在讲这个问题以前，我们必须先提一下 17 世纪和 18 世纪发展起来的有关经验和认识的理论。一般地说，这个理论几乎与有关经验和理性的关系的古典理论相反。在柏拉图看来，经验指的是习以为常或者把过去很多偶然尝试的净存结果保存下来。理性指的是改革的原理、进步的原理、增加控制的原理。忠于理性的事业指的是打破习俗的限制，了解事物的真相。对近代的改革家来说，情况正好相反。所谓理性，所谓普遍原理，所谓先验观念，要么是一些空白的表格，必须用经验去填载，用感官观察去填载，才有意义，才有确切的内容；要么就是一些顽固的偏见、由权威强加的教条，用冠冕堂皇的名称乔装打扮，借以保护。所以，最大的需要是要打破培根所说的“期待自然”和仅仅把人的意见强加给自然的概念的束缚，凭借经验以发现自然的真理。诉诸经验，标志着突破权威。这就意味着对新的印象开放；热衷于发现和发明，而不是专注于排列和整理所接受的观念，并且各观念互相支持的关系“证明”这些观念。这是以事物的真面目映入心灵，打开加在事物身上的先入之见的帷幕。

经验产生了两个变化。第一，经验丧失了从柏拉图时代以来所产生的实用的意义。经验不再指行动和受行动影响的途径，而变成一个有理智意义和认知意义的名词。经验指对于阻碍推理的材料能够理解。在近代哲学的经验论者及其反对者看来，经验就是一种求知的途径。唯一的问题就是这个途径好到什么程度。结果产生了甚至比古代哲学中更大的“理智主义”，如果这个名词是指对孤立的知识具有极大的和几乎专有的兴趣的话。实践与其说是从属于知识，不如说是成为知识的尾巴。教育方面的结果不过是进一步肯定学校可以排除主动作业，除非为了纯粹实利的目的，即通过练习获得某种习惯，学校才可以采用主动作业。第二，对经验的兴趣，把经验作为在实物和自然的基础上建立真理的手段，导致了把心灵看作纯粹属于受纳的性质。他们认为，心灵愈是被动，实物愈能真正对心灵有深刻的印象。可以这么说，心灵要是主动，它就将在求知的过程中毁坏真正的知识，反而不能达到它自己的目的。理想使心灵具有最大限度的受纳性。

因为实物对心灵产生的印象通常称为感觉，所以，经验主义就变成感觉主义，就是说，把认识和感觉印象的受纳与联合视为一件事。洛克是最有影响的经验主义者。洛克的感觉主义也承认有某些心理能力，例如辨别能力、比较能力、抽象能力和概括能力等，这些能力能把感觉的材料加工成为明确的和有组织的形式，这些能力甚至能自行推论新的观念，例如有关道德和数学的基本概念（参见第 80 页）。但是，一部分洛克的后继者，特别是 18 世纪末叶的法国，把洛克的理论引到极端；他们把辨别和判断的能力看作特殊的感觉，是由其他感觉联合而成的。洛克认为，就观点的内容来说，心灵好像一张白纸或一块生来没有刻画什么东西的蜡版，但是它赋有活动的能力，作用于所接受的材料。他的法国后辈抹杀这些能力，以为这种能力也都是从所接受的对象得来的。

正如我们前面讲过的，把教育作为社会改革的方法这一思想的发展，促进了感觉主义的观念（参见第 103—104 页）。心灵在开始时愈空无所有，就愈能通过施加正确的影响把心灵培养成我们所希望的那样。所以，一位也许是最极端和最一贯的感觉主义者爱尔维修曾经声称，教育能做任何事情——教育是万能的。在学校教学的领域内，经验主义在反对只重书本知识方面起了直接的有益的作用。如果知识来自自然界的实物对我们所留的印象，不利用使我们心灵发生印象的实物，我们就不可能获得知识。我们所用的文字，一切语言符号，如果不先呈现和它们有联系的实物，除了有关它们自己的形状和颜色的感觉以外，没有任何意义，而这些感觉肯定不是很有教育意义的知识。感觉主义是反对完全以传统和权威为根据的学说和意见的最便于使用的武器。对于这一切学说和意见，感觉主义设计了一个测验：接受这些观念和信念的真正的实物在何处？如果不能出示这种实物，那么观念不过是错误的联想和结合的结果。经验主义还坚持第一手的成分。实物的印象必须是对我所留的印象，必须是对我的心灵所留的印象。我们离开这个直接的、第一手的知识来源愈远，谬误的来源就愈多，形成的观念就愈模糊。

但是，可以预期，哲学在积极方面是有缺陷的。当然，自然界的实物和直接的知识并不决定于这个理论的真理。把实物和直接的知识引进学校，即使有关实物和直接知识怎样起作用的感觉理论非常错误，它们仍然能发挥作用。这样讲来，这个理论是没有什么可指责的。但是强调感觉主义也足以影响运用实物的方式，以致不能充分得到实物的利益。“直观教学”往往把感觉活动孤立起来，把它作为目的本身。实物愈孤立，感觉的性质也愈孤立，感觉印象作为知识的单位也愈清楚。这个理论不仅使教学向机械孤立的方向发展，把教学降为感觉器官的体操（用处就像任何身体器官的操练，但只有这种用处），而且忽视思维。根据这个理论，感官观察无须和思维联系；事实上，按严格的理论，在感官观察以前，思维是不可能的，因为思维只是把所接受的感觉单位加以合并和区分，它不进行任何判断。

因此，事实上，至少在婴儿期以后，从来没有系统地尝试过纯粹以感觉为基础的教育计划。这种教育计划的明显缺陷使它只是被用来灌输“理性的”知识（就是说，通过符号传达的关于定义、规则、分类和应用的模式的知识），并作为一种方法使人对于毫无意义的符号具有更大的“兴趣”。感觉主义的经验论作为教育上的认识哲学至少有三个严重的缺陷。

1. 这个理论的历史价值是它的批判精神。它是流行的关于世界和政治制度的信念的融化剂。这个理论是批判僵化的教条的破坏性工具。但是，教育的工作是建设性的，不是批判性的。教育并不承担消除和修正旧的观念的任务，但是它必须从一开头就尽可能正确地把新的经验建成理智的习惯。感觉主义很不适宜于这个建设性的任务。心灵，理解，表明对于意义的反应（参见第 36 页），而不是对于直接的物质刺激的反应。意义只是参照事物的前后关联才存在的，任何把知识和感觉印象的结合等同起来的计划都排除事物的前后关联。这个理论在教育上的应用，或者是夸大单纯物质刺激的作用，或者单纯堆积孤立的实物的特性。

2. 虽然直接的印象有第一手的长处，但也有范围狭隘的短处。儿童对家庭环境的自然周围的直接认识，使他们对有关感官所不能及的地球的那些地方的观念有了现实性，并唤起他们理智的好奇心，这是一件事。如果把这种直接的认识作为地理知识的最高目标，那是非常有限的。以此类推，豆子、鞋钉和筹码对了解数量关系可能是有用的辅助，但是，如果不用来作为思维即理解意义的辅助，那么，它们就变成发展数学理解力的障碍。这些东西使儿童数学理解力的发展限制在特殊的物质符号的低级水平。正如种族发展了特殊的符号，把它作为计算和数学推理的工具，是因为使用手指作为数量符号而阻碍进步一样，所以，个人必须从具体的符号进展到抽象的符号，即只有通过概念思维才能理解其意义的符号。学习开始时，过度地专注于感觉的实物会阻碍这种发展。

3. 感觉主义的经验论的基础是完全错误的心理发展的心理学。经验实际上是本能的和冲动的活动与事物的相互作用。即使是一个幼儿，他所经验的东西也并不是被动地接受的一个事物所铭刻的特性，而是摸拿、投掷、敲打、撕扯等活动对实物所产生的结果，以及实物对活动的方向所产生的后果（参见第 154 页）。从根本上说，古代关于经验作为实际的事情的观念，比近代关于经验作为通过感觉求知模式的观念更加切合事实（关于这一点下面要详细讨论）。忽视经验的根深蒂固的主动的和运动的因素，是传统的经验哲学的致命缺点。通过尝试用实物有所作为和使用实物的方法学习实物的特性，这是自然的趋势。如果实物教学的计划忽视甚至排除这种自然趋势，那么，没有比这种计划更加乏味和机械性的了。

因此，很显然，即使近代经验主义所代表的经验哲学在理论上比在实际上得到了更广泛的赞同，但是它不能提供一个令人满意的学习过程的哲学。它在教育上的影响限于对旧时的课程注入一个新的因素，偶尔改变一下旧时的科目和方法。它更多地注意了直接观察事物和通过图画、图表的描绘，降低了口头形象化的重要性。但是，它自己的范围很小，需要补充有关感官知觉以外的事物的信息和比较直接诉诸思维的事物。因此，它并没有削弱知识性的和抽象的或“理性的”科目的范围。

三、经验即实验

我们已经表明，感觉主义的经验论既不代表近代心理学认为正确的经验的观念，也不代表近代科学方法所提出的知识的观念。关于前者，感觉主义的经验论忽视主动的反应的主要地位。主动的反应使用事物，并通过发现使用后的结果来学到关于事物的知识。对儿童获得知识的方法，只需五分钟的不存偏见的观察，就足以推翻以下这种思想，即认为幼儿被动地接受关于声音、颜色和坚硬等的孤立、现成的特性的印象。因为我们可以看到儿童通过摸拿、伸手等活动对刺激做出反应，看到对感觉刺激的运动反应产生什么结果；我们还可以看到，儿童学到的不是孤立的特性，而是他的活动对事物和人产生的变化。换言之，儿童学到的是种种关联。甚至像红色、高音等特性，也必须根据它们引起的活动和这些活动所造成的结果进行辨别。我们是通过主动的实验发现这些东西能做些什么，可以利用它们做什么，不能用它们做什么，才知道什么东西是坚硬的，什么东西是柔软的。同样，儿童要了解他人，也是通过发现这些人要求什么反应的活动，他们对于儿童的活动会有什么行动回答。事物在改变我们的活动，推动其中一些活动和抵制与制止其他一些活动方面对我们做些什么（不是把特性铭刻在被动的心灵上），我们能对它们做些什么，以产生新的变化，这两方面的结合就构成经验。

科学的方法使我们在 17 世纪关于世界的知识发生一次革命，也给我们同样的教训。因为这些方法只不过是在审慎控制的条件下所进行的实验。对希腊人来说，诸如鞋匠在皮革上打孔，或者使用蜡、针和线这种活动，就能使我们获得适当的关于世界的知识，这似乎很可笑。在他们看来，必须求助于来自经验之上的理性的概念，才能获得真正的知识，这几乎是一种公理。但是，实验方法的采用精确地表明，在控制的条件下所进行的这种活动，正是获得和检验关于自然的各种有效的观念的途径。换言之，为了掌握自然科学从此可以根据的原理，只需进行例如将酸液倒在一块金属上的活动，就可以获得知识，而不是获得营业的利益。感性知觉确实是不可缺少的，但是，和旧时的科学比较，已不是那么依赖自然的或习惯的形式的感性知觉。感性知觉已不再被视为它们本身在感觉的伪装下包含某种普遍性质的“形式”或“种类”，我们可以用理性思维剥去这种伪装。相反，第一件事是改变和扩充感性知觉的资料；用望远镜和显微镜以及其他各种实验工具作用于特定的感官对象。要用能唤起新观念（如假设和理论）的方法达到这个目的，甚至比古代科学需要更多的普遍观念（如数学的观念）。但是，这些普遍概念本身不再能给我们知识。它们是建立、进行和解释实验研究以及整理实验结果的工具。

由此产生的逻辑结果是一派新的有关经验和知识的哲学，这派哲学不再把经验与理性知识和解释对立起来。经验不再仅仅总结概括过去多少用偶然的方法做的事情；经验是对所做的事情的审慎的控制，使我们自身所发生的事情和我们对事物所做的事情尽可能富于暗示的意义，同时又是检验这些暗示效度的手段。当尝试或实验不再为冲动或习俗所蒙蔽，当它受到目的的指引，进行时还有措施和方法时，实验就变成合理的和合乎理性的了。当我们认为事物的结果不再是偶然的事情，当这种结果转变为我们自己先前有目的的活动的结果时，它就变成合理的、有意义的、具有启发和教育意义的了。经验主义和理性主义的对立丧失了一度使这种对立有意义和得到证明的人类情境的支持。

这种变化对纯粹实用科目和纯粹知识科目的对立的影响是不言而喻的。这两类科目的区别不是内在的，而是决定于条件，这些条件是可以调节的。实际的活动在知识方面可能是狭隘的和琐细的；只要实际的活动是常规性的，在权威的命令下进行，并且只以某种外部的结果为目的，那么这种活动将会是狭隘的和琐细的。但是，童年和青年期是学校教育的时期，这正是可以用不同的精神进行活动的时期。重复以前各章有关思维和教育性教材从孩子气的工作和游戏到有逻辑组织的教材的演进的讨论是不适当的。但是本章和前一章的讨论使那些结果增加了意义。

1. 经验本身首先包括存在于人和他的自然和社会环境之间的主动的关系。在有些情况下，活动的主动性在环境方面；人的努力遭受某种制止和偏转。在另一些情况下，周围的事物和人的行为使个人的主动的趋势得到成功的结果，所以，最后这个人所承受的结果就是他自己所要产生的结果。一个人所碰到的事和他所做出的反应之间建立了联系，他对他的环境所做的事和环境对他做出的反应之间建立了联系，正是在此程度上，他的行为和他周围的事物获得了意义。他学会了解他自己和人与事物的世界。有目的的教育或学校教育，应该设置这样一种环境，使这种相互作用获得许多意义，这些意义如此重要，以至反过来变成进一步学习的工具（参见第十一章）。我们反复指出过，校外的活动是在没有审慎地适应促进了解和形成有效的理智倾向的作用的条件下进行的。校外活动的结果，在它们所能达到的范围内是重要的和真实的，但是，这些结果受到各种情况的限制。有些能力没有得到发展和指导；其他能力只得到偶然的和异想天开的刺激；还有些能力形成呆板的技能习惯，却牺牲了目的、机智的主动性和发明能力。学校的任务不在于把青年从一个活动的环境转移到死记硬背别人学问的环境，而在于把他们从相对地说是一个偶然的活动（它们与领悟和思维的关系是偶然的）的环境，转移到按学习的指导选择的活动的环境。稍微检查一下教育上曾经证明有效的改良方法就可以发现，它们多少都已经有意识地掌握了一个事实，即“知识”科目不但不和主动的作业对立，而且代表实际作业的理智化。我们要更坚定地掌握这个原理。

2. 社会生活内容中正在发生的各种变化，极大地有利于选择种种活动，使学校的游戏和工作理智化。如果我们记起希腊人和中世纪的人民的社会环境，他们能够成功地进行的实际活动大多属于呆板和表面的，甚至奴役的性质，那么对教育家背弃这些活动，以为它们不适宜于培养智力，我们就不会感到惊奇了。但是，现在，甚至家事、农业制造和运输以及交际等作业都充满着应用科学，情况就大不相同了。诚然，很多从事这些事情的人并不了解他们个人活动所依靠的知识内容。但是，这个事实只是给我们又一个理由，说明为什么学校教育应该利用这些作业，使未来的一代获得现在一般都十分缺乏的理解，从而使人们明智地而不是盲目地进行他们的作业。

3. 但是，实验科学的进步给传统的行与知的割裂和纯粹“知识”的科目以最直接的打击。如果实验科学的进步有所表明，那就是除非作为做的产物，否则就没有所谓真正的知识和有效的理解。事实的分析和重组是增进知识、增强解释能力和正确分类的能力所不可缺少的，这种分析和重组不是纯粹在心理方面，而是在头脑里所能达到的。人们如果想发现某种东西，就必须对事物做一点儿什么事；他们必须改变环境。这是实验室方法给我们的教训，一切教育都必须学习这个教训。实验室就是要发现各种条件，在这些条件下劳动不仅在外表上是生产性的，在理智上也是有成果的。如果像目前很多事例那样，实验室的结果不过是多获得一些专门的技能，那是因为实验室仍然不过是一种孤立的资源，直到学生年龄过大，不能充分得到它的好处时才去利用，甚至到那时还被许多其他科目所围绕，在这些科目中传统的方法把理智和活动分离开来。

提　　要

希腊人由于他们传统的习俗和信仰愈来愈不能调节生活，便被劝诱去进行哲学的探讨。因而他们抨击习俗，寻求生活和信仰的权威的其他来源，既然他们希望生活和信仰有一个合理的标准，并且把不如人意的习俗等同于经验，他们便把理性和经验断然对立起来。理性愈被抬高，经验就愈被贬低。因为经验就是人们在特定的和变化中的生活环境中所做的事和受到的遭遇，行动也就在哲学上受到蔑视。在高等教育中，这种影响会同其他很多势力，推崇所有最少使用感官观察和身体活动的方法和课题。近代是以反对这种观点开始，诉诸经验，抨击所谓纯粹的理性概念，理由是理性概念或者需要用具体经验的结果作为基础，或者仅仅是偏见和制度化的阶级利益的表现，自称合理，作为掩护。但是，各种情况使人们把经验看作纯粹的认知，而不顾它固有的主动和情感的方面，并且把经验看作被动地受纳孤立的“感觉”。因此，新理论所招致的教育改革主要局限于排除过去方法上偏重书本知识的缺点，没有完成彻底的改造。

同时，心理学的进展、工业方法的进步以及科学中实验方法的发展，使另一个经验的概念成为明显可取和可能的概念。这个理论恢复古人的观念，即经验首先是实际的，不是认知的——是行动和承受行动的后果。但是，古代的理论经过了改造，认识到行动可加以指导，吸收思维所提出的一切变为自己的内容，形成牢固的经过检验的知识。于是“经验”不再是经验性的，而变成实验性的了。理性不再是遥远的和理想的官能，而是活动借以具有丰富意义的一切资源。在教育方面，这种变化就表明前面各章所阐明的有关教学科目和教学方法的计划。

第二十一章　自然科目和社会科目：自然主义和人文主义

我们在前面曾经间接提到过自然科目和文学科目为在课程中的地位发生的冲突。至今解决的办法主要是机械的妥协，把整个领域划分为以自然为主题的科目和以人为主题的科目。这种情况给我们提出从外部调整教育价值观念的另一个例子，并把注意力集中在自然和人事相联系的哲学上。大体上可以这样说，教育上的划分在二元论哲学中可以找到反映。心理和物质世界被看作两个独立的生存领域，彼此有某种接触点。根据这个观点，每个生存领域应各有自己和它相联系的一群独立科目，这是自然的事；甚至更为自然的是，自然科学科目的发展被以怀疑的态度看作标志着唯物主义哲学对精神领域的侵犯。任何教育理论要想制订一个比现在更为统一的教育计划，必须面临人和自然的关系问题。

一、人文主义学习的历史背景

古典的希腊哲学并没有以现代的形式提出这个问题，这是值得注意的。诚然，苏格拉底似乎认为自然科学是得不到的，也是不很重要的。我们要认识的主要东西是人的性质和目的。一切具有深刻意义的东西——一切道德的和社会的成就都有赖于这种认识。但是，柏拉图认为对于人和社会正确的认识，决定于对自然的本质特征的认识。他的主要著作《理想国》既是论道德的著作，又是论社会组织的著作，同时又是论形而上学和自然科学的著作。既然柏拉图接受苏格拉底关于道德上的正确成就，依靠理性的知识的主张，他就不得不讨论知识的性质。因为他接受认识的最终目的在于发现善或人的目的这一思想，而不满足于苏格拉底认为一切我们所知道的就是我们自己的无知，所以他便把有关人的善的讨论和考虑自然自身的本质的善或目的联系起来。要想离开给予自然以法则和统一的主导目的去决定人的目的是不可能的。因此，他把文学科目（称为音乐）排列在数学、物理以及逻辑和形而上学之后，这和他的哲学是完全一致的。但是，另一方面，对自然的认识本身不是一个目的；它是认识存在的最高目的，作为人类（集体和个人）行动法则的一个必要的阶段。用现代的术语来说，自然主义的科目是不可缺少的，但是它们是为了人文主义的和理想的目的。

要说有什么区别，亚里士多德在自然主义的科目方面甚至比柏拉图走得更远。他把公民关系置于纯粹的认知生活之下（参见第 272 页）。他认为人的最高目的是神圣的事而不是人类的事，所谓神圣的事，就是参与构成神圣的生活和纯粹的认识。纯粹的认识对付普遍的和必然的事物，所以，在最好状态的自然界而不是在人的转瞬即逝的事物中寻找比较适当的材料。如果我们根据两位哲学家在希腊生活中所代表的东西，而不根据他们所说的话，我们就可以概括地说，希腊人太注意对自然事实的自由研究和对自然审美的受享，过分深切地意识到社会根植于自然和服从自然法则，以至不会认为人和自然是彼此冲突的。但是，在古代生活的后期，有两个因素导致宣扬文学科目和人文主义科目。一个因素是当时的文化越来越具有回忆的和仿效的性质，另一个因素是罗马生活的政治的和修辞学的倾向。

希腊人的文明成就是发生在本地的，亚历山大人和罗马人的文明是从异域继承来的。所以，亚历山大人和罗马人的文明总是向后看它所吸收的前人的记录，而不直接向自然和社会寻找材料和灵感。我们最好还是引用哈奇的话来表明这件事对教育理论和实际所产生的影响："希腊一方面已经丧失政治权力，另一方面，在她的灿烂文学中拥有不可剥夺的遗产……希腊致力于文学，那是自然的事。而文学的研究又反映在演说上，也是自然的事。……希腊世界的群众，倾向于强调熟悉过去世世代代的文学和有素养的演说习惯，从那个时候到现在，通常都把这种演说习惯称作教育。……我们自己的教育就是直接从它传下来的。它开创一种风尚，直到最近还在整个文明世界普遍流行。我们研究文学而不研究自然，因为希腊人就是这么做的，因为当罗马人和罗马的外省人决心教育他们子弟的时候，他们雇用希腊教师，遵循希腊的道德。"①

所谓罗马人的实际倾向，采取了相同的方向。他们在求助于希腊人记录下来的思想时，不仅走了一条文化发展的捷径，而且获得了适合他们的行政才能的材料和方法。因为他们的实际天才不是用来导向征服和控制自然，而是用来导向征服和控制人。

用前面所引用的哈奇的话说，我们所以学习文学而不学习自然是因为希腊人是这样，他们所教的罗马人也是这样。把间隔多少个世纪联合起来的是什么呢？这个问题表明未开化的欧洲只是在更大的规模上和更深的强度上重复了罗马传统。未开化的欧洲只有模仿希腊罗马的文明，它也是借鉴而不是发展希

① 《希腊思想和习俗对基督教会的影响》，第26—28页。

腊罗马的文化。未开化的欧洲不仅在普通观念及艺术表现方面，而且在法律的模式方面都要模仿异族的记录。它对传统的依赖，由于这个时期居于支配地位的神学的利益而加剧。因为教会求助的权威是用外文创作的文学作品。一切事情集中到把学习等同于语言的训练，把学者的语言作为文学语言，而不是把祖国语言作为文学语言。

此外，直到我们认识到这种教材必须使用辩证法，我们才明白这个事实的全部内容。文艺复兴以来，“经院主义”这个名词常常被人用作谴责的名词。但是，经院主义的含义不过是“学院”或“学院学者”所采用的方法。本质上，这种方法不过是一种高度有效的、系统化的教学方法和学习方法，适合于传授权威性的真理。如果所提供的学习材料是典籍文献，而不是当代的自然和社会，那么，所采用的方法必须适宜于界说、陈述和解释所接受的材料，而不是去探究、发现和发明。实际上，所谓经院主义，不过是当教材是现成的而不是要求学生自己去发现的东西时，全神贯注和始终如一地制定和应用适合于教学的种种方法，只要学校仍旧按教科书进行教学，并且依赖权威性的典籍和获得知识的原则，而不是依赖发现和探究的原则，这种学校所用的方法就是经院主义性质的，充其量不过是缺乏经院主义所有的逻辑上的精确性和体系。这种学校所用的方法和叙述比较松散，除此之外，现在学校所用的方法和经院方法的唯一的区别，是地理、历史、植物学和天文学都成为需要掌握的权威性典籍文献的一部分。

结果，希腊的传统丧失了。在希腊传统中，人文主义的兴趣被用作对于自然的兴趣的基础，而对于自然的知识则被用来支持人的明显属于人性的目的。生活在有权威的典籍文献中而不是在自然中得到支持，而且，自然成为被人怀疑的对象。对自然的沉思是危险的，因为它往往使人不再依靠已经包含生活规则的文献。此外，自然只有通过观察才能认识；它求助于感官——感官是纯属物质的，和纯属非物质的心智正好相反。再则关于自然的知识的用处是纯属有形的和世俗的；它们和人的身体的和暂时的福利有联系，而文学的传统则是有关人的精神的和永恒的幸福。

二、近代对于自然的科学兴趣

欧洲在15世纪有一个运动，这个运动被不同地称为学术复兴和文艺复兴。这个运动对人的目前生活产生新的兴趣，因而以对人和自然之间的关系产生新的兴趣为特征。这个运动是自然主义的，意思是它反对当时居于优势的超自然主义的兴趣，对古典的不信教的希腊文学的回归，对这种思想上的变化有影响，但是，对于这种影响可能估计过高，这个变化无疑主要是当时环境的产物。但是，毫无疑问，当时受教育的人们充满了新的观点，为了获得志趣相投的支持和加强，他们热切地求助于希腊文学，这种对希腊思想的兴趣在相当程度上不在于为文学而文学，而在于这种文学所表现的精神。思想的自由，对于自然的秩序和美的感受，激励着希腊人的表现手法，激发人们以同样自由自在的方式进行思维和观察。16世纪的科学史表明，渐露端倪的自然科学，主要从对希腊文学的新的兴趣借来它们的出发点。正如文德尔班①所说，新的自然科学乃是

① 文德尔班（Wilhelm Windelband，1848—1915），德国哲学家。——译者注

人文主义的女儿。当时特别喜爱的观念是，人是微观世界，而宇宙是宏观世界。

这个事实重新引起了这样一个问题：自然和人后来是怎样又分离开的？语言文学与自然科学之间是怎样产生了明显的分裂的？关于这个问题可以提出以下四点理由。

1. 旧的传统在各种制度中占有牢固的地位。政治、法律和外交不可避免地仍旧是权威文献的一些分支，因为在物理学、化学和生物学的科学方法有很大进展以前，社会科学并没有发展起来。历史学基本上也是这种情况。再则，有效的语言教学所采用的方法已得到发展；学术上的习俗的惰性又支持这种方法，正如从前对于文学，特别是希腊文学的新的兴趣，开始时没有能在经院式的大学中找到立足点，所以当新学设法走进大学的时候，就和旧学携起手来，缩小实验科学的影响。担任教学的人很少受过科学训练；有科学能力的人在私人实验室或者通过促进科研的学院进行工作，但是这些学院并不是教学机构。最后，轻视物质的东西和轻视感官及双手的贵族传统仍然有很大的力量。

2. 新教的革命大大增加了人们对神学的讨论和争议的兴趣。争议的双方都诉诸文学典籍，每一方都不得不训练人才，培养他们研究和解释他们所依靠的档案资料的能力。要求训练人们，使他们能保卫所选择的信仰，反对对方，能进行宣传和防御对方的侵犯。当时这种需要非常殷切。我们可以不夸张地说，在17世纪中叶，文科中学和大学的语言训练已经被复活的神学兴趣所占领，用作宗教教育和基督教会争论的工具。所以，今日教育中所发现的语言教育传统并不直接来自文艺复兴，而是适应了神学的目的。

3. 自然科学本身的一些看法加剧了人和自然的对立。弗朗西斯·培根提出了一个自然主义兴趣和人文主义兴趣联合的极好的例子。科学采用观察和实验的方法，应该抛弃把先入之见强加于自然的企图，要成为自然的谦逊的解释者。人在理智方面服从自然，就能在实际方面学会指挥自然。“知识就是力量”这句格言的意思是说，人要通过科学控制自然，把自然的能量用来实现他自己的目的。培根攻击旧学和逻辑学，认为它们纯粹是爱争论的，是要在辩论中获胜，而不是要发现未知。通过培根的新的逻辑学所提出的新的思想方法，一个辽阔的发现的时代就要出现，这些发现将会结出众多发明的果实，为人类服务。人们必须抛弃他们毫无结果、永无休止互相控制的努力，为人类的利益而协力从事控制自然的任务。

大概说来，培根已经预言了未来前进的方向，但是，他超前预料了这一进步。他没有认识到新的科学在长时期内将为人类剥削的旧目的服务，他认为新的科学很快会给人新的目的。与此相反，新的科学为一个阶级所用，作为牺牲另一个阶级以达到他们旧的扩张目的的手段。他预见到科学方法的革命以后将引来工业革命。但是，这个革命经过几个世纪才产生新的思想。封建主义由于新科学的应用而覆亡，因为新科学的应用把权力从土地贵族转移到制造业中心。但是，替代封建主义的是资本主义，而不是社会人文主义。人们利用新科学，从事生产和商业，似乎并没有关于道德的教训，只有关于生产节约和为私利利用储蓄的技术方面的教训。自然，物理科学的应用（物理科学的应用最为明显可见）加强了自称人文主义者的主张，认为科学的趋势是实利主义的。这就为超越赚钱、存钱和用钱的显然属于人类的兴趣留下了空隙，而语言和文学则要求代表人类道德的和理想的利益。

4. 而且，自称建立在科学基础之上，自认科学的精义的合格代表的哲学，在性质上不是属于二元论的性质，即在表示人的特性的心灵和构成自然的物质之间截然划分，就是公然属于机械的性质，即使人类生活的显然特征变为幻想。在前一种情况下，这种哲学容许某种科目专有精神价值，间接地加强了这些科目的优越地位，因为人类倾向于把人类事务看作至少对他们自己是头等重要的。在后一种情况下，这种哲学引起一种反应，对物理科学的价值产生疑虑，结果把它看作人类高尚兴趣的敌人。

希腊和中世纪的知识承认世界具有质的多样性，认为自然界的各种过程都是有目的的，或者用专门术语来说，是符合目的论的。新的科学否认一切特性的现实性的客观存在。声音、色彩、目的以及善和恶，被认为都是纯主观的，都不过是心理的印象。于是客观存在被认为只有数量的方面——例如有多少质量的运动，唯一区别是在空间的一点比在另一点有着更大的聚集的质量，在某些点比另一些点有着更大的运动速度。自然界缺乏质量的区别，就缺乏有意义的变异。被强调的是统一性，而不是多样性；理想是发现一个数学公式，立刻可以应用于整个宇宙；所有外观上的变异的现象，都可从此引申出来，这就是机械哲学的含义。

这种哲学并不代表科学的真正的意义。它把技术当作事物本身；把所用的器械和专门术语当作现实，把方法当作它的材料。科学的确把它的陈述限于使我们能够预料和控制事件发生的条件，而忽视事件的性质。所以，它具有机械的和数量的性质。但是，科学不考虑事物的性质，不把它们排除在现实之外，也并不把它们归属于纯粹的精神领域；科学不过给我们提供对目的有用处的手段。因而，虽然事实上科学的进步正在增加人对自然的力量，使人把他所抱的目的放在比过去更坚实的基础上，而且几乎随心所欲地使他的活动多样化，但是，自称表述科学成就的哲学，却把世界缩为对空间物质进行无结果的和单调的重新分配。所以，近代科学的直接后果可能加强物质和精神的二元论，从而建立自然科目和人文科目，作为两个不相联系的两群科目。既然较好和较坏之间的差异与经验的性质有密切的联系，那么任何科学的哲学，如果把经验的性质排除在现实的真正内容之外，这种哲学就必然排除对人类而言最有兴趣和最为重要的东西。

三、当前的教育问题

事实上，经验并不知道在人类事务和纯粹机械的物质世界之间有什么区分。人的家乡是自然界；人要实现他的目的，就要依靠自然条件。离开这种条件，他的目的就变成空想和没有根据的幻想。从人类经验的观点来看，因而也就是从教育努力的观点来看，要在自然和人之间公正地做出任何区分，那就是在形成和实现我们实际的目的所必须考虑的条件与这些实际的目的本身之间的区分。这种哲学是生物发展的原理所证明的。这一原理表明，人和自然是连续的，而不是从外部进入自然过程的外人。科学的实验方法增强了这种哲学。这个方法表明，知识的增长，要求按照为社会的功用对付自然界的物体的思想，来指导物质力量的利用。社会科学——历史、经济学、政治学、社会学等科目——每前进一步，都表明只有在我们应用自然科学所特有的搜集资料、形成假说并在行动中加以检验的时候，只有在我们为促进社会福利利用物理和化学所确定的专门知识的时候，我们才能明智地应付许多社会问题。处理诸如精神病、酗酒、贫穷、公共卫生、城市规划、自然资源保存、建设性地运用政府机构以促进公共福利而不削弱个人主动性等错综复杂的问题的先进方法，都表明我们许多重要的社会问题都直接依赖自然科学的方法和成果。

所以，教育应该从人文主义的科目和自然主义的科目这种密切的相互依存关系出发。教育不应把研究自然的科学和记录人类事业的文学隔离开来，而应把自然科学和历史、文学、经济学、政治学等各种人文学科进行杂交。从教学法的角度看，这种做法要比下面的做法简单一些：一方面，在科学的教学中，把科学看作仅仅是专门的知识和专门的物质操作方式；另一方面，在人文学科的教学中，把它们作为孤立的科目。上面这种方法在学生的经验中造成人为的分割。学生在校外碰到很多自然的事实和原则，都是和人类行动的各种方式联系的（参见第 37 页）。在他们参与的所有社会活动中，他们必须了解这些活动所用的材料和过程。如果学生在学校时就断绝这种密切的联系，就会破坏学生心理发展的连续性，使学生对他们的学习感到难以形容的不真实，剥夺他们对学习的正常动机。

当然，没有疑问，我们的教育应该为所有对科学具有专门能力倾向的人提供各种机会，使他们致力于科学研究，使之成为他们生活中的特殊职业。但是，在目前，学生往往只能在以下两种情况中做出抉择：或者一开始就学习先前专门研究的成果，这种材料脱离他们的日常经验；或者一开始就学习内容芜杂的自然研究，这种材料是任意的，没有什么特殊的目的。大学里习惯于使学生学习与日常经验割裂的科学教材，其实，这种教法只适用于希望成为一个特定领域的专家的人。这种习惯又带到了中学。中学的学生学习一些相同的东西，只是在程度上较低一些，去掉一些难点，把内容降低到所假定的能力水平。所以采用这种方法，在于沿袭传统，而不是有意识地坚持二元论哲学。但是效果是相同的，似乎目的在于反复灌输一种思想，就是研究自然的科学和人无关，研究人的科学和自然无关。对那些绝不会成为科学专家的人进行科学教育，教学的效率所以比较低，主要是把科学和人事隔离开来的结果。教科学的时候，一开始就采用有组织的教材，这种隔离现象是不可避免的。即使所有学生都是初期的科学专家，这种方法是否最有效，也还是有问题的。如果我们认为多数学生学习科学只是因为它对他们心理习惯的影响——使他们更加机灵，更加坦率，更加倾向暂时接受和检验所提出的观点——只是为了更好地了解他们的日常环境，这样的教法肯定是不周全的。培养出来的学生往往一知半解，所得到的知识太肤浅，算不上科学，又太专门，不能应用于日常事务。

利用日常经验来取得科学材料和科学方法的进步，同时使科学材料和科学方法与熟悉的人类感兴趣的事联系起来，这一点今天要比过去容易多了。现今文明社会所有人的通常经验，与工业上的许多工序和结果有着紧密的联系。这些工序和结果反过来又是很多科学见诸行动的例子。例如，固定式蒸汽机和牵引式蒸汽机、汽油机、机动车、电报和电话、电动机等直接进入大多数人的生活。学生在童年时实际上就熟悉这些东西。不仅他们的家长所从事的职业依靠科学的应用，而且家务、保健、街道上的景色都体现了科学的成就，并激发人们对有关科学原理的兴趣。科学教育的教学法的新的出发点，显然不是教一些贴有科学标签的东西，而是利用熟悉的作业和工具指导观察和实验，使学生在它们实际的运转中了解它们，从而获得一些基本原则的知识。

有时有一种意见认为，在科学的具体事业中学习科学而不是在理论的抽象中学习科学，有损科学的“纯洁性”。这是一种误解。事实上，任何科目如果在它最广阔的意义范围内理解它，就具有文化的价值。了解各种意义要依靠了解各种联系，了解事物的背景。我们学习科学事实或科学法则，如果注意科学事实与物质和技术的联系，也注意科学事实与人的联系，就能扩大科学事实的含义，给予科学事实更大的文化价值。科学事实直接应用于经济时，如果所谓经济是指有金钱的价值，那么，这种应用是偶然的，是第二位的，它只是科学事实的实际联系的一部分。重要的问题是要从科学事实的社会联系，从它在生活中的作用，来了解科学事实。

另外，“人文主义”的根本意思是指对人类的兴趣充满明智的感觉。社会兴趣的最深刻的意义就是道德兴趣，对人来说，社会兴趣必然是至高无上的。有关一个人的知识，关于他过去的知识，熟悉他的文献记录，可能和积累有关物质的知识是同样专门的财富。人类忙于各种事务，有各种不同的途径，有的忙于赚钱，有的在实验室操作，获得熟练技能，或者积累大量有关语言方面的事情或文学作品的年表。除非这种活动能扩大生活的想象力，否则它就和儿童忙忙碌碌的工作在同一水平上。它有活动的形式而没有活动的精神。这样的活动容易成为守财奴式的积聚，积聚的人为他所拥有的东西感到骄傲，而不是为他在生活的事务中找到的意义而感到骄傲。任何学习要是增加对生活的价值的关心，任何学习要是产生对社会幸福更大的敏感性和推进社会幸福的更大的能力，就是具有人本的学习。

希腊人的人文主义精神是天生的，而且是很强烈的。但是，这种精神的范围是狭隘的。在希腊文化圈以外的任何人都是不文明的、无足轻重的，就像一个可能的敌人。尽管希腊思想家的社会观察和思索很敏锐，但是在他们的著作中，没有一个词表明希腊文明不是自我封闭和自给自足的。显然，无可怀疑，希腊文明的未来受到被鄙视的外人的支配。在希腊社会内部，强烈的社会精神受到下述事实的限制，就是希腊的高级文化是建立在奴隶制度和经济上的农奴制的基础上的。正如亚里士多德声称，这些阶级是国家生存所必需的，但又不是国家的真正成分。科学的发展产生了工业革命，通过殖民化和商业，不同的民族彼此紧密接触，尽管有些民族可能仍轻视其他民族，但没有一个国家能怀有幻想，认为它的前途能完全由自己内部决定。工业革命废除了农奴制，产生了一个或多或少有组织的工厂劳动者阶级，他们具有公认的政治权力，要求在工业管理方面起负责的作用，这种要求得到很多富有者的同情和关注，因为通过破除阶级障碍，他们已经和贫苦阶级建立了更为密切的联系。

这种事态可以这样说，旧的人文主义没有正视经济的和工业的条件，因此，旧的人文主义是片面的。在这种情况下，文化不可避免地代表直接控制社会的阶级的理智的和道德的观点。正如我们前面说过（参见第 280—281 页），这种文化传统是贵族的文化传统；它强调阶级之间的划分，而不强调基本的共同利益。它的标准在过去，因为目的在于保存已经获得的文化，而不在于广泛扩大文化的范围。

由更多地考虑工业和与谋生有关的问题而引起的各种变革，常常被谴责为攻击过去的文化，但是，比较宽广的教育观点将会把工业活动看作一种媒体，使智力资源更易为群众所享用，并使具有优秀资源的阶级的文化更为完整。总之，如果我们一方面考虑科学和工业发展的紧密联系，另一方面考虑文学和审美修养与贵族的社会组织的紧密联系，我们就能理解科学技术科目和文雅的文学科目之间的对立。如果社会要成为真正民主的社会，我们必须克服教育上的这两种科目的分离现象。

提　要

哲学上人和自然之间的二元论反映在自然主义的科目和人文主义的科目的划分上，具有使人文主义科目变成过去的文学记录的倾向。这种二元论并非希腊思想的特征。和我们所说过的其他二元论一样，二元论的产生部分是因为罗马的文化和未开化的欧洲的文化都不是本土的产物，而且直接或间接地借自希腊；部分是因为当时的政治情况和宗教情况都强调依靠文献传递下来的过去的知识的权威。

从一开始，近代科学的兴起就预示着恢复自然和人性的紧密联系，因为近代科学把自然知识看作取得人类进步和幸福的手段。但是，科学的比较直接的应用符合一个阶级的利益，而不符合人类共同的利益；同时，人们承认的科学原理的哲学表述有一种倾向，或者把科学划为仅仅是物质的，把人划为精神的和非物质的，或者把心理变成主观的幻想。因此，在教育上趋于把科学看作独立的科目，包括关于物质世界的专门知识，而保存旧时的文学科目，作为明显的人文主义科目。先前有关知识的演进和据以制订的课程计划的论述，旨在克服这两方面的分离，承认自然科学教材在人类事务中所占的位置。

第二十二章　个人和世界

一、心理是纯粹个人的

我们讨论过造成工作和闲暇、知和行以及人和自然之间的分割的种种影响。这些影响造成把教育的教材分成许多各不相关的科目。这种影响也见于相对立的各派哲学之中。它们把身和心、理论和实践以及物质机制和理想目的对立起来。在哲学方面，这种种二元论的最后结果是把各个人的心理与世界截然划分，又把各个人的心理相互之间截然划分。虽然这种哲学立场与教育程序的联系没有前三章所考虑的各点那样明显，但是教育上有几点考虑和这种哲学立场相应。例如，假定在教材（与世界相应）和方法（与心理相应）之间存在对立；又如，把兴趣看作某种纯粹属于私人而与所学习的材料没有内在联系的趋势。除了偶然论及教育上的意义以外，本章要说明心理和世界的二元论哲学对知识与社会兴趣的联系、个性或自由与社会控制和权力之间的关系存在错误的认识。

把心理等同于个人的自我，又把个人的自我等同于个人的心理意识，这是比较近代的事。在希腊和中世纪时期，都把个人看作普遍神圣的智慧运作的渠道。个人并不是真正的知者，知者是理性，理性通过个人发生作用。如果个人进行干预，自己要承担风险，结果只能损害真理。要是个人“知道”而不是理性“知道”，那么，自负、谬误和成见就要替代真实的知识。在希腊生活中，观察是敏锐的、活跃的；思想是自由的，几乎到了不负责任地推测的地步。因而，这种理论的结果就是缺乏实验方法引起的。没有实验方法，个人不能求知，也不能用别人研究的结果进行检验。没有这种应受别人检验的责任，人们的心理在理智方面就不可能是负责的；研究结果之所以得到承认，那是由于这些结果在美学上的一致性，具有令人满意的质量，或者由于这些研究者的威信。在欧洲未开化时代，个人对于真理的态度更为谦卑；重要的知识被认为是由于神的启示，个人的心理不过是根据权威接受这种知识，并进行研究，此外，就没有别的事了。除了比较有意识的哲学方面以外，无论什么地方，如果信息是通过习惯传递的，任何人都不会把心理和个人的自我等同起来。

中世纪有一种宗教的个人主义。人生最关切的事是个人灵魂的得救。在中世纪后期，这种潜在的个人主义在唯名论的哲学中找到了有意识的陈述。唯名论哲学认为，知识的结构是个人通过自己的行动和心理状态在个人内部构成的。随着 16 世纪以后经济的和政治的个人主义的兴起，随着新教的发展，强调个人为自己获得知识的权利和义务的时机已经成熟。这就导致知识完全是通过个人亲身经验而赢得的观点。结果，心理作为知识的来源和持有者，就被完全认为是属于个人的了。因此，在教育方面，我们发现很多教育改革家如蒙田、培根和洛克，从此猛烈地痛斥一切凭道听途说而获得的学问，并且断言即使信念碰巧是正确的，除非它们是在个人经验中产生的，并且通过个人经验的检验，否则这种信念就不构成知识。在生活的一切领域中对权威的反抗，在不利的形势下为争取行动自由和探索自由的激烈斗争，导致了强调个人的观察和观念到这样的程度，结果孤立了心理，并且把它和要认识的世界分离开来。

心理的这种孤立状态反映在认识论这一哲学分支的巨大发展中。把心理等同于自我，又把自我看作独立和自足的东西，从而在认知的心理和外在世界之间造成一条鸿沟，因此，知识怎么是可能的就成为一个问题了。我们有了一个主体（即知者）和一个客体（即被知的东西），两者完全彼此分开，必须构建一个理论，来解释它们怎样互相联系，以便产生可靠的知识。这个问题和另一个与此相关联的问题，即世界作用于心理的可能性和心理作用于世界的可能性的问题，几乎成为当时哲学思想急需研究的问题。当时出现了许多理论。有的理论认为我们不能认识世界的真相，只能认识它在心理上留下的印象；有的理论认为在个人的心理以外不存在世界；有的理论认为知识只是心理自己许多状态的某种联合。这些理论就是当时哲学集中研究的产物。我们并不直接关心这些理论的真实性，但是这些在绝望中孤注一掷的解决办法被广泛接受。这一事实证明了把心理置于现实世界之上的程度。人们越来越把“意识”一词等同于心理而加以使用，假定有一个与自然和社会没有任何关系的意识状态的过程的内心世界，这个内心世界比任何别的东西更加真实地和更加直接地为人们所理解。这种做法也证明同一个事实。总之，实际的个人主义，或者争取在行动中更大的思想自由的斗争，被转化成了哲学上的主观主义。

二、个人的心理是改造的动力

这个哲学的运动误解了实践运动的意义，这是很明显的。这个哲学运动不是实践运动的再现，而是走入邪路。人们实际上并不做这样的蠢事，竭力想和自然界脱离联系，和人相互间脱离联系。他们力求在自然和社会中获得更大的自由。他们希望有更大的力量在自然界和社会中发动变革，更大的运动规模和由此带来的运动中包含的观察和观念有更大自由。他们不要孤立于世界，而要更紧密地与世界联系。他们要直接形成他们有关世界的信念，但不是通过传统。他们要和他们的同辈建立更紧密的联合，以便能更有效地相互影响，并且为共同的目的联合他们各自的行动。

就他们的信念而言，他们感到有很多信念被认为是知识，其实不过是过去积累的见解，其中很多是荒谬的，其中的正确部分凭着权威被接受，并没有被理解。人们必须自己观察，形成他们自己的理论，并且亲自检验这些理论。这种方法是把教条当作真理强加于人的方法的唯一替代办法，而强迫人们把教条当作真理接受就是使心理在形式上默认真理。这就是有时所谓用归纳的实验的认知方法替代演绎的认知方法。在某种意义上，人们总是采用归纳法应付他们当前的实际事物。譬如，建筑业、农业、制造业等等，必须根据对于自然界种种实物的活动的观察，有关这类事情的观念，一定程度上必须通过活动的结果进行核查。但是，就是关于这类事情还是过分依赖习俗，盲目地而不是有理解地沿袭习惯。这种观察实验法也限于这些“实际”问题，而且在实践和理论知识或真理之间仍保持明显的区分（参见第二十章）。自由城市的兴趣，旅游、探险和商业的发展，商品生产和经商的新方法的演进，明确地要求人们依靠自己的力量。科学改革家如伽利略、笛卡儿和他们的后继者，用类似的方法查明自然的真相。发现的兴趣替代了对所接受的信念加以系统化和进行检验的兴趣。

确实，对于这些运动进行公正的哲学解释，可以加强个人在获得知识和亲自检验信念方面的权利和责任，不管这些知识和信念被什么权威所证明。但是，这并不会使个人脱离世界，因而也不会在理论上使各个人彼此孤立。可以看到，这种个人和世界之间以及个人彼此之间的分离和连续性的破坏，超前否定了他们所做出的努力成功的可能性。事实上，每个人都是在社会环境中成长，而且总是必须在社会环境中成长。个人许多的反应变得明智了，或者有意义了，这仅仅是因为他是在众所承认的意义和价值观念的环境中生活，在这样的环境中行动的（参见第 37 页）。通过社会交往，通过参与体现信念的各种活动，他逐渐地形成自己的心理。如果把心理看作自我的纯粹孤立的占有物，这样的概念和真理恰恰相反。自我根据事物的知识在他生活中实体化的程度来形成心理，自我并不是自己能够重新构成知识的独立的心理。

但是，在客观的和非个人的知识与主观的和个人的思维之间，确有正当的区分。在一种意义上，所谓知识，就是我们视为当然的东西。知识是已经决定的、经过整理的、已被确认的和已受控制的东西。凡是我们完全知道的东西，我们不再加以思考。用通俗的话说，这种知识是确凿的、有把握的。同时，这并不是说只有一种肯定的感觉。它并不仅仅表示一种情感作用，而是指一种实际的态度，指一种没有保留或遁词的行动准备。当然，我们可能犯错误。在一定时间被认为是知识——事实和真理——的东西，也许并非知识。但是，一切假定没有疑问的东西，一切在我们相互交往和与自然交往中视为当然的东西，在一定时间就是所谓知识。与此相反，思维始于疑难或不确定，它表明一种探索、搜索和寻觅的态度，而不是掌握和占有的态度。通过思维的批判过程，真正的知识得到了修正和扩充，我们对事物状况的信心得到了改造。

很清楚，过去几个世纪就是一个典型的修正信念和改造信念的时期。人们并不真正抛弃所有流传的有关现实生活的种种信念，而是在他们私自独有的感觉和观念的基础上重新做起。如果他们想抛弃一切流传的信念，他们也做不到；如果可能抛弃这些流传的信念，唯一的结果只能是普遍的愚蠢。人们总是从被批准为知识的东西出发，并批判地考察这种知识所依据的基础；他们注意有什么例外；他们运用新的技术装置揭露与原来深信的东西不一致的论据；他们运用他们的想象力设想一个不同于他们祖先所信赖的世界。这项工作是一件一件零敲碎打的工作，一次解决一个问题。但是所有修正的净结果，等于先前关于世界的许多概念的一场革命。所出现的情况便是对先前种种理智习惯的改造，这种改造比摆脱一切联系所可能产生的情况更有无穷的效果。

这种情形提出了关于个人或自我在认识中的作用的含义，即众所承认的信念的重新定向或改造。每个新的观点，每个不同于流行信念所认可的事物的概念，必须来源于个人。新观念无疑总是不断萌发的，但是，习俗所统治的社会并不鼓励新观念的发展。相反，习俗往往压制新观念，仅仅因为它们偏离流行的观念。在这种社会里，一个对事物所抱的见解与众不同的人，是一个受人怀疑的人；这样坚持己见，一般是致命的。甚至当社会对各种信念的检查不很严格时，社会条件也有可能不能提供适当地阐述新观念所必需的工具；或者不能对持有新观念的人给予任何物质上的支持和报酬。所以，这种新观念不过是幻想、空中楼阁或无目的的推测。近代科学革命所包含的观察和想象的自由是不轻易取得的；必须为自由而斗争；很多人为争取理智的独立而遭受苦难。但是，总的看来，近代欧洲社会先是容许个人背离习俗所规定的反应，然后至少在某些领域有意识地鼓励个人背离这些反应。到了最后，发现、研究、新的探究和发明或者成为社会的风尚，或者在某种程度上成为可以容忍的东西。

但是，我们曾经指出许多哲学上的认识论，并不满足于把个人的心理看作改造信念所依靠的枢纽，从而维持个人与自然界和同辈所处世界的连续性。这些认识论把个人的心理看作独立的实体，每个人的心理都是完全的，孤立于自然，所以也孤立于他人。所以，一种合理的理智的个人主义，也就是进步所不可缺少的对过去种种信念的批判改造的态度，可以明确地表述为道德的和社会的个人主义。当心理的活动从习惯的信念开始，并努力实现信念的改造，以赢得普遍的信服时，个人和社会之间就没有对立了。个人在观察、想象、判断和发明中理智上的变异只是社会进步的动力，正如遵守习惯是社会保存的动力一样。但是，如果把知识看作发源于个人自身发展，就把一个人的精神生活和他同辈的精神生活联结的纽带忽略或否定了。

个性化的精神活动的社会品质如果被否定，寻找足以联结个人和他同辈的联系就成为一个问题。道德的个人主义的提出，就是由于有意识地把不同的生活中心划分开来。道德个人主义的根源是认为每个人的意识是完全属于私人的，好像一个自我封闭的大陆，本质上与其他人的观念、欲望和目的无关。但是，当人们行动时，他们是在一个共同的世界行动的。主张有意识的心理是孤立的和独立的，这种理论引起这样的问题：如果我们的情感、观念和欲望彼此没有关系，怎样能根据社会的或公众的利益来控制它们引起的行动呢？如果有一种利己的意识，怎样能发生关心他人的行动呢？

从这种前提出发的道德哲学已经有四种典型的方法来对付这个问题。

1. 一种方法代表旧时倚仗权威的立场的残余，同时由于事态的发展，做出绝对不可避免的让步和妥协。个人所具有的背离习俗的特征仍然受到人们的怀疑；原则上，这些特征都是离开外部权威指导的个人原有的扰乱、反叛和腐败行为的证据。事实上，和原则不同，理智的个人主义在某些专门的领域还是被人容忍的，例如数学、物理学和天文学等科目以及由这些科学所产生的专门发明。但是，把类似的方法应用于道德以及社会、法律和政治方面的问题，却是被人否定的。在这些问题上，教条还是至高无上的。通过启示、直觉或我们祖先的智慧，众所周知的某些永恒的真理对个人的观察和思索设置不能逾越的限制。社会所蒙受的灾难，都被人归咎于一些误入歧途的个人要侵越这些界限。在物质科学和道德科学之间存在中间的生命科学。这块领地只是在既成事实的压力下才勉强给予探究的自由。虽然过去的历史证明，由于信任在探究过程中所树立的责任心，人类利益的可能性扩大了，更加巩固了，但是“权威”理论留出一块神圣的真理领域，这一领域决不能受到信念变化的侵袭。在教育上，重点也许不放在永恒真理上，而是放在书本和教师的权威上，个人的不同意见是被阻止的。

2. 另一种方法有时被称为理性主义或抽象的理智主义。这种主义主张有一种形式逻辑官能，与传统和历史以及一切具体教材不同。这种理性官能赋有直接影响行为的力量。因为这种官能所应付的完全是普遍的和非个人的形式，所以，如果不同的人根据逻辑的结果行动，他们的活动在外表上将是一致的。这派哲学无疑有它的贡献。有些学说背后只有传统和阶级利益。这派哲学是对这些学说进行否定的和毁灭性的批判的一个强有力的因素；它使人们习惯于讨论的自由，并习惯于信念必须服从理性的标准的思想。这派哲学使人们习惯于依靠辩论、讨论和说服，使人能消除偏见、迷信和暴力。这派哲学使人讲解明晰有序。但是，这派哲学对于人们打破旧的谎言有较大的影响，而对于使人类建立新的关系和联合就没有这样大的影响。这派哲学把理性看作脱离材料本身完善的东西，因而具有拘泥形式和空洞的性质；它对历史的组织机构和制度持敌对态度；它漠视习惯、本能和情感等生活中的操作因素的影响，使它对特殊目的和方法的暗示软弱无力。单纯的逻辑学不管它在安排和批评现有教材方面如何重要，但是它本身不能编出新的材料。在教育上，与此相关的是信任一般现成的规则和原理，以取得一致的意见，而不问学生的思想是否真正彼此一致。

3. 当理性主义哲学正在法国发展的时候，英国的思想是诉诸各个人的明智的私利，以便取得由孤立的意识流产生的各种行动的外表上的统一。法律的安排特别是刑法管理，以及政府的规章制度，诸如此类的办法，目的在于防止从尊重私人感觉出发的行动妨碍他人的感情。教育必须使每个人懂得，不妨碍他人和在某种程度上积极尊重他们的利益，这是谋求自身幸福的可靠保证所必需的，但是，主要强调以贸易作为个人行为与他人行为协调的手段。在商业上，每个人都以满足他自己的欲望为目的，但是只有对他人提供某种商品或服务时，才能获得他自己的利益。所以，他在以增加自己舒适的意识状态为目的时，也就对别人的意识有所贡献。而且，毫无疑问，这种观点表达并推动了对意识生活的价值的深刻认识，并且认识到各种制度上的安排最终要根据它们对增强和扩大意识经验的范围所做出的贡献进行评价。这种观点也大大有助于使工作、工业和机械设施摆脱它们在闲暇阶级控制的社会中所遭受的蔑视。在这两方面，这种哲学促进了更加宽广和更为民主的社会关系。但是，这种哲学受到它的基本前提的狭隘性的影响，这个前提就是认为每个人的行动只顾到他自己的快乐和痛苦，所谓慷慨和同情的行为，只是获得和保证一个人自己的安逸的间接方法。换言之，任何哲学如果把精神生活视为一种自我封闭的东西，而不努力去重新指导和重新适应共同的事业，这种哲学所固有的后果就显露出来。这种哲学把人们的团结一致看作不计较表面的利益。这种哲学有助于卡莱尔的轻蔑的断言，他认为这种哲学是无政府主义加警察，只承认人们的“现金交易关系”。这种哲学在教育上的对应物就是使用愉快的奖赏和痛苦的惩罚，这是非常明显的。

4. 典型的德国哲学走另一条道路。德国哲学本质上是从笛卡儿及其法国接班人的理性主义哲学开始的。但是，当法国思想大体上发展理性概念，反对各个人的神圣心灵的宗教概念的时候，德国思想（例如黑格尔）综合了这两个概念。理性是绝对的。自然是实体化的理性。历史是理性在人身上的逐步展开。只有当一个人把自然和社会制度中的理性内容吸收到他身上的时候，他才是有理性的。因为，绝对理性，像理性主义的理性，并不纯粹是形式的和空洞的；它既是绝对的，就必须把一切内容包括在自身内。因此，真正的问题不是控制个人自由，以便达到一定程度的社会秩序和协调一致的问题，而是通过按照在作为客观理性的国家的组织中所发现的普通规律，发展个人信念而获得个人自由的问题。虽然这种哲学通常被称为绝对唯心主义或客观唯心主义，但是，至少为了教育的目的，最好称它为制度的唯心主义（参见第 68 页）。这种哲学通过把历史上的各种制度看作内在的绝对心灵的化身，而把历史制度观念化。毫无疑问，这种哲学对拯救 19 世纪初已经陷入孤立的个人主义的英国和法国哲学有很大的影响。它也足以使国家组织更加建设性地关心公共事务。它不那么听任机遇的摆布，不那么仅仅依靠个人的逻辑信心，也不那么让个人的私利起作用。它促使智力影响各种事务的处理，它强调为了国家的利益由国家组织教育的需要，它鼓励和促进对一切自然现象和历史现象进行自由的研究。但是，在一切终极的道德问题上，它倾向于恢复权威的原则。它比任何前面提到的各派哲学更有助于组织的效率，但是它并不为这个组织的实验改变有什么准备。政治的民主主义相信个人有参与改变社会基本组织的权利。这样的政治的民主主义是这种哲学所没有的。

三、教育上的具体表现

我们无须详细考虑各派哲学缺陷在教育上出现的对应现象。只要说明一下以下情况就够了。总的来说，学校是纯粹个人主义学习方法和社会行动之间以及自由和社会控制之间这种虚构的对立表现得最鲜明的机构。这种对立反映在缺乏社会气氛和学习动机上，以及在学校管理方面造成的教学方法和管理方法的分离上；学校很少有机会照顾学生的个别差异。如果学习是包含相互交流的主动作业的一个阶段，在学习过程中就发生社会控制。如果缺乏社会因素，学习就变成把所提示的材料贮存到纯粹个人的意识之中，而且没有内在的理由说明为什么学习应该给智力的和情感的倾向更加社会化的方向。

学校中自由的支持者和反对者都有一种倾向，把自由等同于缺乏社会指导，或者把自由等同于单纯在身体运动方面不加限制。但是，对自由的要求的实质，就是需要一些条件. 使个人能对集体利益做出他特殊的贡献，并且使他在参与集体活动时，社会指导应该是他自己的精神态度，而不只是他的行动受到权威的支配。因为，通常所谓训练和“管理”，必须只和表面行为有关，通过反应，把类似的意义附加在自由上。但是，如果我们理解每个观念表现在行动中的心理特性，自由和社会控制之间的对立就消失了。自由主要是思维在学习中所起的作用，这种思维是属于个人的。自由指理智上的创造性、观察的独立性、明智的发明、结果的预见性以及适应结果的灵活性。

但是，因为这些要求都属于行为的精神方面，所以我们所需要的个性或自由要发挥作用，就不能同身体运动的自由运用的机会相分离。强迫使人身体安静，也许不利于认清问题，不利于解释问题所需要的观察，也不利于进行实验检验所提出的思想。关于教育上“自我活动”的重要性，已经讲了很多，但是，这个概念过分局限于仅仅是内部的东西，排除感觉器官和运动器官的自由运用。有些人处于从符号中学习的阶段，或者在进行比较慎重考虑的活动以前就阐明问题或观念的含义，这种人可能很少需要感觉得到的外部活动。但是，自我活动的全过程要求一个观察和实验的机会，以便检验一个人对事物的看法，发现能利用材料和仪器做些什么。这是和严密限制的身体活动不相容的。

有的时候有人认为个人活动就是让学生自己工作或单独工作。要获得宁静和集中注意，就要让学生在工作时不去注意别人在干什么。儿童和成年人一样，需要有一定的单独活动的时间。但是，这种单独活动的时间、地点和多寡，乃是枝节问题，而不是原则问题。和别人共同工作与个人单独活动之间并无内在的对立。相反，一个人的某些能力，除了在和别人联合的刺激下以外是无法产生的。认为儿童必须单独工作，不参与集体活动，以便自由发展他的个性，这种观念是按空间距离衡量个性，把个性看成物质的东西。

教育上所重视的个性因素有两重意义。第一，一个人必须有他自己的目的和问题，并且能自行思考，在心理方面才是一个个体。"为自己思考"，这是一句烦冗的话。除非一个人为自己思考，不然就不是在思考。只有学生自己观察，自己反思，自己提出建议，自己检验建议，他已知的事物才能得到发挥和证实。思维和食物的消化一样，是一件个人的事情。第二，各人的观点、喜欢学习的对象以及处理问题的方式，都存在个别差异。如果这些差异为了所谓一致性的利益而受到压制，并且企图使学校中的学习和答问都必须按照一个单一的模式，就不可避免地使学生造成心理上的混乱和故意矫揉造作。学生的独创性被逐渐摧毁，对自己心理运作的质量的信心被逐渐破坏，被反复灌输要驯顺地服从别人意见，否则就是胡思乱想。这种情况所造成的损害比过去整个社会受习惯信念的统治的危害更大。因为学校中的学习方法和依靠学校外的学习方法差别很大。当各个人被容许利用他们对付材料的特殊方法，并因此而受到鼓励时，科学发现的系统进展就开始了，这一点是没有人否认的。如果有人反对，说学生不能有这种独创性，因而必须限于占用和再现较有知识的人所已知的东西，对于这个问题，回答有两方面。(1) 我们注意的是态度上的独创性，而不是以产品计量的独创性。态度上的独创性等于一个人根据自己的个性而不受外界强迫的反应；没有一个人期望青年能做出和自然及人文科学中所包括的事实和原理同样的创造性的发现。但是，如果从学习的观点来看，在某种条件下能有真正的发现，那么，在这种条件下期望学习可能发生，这种期望并不是没有理由的。虽然未成熟的学生不会做出用高年级学生的观点来看的那种发现，但是，只要能有真正的学习，他们就能做出从他们自己的观点来看的发现。(2) 在正常的熟悉别人已知的教材的过程中，甚至年幼学生也会以出乎意料的方式做出反应。这些年幼学生研究课题的方法和事物唤起他们注意的特殊途径，总有些新奇的地方，有一些甚至最有经验的教师都不能完全预料的地方。所有这些往往被人抹杀，被认为是毫不相关的东西。千方百计地强迫学生按成人所想象的方式去背诵教材，其结果是个性中各人不同的本能上所固有的独创性没有被利用，没有得到指引。于是教学对教师来说，不再是一个有教育意义的过程。这种教师，最多不过学会改进他现有的技术；他不能获得新的观点；他不能体验到任何理智的伙伴关系。因此，教和学就变成一套机械的东西，教学双方在精神上都很紧张。

随着学生成熟程度的逐渐增强，以及学生对新课题的背景更加熟悉，多少有些随意性的物质的实验范围就逐渐缩小。学生的活动限定在某些系统。在别人看来，这个学生在个体方面也许处于完全宁静的状态，因为他的精力限制在神经系统和相关的眼睛与发音器官上。但是，因为这种态度是受过训练的人在心理上高度集中注意的明证，我们不把这种态度作为还要寻找理智出路的学生们应该学习的榜样。甚至对成人来说，这种态度也不包含精神力量的全部线路。这种态度标志着一个中间时期，这段时期可以因对科目增加熟练程度而延长。但是，这段时期总是介于两段时间之间，一段是早先比较一般的和明显的有机体活动时期，一段是后来利用已经理解的东西的时期。

但是，当教育认识到在获取知识的过程中身心是联合在一起的时候，我们就不必坚持需要明显的或外部的自由了。我们只要认清在教学和学习中所包含的自由就行了，这种自由与使一个人所已知的和信奉的东西得以扩大的精炼的思维，这两者是一致的。如果我们能把注意集中在为取得有效思维的有利情境所必须满足的条件上，自由也就自行得到关注了。如果一个人有一个真正的问题，它唤起他的好奇心，使他热切地寻求有助于解决问题的知识，同时他又具备相当的实行工具，那么这个人在理智上就是自由的了。他所具有的创造性的和富有想象力的远见都将发挥作用，并能控制他的冲动和习惯。他自己的目的就能指导他的行动。否则，他表面上的注意力，他的温顺驯良，他的一切记诵和复述，都将带有理智上的奴性。这种理智上的屈服，在一个使群众适应一个不希望许多人有他们自己的目的和观念而只是服从少数有权势的人的命令的社会里，是必需的。这种理智上的屈服不适应一个旨在民主主义的社会。

提　要

真正的个人主义乃是放松作为信念标准的习俗和传统的权威支配的产物。除了偶见的例外，例如在希腊思想发展的顶峰时期，真正的个人主义是比较近代的表现。并不是因为不常存在个别差异，而是因为一个被保守的习俗支配的社会抑制个别差异，或者至少并不利用个别差异和促进个别差异。但是，由于各种原因，新的个人主义在哲学上不被认为是修正和改造过去所接受的信念的力量的发展，而视为一种主张，它认为每个人的心智是独立于其他一切事物的，是自身完全的。这种情况在哲学的理论方面产生了认识论上的问题，即个人对于世界的认识上的关系的可能性问题。在哲学的实践方面产生了纯粹的个人意识为共同的或社会的利益而行动的可能性问题，即社会指导的问题。虽然解决这些问题的各派哲学没有对教育产生直接的影响，但是它们所提出的基本假设在学习和管理之间以及在个性自由和他人控制之间常出现的分割现象中有所表现。关于自由，应该记住的重要问题是，自由指一种心理态度，而不是行动不受外部约束，但是，如果在探索、实验和应用中行动上没有相当的灵活性，这种心理素质是不可能发展的。一个建立在习俗基础上的社会，会利用个别差异，但只是在和习俗一致的限度以内；在每个阶级内部，主要的理想是一致的。一个进步的社会把个别差异视为珍宝，因为它在个别差异中找到它自己生长的手段。因此，一个民主的社会，必须和这种理想一致，在各种教育措施中考虑到理智上的自由及各种才能和兴趣的作用。

第二十三章　教育与职业

一、职业的意义

目前，各派哲学理论的冲突集中在有关职业的因素在教育上的适当地位与作用的讨论。如果直截了当地认为基本哲学概念上的重大分歧，在这个问题上表现了它们的主要争论之点，也许会使人怀疑：用来阐述哲学观念的生僻的和一般的术语，似乎与职业教育的实际的和具体的细节彼此相距太远。教育上有种种对立，如劳动与闲暇的对立、理论与实践的对立、身体与精神的对立、心理状态与物质世界的对立，回顾一下这些对立背后的理智的臆断，就可以明白，它们最终表现为职业教育与文化修养的对立。按传统习惯，人们经常把自由教育和闲暇、纯属沉思的知识以及不包括主动使用身体器官的精神活动等概念联系在一起。近来，文化也和纯属个人修养以及培养某种意识状态与态度联系在一起，既与社会指导分离，也与社会服务无关。文化修养已经成了社会指导的避风港，而就社会服务来说，它又成了一种安慰品。

这种哲学上的二元论和整个职业教育问题深深地纠缠在一起，要把职业的意义解释得充分一些，以避免给人这样的印象，即以职业为中心的教育，不是仅仅属于金钱性质，就是具有狭隘的实用性质。一种职业只不过是人生活动所遵循的方向，使这些活动因其结果而让个人感到有意义. 同时也使他的朋友感到活动有好处。职业的对立面既不是闲暇，也不是文化修养。它的对立面，在个人方面，是盲目性、反复无常和缺乏经验的积累；在社会方面，是无根据地炫耀自己和依赖他人过寄生生活。职业是一个表示有连续性的具体名词。它既包括专业性的和事务性的职业，也包括任何一种艺术能力、特殊的科学能力以及有效的公民品德的发展，更不必说机械劳动或从事有收益的工作了。

我们不仅要防止把职业的概念局限于生产直接有形的商品的职业，也不要认为职业的区分是相互排斥的，每个人只有一种职业。这种范围受限制的专门化是不可能的，没有比想教育人们只着眼于一种活动这件事更荒谬的了。首先，每个人必须有各种职务，他对每种职务都是明智有效的；其次，任何职务如果脱离其他各种爱好就丧失它的意义，变成机械的忙碌。(1) 没有人只是一个艺术家，此外一无所能。要是他接近这个地步，他就是一个没有很好发展的人；他是一个怪物。在他一生的某一时期，他必定是家庭的一员；他必定有朋友和伴侣；他必定要么自己供养自己，要么受人供养，这样，他就得有个事业。他是某一有组织的政治团体的成员，等等。我们自然不会把他和别人所共同的许多职务称为他的职业，而是把他突出的一项职务称为他的职业。但是，当我们考虑教育的职业方面时，不应受名称字面的牵制，以致忽略并实际否认他的其他许多职务。(2) 艺术家作为一个人的职业，只是他许多职业活动中特别专门的一个方面，所以，他在艺术活动中的效率，从人文的效率意义上讲，决定于它和其他许多职务的联系。一个艺术家的艺术才能，如果不只是技术上的成就，他就必须有经验，他必须生活。他不可能在他的艺术中找到艺术活动的题材；这种题材必须是他在别的关系中所受痛苦和所享快乐的反映——这要靠他对各种兴趣提高警觉，富于同情。对于一个艺术家是这样，对于任何其他专门职业也是这样。按一般习惯原理，无疑有一种倾向，即所有特异的职业都会变得过分强调它的专门化的一面，过于排斥一切，而全神贯注于它的一个方面。这就是说，注重技能或技术方法，而牺牲所包含的意义。因此，教育的任务不是要助长这种倾向，而是要预防这种倾向，使科学研究工作者不仅是科学家，教师不仅是教书匠，牧师不仅是穿着牧师服装的人，等等。

二、职业目的在教育上的位置

职业有各种不同和互相联系的内容，一种特殊的职业有它的广阔背景，牢记这一点，我们将进而研究个人比较特异的活动的教育。

1. 职业是唯一能使个人的特异才能和他的社会服务取得平衡的事情。找出一个人适宜做的事业并且获得实行的机会，这是幸福的关键。天下最可悲的事，莫过于一个人不能发现一生的真正事业，或未能发现他已随波逐流或为环境所迫陷入了不合志趣的职业。所谓适当的职业，不过是说一个人的能力倾向得到适当的运用，工作时能最少摩擦，得到最大的满足。对社会其他成员来说，这种适当的行动当然意味着他们得到这个人所能提供的最好的服务。例如，人们通常相信，即使从纯经济的观点看，奴隶劳动终究还是一种浪费——没有足够的刺激去指导奴隶的精力，结果造成浪费。此外，由于奴隶限于若干规定的职业，必定有许多才能未能用于社会，因此这是绝对的损失。如果一个人不能在工作中发挥自己的特长，奴隶制度不过是在某种程度上说明了所发生的一切。如果职业受人轻视，而对于本质上人人相同的文化修养还保持着传统的理想，他就不能在工作中完全发挥他的特长。柏拉图曾经说过（参见第98—99页），教育的任务在于发现各人的特长，并且训练他尽量发展自己的特长，因为这种发展最能和谐地满足社会的需要。在这里，柏拉图提出了教育哲学的基本原理。他的错误不在于他的定性的原理，而在于他对社会所需要的职业范围的狭窄的看法，使他看不到各个人的无限变异的能力。

2. 作业是有目的的、继续不断的活动。所以，通过作业进行的教育所结合进去的有利于学习的因素比任何其他方法都要多。作业能唤起人的本能和习惯，使它们发挥作用；它是同被动的接受相敌对的。作业有目标，又要完成结果。所以，作业促使人思维；它要求稳定地保持目的的观念，使活动不致成为机械的或任性的。既然活动必须是一种前进的运动，是从一个阶段到另一个阶段，所以在每个阶段都需要观察和机灵，以克服困难，发现行动的方法，并使之适用。总之，如果作业的进行目的在于活动的实现，而不只在于外部的产品，这种作业就能满足本书前几章在讨论目的、兴趣和思维时所提出的要求（参看第八、十、十二章）。

一种职业也必须是信息和观念的组织原则，是知识和智力发展的组织原则。职业给我们一个轴心，它把大量变化多样的细节贯穿起来；它使种种经验、事实和信息的细目彼此井井有条。律师、医生、某一化学分支学科的实验室研究工作者、父母、热心本地公益的公民，都各有一种经常起作用的刺激物，使他们注意和联系一切与他们的事业有关的事物。他们从自己的职业的动机出发，不知不觉要搜集一切有关的资料，并且保存起来。职业好像磁铁一样吸收资料，又好像胶水一样保存资料。这样组织知识的方法是有生命力的，因为它是和需要联系的；它表现于行动中，又在行动中重新调整，永远不会停滞。如果事实的分类、选择和整理是有意识地为了纯粹抽象的目的而进行的，无论在可靠性和效果上都断然比不上迫于职业的需要而组织的知识。比较起来，前一种知识是刻板的、表面的、无趣味的。

3. 通过作业进行的训练，是为职业进行的唯一适当的训练。本书曾经提出过一个原理（参见第六章），认为教育过程就是它自己的目的，尽量直接利用现在的生活是为将来的任务所进行的唯一充分的准备。这个原理可以完全有效地应用于教育的职业方面。无论何时，人类占优势的职业就是生活——就是智力的和道德的生长。儿童和青少年，比较不受经济的压迫，这个事实是赤裸裸的、没有隐蔽的。预先决定一个将来的职业，使教育严格地为这个职业做准备，这种办法要损害现在发展的可能性，从而削弱对将来适当职业的充分准备。现在再把前面多次讲过的原理重复一遍，这种训练也许能培养呆板的机械的技能（就是培养这种技能也毫无把握，因为它使人感到枯燥无味，使人厌恶，使人漫不经心），但是，它将会牺牲使职业在理智上有益处的敏捷的观察和紧凑、机灵的计划等特性。在一个专制的社会，阻碍自由与责任感的发展经常是有意识的目的；少数人制订计划，发号施令，其余的人不过服从指挥，并且被蓄意地限制在狭隘的和规定的努力渠道。这种制度无论可以怎样巩固一个阶级的威势和利益，但都显然限制被统治阶级的发展，同时僵化和限制统治阶级通过经验学习的机会，从两方面妨碍整个社会的生活（参见第 281 页）。

唯一可供选择的办法，就是使一切早期的职业预备都是间接的，而不是直接的；就是通过从事学生目前的需要和兴趣所表明的主动的作业。只有这样，教育者和受教育者才能真正发现个人的能力倾向，并且可以表明在今后生活中应选择何种专门的职业。不但如此，只要生长在继续，能力和能力倾向的发展就是一个经常性的过程。如果有人设想为成人生活选择的工作在某一特定日期发现之后就可以一劳永逸，这是一种传统的、武断的见解。比方说，一个人发现自己对有关工程的事物有理智的兴趣，也有社会的兴趣，并且决定把工程当职业。他这样做，最多不过是画出一个将来发展方向的轮廓。这是一种用来指导将来活动的草图。这样发现的专业，就好像在哥伦布踏上美洲海岸时，就说是发现了美洲。未来对无限的更为详尽和广泛的事物的探险还有待于进行。如果教育者以为职业指导可使人对职业做出确定的、无可改变的和完全的抉择，那么，教育和所选职业都很可能流于呆板，阻碍将来的发展。在这个范围内，所选择的职业将使有关的人永远处于从属的地位，执行别人的聪明才智，而那些发号施令的人的职业，却容许他们更加灵活地活动和重新调整。虽然平常习用的语言不能把灵活的重新调整的态度称为选择一个新的未来的职业，但是，实际上确实是这样。如果说成人还必须注意他们的职业没有压倒他们，没有使他们僵化，那么，教育者当然必须格外注意，青年的职业预备就是使他们能继续不断地重新组织目的和方法。

三、目前的机会与危险

从前的教育在名称上不叫职业教育，实际上具有职业的性质。

1. 群众的教育显然属于实利的性质。这种教育与其称为教育，毋宁称为学徒制度，再不然也可称为从经验中学习。学校专门教读、写、算三事，教人能读、能写、能算，这是一切劳动的共同要素。在别人的指导下参加某种特别的工作，这就是校外的教育。这两方面的教育相互补充；学校中所进行的狭隘的和形式的工作，正如明确地称为学徒制度的一样，也是学徒制度的一部分。

2. 统治阶级的教育在很大程度上实质上也是职业教育——只是碰巧他们的统治和享乐的事务不被称为专业。因为他们只把包含体力劳动的事情称为职业，这种工作只是为了糊口，或者得到相当的工资，或者对特殊的人们提供个人的服务。例如，长期以来，内外科医生的专业几乎和仆役或理发师的职业一起被列入同一个等级——一部分是因为这种职业全是与肉体有关，一部分是因为这种职业为获得报酬而给特定的人服务。但是，如果我们仔细研究一下就可以知道，指挥社会事业的职务，无论关于政治方面或关于经济方面，无论在战时或平时，都和任何其他职业一样，也是一种职业。从前的教育，凡是没有全部按传统办理的地方，高等学校基本上是为这种事务做准备的。此外，炫示夸耀，个人修饰，显赫的社会交游和招待应酬，以及花费金钱，也已经成为明确的职业。高等教育机关不知不觉中已被用来为预备这类职业贡献力量。就是现在，所谓高等教育也是专为了某一阶级（人数比过去少得多），主要也是为有效地从事这类职业做准备的。

就其他方面讲，现在所谓高等教育特别是研究院的工作，大多是训练教学和专门研究的职业。由于一种奇怪的迷信，主要培养摆阔懒汉、教师、作家和领袖人物的有关的教育都被认为是非职业性的，甚至被认为具有特殊的文化修养性质。那种间接使人适宜于著作事业的文学训练，无论是著书、写社论，还是写期刊文章，尤其容易有这种迷信。很多教师或作家，他们写文章为文化修养和人道主义辩护，抵抗专门化的实用教育的侵入，他们称自己的教育为自由教育，但不承认这种教育主要就是训练他们的特定职业。他们不过已经习惯于把他们自己的职业看作本质上是文化修养性质的，而忽视其他职业也有文化修养的可能性。这些区别的根源无疑是由于一种传统，就是当一个人的工作对特定的雇主负责，而不是对终极的雇主即社会负责时，才承认他的工作是职业。

目前有意识地强调职业教育，要把过去默认的职业的含义显示出来，审慎地实施，这是有几个明显的原因的。

（1）在民主主义的社会，凡关于体力劳动、商业工作以及对社会所做的明确的服务逐渐受人尊重。在理论上，我们现在都希望，无论男女都能有所作为，以报答社会对他们理智方面和经济方面的支持。劳动受人推崇，为社会服务是很受人赞赏的道德理想。虽然还有人非常羡慕能过懒散和炫耀生活的人，但是比较好的道德情感却谴责这种生活。一个人利用时间和才能担负社会的职责，现在比过去更受一般人承认了。

（2）过去一个半世纪内，属于工业的职业已经获得了极其重要的地位。制造业和商业不再是家庭和地方性质的事业，因而多少是偶然的事业，而变成世界范围的事业了。这些事业逐渐占用了很多人的最优秀的才能。制造家、银行家和工业界巨头，实际上已经替代世袭的地主贵族，直接指挥社会事业。社会调整这个问题显然是工业问题，涉及劳资关系的问题。工业上很多引人注目的制作法的社会重要性大大增加，不可避免地使学校教育与工业生活的关系问题重要起来了。这样大规模的社会调整的发生，不会不向从不同社会状况下继承下来的教育提出挑战，不会不对教育提出很多新的问题。

（3）我们曾经反复提到这样一个事实：现在的工业主要已

经不再是习惯传下来的以经验为根据的、比较粗糙的程序了。现在的工业技术是工艺学技术，这就是说，根据数学、物理学、化学和细菌学等的发现所制造的机械。经济革命提出了许多问题要解决，对机械的应用产生了更大的理性的尊重，从而激发了科学的发展。工业，也因科学的发展收回了复利。结果，工业方面的职业有了比过去多得无限的理智的内容和大得无限的文化修养的可能性。这就需要一种教育，使工人了解他们职业的科学的和社会的基础，以及他们职业的意义。现在这种教育的需要变得非常迫切，因为没有这种教育，工人就不可避免地降低到成为他们所操作的机器的附属品的角色。在旧社会制度下，一种行业的所有工人，他们的知识和观点大体相等。他们个人的知识和独创性至少在一个小范围内得到了发展，因为，它们的工作是工人直接使用工具做的。现在，操作工人必须使自己适应于机器，而不是使工具适应于他自己的目的。现在，工业在智力活动方面的可能性虽然成倍地增加，但是，工业的状况，就广大群众来说，往往使工业的教育作用不及为本地市场从事手工生产的时代。因此，实现工作中内在的智力活动的可能性这个任务就交回给学校了。

（4）在科学方面，知识的研究更属于实验的性质，更少依靠书本、传统，更少和推理的辩证法相关联，更少和符号相关联。结果，工业的职业所用的教材不但给我们比过去更多的科学内容，而且使我们有更多的机会去熟悉产生知识的方法。工厂中的普通工人受当前经济的压力太大，当然不能和实验室的工人具有相同的产生知识的机会。但是，在学校，学生的有意识的事情主要是增长见识，在这种条件下，可以让学生接触机器和工业上的各种制作法。工厂车间和具备上述条件的实验室的分离主要是传统的习惯。实验室的优点在于容许对于问题所暗示的任何理智的兴趣探究到底；工厂车间的优点在于重视科学原理的社会意义，有许多学生还可以因此激发更为活跃的兴趣。

（5）学习心理学，特别是儿童心理学的进展，与工业在生活上愈益增长的重要性是一致的。因为近代心理学特别强调探索、实验和尝试等原始的、不经学习的本能的重要性。近代心理学揭示，学习并不是一种现成的叫作心智的工作，心智本身却是原始能力所构成的有意义的活动的一种组织。我们在前面说过（参见第 222 页），工作对年龄较大的学生，正如游戏对年幼的学生一样，对未经训练的本能的种种活动具有教育意义的发展作用。而且从游戏过渡到工作应该是逐步的，不包含态度的激烈改变，而是把游戏的要素带到工作中去，同时，为了提高控制的能力，再加以继续不断的改组。

读者会说，上面五点实际上是重述本书前一部分的主要论点。无论在实际方面和哲学方面，解决目前教育状况的关键都在于逐步改造学校的教材和方法，以便利用代表社会职业的各种形式的作业，并阐明其明智的和道德的内容。这种改造工作必须降低纯粹书本式方法——包括教科书——和辩证的方法的位置，使它们成为明智地发展前后连贯和逐渐累积的活动的必要的辅助工具。

但是，我们的讨论已经强调了一个事实，就是仅仅按照各种工业和专业现在的做法，给予学生技术上的准备，教育改造是不能成功的；仅仅在学校照样模仿现有的工业状况，教育改造更难成功。问题不在于使学校成为制造业和商业的附属机关，而在于利用工业的各种因素使学校生活更有生气，更富于现实意义，与校外经验有更密切的联系。这个问题是不容易解决的。经常有一个危险，就是教育将会永远沿袭为少数人而设的旧传统，在默认我们现在有缺陷的工业制度没有改革、没有合理化和没有社会化的种种方面的基础上，或多或少地适应新的经济状况。具体地说，就是有一种危险，把职业教育在理论和实践方面解释为工艺教育，作为获得将来专门职业的技术效率的手段。

这样，教育将变成原封不动地永远延续社会现有工业秩序的工具，而不是改革这种工业秩序的手段。我们所要求的改造不难正式加以解释。这种改造标志着一种社会，其中人人都应从事一种职业，使别人的生活更有价值，更能认识联结人们的纽带，打破人与人之间的隔阂。这种改造意味着一种事态，每个人对他的工作的兴趣不是勉强的，而是明智的，即每个人的工作都是和自己的能力倾向、志趣相投的。不言而喻，我们现在离这样的社会状况还很远；从字面和定量上讲，我们也许永远达不到这种状况。但是，在原则上，我们已经完成的社会改革的性质是符合这个方向的。要实现这样的社会，现在有更充分的资源，是过去任何时候所不及的。如果我们真有实现这种社会的理智的意志，在前进的道路上就无不可逾越的障碍。

能否实现这种社会改革，决定于我们是否采用可以实现这种改革的教育方法，其他事情还在其次。因为这种改革实质上是心理倾向的性质的改革——这是一种有教育意义的改革。这个意思并不是说，我们可以离开工业状况和政治状况的改革，用直接的教训和规劝改变性格和心理。这种看法是和我们关于性格和心理就是参与社会事务的反应的态度这一基本思想相矛盾的。我们可以在学校造成我们所要实现的一种社会的缩影，由此塑造青少年的心灵，逐步地改变成人社会的更加重大和更难控制的特征。

现在社会制度的最大祸害不在于贫穷，不在于贫穷所遗留的苦难，而在于事实上有许多人的职业不是他们所喜欢的，他们从事这些职业不过是为了获得金钱报酬。这种说法在感情上似乎有点儿苛刻。因为这种职业常常令人厌恶，使人存恶意，玩忽职守，逃避职责。他们既不专心工作，又不愿意工作。另外，有一些人，他们不但物质条件比较好，而且还极度地——如果不是垄断地——控制着很多人的活动，他们与平等的和普遍的社会交往隔绝。他们沉溺于纵容娇养，炫耀示人；他们企图借显示权力和较多的财富与享受，给人留下印象，以缩短他们和别人的距离。

狭隘的职业教育计划很可能永远延续这种划分，使它僵化。这种计划根据社会宿命论的教条，认为有些人应在与现在同样的经济状况下继续当雇佣劳动者，这种计划的目的只是让他们受所谓工艺教育——就是使他们有更高的技术效率。技术的熟练往往是可悲地缺乏，可是它无论如何确实是需要的——不仅为了价廉物美，而且为在工作中得到更大的幸福。因为没有一个人愿意做他不能做的事。但是，有的效率只限于眼前的工作，有的效率扩大到认识工作的社会意义；有的是执行别人计划的效率，有的是拟订自己计划的效率。这两方面有很大区别。目前，无论雇主阶级和被雇阶级，都在理智上和情感上受到限制。被雇阶级关心的是他们的职业，往往不外乎是由此获得的金钱报酬；雇主阶级的观点，也许局限于利润和权势。雇主阶级感兴趣的事一般包含更大的理智的创造性和更广泛的情况调查。因为雇主阶级关心许多因素的指导和组合，而对工资的兴趣就只限于某些直接的肌肉运动。但是，只要他们的工作不顾及社会意义，他们的智力就仍然限于技术的、非人本的和非自由的渠道。当他们的动机不过是谋求私利或个人权势时，这种限制是不可避免的。事实上，具有直接的社会同情心和人道主义倾向等优点的人，往往是经济上不幸的人，他们并没有经验过片面地控制别人事务的坏影响。

任何从现在工业制度出发的职业教育计划，都很可能表现并延续这个制度的阶级划分和缺陷，因而成为实现社会宿命论的封建教条的工具。那些能达到自己欲望的人，将要求一种自由的和文化修养性质的职业，将要求能使他们直接关心的青年有指挥能力的职业。把教育制度割裂开来，使处境比较不幸的青年主要受特殊的工艺预备教育，就是要把学校视为一种机关，把旧时劳动与闲暇的划分、文化修养与社会服务的划分转移到号称民主主义的社会中去。这种职业教育不可避免地忽视所用的材料和制作法与科学和人类历史的联系。把这些联系包括到狭隘的工艺教育中去，不过是浪费时间；注意这些联系，是不切“实用”的。这些联系应留给那些有闲暇可以自由支配的人——这种闲暇，是由于优越的经济力量而得的。这些联系甚至很可能对统治阶级的利益有危险，因为这样一来，就要唤起那些在别人指挥下工作的人对现状不满或“超越身份”的奢望。但是，如果教育承认职业的全部理智的和社会的意义，这种教育就要包括有关目前状况的历史背景的教学；包括科学的训练，给人以应付生产原料和生产机构的智慧和首创精神；包括学习经济学、公民和政治学，使未来的工人能接触当代的种种问题以及所提出的有关改进社会的各种方法。总之，这种教育将训练未来的工人适应不断变化的情况的能力，使他们不会盲目地听天由命。这种理想不仅要和现在种种教育传统的惰性做斗争，还要和那些盘踞着指挥工业机构的人的反抗做斗争，这些人认识到这样的教育制度倘能普及，将危及他们利用别人以达到自己目的的能力。

但是，正是这个事实预示着一个更为平等和更为开明的社会秩序，因为这个事实足以证明社会的改造要依靠教育的改造，因此，这个事实也能鼓励那些相信一个更好的社会秩序的人们从事促进职业教育。这种职业教育并不使青年屈服于现今制度的要求和标准，而是要利用科学和社会的因素发展他们的胆识，并且培养他们实际的和执行的智慧。

提　　要

职业就是指任何形式的继续不断的活动，这种活动既能为别人服务，又能利用个人能力达到种种结果。职业与教育的关系问题把前面所讨论的各种问题集中到焦点上，如：思维和身体活动的联系；个人的有意识的发展和共同生活的联系；理论的修养和具有具体结果的实际行为的联系；谋生和闲暇的有价值的享用的联系；等等。一般地说，人们所以不肯承认教育的职业方面（小学教育中实利性质的读、写、算三种除外），是由于保存过去贵族的理想。但是，现在有一种所谓职业训练的运动，是为了适应现有工业制度。这个运动会继续把传统的自由教育或文化修养授予少数在经济上能够享用的人，而把别人控制的预备各种特殊职业的狭隘的工艺教育授予广大群众。当然，这种计划表明只是延续旧时的社会阶级区分，并且把理智和道德的二元论也保存下来。但是，在目前的社会条件下，这种计划已经没有继续存在下去的理由了。因为，现在的工业生活很依赖科学，并且密切地影响各种形式的社会交往，因此，我们有机会利用工业生活来培养青少年的心理和性格。此外，工业生活在教育上的正确运用将影响人的智力和兴趣，再加上立法和行政方面的设施，就足以改变现在工商业制度有害于社会的弊端。工业生活在教育上的正确运用，将使日益深厚的社会同情心用于建设方面，而不让它成为盲目的慈善情感。工业生活在教育上的正确运用将使那些从事工业职业的人有参与社会管理的愿望与能力，有变为主宰工业命运的主人翁的能力，同时，还将使从事工业职业的人了解机器生产和分配制度所特有的技术的和机械的特点的意义。以上是就经济机会较差的人讲的。对于社会中享有特权的那部分人来说，把工业生活正确地运用在教育上，能增强他们对工人的同情心，使他们产生一种心理倾向，在有用的活动中发现文化修养的因素，并提高他们的社会责任感。换言之，现在职业教育问题所以占有极其重要的位置，是因为它要集中全力解决两个基本问题：是离开人类利用自然的活动最能练习人的智力呢，还是在人类利用自然的活动的范围以内最能练习人的智力呢？个人的文化修养是在利己的条件下最能获得呢，还是在社会的条件下最能获得呢？本章对于这一点没有详细讨论，因为这个结论不过是总结了本书第十五章至第二十二章的讨论。

第二十四章　教育哲学

一、简短的回顾

虽然我们在论述教育哲学，但是，我们还没有给哲学下个定义，也还没有明确地考虑教育哲学的性质。我们现在要讨论这个问题，扼要地叙述以上讨论所包含的逻辑顺序，以便提出讨论中所包含的哲学问题。以后，我们将以更加专门的哲学术语简要地讨论教育实践中各种教育理想所包含的认识论和道德论。

前面各章按逻辑顺序可以分成三个部分。

1. 最初几章把教育看作社会的需要和社会的职能。这几章的目的在于勾画教育的一般特征，把教育看作社会群体赖以维持其继续生存的过程。教育就是通过传递过程使经验的意义得到更新的过程。这种传递过程，一部分是在成人和青少年之间通常的伙伴关系或交往过程中偶然产生的，一部分是深思熟虑建立的，以实现社会的延续。这个过程既包含未成熟的个体的管理和成长，也包含个体所处的群体的管理和成长。

以上这种考虑只是一般性的讨论，还没有专门研究有关社会群体的性质，即没有考虑社会通过教育使它自身得以永久存在这个性质。在这种一般性讨论之后，我们接着就具体地应用到有意识地追求进步的社会群体中。这种社会群体的目的，在于使群体成员具有广泛多样、相互参与的兴趣，以别于另一种社会群体，它们的目的仅仅在于保存已经建立的习俗。这种社会具有民主主义的性质，因为它们容许成员有更大的自由，并且意识到需要使每个人具有有意识的社会化的兴趣，而不是主要依靠在上等阶级控制下让习惯势力起作用。然后，我们明确地把适合于民主社会发展的教育作为进一步更加详细地对教育进行分析的标准。

2. 这种以民主标准为基础的对教育的分析，包含经验的继续不断的改造或改组的理想，这种改造的性质一方面增加经验的被公认的意义或社会内容，另一方面增加个人的能力，成为指导这种改造的保护人（参见第六章至第七章）。然后根据教育的这种特性，分别概述教材和方法的性质。同时说明教材和方法的统一性，因为以此为根据，学习的方法正是有意识、有指导的改造经验的材料的运动。根据这个观点，阐明学习方法和学习材料的主要原则（第十三章至第十四章）。

3. 这个阶段的讨论，除了为了通过对比以说明原则而偶然进行批评以外，都把民主的标准及其在目前社会生活中的应用视为当然的事。在后来的各章（第十八章至第二十三章），我们考虑了目前在实现民主的标准中所遇到的种种限制。这种限制来自把经验看作包括很多彼此分离的领域或事业，每个领域或事业都有它自己独立的价值、材料和方法，每个领域互相牵制，如果每个领域都受到其他领域正当的约束，这样就形成教育上的“均势”。于是我们进而分析构成这种分离的各种假设。在实践方面，这些分离现象的原因在于社会被分成多少截然分离的阶级和集团——换言之，原因在于充分的和灵活的社会相互作用和相互交往受到阻碍。这种社会上连续性的破裂现象在理智上的表述就是各种各样的二元论或对立，如劳动与休闲的对立、实践活动与智力活动的对立、人与自然的对立、个性与联合的对立、文化与职业的对立。在讨论中我们发现，所有这些争论的问题，在各派古典哲学体系中都有相对应的表述；它们包括哲学上的许多主要问题，如精神与物质的问题、身与心的问题、心理与世界的问题、个人与个人和他人的关系的问题等等。在这种划分的背后，我们发现一个基本的假设，主张心灵与包含物质环境、身体器官、用具以及自然物体的活动是彼此独立的。因此，有一派哲学承认心灵的起源、地位和作用就在控制环境的活动之中。这样，我们兜了一个圈子，又回到本书第一部分的许多概念上，例如：人类的冲动和本能与自然力在生物学上的连续性；心理的成长有赖于参与具有共同目的的联合的活动；自然环境通过在社会环境的运用所产生的影响；利用关于渐进地发展中的社会的愿望和思维中的个别差异的必要性；方法与教材的必要的统一；目的与手段的内在联系；承认心灵就是认识和检验行为意义的思维。这些概念和把智力看作经验材料通过行动而进行有目的的改组的哲学是一致的，而它们与上面所提到的每种二元论哲学都是不一致的。

二、哲学的性质

我们进一步的任务在于得出和阐明隐含在这些考虑中的哲学概念。虽然我们尚未给哲学下过定义，事实上，我们已经按照哲学所研究的问题进行了描述。而且我们已经指出，这些问题都来源于社会生活中的冲突和困难。有这样一些问题，如心与物的关系、身体与灵魂的关系、人性与自然的关系、个人与社会的关系、理论与实践或知与行的关系。阐述这些问题的各种哲学体系记载着当代社会实践中的主要面貌和困难。这些哲学体系明确地认识到，人们凭借他们当时经验的性质已经考虑到了自然、他们自己、他们想包括或控制的自然和他们自己的现实。

所以，正如我们所料，一般解释哲学的方式都在材料和方法方面包含一定的总体性、普遍性和终极性。就材料来说，哲学想要理解，即搜集有关世界和生活的千变万化情况，构成一个单一的包罗万象的整体，这个整体或者是一个统一体，或者像在二元论的哲学体系中，把很多细节归结为少量终极的原理。在哲学家的态度和接受哲学家的结论的人的态度方面，他们总想尽可能获得一个统一的、前后一致的和完整的经验观。“哲学”——爱智慧——一词就表现这方面的意义。无论何时，如果我们认真地理解哲学，我们总是假定哲学是要造成影响人生行为的智慧。试看这样的事实：所有古代的哲学流派几乎都是有组织的生活方式，那些承认各派哲学的信条的人，都信守某些特定的行为方式。再看一下欧洲中世纪时哲学与罗马教会神学的密切联系，哲学与宗教利益的经常的联系，以及在民族危机时刻哲学与政治斗争的联系，就是见证。

哲学与人生观的这种直接的和紧密的联系，明显地把哲学和科学区别开来。科学的特殊事实和法则显然影响行为。这些事实和法则暗示应做和不应做的事情，并且提供实行的方法。如果科学不仅指所发现的有关世界特殊事实的报道，而且指对于世界的一般态度——和要做的特殊事情有区别——这个时候，科学就结合到哲学中去了。因为根本的倾向即不代表对这件事或那件事的态度，甚至也不代表对所知事物的集合体的态度，而是代表对控制行为的种种考虑的态度。

所以我们不能仅从材料方面解释哲学。因为这个缘故，诸如普遍性、总体性和终极性这类概念的定义，从这类概念所隐含的对世界的倾向中最容易得到说明。这些名词无论在任何字面和数量意义上都不能用于知识的材料，因为这里并不存在完整性和终极性的问题。经验是一个不断前进的、不断变化的过程，经验的这个性质，不许有所谓完整性和终极性。这些名词在不很严格的意义上可用于科学，但不能用于哲学。因为，如果我们要发现世界的种种事实，我们显然必须求助于数学、物理学、化学、生物学、人类学、历史学等等，而不是求助于哲学。有关世界的种种概括哪些是可以保持的，它们又是什么性质的概括，这些都是科学回答的问题。但是，当我们问科学上的种种发现要求我们对世界应有何种永久性的行动倾向时，我们就是在提出哲学的问题了。

从这个观点看，所谓“总体性”并不是指没有希望的一件数量的加法工作。确切地说，它的意思是指对于所发生的许多事件的反应方式的一致性。所谓一致性，也不是指字面上的同一性；因为，既然同一件事不能发生两次，一种反应的严格的反复也含有调节不良的意思。总体性就是连续性——把从前的行动习惯继续下去，加以必要的调整，使它富有生气，不断发展。总体性的意思并不是说我们有一个现成的完整的行动计划，而是指很多不同的行动保持着一种平衡，使各个行动的意义相互补充。无论何人，只要他对新观念感觉敏锐，虚心接受，又能集中注意，负责把新观念联系起来，在这种程度上，可以说他有了哲学的倾向。哲学有一个通俗的意义，就是在困难和损失面前保持镇静和忍耐；甚至有人认为哲学就是忍受痛苦而毫无怨言的能力。这个意义与其说是哲学的一般属性，不如说是对斯多葛派哲学影响的歌颂。但是，只要这个意义能暗示哲学的总体性，就是能从令人不愉快的经验的变迁中学习或吸取意义的能力，并能把所学到的东西体现在继续学习的能力，那么在任何计划中都可证明它是正当的。类似的解释也可用于哲学的普遍性和终极性。从字面上讲，这两点都是荒唐的要求；它们表明精神错乱。但是，所谓终极性，并不是说经验终结了，枯竭了，而是指深入到事物的更深层的意义——深入到表层以下，发现事物的联系，并且锲而不舍。同样，我们说哲学的态度是普遍的，意思就是说哲学的态度反对孤立地对待事物；它设法把行动放在它的背景中——这个背景就构成它的意义。

把哲学和思维联系起来以别于知识，这样讲是有益的。知识，有根据的知识，就是科学；它所代表的对象是已经根据理性决定、整理和处理了的。至于思维，乃是参照未来的。思维的发生是由于有未解决的事情，思维的目的在于克服干扰。哲学就是思考已知的事物对我们的要求——已知的事物所要求的反应态度。哲学是关于可能的事物的观念，不是关于已成的事实的记录。因此，和一切思维相同，它是假设性的。它提示要我们去做的事情——要去尝试的事情。它的价值不在于提供解决的办法（这只能在行动中获得），而在于界说困难，并暗示应付困难的方法。哲学几乎可以说是思维已经意识到它自己——思维已经概括出它在经验中的地位、作用和价值。

我们所以特别要求“全面”的态度，是因为在人生许多互相冲突的兴趣中，需要行动的一体化。哪里的兴趣还是表面的，彼此容易变化，哪里的兴趣还没有足够的组织，彼此尚未达到冲突的地步，哪里就看不出哲学的需要。但是，如果说科学的兴趣和宗教的兴趣发生冲突，或者经济的兴趣和科学的或审美的兴趣发生冲突，或者对于秩序的保守的关切和求得自由的进步的兴趣发生对抗，或者制度主义和个性彼此抵触，在这种时候，我们就有一种刺激，要发现某种比较全面的观点，弥合分歧，恢复经验的一致性和连续性。以上种种冲突，个人常能自行解决；各种目的的斗争范围是有限的，一个人能自己做出大致上的和解。这种朴素的哲学是真实的，而且常常是适当的。但是，它们不能形成各种哲学体系。如果不同的行为理想的不同的要求影响整个社会，并且普遍需要调整，哲学体系就会发生。

以上这些哲学的特性，可以解决通常用来反对哲学的几个问题，例如，个人推测在哲学中所起的作用，各派哲学之间争论的多样性，以及哲学似乎总是反复研究相同的问题，这些问题只是表述有所不同。毫无疑问，这些问题多少能表明历史上各派哲学的特征。但是，这些问题与其说反对哲学，不如说反对人性，甚至不如说反对形成人性的世界。如果生活中有许多真正不确定的事情，各派哲学就必须反映这种不确定性。如果对于产生困难的原因有各种不同的诊断，又有各种不同的应付困难的建议，就是说，如果兴趣的冲突多少体现在不同的人群中，那么就必然产生背道而驰的、互相对抗的哲学派别。关于已经发生的事情，只要有足够的证据就能取得一致和确定性。事情本身是确定的。但是，在一个复杂的情境中，怎样做才算明智，这就免不了要讨论，这正是因为事情本身还是不确定的。我们并不指望养尊处优的统治阶级和为生存而艰苦斗争的人会有同样的人生哲学。如果占有者和被剥夺者对于世界有同样的基本倾向，这就表明不是伪善，就是不够严肃。一个致力于工业、积极经营商业的社会，和具有高度审美文化、很少把自然力变为机械力量的国家，不可能对生活的需要和可能性抱同样的见解。一个具有相当连续的历史的社会群体，和经受过突然中断的震惊的社会群体，他们在思想上对危机的反应是很不相同的。即使处理同样的资料，对资料的评价也不会相同。但是，随着不同的生活方式而来的不同的经验，既阻碍同样资料的出现，又导致不同的价值体系。至于哲学上许多类似的问题往往是表面现象，事实并不尽然，因为人们用现时的复杂的词语对旧时的讨论进行转译。但是，在某些基本方面，同样的生活困境不时重新出现，仅仅有一些因社会关系的变动而发生的变化，包括科学上的发展。

哲学问题所以产生，是因为在社会实践中有许多广泛传播和广为感觉到的困难，由于哲学家成了一个特殊的阶层，他们运用的专门术语，不同于陈述直接困难的通常词汇。但是，在一种哲学体系占势力的地方，经常可以发现它和社会利益的冲突有联系，这种利益的冲突要求实行某种社会调整的计划，在这一点上，哲学和教育的密切联系就表现出来了。事实上，教育为我们提供一个优势的地位，从这里把哲学上的讨论深入到对人生的意义上，这是和哲学讨论的专门意义不同的。研究哲学“本身”的学者往往有一种危险，即把哲学看作全是机智的或严格的理智的练习，看作哲学家们所说的东西，而且仅仅和他们有关。但是，如果我们从和哲学上的争论相应的心理倾向出发，或者从这些争论在教育实践中所引起的分歧出发来研究哲学问题，那就不难看到哲学问题所表述的生活情境。如果一种哲学理论对教育上的努力毫无影响，这种理论必然是矫揉造作的。这种教育观点使我们能够做到：哲学问题在哪里产生和泛滥，就在哪里研究它们；哲学问题在哪里立足安家，就在哪里研究它们；对哲学问题的承认或否认在哪里产生了实际影响，就在哪里研究它们。

如果我们愿意把教育看作塑造人们对于自然和人类的基本理智的和情感的倾向的过程，哲学甚至可以解释为教育的一般理论。除非哲学仍然是符号式的或是字面上的，或者仍然是少数人情感的放肆，或者仅仅是专断的教条，那么，哲学对过去经验的审查和哲学的价值纲领，就必然要影响行为。群众性鼓动、宣传、立法和行政的设施，对产生哲学上所认为的良好的心理倾向的变化虽有效果，但是，这些方法必须具有教育意义才能做到这一点。换句话说，它们必须能改变人们理智的和道德的态度。而且，这些方法至多是由于以下的事实而受到影响，即它们被用于习惯基本上固定了的成人，而青年的教育则有更合理和更自由的行动范围。另外，除非对学校教育在当代生活中的地位能进行像哲学工作所提供的那种广泛的和同情的考察，使教育的目的和方法富有生气，否则，学校教育的工作往往成为机械的和经验主义的事情。

实证的科学实际上总包含社会所要达到的种种目的。离开这些目的，无论社会要把科学的发现用来医治疾病还是用来传播疾病，用来增加维持生活的资料还是制造军火以消灭生命，都成为无关紧要的事。如果社会对这些事情中的一件感兴趣，而对另一件不感兴趣，科学就指出达到目的的方法。因而，哲学具有两重任务：一方面要根据科学的现状评判现有的种种目的，指出哪些价值观念由于掌握了新的资料已经过时，哪些价值观念因为没有实现的方法，只是感情用事；另一方面要解释专门科学的成果与将来社会事业的关系。这两方面的任务要有所成就，教育上不相应地指出什么应该做，什么不应该做，那是不可能的。因为哲学理论没有能满足人们一切愿望的阿拉丁神灯①，可以召唤它在理智上创造的种种价值立刻实现。在机械艺术方面，科学成为控制事物、利用物力以达到被认可的目的的方法。凭借教育的艺术，哲学可以创造按照严肃的和考虑

① 此灯可使持有者百事如愿。比喻能满足人一切希望的东西。——译者注

周到的生活概念利用人力的方法。教育乃是使哲学上的分歧具体化并受到检验的实验室。

欧洲哲学是在教育问题的直接压力下（在雅典人中）起源的，这一点对我们有所启发。希腊人在小亚细亚和意大利所阐发的早期哲学史，就它所研究的题目范围来看，与其说是今天所理解的哲学，毋宁说是科学史的一章。它的题材是自然，推究事物是怎样造成的，又是怎样变化的。后来，称为诡辩家的巡回教师才开始把自然哲学家研究的结果和方法应用于人的行为。

当这些诡辩家，即欧洲第一批专业的教育家，把德行、政治艺术、城市和家政管理教授给青年的时候，哲学才开始研究个人和宇宙的关系、个人和某种全面的阶级的关系以及个人和某一群体的关系，研究人和自然的关系、传统和反省的关系以及知识和行动的关系。他们问道：德行，任何一个行业众所赞许的美德，能学会吗？什么是学习？学习和知识有关系？那么，什么是知识？知识是怎样获得的？是通过感官，还是通过在某种工作中当学徒，还是通过受过初步逻辑训练的理性呢？既然学习就是即将知道，它便包含从无知到智慧的过渡、从缺乏到充足的过渡、从缺陷到完善的过渡，用希腊人的表达方法，就是从无生命到有生命的过渡。这种过渡是怎么可能发生的？变化、形成、发展真的可能吗？如果可能，怎样才能做到？假使这些问题都回答了，那么，什么又是教学和德行、知识和德行的关系呢？

这最后一个问题又引出理性和行动的关系、理论和实践的关系的问题，因为德行显然寓于行动之中。认识，即理性的活动，是不是人类最崇高的属性？因而，纯粹智力活动本身是不是一切优点中最崇高的优点？而睦邻和公民生活等德行，和纯粹智力活动比较，是不是居于次要地位？或者，从另一方面说，自吹自擂的理性知识是不是只是空洞虚浮的装腔作势，会败坏道德、破坏社会生活中团结人们的社会纽带？是不是由于恭顺适应社会的习惯做法而赢得的生活是唯一道德的生活，所以才是唯一真正的生活？是不是因为新教育树立了与社会已有传统对立的标准，它便成了优良公民训练的敌人？

在过去两三个世代内，这些问题脱离了它们原来与教育的实际关系，人们仅讨论这些问题本身；换言之，把这些问题视为哲学上的事情，作为一个独立的研究部门。但是，欧洲哲学思潮作为教育过程的理论兴起，这一事实仍然是哲学与教育有密切联系的有力见证。“教育哲学”并非把现成的观念从外面应用于起源与目的根本不同的实践体系：教育哲学不过是就当代社会生活的种种困难，明确地表述培养正确的理智习惯和道德习惯的问题。所以，我们能给哲学下的最深刻的定义就是，哲学就是教育的最一般方面的理论。

所以，哲学、教育和社会理想与方法的改造是携手并进的。如果现在特别需要教育的改造，如果这一需要迫切要求重新考虑传统的哲学体系的基本思想，这是因为随着科学的进步、工业革命和民主主义的发展，社会生活发生了彻底的变革。这种实际变革的发生必然使人要问：这些社会变革包含着什么观念和理想？它们要求对旧的、不同的文化所继承下来的观念和理想进行哪些修正？我们已经在本书各章偶尔讨论到这些问题，在前面几章明白地讨论了这些问题，因为它们影响到精神和肉体、理论和实践、人和自然、个人和社会等的关系。在本书最后两章，我们将先就认识哲学，然后就道德哲学，对前面的讨论做一番总结。

第二十四章　教育哲学

提　要

本章首先回顾了前面的讨论，揭示其中所包含的哲学上的争论，然后把哲学解释为一般化的教育理论。哲学是思维的一种形式，它和一切思维一样，起源于经验材料中的不确定的事情，它的目的是要找出困惑的性质，提出消除困惑的假设，并在行动中加以检验。哲学的思维有它的特殊性，就是它所对付的种种不确定性出现在广泛的社会情况与目的之中，存在于那种有组织的兴趣和制度上的要求的冲突之中。因为，要使各种对立的趋势能和谐地重新调整，唯一的方法是通过改变情绪的和理智的倾向。所以，哲学同时就是明显地表述人生的各种兴趣，提出使多种兴趣实现更好的平衡的观点与方法。因为教育是一种过程，我们所需要的改造可以通过它完成，而不致永远是所想做的事情的假设，所以，我们有理由提出，哲学乃是作为审慎进行的实践的教育理论。

第二十五章　认识论

一、连续性对二元论

我们前面曾经批判过若干认识理论，这些理论虽然彼此不同，但在一个基本方面它们和我们正面提出的理论相反。我们提出的理论假定连续性，而前面的理论提出包含某些基本的割裂、分离或对立，其专门名词叫作二元论。这些割裂的起源产生于一个团体内部壁垒森严的社会集团和阶级的划分：富与贫、男与女、贵族与平民、统治者与被统治者之间的壁垒。这些屏障意味着缺乏畅通和自由的交往。这种缺陷等于树立各种不同的生活经验模式，每种生活经验模式有其孤立的题材、目的和价值标准。如果哲学是经验的表里一致的描写，那么每种这样的社会状况必然表述为二元论哲学。如果超越二元论——很多哲学在形式上就是这样——那只能通过诉诸高于经验中所能找到的任何东西，通过逃跑到某种先验的领域才能做到。这种理论名义上否认二元论，事实上恢复到了二元论，因为它们的结局是一种分裂，一方面是这个世界的东西，即仅仅是现象，还有一方面是达不到的现实的本质。

上面这些割裂一直坚持下去，其他割裂又加上去，每种割裂在教育制度上都留下它的标志，这样，整个教育制度就成为多种目的和程序的淀积器，结果我们讲过的各种分割的因素和价值观互相牵制，保持平衡的均势状态（参见第十八章）。本章的讨论只是用哲学上的术语阐述认识论中所包含的各种对立的概念。

首先是经验性认识与高级的理性认识的对立。经验性认识与日常事务有联系，为平常人的目的服务，这种人没有特殊的理智追求，他们的欲望和眼前的环境建立了某种工作的联系。这种认识即使不被蔑视，也被认为没有价值，以为是纯粹功利主义的，缺乏文化的意义。理性认识被认为最终在理智上接触现实；为认识而认识，以纯理论的卓识结尾，不因在行为中应用而降低价值。从社会方面说，这种区分相当于工人阶级的智力和不管生活资料的学者阶级的智力的区分。

从哲学上说，这种区分变成个别与一般的区分。经验是多少孤立的个别的集合体，每一个别的认识必须单独进行。理性对付一般，对付普遍原理，对付法则，它们都处在波澜起伏的具体事物之上。在教育的沉淀物中，学生一方面应该学习大量孤立的专门知识，另一方面又应该熟悉一定数量的法则和一般关系。地理，按通常的教法是说明前者；数学，程度比初步的计算高，是说明后者。实际上，它们代表两个独立的世界。

另一种对立是“学问”一词的两种含义使人联想到的。一方面，学问就是书本和学者传下来的知识的总和。它是外部的东西，是被认识的事物的积累，好像人们把商品储存在仓库一样。真理现成地存在某个地方。因此，学习就是一个人提取所储存的知识的过程。另一方面，学问意味着学生学习时所做的某种事情。这是一个主动的、亲自进行的事情。在这里，二元论处于作为某种外部的、客观的东西的知识和作为某种纯内部的、主观的、精神的东西的知识之间。一方面是一批现成的真理，另一方面是具有认知官能的现成的心灵——只要心灵愿意使用这种官能就行，但是很奇怪，它往往不愿这样做。我们经常讲的教材和方法的分离，就是这种二元论在教育方面的表现。从社会方面讲，这种区分是依靠权威的生活和个人可以自由前进的生活的区分。

另一种二元论就是认识中主动与被动的对立。纯粹经验的和物质的东西常常是通过接受印象而认识的。物质的东西好像通过感觉器官把它们自己铭刻在心灵上，或把它们自己传达到意识之中。与此相反，理性知识和关于精神的东西的知识来自心灵内部所引起的活动，如果这种活动不被感觉器官和外部事物所玷污，活动就能更好地进行。感官训练和实物教学以及实验室练习，与包含在书本和通过精神力量的某种神奇的作用而获得的纯粹观念的区别，便是这种区别在教育上的清楚表现。从社会方面说，它反映了那些被直接有关的事物所控制的人和自由培养自己的人的区别。

有人认为又一个流行的对立存在于理智与情感之间。他们认为情感是纯属私人的，也许除了理智的好奇心这种情感以外，情感与理解事实和真理的纯粹智力的工作毫无关系。理智是纯粹的光，情感乃是打扰人的热。心灵向外寻找真理，情感向内考虑个人的得失。因而，在教育中我们故意贬低学生的兴趣，在实际工作中对多数学生采取外部的无关的奖惩，以便引诱有心思的人（很像他的衣服上有个口袋的样子）把心用于要认识的真理。因而，我们看到专业的教育者诋毁诉诸兴趣的做法，但是他们坚持必须依靠考试、分数、升级和降级、奖品以及历史悠久的奖励和惩罚等手段。这种损坏教师幽默感的情境的影响并没有受到它应有的注意。

所有这些分离现象的顶峰表现为知与行、理论与实践、作为行动的目的和精神的心灵与作为行动的器官和手段的身体的分离。我们将不去重述我们曾经说过的有关这种二元论的根源在于社会分成了一个为维持生计而用他们的肌肉劳动的阶级，和一个免除经济压力而致力于表现艺术和社会指导的阶级；也没有必要再去讲这种分离现象所产生的教育上的种种弊端。我们将满足于总结一下使这种概念显然站不住脚的许多力量，并且用连续的观念来替代分离的观念。

1. 生理学和与生理学相关联的心理学的进展，已经表明心理活动和神经系统活动的联系。但是人们往往就止于承认联系。旧时的灵魂和肉体的二元论为大脑和其余肉体部分的二元论所取代。但是，事实上，神经系统只是使一切身体的活动协同工作的特殊机制。神经系统不是孤立于身体活动，作为一个从运动反应器官认知的器官，而是使一切身体活动相互起反应作用的器官。大脑本质上是人对从环境接受的刺激和对环境做出的反应进行相互调节的器官。请注意，这种调节是有来有往的；大脑不仅使有机体的活动对环境中的任何事物施加影响，对感觉刺激做出反应，而且通过这个反应决定下一个将是什么样的刺激。让我们来看一下一个木工在制作木板或一个蚀刻师在刻杯盘或者任何连续性的运动时所发生的事情。虽然每个运动反应适应通过感觉器官所表明的情况，但是运动反应决定下一个感觉刺激。从这个例子可以引出一个一般化的结论，这就是，大脑乃是经常改组活动以保持连续性的机制。换言之，就是在未来的行动中做出过去活动结果所要求的变动。木工工作的连续性不同于同一动作的例行反复，也不同于毫无积累作用的胡乱活动。一种活动所以是连续的、相继的或集中的，是因为每个前面的动作都为后来的动作准备道路，而后来的动作又考虑已经达到的结果——这是一切责任的基础。一个人如果懂得认识与神经系统的联系，懂得神经系统与不断调整活动以应付新情况的联系，懂得这些事实的全部力量，他就不会怀疑认识和改组中的活动有密切的关系，认识不是脱离所有活动、完全依靠自身的东西。

2. 生物学的发展以它对进化的发现证明了这个教训是正确的。因为进化论的哲学意义恰恰在于进化论强调比较简单的有机体结构和比较复杂的直到人类的有机体结构的连续性。有机体结构的发展开始于环境和有机体的调节比较明显的结构，和可以称为心灵的东西处于最低限度的结构。随着活动变得比较复杂，在空间和时间方面协调大量因素，智力就发挥越来越显著的作用，因为智力要预测和规划更为广阔的未来。这个观点对认识论的影响取代了另一个观点，即认为认识不过是一个世界旁观者的活动，认识是某种自行完成的东西。有机体发展的理论认为：生物是世界的一部分，与世界有难同当，有福同享；只有当它在理智上把自己和它周围的事物一致起来的时刻，才能在不稳定的依赖状态中使自己安全；同时，它预料未来环境中所发生的事情的结果，并相应地计划自己的活动。如果有生命的、有体验的人是他所在世界活动的亲密参与者，那么认识就是一种参与的方式，这种知识有多大效果，就有多大价值。知识不能是一个漠不关心的旁观者的无用的观点。

3. 实验方法作为获取知识和确保它是知识而不只是意见的方法，既是发现的方法，又是证明的方法，这种方法的发展乃是造成认识论的改造的最后一个巨大力量。实验方法有两个方面。一方面，除非我们的活动确实在事物中产生了符合并证实我们所持概念的某些物理变化，否则我们无从把任何东西称为知识。没有这种特殊的变化，我们的信念不过是一些假设、理论、暗示和猜想，这些信念暂时被接受，用作尝试实验的标志。另一方面，思维的实验方法表明思维是有效的；思维之所以有效，正是因为对未来结果的预测是在当前情况的全面观察基础上提出的。换言之，实验不等于盲目的反应。这种多余的活动——对已经观察到和现在被预见到的东西来说是多余的——确实是所有我们行为中的一个不可避免的因素，但是，除非活动的结果被注意到，而且在未来相似的情形中进行预测和规划，否则这种活动就不是实验。我们愈能了解实验方法的意义，我们就愈能在试验以某种方法对付我们面临的物质力量和障碍中优先使用智力。我们所谓的魔术，对于许多事物就是未开化的人的实验方法；但是，对未开化的人来说，尝试就是碰运气，而不是尝试他的观念。与此相反，科学的实验方法乃是观念的试验。因此，甚至当试验实际上并不成功或者马上不成功时，这种试验还是理智的试验，是有效果的；因为如果我们的智力是经过认真思考的，我们就能从失败中学习。

实验方法作为一种科学的方法——作为系统化的求知的手段，虽然和作为实际方法的生活同样古老，但它却是新的。因此，人们还没有认识它的全貌，这并不奇怪。在极大程度上，实验方法的重要性被认为属于某些技术的和仅仅是物质方面的事情。要认识这种方法同样适用于社会和道德问题中观念的形成和检验，无疑需要较长时间。人们还是希望教条的支持，希望权威所确定的信念的支持，以解除他们思考的困境和通过思维指引他们活动的责任。他们往往把他们自己的思维局限于考虑在敌对的教条体系中他们接受哪个教条。因此，正如约翰·斯图亚特·密尔所说，当时的学校更适合于培养信徒，而不是培养探究者。但是，实验方法的影响的每一进展肯定有助于取缔曾经统治过去学校的文字的、证论的和命令式形成信念的方法，这些方法把它们的威信转移给主动关心事物和人群的方法，它们受扩大时间范围和在空间上展开事物范围的目的的指导。总有一天，认识论必须来源于实践，实践是获取知识最成功的方法，然后用这个理论来改进不很成功的方法。

二、认识方法的派别

不同的哲学体系各有其独特的认识方法的概念，有所谓经院主义、感觉主义、理性主义、实在主义、经验主义、先验主义、实用主义等等。其中许多我们在讨论某些教育问题时已评论过了。我们在这里所考虑的是，这些认识方法与已经证实是最有效的获得知识的方法有何不同，因为这种考虑可能使知识在经验中所占的真正地位更为明显。简单地说，知识的作用是要使一个经验能自由地用于其他经验。这里“自由地”一词标志着知识的原则和习惯的原则之间的区别。习惯的意思是一个人通过经验而有所改变，这种改变造成一种倾向，使将来在同样情况下的行动更加容易，更加有效。因而习惯也具有使一个经验有用于后来的经验的作用。在一定限度内，习惯成功地起了这个作用。但是，习惯离开了知识就不能考虑环境的变化和适应新的环境。预见未来的变化不是习惯范围的一部分，因为习惯假定新旧情境基本相同。因此，习惯常引人误入歧途，或者使人不能成功地完成任务，正如一个技工，他的技能全靠习惯，一旦机器的运行发生故障，他的技能就无用。但是，一个了解机器的人就知道他干的是怎么一回事，知道一定的习惯在什么情况下起作用，并且能改变自己的习惯以适应新的情况。

换言之，所谓知识就是认识一个事物和各方面的联系，这些联系决定知识能否适用于特定的环境。举一个极端的例子。未开化的人对一颗火焰般的彗星所做的反应，和他们习惯上对威胁他们生命安全的事件的反应一样。因为他们习惯于用尖声叫喊、敲击铜锣和挥舞刀枪等等来吓唬野兽或敌人，他们也想用同样的方法赶跑彗星。在我们看来，这个方法显然是荒谬的，荒谬到我们没有注意到未开化的人完全依靠习惯，正显示出习惯的局限性。我们所以不至于有类似的做法，唯一原因是我们并不把彗星看作一个孤立的、和其他事物不相联系的事物，而是在它和其他事物的联系中来理解它，可以说，我们把它安放在天文学的系统之中，我们是对彗星的种种联系而不是单纯对当前所发生的事件做出反应。因此，我们对彗星的态度比较自由得多。可以这样说，我们可以从彗星的种种联系所提供的任何一个方面来探讨它，我们可以使用任何一种适合于所联系的事物的习惯。因此，我们能间接地而不是直接地，即通过发明巧妙和机智地了解一个新的事件。一种合乎理想的完备的知识就代表这样一个相互联系的网络，任何过去的经验都能提供有利的地位，以解决新经验中所提出的问题。总之，离开了知识的习惯，提供给我们的是一个固定不变的应付方法，而知识却意味着可以在比较广泛的习惯范围内有所抉择。

过去的经验对后来的经验的这种比较一般的和自由的有效性，可以从两个方面区别开来。(1) 一个方面，也是比较看得出的方面，就是控制能力的提高。对于不能直接控制的事物，我们可以间接地应付；或者，如果我们不能克服这些后果，则可以回避它们。总之，真正的知识都有依附于有效率的习惯的实用价值。(2) 但是，真正的知识也增加依附于经验的意义，即所体验到的意义。我们如果用变化莫测或墨守成规的方法去应付一种情境，这种情境就只有极少意识到的意义；我们在理智方面毫无所得。但是，凡是知识在决定新经验中起作用的地方，我们就能获得理智的酬报；即使我们实际上并不能得到所需要的控制能力，但是，由于我们体验到意义，而不单纯用体力去应付，我们就感到满足了。

虽然知识的内容是已经发生的东西，被认为是完成了的因而也是稳定和肯定的东西，但是知识的关联是未来或前瞻的。因为知识为还在进行中的事情和应该做的事情提供了解或给予意义的手段。一个医生的知识是通过亲自了解和研究别人已经确定和记录的知识所发现的知识。但是，之所以对他来说是知识，是因为它提供许多办法，通过这些办法他解释他所面临的未来的事情，用所提出的有联系的现象丰富只是部分明显的事实，预见它们可能出现的未来，并相应地做出计划。如果知识与在认识隐蔽的和令人迷惑的事物的意义中的应用隔离开来，那么知识就完全在意识之外，或者变成审美沉思的对象。观察一下我们所有的知识的匀称和顺序，情感上可以得到满足，这种满足是真实的。但是，这种沉思的态度具有审美的性质，而不是理智的性质。它和凝视一幅已完成的图画或一种结构完美的景色所得到的愉悦是相同的。虽然题材完全不同，假如它具有同样和谐的组织，那也没有什么关系，仍能使人感到满足。的确，如果它是完全虚构的，是幻想游戏，也没有什么区别。所谓知识对世界有用，并不是指对已经过去的事情有用，就这件事情的性质来说，这是不成问题的，而是指对仍在进行的事情有用，对仍未解决的事情有用，对我们牵连在内的情景有用。我们很容易忽略这个特征，并把已经过去的和我们所不及的陈述看作知识，这一事实乃是由于我们假定过去和未来是连续一贯的。我们对世界不能坚持这样的概念，认为有关世界过去的知识无助于预见世界的未来和了解世界的未来的意义。我们不能持这样的世界概念。我们所以忽视前瞻的关联，正是因为这种关联完全是含蓄的。

但是，我们提到过的很多有关认识方法的哲学派别，都把这种忽视的态度变为实际上的否认。他们把知识看作本身完成的东西，而不顾它在对待未来的事情方面是否有用。正是因为这种忽略，这些哲学派别都有缺陷，并使它们成为适当的知识概念所谴责的教育方法的发起者。因为我们只要回想一下学校里学生获得知识的方法，就可认识到这种方法和学生的不断发展的经验应有的有效的联系缺乏到什么地步，有多少人似乎相信只有偶尔储存在书本中的材料构成知识。无论所学到的东西对那些发现它并在他们的经验中起作用的人来说是如何真实，但是对学生来说，没有东西使它成为知识。除非这种材料在个人自己的生活中产生了效果，否则这种材料就像关于火星或某一奇异的国家的事情一样。

经院派的方法在发展的时候和社会条件是有关系的。它是对凭权威所接受的材料加以系统化并给予理性的认可的方法，这种材料具有很大的意义，它使材料的解释和整理工作富有生气。在当前的情况下，对大多数人来说，经院派的方法就是和任何特殊材料都没有特殊联系的认识方式。这种方式包括进行区别、界说、区分和分类等工作，它们都不过是为了这些工作本身而工作，在经验中没有目的。思维被看作具有它自己的形式的纯粹心理活动，这种观点运用到任何材料上，就像一个图章可以盖在任何可塑的材料上一样，这种思维观是形式逻辑的基础，本质上是广义化的经院派方法。教育上的形式训练理论便是和经院派方法相应的理论。

以感觉主义和理性主义命名的对立的认识方法理论，各自强调个别和一般的一个方面——一方单纯强调事实，另一方单纯强调关系。其实在真正的知识中，个别化和一般化的功能是同时进行的。只要情境是混乱的，我们就必须把它澄清；必须把它分解为各种细节，尽可能把各部分的界说说清楚些。详细说明的事实和特性，就构成我们要解决的问题的各种成分，通过我们的感觉器官把它们详细说明。就提出问题来说，这些事实和特性完全可以称作个别，因为它们是片断的。既然我们的任务是发现它们的联系，并把它们重新合并起来，这个时候对我们来说，它们就是部分的。这些部分还需加上意义；因此，就它们的现状来说，它们还缺乏这种意义。任何应该了解的事物，它的意义都还有待于说明；事物本身都是个别。但是，已经了解的事物，如果经过一番改造，使它适用于了解新的个别，这种事物在作用上就可以说是一般。它那使不相关联的东西联系起来的作用就构成它的普遍性。任何事实，如果我们利用它而使新的经验的成分有意义，这个事实就是一般。“理性”正是利用一种能力，利用先前经验的材料来认识新的经验材料的意义。一个有理性的人对直接接触他感官的事件，习惯于在它和人类共同经验的联系中进行观察，而不是把它看成一个孤立的东西。

没有通过感觉器官的积极反应而区别出来的个别，就没有认识的材料，也没有智力的发展。没有把这些个别放在从过去广泛的经验所提炼出来的意义背景之中——没有利用理性或思维——个别就只是一些兴奋或刺激。感觉论学派和理性论学派的错误，同样在于每一派都没有认识到感觉刺激和思维的作用在应用旧经验于新经验，从而保持生活的连续性和一致性时，都与改组中的经验有关。

以上提出的认识方法的理论可以称为实用主义的认识论。它的本质特征是坚持认识和有目的地改变环境的活动之间的连续性。实用主义的认识论主张，在严格的意义上，知识包含我们理智方面的种种资源——包含使我们的行动明智的全部习惯。只有已经组织到我们心理倾向中的那种知识，使我们能让环境适应我们的需要，并使我们的目的和愿望适应我们所处的情境，才是真正的知识。知识不仅是我们现在意识到的东西，而且包含我们在了解现在所发生的事情中有意识地运用的心理倾向。知识作为一个行动，就是考虑我们自己和我们生活的世界之间的联系，调动我们一部分心理倾向，以解决一个令人困惑的问题。

提　要

阻碍自由和充分交往的社会阶级的划分，使得各个阶级成员的智力和认识都流于片面。有些人，他们的经验与离开他们所服役的远大目的的实利有关，这种人是实际的经验主义者；有些人，他们喜爱冥想种种意义的领域，而自己并未参与主动创造这些意义，这种人是实际的理性主义者；有些人，他们直接与事物接触，不得不使他们的活动立即适应这些事物，这种人实际上是实在主义者；有些人，他们把这些事物的意义孤立起来，把它们归入一个与事物隔离的宗教或所谓精神的世界，这种人实际上是唯心主义者；有些人，他们关心进步，努力改变公认的信仰，这种人强调认识中的个人因素；有些人，他们的主要任务是抗拒变革，保持公认的真理，这种人强调普遍的和固定的东西；等等。各派的哲学体系在它们相互对立的认识中呈现出这些隔离开来的片面的经验所特有的明显的特征——其所以是片面的，是因为交往上的障碍使一个人的经验不能得到处境不同的其他人的经验的充实和补充。

同样，既然民主主义在原则上主张自由交换，保持社会的连续性，它就必须阐明一种认识理论，在认识中发现一种方法，使一个经验能用来给予另一个经验以指导和意义。近年来，生理学、生物学以及实验科学的逻辑的进展给我们提供了形成和表述这种认识论所要求的特殊的理智的工具。从教育上来说，就是要使学校中知识的获得与在共同生活的环境中所进行的种种活动或作业联系起来。

第二十六章　道德论

一、内部和外部

既然道德和行为有关，所以在心灵和活动之间形成的任何二元论必然要在道德论中得到反映。既然哲学的道德论中许多有关分离对立的表述常被用来为道德训练所采用的种种做法辩护，并加以理想化，因此，对道德论做一番简短的批判性讨论是适当的。品德培养是学校教学和训练的一个广泛的目的，这是教育理论中的平常话。因此，我们应该警惕足以阻碍实现这个目的的有关智力和性格关系的概念，同时要注意为了成功地实现这个目的所必须提供的条件。

我们碰到的第一个障碍是，流行的道德观念把活动的过程划分为两个对立的因素，这两个因素往往分别命名为内部因素和外部因素，或精神因素和身体因素。这种划分是我们曾多次指出的心灵与世界、灵魂与身体、目的与手段等二元论的极点。在道德方面，这种划分采取的是行为的动机和结果截然划分，性格和行为截然划分。主张这种划分的人认为，动机和性格是纯粹“内部的”东西，完全存在意识之中，而结果和行为则是在心灵以外；行为只和实现动机的行动有关，结果则和发生的结果有关。不同的学派或者认为道德和心灵的内部状态一致，或者认为道德和外部的行动、结果一致，彼此各不相关。

有目的的行动是经过深思熟虑的，它包含有意识地预见结局和对正面、反面的心理权衡。它也包含渴望达到目的的有意识的心态。审慎选择一个目的和审慎选择稳定的期望倾向，需要时间。在这段时间内，完全外显的行动暂时停止。一个没有下决心的人不知道该做什么。因此，他尽可能推迟明确的行动。他这时所处的地位可以和一个考虑跳越水沟的人所处的地位相比。如果他肯定能够跳过或肯定不能跳过这条水沟，他都会有某个明确的行动。但是，如果他还在考虑，感到怀疑，他就犹豫不决。就在外显的行动悬而未决的时候，他的活动限于有机体内部力量的重新分配，准备确定的行动进程。他用双眼测量水沟；他使自己处于紧张状态，感觉一下由他支配的力量；他到处寻找跳越水沟的其他方法，考虑跳水沟的重要性。所有这一切意味着集中他的意识，就是向内注意他自己的态度、力量、愿望等等。

但是，很显然，这种个人因素涌进有意识的认识乃是整个活动向前发展的一部分，并不是首先有一个纯粹的心理过程，后来突然来一个根本不同的身体过程。只有一个继续不断的行为从比较不确定的、分开的和犹豫不决的状态，发展到一个比较外显的、决定的或完全的状态。这个活动最初主要是有机体内部有些紧张，进行一些调节；当这些紧张状态和调节作用经过协调成为统一的态度时，整个有机体就采取某个明确的行动。当然，我们可以把这个继续不断的活动的意识方面区别出来，作为心理的状态。但是，我们这里只把心理的状态理解为活动的、不决定的、尚在形成的状态，当这种状态成熟时，就要发出外显的力量，改变环境。

我们的有意识的思维、观察、愿望和厌恶是重要的，因为它们代表初期的、尚未成熟的活动。以后，它们引出特殊的和看得见的行动，完成它们的命运。这些未成熟的、处于萌芽状态的有机体的调节作用是重要的，因为它们是我们摆脱成规旧习和盲目冲动的支配的唯一出路。这些调整乃是发展过程中具有新意义的活动。因此，一般地说，每当我们的本能和已经形成的习惯受到新情况的阻塞时，个人意识就加强。于是，我们在采取明确的和不再收回的活动进程以前，我们重新依靠自己，改组好我们自己的态度。除非我们想全凭武力强行通过，我们就必须改变我们有机体的应变能力，使它们能适应我们所处情境的特点。所以，在采取外显的行动以前的有意识的考虑和期望，乃是在不确定的情境中的活动所包含的有条理的个人的重新调整。

但是，在继续不断的活动中，心灵的作用并不能始终保持。要想获得某种不同的东西，由于成功的活动受阻而造成的对特定事态的厌恶心情，这种期望和厌恶的心情可以刺激想象。事物的不同状态并不总是能发挥作用，有助于机灵的观察和回想，找到出路，向前迈进的。除了有经过训练的倾向的人以外，一般趋势是让想象自由奔放。他们并不根据实际情况，按照在实践中的可行性，对想象的对象进行核查，而是容许它们发展，求得即时的情感上的满足。当我们发现不良的自然和社会环境妨碍我们力量的顺利表现时，最容易的出路是建造空中楼阁，让它们替代实际的成就，因为实际的成就需要一番思维的痛楚。所以，在外显的活动中，我们默然同意并在心中建立一个想象的世界。思维和行为之间的这种分裂反映在把心灵作为内部的，把行为与结果仅仅作为外部的截然划分的理论之中。

这种划分也许不只是某一个人的经验的偶然现象。有的社会情境也许使习惯于清晰反省的阶级回到他们自己的思维和愿望中，而没有提供手段，使这些观念和期望能用来改组环境。在这种情况下，人们一般就要向异己和有敌意的环境报仇，蔑视这种环境，并给予恶名。他们的内心在自己的想象和期望中寻找庇护和安慰，他们赞美他们的想象和期望，认为比受到蔑视的外部世界更加真实、更加理想。这种情况在历史上反复出现。在基督教时代的最初几个世纪，有影响的斯多葛派哲学的道德体系，修道院的和一般人所接受的基督教的道德体系，以及当时其他宗教运动的道德体系，就是在这种条件的影响下形成的，可以表达流行理想的行动愈受制止，就愈把内心所拥有和培养的理想视为自给自足的东西——视为道德的本质，而对活动所属的外部世界，则认为在道德上无关紧要。一切事情都在于有正确的动机，即使这个动机并非世界上的动力也没有关系。18 世纪后期和 19 世纪早期，在德国也一再发生同样的情况，这种情况导致康德派坚持主张善意是唯一的道德上的善，意志是自身完成的东西，与行动和世界上造成的变化、后果无关。后来，这种情况又导致把现存的制度理想化，认为这些制度本身就是理性的体现。

这种纯粹“善良”的内在德性有善良的性情，不顾什么结果，它自然引起一种反动，这种反动就是通常所谓的享乐主义，或者称为功利主义。这种主张实际上就是说在道德方面，重要的问题不在于一个人自己的内心意识到自己是什么样的人，而在于他做了什么——产生了什么后果，他实际上造成了什么变化。他们抨击内在的道德，认为内在的道德是感情用事的、武断的、教条式的、主观的。他们认为这种道德使人文饰和保护合于他们自身利益的任何教条，或想象中所发生的称为直觉或良心的理想的任何怪想。他们认为，只有结果和行为是重要的，结果和行为提供唯一的道德标准。

通常的道德，因而也是学校里的道德，很可能是这两种观点不一致的妥协。一方面，某些情感状态受到重视；一个人必须怀有好意，如果他的意向良好，如果他有正确的情感意识，他就可以不对行为的全部结果负责。但是，另一方面，因为有某些事情必须做，以为别人提供方便并满足其要求，同时为一般社会秩序提供便利并满足其要求，所以他们坚决要求一个人做这些事情，不管他是否关心做这些事情，是否有做这些事情的智慧。这个人必须严守规则；他必须埋头从事辛苦的劳动；他必须服从；他必须养成有用的习惯；他必须学会自我控制——对所有这些箴言，只是理解为强调目前确实做到的事情，而不顾做这事情时所应有的思想和愿望的精神，所以也不顾对于其他不很明显的事情的影响。

我希望前面的讨论已经充分说明了避免这两种流弊的方法。每个人无论老幼，如果不能在吸引他们兴趣并要求他们思考的情况下循序渐进、累积性地进行工作，就会发生这两种弊端中的一种或两种。因为只有在这种循序渐进、吸引兴趣和需要思考的事例中，才有可能说愿望和思维的倾向应该是外显的或明显的行为中的有机因素。假定有一个体现学生自己兴趣的连续的活动，在那里必须获得明确的结果，在那里无论成规旧习，或听从别人的意旨，或反复无常的临时凑合都无济于事，学生就必然要有有意识的目的、有意识的愿望和深思熟虑的思考。有意识的目的、有意识的愿望和深思熟虑的思考所以不可避免，是因为它们是有特殊结果的活动的精神和品质，而不是因为它们是形成一个孤立的内心意识的领域。

二、义务和兴趣的对立

在有关道德的讨论中，可能没有一种对立比按“原则”行动和按“兴趣”行动之间的对立更常发生了。按原则行动就是无私地按超越一切个人考虑的一般法则行动。有人提出，按兴趣行动就是只顾个人私利的行动。这是用目前变化中的权宜之计替代忠于坚定的道德法则。错误的兴趣观念是这一对立的思想基础，我们已经批判过了（参见第十章）。但是，现在要考虑这个问题的某些道德方面。

关于这个问题的线索可以从以下事实中发现。争论中主张“兴趣”的人，习惯于采用“自身利益”这个短语。他们认为，除非对一个对象或观念有兴趣，否则就不会有动力。从这个前提出发，他们的结论甚至是当一个人自称根据原则或义务感行动时，事实上，他所以肯这样做，乃是因为对他自己有利可取。这个前提是正确的，但是结论是错误的。另一派回答说，既然人能够宽宏大量地忘我工作，甚至做出自我牺牲，那么他也能够做不感兴趣的工作。这里，前提是正确的，但是结论也是错误的。两方面的错误都是由于对兴趣和自我的关系抱有错误的观念。

这两个方面都假定自我是一个固定的量，因而也是一个孤立的量。因此，在为自我的兴趣行动和不为兴趣行动之间，存在一个严峻的两难困境。如果自我是行动以前的某种固定的东西，那么为兴趣行动就是企图为自己占有更多的东西——不管是名誉或是别人的赞许，或是权力胜过别人，或是金钱，或是享乐。这种愤世嫉俗的贬低人性的观点所引起的反动，就是认为有高尚行为的人对我们的行动根本不感兴趣。但是，如果是不偏不倚的判断，似乎很清楚，一个人必须对他所做的事情感兴趣，否则他就不会去做。一个医生在一次瘟疫中不顾自己的生命危险不断为病人服务，他必然对他专业的有效行动感兴趣——他在这方面的兴趣胜过他对自己生命安全的兴趣。但是，如果说这种兴趣不过是对其他由于连续通常的服务所取得的另外某种东西如金钱、名誉或美德的兴趣的伪装，或者说这不过是达到一个隐蔽的自私目的的手段，都是歪曲事实。一旦我们承认自我并不是某种现成的东西，而是某种通过行动的选择逐步形成的东西，那么整个情况就清楚了。一个人不顾生命危险对坚持他的工作感兴趣，意味着他的自我就在那个工作之中；如果最后他放弃这个工作，喜欢他个人的安全和幸福，这就意味着他喜欢那样的自我。这个错误在于把兴趣和自我分离开来，并且认为自我是目的，而对事物、行为和别人的兴趣仅仅是达到目的的手段。事实上，自我和兴趣是同一事实的两个名称；对一件事主动感兴趣的性质和程度，可以揭示并测量所存在的自我的性质。如果我们记住，兴趣就是自我对某一对象的主动认同，那么所谓的两难困境就完全攻破了。

所谓无私，既不是对所做的事缺乏兴趣（就是像机器一样不感兴趣），也不是忘我——就是缺乏生气和性格。如果在这个特殊的理论争论以外的地方使用“无私”这个名词，就是指一个人习惯上感兴趣的目的和对象。如果我们想一下引起使用这个名词的兴趣，就会发现这种兴趣有着两个紧密联系的特征。(1) 宽宏大量的自我有意识地把它自己和它的活动所包含的全部关系等同起来，在它自己和认为异己或无关紧要而被排除的种种考虑之间不截然划分界限。(2) 宽宏大量的自我重新调整和扩充它过去关于自我的观念，吸收可以看到的新的结果。当一个医生开始行医的时候，他也许没有想到瘟疫；他也许没有有意识地把自己和在这种情况下的服务认同起来。但是，如果他有一个正常发展的或主动的自我，当他发现他的职业包含这种危险时，他就会自愿把这些危险作为他的活动的组成部分。一个更加宽广、更加博大的自我包含各种关系，而不是否定各种关系，这种自我和一个扩大自己以接受过去没有预见到的联系的自我是一致的。

在这种重新调整的危机中——这种危机可以小，也可以大——“原则”和“兴趣”可能发生过渡性的冲突。我们在习惯性的活动中感到悠闲自在，这是习惯的性质。习惯的重新调整含有一种不爽快的努力——就是一个人使自己深思熟虑地坚持某种东西。换句话说，人们有一种趋势，把自我和他们所习惯的事情视为一件事——或对这事感兴趣；如果有意外的事发生，要他们改变他们不愿意改的习惯，他们就会产生厌恶或被激怒，置之不理。既然一个人过去完成他的职责时无须应付这种令人不愉快的情况，为什么不照过去那样做呢？如果他屈服于这种引诱，就会使他的自我的思想狭隘和孤立，把自我看作自身完全的东西。任何习惯不管它过去如何有效，一旦固定，在任何时候都会带来这种引诱。在这种非常的时刻，按原则行动并非按某种抽象的原则或一般的义务行动；而是按动作进程的原则行动，不是按伴随它的境遇行动。例如，医生的行为的原则是他的行为富有生气的目的和精神——看护病人。原则并不是为活动辩护的东西，因为原则只是活动能继续进行的另一个名称。如果活动的结果证明它不受欢迎，按原则行动就是增加它的弊端。一个以按原则行动而自豪的人很可能固执己见，不能从经验中学习更好的方法。他设想某种抽象的原则来证明他的活动进程，而没有认识到他的原则还有待证明。

但是，假定学校的条件能提供良好的作业，尽管有暂时的分心和令人不愉快的障碍，如果学生对整个作业感兴趣，即对作业的不断发展感兴趣，学生也能坚持工作。如果这种作业没有一种活动具有不断发展的意义，那么诉诸原则不过是在字面上下功夫，或者不过是养成一种顽固的傲慢，或者不过是诉诸外部的考虑，徒然披上庄严称号的外衣。无疑，一个人有的时候对所做的事暂时没有兴趣，注意力减退，这个时候就需要强化。但是，一个人所以能走过这段艰难路程，不是因为忠于抽象的义务，而是对于作业确实有兴趣。义务就是“职责”，它就是为完成一种职能所需要的特殊行为，或者，用朴实的话说，就是做好他的工作。如果一个人对他的工作真感兴趣，他就能够忍受暂时的挫折，在困难面前坚持工作，不挑肥拣瘦：在面对困难和克服困难中、在面对精神涣散和克服精神涣散中寻找兴趣。

三、智力和性格

关于道德的讨论往往带来一种值得注意的错误论调。一方面，有人把道德和理性等同起来。他们认为理性是一种官能，最终的道德直觉就是从理性出发的，有时，例如康德的理论，主张理性能提供唯一正确的道德动机。另一方面，他们常常低估具体的通常的智慧，有时甚至有意贬低这种智力。他们常常认为道德和平常的知识无关。他们认为道德知识是和意识不相干的东西，良心则是和意识根本不相同的。这种区分如果正确，对教育就有特殊意义。如果我们把发展性格作为最高目的，同时又把必然占学校主要时间的获得知识和发展理解力看作和性格无关，那么学校的道德教育就是没有希望的。在这样的基础上，道德教育不可避免地成为一种教义问答的教学，或者成为“关于道德”的课。所谓“关于道德”的课当然就是别人有关德行和义务的想法的课。只有在学生以同情和尊敬之情关注别人的思想感情并受到激励时，这样的课才有效果。如果没有这种关注别人感情的态度，这种功课对性格的影响不会大于关于亚洲山脉的知识对性格的影响；如果只有一种奴性的关注，就会增加对别人的依赖，而把行为的责任交给有权势的人。事实上，直接的道德教学只有在少数统治多数的社会群体中才有效果。之所以有效，不是由于教学本身，而是由于整个政权加强这种教学，教学不过是一件小事情。在民主主义的社会中，企图用“关于道德”的课产生类似的结果，就是依靠感情用事的魔术。

另一种极端的说法主张知识就是德行，即苏格拉底和柏拉图的学说。这种学说认为人不会故意做坏事，他所以做坏事是由于对善的无知。这个学说通常受到抨击，理由是人更多的是知善而为恶：需要的不是知识，而是养成习惯或实践，以及动机。事实上，亚里士多德立刻抨击了柏拉图的学说，理由是德性犹如艺术，例如医学，有经验的开业医生比一个有理论知识而没有关于疾病和治疗实际经验的人好得多。但是，问题取决于何谓知识。亚里士多德反对柏拉图，但是忽略了柏拉图学说的要旨。柏拉图认为，一个人非经多年的实际锻炼和艰苦的训练，不能懂得善的理论意义。他认为，关于善的知识，不是可以从书本或从别人那里获得的，而是通过长期的教育取得的。这种知识乃是成熟的生活经验的最后的和最高的恩赐。不论柏拉图所处的地位如何，很容易看出“知识”这个名词用来指两种很不相同的东西：一种是亲切的和有生命力的个人的真知灼见——在经验中获得和经过检验的信念；另一种是第二手的、基本上是使用符号的认识，人们一般相信如此——一种没有生命力的遥远的知识。后面这种知识并不保证行为，它不深刻地影响性格，这是不消说的。但是，如果知识是通过尝试和检验而获得的，像我们通过尝试和检验而确信糖是甜的而奎宁是苦的一样，那么情况就不同了。任何时候，一个人坐在椅子上而不坐在火炉上，下雨时就带伞，生病时就请教医生——简言之，无论做其他日常生活的任何行为，都证明某种知识在行为上有直接的结果。我们有一切理由假定同样关于善的知识有类似的表现。事实上，所谓“善”，除非包括上面所说的这种情境中所体验到的满足，否则就是一个空洞的名词。从别人那里听来的知识也许能使人产生某种行动，以赢得他们对某些活动所给予的认可，或至少给别人得到一种和他们的意见一致的印象，但是这种知识不能培养个人的主动性和使他忠于别人的信念。

因此，不必争论“知识”这个名词的正确含义。为了教育上的目的，我们只要注意一个名词所包含的各种不同的特性，认识到通过经验的种种要求而直接获得的知识对行为产生重大的影响就足够了。如果一个学生仅从和学校课程有关的书本中学习知识，而且是为了在被点名时背诵之用，那么这种知识仅能影响某种行为，即在别人要求时，重述别人的话。这种“知识”对校外生活不会有很大影响，这并不奇怪。但是，我们只能轻视这种知识，而不能以此为借口把知识和行为分离开来。关于只和孤立的专业有关的知识，情况也是一样；这种知识能改变行动，但是只限于狭窄的范围。事实上，学校中的道德教育问题就是获得知识的问题——这种知识与冲动和习惯的系统有联系。我们要想把任何已知的事实加以应用，就取决于它的种种联系。一个撬开保险箱的盗贼，他的炸药知识可能和一个化学家的炸药知识在字面上是相同的；但是事实上，这种知识和化学家的知识并不相同，因为这种知识与不同的目的和习惯有联系，因此具有不同的含义。

我们前面关于教材的讨论，之所以从讨论具有直接目的的直接活动开始，进而讨论在地理和历史中扩大教材的意义，然后讨论科学地组织的知识，就是以保持知识和活动之间的重要联系的思想为基础的。在一个有目的而且需要和别人合作的作业中所学到的和应用的知识，乃是道德知识，不管有意把它视为道德知识，还是无意把它视为道德知识。因为这种知识能养成社会兴趣，并且授予必需的智慧，使这种兴趣在实践中生效。正是因为课程中的各门学科代表社会生活中的各种标准要素，所以它们就是启迪社会价值的工具。如果把学校里的科目仅仅看作学校的科目，掌握这些知识就只有专门的价值。在认识这些科目的社会意义的条件下掌握这些知识，它们就会增加道德兴趣和发展道德卓识。此外，我们在学习方法的标题下所讨论的关于心理的种种特性，本质上都是道德的特性。虚心、专心、诚恳、见识广阔、彻底、承担所接受的思想的后果的责任，这些都是道德特性。如果把道德特性等同于在外表上服从有权威的规定，这种习惯可能使我们忽略这些理智态度的伦理价值。但是，就是这种习惯往往使道德化为死板的和机械的惯例。因此，虽然这种态度产生道德结果，但是这种结果在道德上是不令人满意的——特别是在非常依赖个人倾向的民主主义的社会，在道德上是不良的结果。

四、社会和道德

所有我们批判过的各种割裂的说法——以前各章所阐明的教育的概念就是要避免这种割裂——都是由于把道德看得太狭隘了。一方面，给道德一种感情用事的伪善倾向，不顾实行社会所需要的事情的有效能力；另一方面，又过分强调习惯和传统，把道德限于一些明确规定的行为。其实，道德和有关我们与别人的关系的一切行为同样广泛。虽然我们做事的时候也许没有想到我们行为的社会意义，但是所谓道德，潜在地包括我们的一切行为。因为，按习惯的原理，每个行为都使人的倾向有所改变，每个行为都引起某种爱好和愿望。这种强化了的习惯不可能知道何时能直接地并且可以窥察到影响我们和别人的交往。我们某些性格的特征和我们的社会关系有明显的联系，强调地说，称它们是“道德”——例如诚实、正直、贞操、温和等等。但是，这不过是说，这些特征和其他态度比较起来是核心的特征，它们带动了其他态度。这些特征所以是强调意义上的道德，并不是因为它们是孤立的和排他的，而是因为它们和其他我们还没有明确认识的无数态度有很密切的联系，这些态度也许我们还没有名称给它们。把它们孤立起来，称它们为德行，就好像把骨骼当作有生命的身体一样。骨骼当然是重要的，但是，骨骼的重要性正是在于它们支撑身体的其他器官，使这些器官能从事统一的、有效的活动。我们特别称为德行的性格特征也确实是这样。道德和整个性格有关，而整个性格又与人的全部具体特性和表现相等。一个人有德行，并不意味着培养了少数可以指名的和排他的特性；所谓德行，就是说一个人能够通过在人生一切职务中和别人的交往，使自己充分地、适当地成为他所能形成的人。

归根结底，行为的道德特性和社会特性彼此是相同的。所以说，衡量学校行政、课程和教学方法的价值的标准就是它们被社会精神鼓舞的程度。这么说不过是明显地重述我们在前几章所说的关于教育的社会功能的含义。威胁着学校工作的巨大危险，是缺乏养成渗透一切的社会精神的条件；这是有效的道德训练的大敌。因为只有具备一定的条件，这种精神才能主动地出现。

1. 首先，学校本身必须是一种社会生活，具有社会生活的全部含义。社会的观念和社会的兴趣只有在一个真正的社会环境中才能发展。在这种社会环境里，彼此平等相处，建立共同的经验。任何人先已和别人有过足够的交往，学会了语言文字，他就能在相对孤立的情况下，获得有关事物的知识。但是，要了解语言符号的意义，完全是另一回事。要了解它的意义，就必须通过和别人共同工作和游戏。本书恳切要求通过继续不断的建造活动进行教育，所根据的事实，就是这种活动能提供社会的气氛。我们的学校不再是脱离生活，专为学习功课的场所，而是一个雏形的社会群体，在这个群体里，学习和生长是现在共同参与的活动的副产品。运动场、商店、工厂、实验室，不但能指导青年的自然的主动趋势，并且包含交往、交流和合作——所有这一切都扩大对各种联系的认识。

2. 校内学习应与校外学习连接起来。在两者之间应有自由的相互影响。只有当其中一方的社会兴趣和另一方的兴趣有无数接触点的时候，才能达到这个地步。可以设想，有一种学校具有伙伴的精神和共同的活动，但是，学校的社会生活却不能代表学校以外的生活，这种生活如同寺院的生活一般。在这种学校里，可以培养社会的兴趣和了解，但是在校外就没有这种精神，不能从校内转移到校外。那种校外居民和校内师生存在的隔阂，以及学校中的学究式的退隐生活，就是这种情况。坚持过去的文化，以至产生怀旧的社会精神，也是这种情况，因为这样一来，一个人对过去的生活比对他自己的生活还要习惯。自称为文化修养的教育尤其面临这种危险。理想化的过去使精神得到庇护和慰藉；当今的事务则被认为是肮脏的，不值得注意。但是，一般来说，学校之所以和社会隔离，主要原因在于缺乏社会环境，有了社会环境，学习就是一种需要，也是一种报酬；学校既与社会隔离，学校里的知识就不能应用于生活，因此也无益于品德。

教育上合乎需要的一切目的和价值，它们自身就是合乎道德的。之所以还有人不懂得这个道理，这是由于狭隘的和说教式的道德观。纪律、自然发展、文化修养、社会效率，这些都是道德的特性——都是教育工作所要促进的一个社会优秀成员的标志。有句古话说，一个人光做好人还不够，他还必须做一个有用的好人。所谓做一个有用的好人，就是他能生活得像一个社会成员，在和别人的共同生活中，他对社会的贡献和他所得到的好处能保持平衡。作为一个人，一个具有欲望、情绪和思想的人，在社会里他所接受的不是外部的占有物，而是有意识的生活的扩大和加深——是对各种意义的认识更加认真，更加训练有素，更加扩大。他在**物质上**接受的东西，最多不过是发展有意识的生活的机会和手段。否则，这种行为既不是授，也不是受，不过是事物空间位置的转移，好像用棍子搅动水和沙一样。纪律、文化修养、社会效率、个人优雅、性格改善，都不过是高尚地参与这种平衡经验的能力发展的几个方面。教育不只是这种生活的手段，教育就是这种生活。维持这种教育的能力，就是道德的精髓。因为有意识的生活是继续不断的重新开始。

提　要

学校中道德教育最重要的问题是关于知识和行为的关系。因为，除非从正式的课程所增长的学识足以影响性格，否则把道德的目的看作教育上统一的和最终的目的也是无用的。如果知识的方法和题材与道德的发展没有密切的、有机的联系，就不得不求助于特定的修身课和特定的训练方式：知识没有与寻常的行为动机和人生观融为一体，而道德就变成道德说教——成为各自独立的德行的组合。

有两种理论把学习和活动分离，因此也把学习和道德分离。一种理论把内在的心理倾向和动机——有意识的个人因素——与纯粹物质的和外在的行为割裂开来，另一种理论把为兴趣而采取的行动与为原则而采取的行动对立起来。这两种分割，有一种教育计划可以克服。在这种教育计划中，学习是伴随继续不断的活动或作业而来的，这些活动或作业具有社会的目的，并利用典型的社会情境的题材。因为，在这种条件下，学校本身成为社会生活的一个形式，成为一个雏形的社会，并且与校外其他各种形式的共同经验彼此密切地相互影响。一切能发展有效地参与社会生活的能力的教育，都是道德的教育。这种教育塑造一种性格，不但能从事社会所必需的特定的行为，而且对生长所必需的继续不断的重新适应感兴趣。对于从生活的一切接触中学习感兴趣，就是根本的道德兴趣。

附录

悉尼·胡克为《杜威全集》(中期著作)第九卷《民主主义与教育》[①] 写的导言

可能除“教育与职业”一章中某些部分以外，杜威的《民主主义与教育》一书现在仍是教育哲学和有关社会、政治、道德哲学各个领域中的一部经典著作。虽然本书是60年前写的，它却仍具有新鲜的时代气息。书中所讨论的观点和所采取的立场，在现代人深思熟虑地考察我们应该为什么目的办教育和为什么要办教育等问题时，对他所面临的许多主要问题仍具有很大的影响和贴切性。今天对教育感兴趣的许多明智的教育工作者或普通公民所最关心的一切基本问题，本书都直接地或间接地有所阐明。同时，本书对杜威整个哲学思想的若干晦涩难解的问题，以在他比较专门的著作中往往缺乏的刚健而简明的散文体裁帮助人们理解。[②]

---

① 《杜威全集》(中期著作)第九卷，安·博伊兹顿编，美国南伊利诺伊大学出版社，1980年版。

② 杜威在他那罕见的提到自己著作的自传中这样写道：“虽然多少年来《民主主义与教育》一书乃是把我的哲学陈述得最充分的一本著作，但是我不知道哲学评论家曾否求助于这本书，他们不同于教师。我感到奇怪，这类事实是否表明，哲学家们，虽然他们自己通常也是教师，一般却对教育不够认真，因为他们想，任何有理性的人实际上也都这么认为，哲学的探讨可能应该集中在人类最高利益的教育上，而且，很多其他宇宙的、道德和逻辑方面的问题都在教育中达到了极点。”(引自《从绝对主义到实验主义》，载亚当斯和蒙塔古合编《当代美国哲学》第二卷，纽约，麦克米伦出版公司，1930年版，第22—23页。)

在任何领域中，在原来作为教科书出版的著作中，《民主主义与教育》是唯一的不仅达到了经典著作的地位，而且成为今天所有关心教育的学者不可不读的一本书。

几个名词的定义

每个认为《民主主义与教育》继续具有意义的读者，在某种程度上，都反映了他自己的兴趣。我们在提到杜威有关教育中的民主主义的概念时，提出一些问题，这些问题能使我们深入到当代教育某些争论最激烈的部分。在不同的群体中发生激烈的冲突，大家都自夸忠诚民主原则。这一点表明，尽管措辞相同，但是表明了不同的民主概念。有时“民主”一词具有狭隘的政治意义，有时广义地理解为经验的开放性，有时是教育本身的同义语。

让我们从杜威的讨论中找出这些名词的含义。对杜威来说，虽然在通常谈话中把所发生的任何事情都看作经验，如生或死，一次偶然跌倒，或一次意外打击，但是并不是一个人碰到的一切事情或任何事情都是经验。按照杜威的用法，经验指一种事件的模式，有机体审慎地或稍有意识地作用于某种东西，并承受或忍受行动的结果。教育是一个过程，通过这个过程，在目前经验的基础上，我们使未来的经验更易理解，更有意义，或更可控制。这就是为什么对杜威来说经验和教育并不是同义语。有些人把生活看作学校，把任何经验或一切经验都看作学校的课程，可以说他们没有领会这种重要的区别，并且无视这样的事实，即有些经验也许并无教育意义，它们丧失应付、理解和可能控制未来经验必然涌流的力量。他们还无视这样的事实：一个人不仅从他自己的经验中学习，而且从别人的经验中学习。教育上的一些时髦运动都不顾或否认这种事实。

教育在一切社会中进行，无论它是民主的社会或非民主的社会，因此，教育不能和民主的过程等同。

《民主主义与教育》一书最突出和最有远见的贡献在教育心理学或学习心理学领域。杜威在研究有效的教育，特别是学校和课堂的教与学的条件、因素和活动时，在有关兴趣和训练、动机和努力、方法和教材以及若干有关的题目方面所发表的意见，从他在世的时候起，经受了进一步探究的考验。杜威在探索这些题目时，揭露了以往某些哲学的和心理学的假设对今天某些可叹的教育实践的深刻影响。这些教育实践大部分来自身心二元论。按照杜威的分析，身心二元论把“不断前进的经验的统一性”中功能的区别，转变为存在的划分。因此，心灵与身体分离，身体活动被看作对心灵怎样学习施加的异己影响；自我与它周围的物质世界和社会环境分离；经验的对象对于体验对象的模式完全是外部的东西；学习的方法和学习的材料分离。在教育或毋宁说是学校教育的许多弊端中，杜威认为因学习方法脱离学习内容而造成的弊端有：没有利用“经验的具体情境”；依靠恐惧和行贿两种诱因激发学习；没头没脑地运用死记硬背的方法和机械的成规。

迄今为止，不论一个人所持的社会哲学如何，都有可能接受和履行杜威有关如何为任何个人或集体改进教育的质量的言论。杜威有关教育心理学的见解可以用来教育一个专制君主，或柏拉图理想国的护卫者和统治者。但是，如果我们自问，为整个社会，教育应该是什么样的，那么除非我们有一个可限定的良好社会的概念，否则我们将不能做出明白易懂的回答。杜威从任何社会群体存在和繁荣的地方所发现的特征，得出良好社会的标准。这些标准有两方面：社会内部共同的兴趣的程度，发展共同的和个人的新的兴趣的自由。“共同的兴趣共有多少，有什么不同？和其他联合形式的相互影响是何等充分和自由？”用这些问题作为道德标准，就容易确定民主社会对一切其他社会联合形式的优越性。

实际上，这样推导出民主社会的合法性是一种循环论证。有些人甚至会认为这是用未经证明的假定来辩论，因为标准的选择本身预先假定有一个理想的家庭。在一系列后来的著作，特别是《公众及其问题》《自由主义与社会行动》《自由与文化》中，杜威又回到了民主主义的正当理由问题上。但是，这里的中心问题不是民主主义的正当理由，而是民主主义的概念——民主主义怎样被理解——和这个概念在教育上的一些推论。有理由推测，要是《民主主义与教育》写在极权主义兴起并向民主主义的信念挑战以后，杜威就会以较大篇幅讨论正当理由的问题。在他写本书时，他至少可以假定全国在口头上是信奉民主理想的。所以，他主要谈民主理想的各种含义和推论。

道德上的平等

民主主义的教育观是意味着所有学生的才能不论在智力或创造能力方面一律平等，而学校组织应该像政治上的民主社会一样，由多数人来规定应该学什么、什么时候学和怎样学，还是意味着应该允许各个人做他们自己的事情，而不受别人阻碍，正如自然走它自由和仁慈的道路呢？

这些观点和类似的观点都歪曲了杜威的意义。杜威所讲的平等并不是事实上的平等，或理想目标的平等，而是人类道德上的平等，这种平等的价值是无法比较、不能量化的。对杜威来说，一个民主的社会，它的各种制度的组织表明对一切人平等相待，使他们得到充分的发展，自由选择和周围社会结构中他们同胞一样的生活方式。政治民主是这种社会的一个必要条件，但是，这个条件还不够，因为个人的成长受他生活的其他许多方面的影响：他的经济的、宗教的、文化的、种族的和全国性的经验方方面面的影响。民主社会中的和为民主社会而办的教育，必须为每个学生提供他所需要的学校教育，以充分发展他的能力和兴趣，发挥他的特长，并且让他学会和别人共同生活，即使不能相互合作，至少也要和平相处。

这样的教育把个人和他的需要作为教育的出发点，并把个人差异也包括在内，有效的教学必须注意到这个事实。这就是杜威从来不反对个别测验，而只是反对滥用个别测验的原因。这样的个别测验把学生划分成若干固定的类型或班级，然后主要把他们看作一个阶级或集体的成员，不顾他们作为个人的可塑性和差别。当然，学生有共同的教育上的需要，正如他们有共同的医学上的需要一样。正如为了正确处理一个人的健康问题，掌握他的一切有关的医学上的资料和测量数据是有用的一样，了解一个孩子是否不善于辨别音高，视力敏锐还是有缺陷，目前的记忆力或想象力怎样，智商是高还是低，这些都是有用的。关键不在于对儿童进行令人反感的比较，而在于决定他们的工作是否低于或适于他们自己的能力，并帮助他们成长。医疗上的平等不在于把同样的摄生法强加给每个人，而在于医疗护理的平等。医疗上的测量并不让人反感。同样，教育测量无须成为厄运的判决，而是优良教学的指南。在《民主主义与教育》一书出版后，杜威曾批评智商测验的某些早期应用，他说："一个人的能力和另一个人的能力在数量上比较起来怎么样，这不是教育的事，这和他的工作无关。所要求的是每个人应该有机会在有意义的活动中使用他的能力。"

个别差异

在民主社会中有一种认识，就是天生的能力是“无限众多和千变万化的”，民主社会的各种制度应该谋求提供各种机会，使各个人的特殊的、可变的和有差别的能力在一些有意义的工作或职业中得到发挥。对某些重要的社会工作来说，有些人的任务可能在于决定“一个人的能力和另一个人的能力在数量上比较起来怎么样”，否则，我们的房屋可能倒塌在我们头上，我们的飞机可能在空中猛撞。但是，个人无论如何不应分成阶级或集团，或者在选择合格人员时，根据他们是被排除在什么集团之外还是包含在什么集团之中而加以歧视。柏拉图对世界有一个设想，在这种世界上，每个人在从事开明的、科学的和人文主义的教育的一切资源所发现的他最胜任的工作中发挥他的才华。这种设想是杜威所能接受的。但是，杜威否认这种设想能在柏拉图的阶级社会或任何其他阶级社会中实现。

对于某些研究各种族群体和亚群的遗传能力的现代生物学家和心理学家的工作，以及他们那从统计学上看来有意义的种族差异的某些研究结果，杜威会说些什么呢？首先，作为美国大学教授联合会和美国文化自由委员会的缔造者，他会竭力反对最近控制他们的研究或不倾听他们意见的企图。正因为在个人之间有着某些生来不同的自然能力，在构成种族群体的许多家庭之间就可能有某些生来不同的能力。但是，不管有什么研究结果，杜威将坚持认为这些研究结果从教育上说，与民主社会应该为它每个公民提供的教育无关。理由是明显的，对一个群体也许是正确的东西，对该群体的任何个别成员来说也许是错误的。例如，男子作为一个性别群体在身体上自然比妇女强壮。（柏拉图是一位男女平等主义者，但并不是一位民主主义者，他把这一点看作两性间唯一的固有区别。）但是，因而推论任何男子比任何妇女都强壮，那将是荒谬的。对有些体力工作来说，可以得到的最能胜任的人很可能是妇女。妇女作为一个群体具有比男子更强的抚爱婴儿的自然倾向。但是，有些男子可能比某些妇女能成为更好的幼儿园教师。

更加生动的例子也许是儿童的智商在 90 与 140 之间的普通家庭。这和每个孩子有权享受最好的医疗、教育和个人照顾的平等权利并无关系。有的人天资平常，有的人天资出众，但是，没有一个人认为自己是平常人。在民主社会，从道德上说每个人都算一个，而且不多于一个。各个人必须赢得发言权或投票权，或公平尝试的权利，同样，他们必须赢得他们能从中得益的最好的教育权利。

一个理想的家庭，家长是明智仁慈的。当然，对整个民主社会而言，不能采用这个范例。因为这样的社会是自治的，在尊重其他个人的权利以后，必须严格遵守多数统治的原则。应该指出，杜威甚至在政治上也从来不是一个绝对的多数主义者，或无限制管理的信奉者。多数统治的合法性以少数享有平等的政治和公民权利为先决条件。家庭模式更适用于学校，特别是小学，因为这种模式承认教师必不可少的积极作用，以及当学生的实验活动可能伤害自己或别人时，教师可以对学生施加合法的限制。在学生足够成熟，接管他们自己的教育的方向以前，教师对学生的作用和在理智上的权威必然是一种不对称的现象。在认真对待课程的人们中，进步主义教育的过分做法使进步主义教育成为笑柄，就是由于没有认识到这一点。

公民参与

有了这个教育上的民主概念，我们就能够理解杜威怎样以非常高明的方式，用这个概念批判传统的教育方法和课程内容，直至读、写、算和历史、地理及其他学科的具体细节。对每件事他都要追溯继承的阶级利益和偏见的影响。例如，缩减“基本的”教学内容并使之机械化；把纯粹的知识科目和纯粹的实用科目分离开来；把纯粹的知识科目等同于自由教育；把自由教育与关心当代重大社会问题和社会责任分离开来，使教育浸透着市侩气。对于这些问题，杜威都追溯阶级利益的影响。同时，他按照普及民主教育的要求，评价现存社会的各种制度。虽然这样做似乎会使学校适应现存的经济的、政治的和国家的秩序，但是，他使人信服地认为，与此相反，这种做法要求对社会生活进行继续不断和深刻的改造，使所有公民更多地参与决定他们活动的目的和目标。在生产、分配、流通和交换的过程中，每个人应该越来越积极地参加目标的规划，共同发挥作用和承担责任，而不是像机器和原料那样，听命于他们不能影响或者甚至不能间接控制的决定。根据他的教育理想：

> “一个不良的社会对内对外都设置重重障碍，限制自由的往来和经验的交流。倘有一个社会，它的全体成员都能以同等条件，共同享受社会的利益，并通过各种形式的联合生活的相互影响，使社会各种制度得到灵活机动的重新调整，在这个范围内，这个社会就是民主主义的社会。这种社会必须有一种教育，使每个人都有对于社会关系和社会控制的个人兴趣，都有能促进社会的变化而不致引起社会混乱的心理习惯。”①

这些社会变化必须用民主的方法进行。一旦这些社会变化

① 见本书第七章“教育中的民主概念”，第110页。

不是由受人爱戴的领袖或者先锋政党从上面推行，也不由通常为反动的目的服务的暴力活动来推动，文化与实用的概念之间的区分或割裂，以及伴随它们的课程实施，就会从正规的学校教育中消失。

杜威的民主概念中积极参与的多元模式的中心地位，使它不同于传统的形式上的政治民主的观点。在传统的民主制度中，公民只是每隔一定时间在别人所指定的选择对象中进行选择。决不能和某些新左派的歪曲混淆起来。新左派认为：所有的人都能做一切事情；所有的人必须不仅得到同等考虑，而且必须得到同等的报酬；负责的领导能力与责任制和控制是不相容的；必须轻蔑地抛弃多数统治的原则。同时，我们能够理解为什么杜威拒绝柏拉图的观点或专家治国论者的观点，由于一个小集团在理论上对生活目的的关心，这种观点就认为为了群众的知识和能力所不及的目的，这个小集团最有资格统治仅仅受过使用生活工具的教育的群众。对杜威来说，如果教育没有受到阶级社会需要的严格限制，就没有智慧方面的专家。至于在任何领域里专家的治理，杜威并不怀疑他们的专长。杜威认为，一个人要评价专家的建议，他自己并不需要是一位专家。否则，民主政治将是不可能的。

职业教育

在本文开头我曾提到过杜威《民主主义与教育》第二十三章“教育与职业”中的某些内容，它们可能使读者感到不安。这是因为难于摆脱“职业教育”这个名词的含义。这种教育把被认为不适宜于学习传统的文理科课程的学生分流，使他们接受狭隘的工艺学校训练。但是，该章既总结了杜威的与众不同的观点，又把他的观点推向高峰。如果杜威一贯采用“工作”

（calling）一词，并且主张学校教育的组织应该在正确的教育指导和刺激之下，就有可能使学生自己发现他们的能力，这种能力将变成每个正常人的职业，或一系列职业。杜威写道："……有一种危险，把职业教育在理论和实践方面解释为工艺教育，作为获得将来专门职业的技术效率的手段。"这是一种危险，因为直到现在，多数职业教育就是这样。他哀叹这种教育，因为这种教育"变成原封不动地永远延续社会现有工业秩序的工具，而不是改革这种工业秩序的手段"。这种教育强化"社会宿命论的封建教条"。这里杜威未免言过其实，甚至在目前的情况下，一个富于战斗性的工会能够抵制现代工业组织的封建的方面。但是，甚至在现代工业社会或后工业社会的最好的情况下，在工作上仍有弊端和不满。

杜威心里所想的事情是明确的。他注意到，最快乐的人是那些在爱情、友谊和家庭方面有良好的个人关系，在工作上有创造性的成功感的人。他认识到，对很多人来说，"谋生"和他们所谓"过生活"是很不相同的经验模式。如果可能的话，我们的任务是使快乐的情境普遍化，以便每个人在谋生时都过着生活，并且享受他的生活。学校教育的功能在于使个人发现一种职业或职业中心，不论在职或不在职，他都能围绕这个中心组织他的生活。

在这个问题上，如果杜威的观点在某些方面并不是乌托邦的观点，那么就有许多问题有待解决。杜威在其后来的著作中尽力解决某些问题。

第一，即使学校教育必须沿着杜威和其他科学的心理学家所建议的道路改造教育的方法和课程，并使每个学生发现他自己所能胜任的工作，但是，谁将提供——更不要说保证——各种工作或职业机会呢？这种职业机会又怎样提供和加强呢？社会和工业必须与学校合作，在某种程度上这应由学校控制。这将要求和我们现在所有的制度很不相同的某种形式的民主社会主义或真正的福利社会。

第二，有些工作方式摧残和扼杀情感，工作单调，使人精神麻痹，但是，它们是人民所需要的货物的生产和服务设施所必需的。很难想象任何人能在装配线上找到创造性的工作。提高工资和缩短工时可能缓和艰苦，但是不管工作的组织如何变化，用杜威自己的任何标准来衡量，都没有资格作为职业。

第三，这种性质的工作机械化，可能发展到自动化。但是有很多种类的工作，它们单调乏味，令人厌烦，但并不机械化，例如服务行业就是这样。曾经有人认为，自动化最终将使大部分体力劳动成为多余的。这种情况不像很快会发生。如果发生这种情况，问题将转移到创造性地利用闲暇上。于是学校教育将受到挑战，要求提供许多教育经验，使群众性社会中的每个人在他们消磨闲暇的方法中，找到有意义的生活。当代社会，人民群众消磨他们闲暇的方法在教育上很难被认为是有益的。

第四，人们可以探索改组社会和社会经济，以牺牲效率和价格利润制度，满足人类的需要，但是，在人类和人的需要成倍增加的世界里，除非采取某种控制，否则只能造成饥饿社会化。

杜威也许第一个认识到，就是在比我们的社会更加平等和开明的社会制度里，要实现他谋求令人满意的职业计划，也面临很多困难。但是，这种困难绝不能证明接受现状和屈从那些阻碍很多人生活的教育的和工业的实际是合理的。杜威并非乌托邦主义者，他坚持认为理想必须是行得通的。它不是一件包罗万象或一无所有的事情。他深信，科学智慧的资源将使我们的社会制度进一步民主化，按照他自己在世时所目睹的成果和进步，不管有多少挫折，美国都将通过民主政治的方法，在同样方向继续避免社会混乱的弊端和社会混乱所滋生的专制主义。他凭这个信念生活，按这个信念而死，以这个信念写了《民主主义与教育》一书。

对杜威教育哲学的误解是很多的，如果杜威的文章行文比较精确，有些误解也许可以避免。每代人总是按照自己的问题和困难的处境读他的著作。《民主主义与教育》出版后一年，美国卷入第一次世界大战。从那时以来，美国，实际上全世界的文化和社会生活已经经历了更加深刻的变化。尽管目前的需要和兴趣使杜威的教育著作产生了许多局限，须做许多修改，但是，他的著作仍旧具有现实意义。这是对他的著作的热情歌颂。

对杜威的观点的批评实际上很多是比较正确地针对那些自封的信徒的见解讲的。但是，有些批评是针对杜威本人的。对这两类主要的批评讲几句话是合适的。第一类批评的特点是基于曲解。第二类批评有几分合法性，是相对重要的问题。

第一类批评的典型例子是指控杜威的普通哲学和教育哲学犯了“反理智主义”的罪（理查德·霍夫施塔特的《美国生活中的反理智主义》一书扩大了这一指控）。“反理智主义”这个词没有明确的定义。确实，杜威像皮尔斯和威廉·詹姆斯一样，反对理智主义。但是，反对理智主义绝不是与强调智力的作用和价值不相容。事实上，杜威在人类经验的一切领域，特别是调查研究，主要强调“智慧的方法”，这表明了“智慧”的作用是杜威伦理哲学和教育哲学中的唯一绝对价值，因为，与所有其他被认为是根本的人的价值不同，智慧乃是它自己局限性的评判者。桑塔耶那十四行诗中的一首，有一行是“仅仅聪明并不是智慧”，杜威也会赞同这句话的。

杜威所谴责的理智主义是这样的一种观点。这种观点总认为思维是一种自主的活动，与任何兴趣、愿望和爱好无关，观念具有某种有魔力的和创造性的力量，这种力量独立于有决定作用的物理的、生物的和社会的物质条件。杜威拒绝接受这个观点，认为它不仅与所有达尔文以后的科学研究的成果不相容，而且也和斯宾诺莎和休谟所建立的心理学真理不相容。

如果理智主义就是笛卡儿主义，那么杜威接受并发展了皮尔斯对下述观点的毁灭性批判。这个观点认为，知识的基础建立在明确简单的观念上，直接可靠的真理就从这种观念中产生。

在任何明达的哲学观点看来，对杜威反理智主义的指控，意思是反对培养和使用一切可用的智慧方法，把它俩作为教育的手段和目的，这简直是稀奇古怪的。

第二类批评有较多实质性的东西，这种批评的论点是，杜威的哲学是“社会性的，太社会性了”，这种哲学过分强调学生在学习过程中和别人联合的、合作的活动，而对于经验的私人的、内在的领域和知识经验最终产生的快乐，却认识不足。与此相关的，是批评杜威更多强调教育公民认识自己的社会责任和义务，而对个人的发展则强调不够，归根结底，个人的生与死都是独自进行的，个人最大的快乐在于修炼自己的内心世界。

确实，对杜威来说，个人和社会的对立是站不住脚的，而且是很多混乱的根源。他的黑格尔学派的学历使他认识到社会以外的个人是一种抽象，个性或人格是社会分化的结果。从历史上看，分析地看，社会是人依靠文化和语言而发展的母体。

从这个观点来看，霍布斯所谓的“人人处于交战状态”就是一个神话，永远不能从这里产生社会。

在以上分析中，没有什么和承认个人的重要性，甚至和爱默生和托洛所说的个人的最高重要性是不相容的。那么，为什么杜威这样强调教育和民主的社会因素呢?

在我看来，可以从他自己生活中占优势的意识形态氛围中找到解释。杜威所处的时代是一个扩展中的工业社会，开阔的边疆有待开发，不完善的、粗鲁朴实的个人主义是这个时代的标志。它以社会达尔文主义为依据，把“生存竞争”和“适者生存”的生物学范畴转移到社会。这样就使那些为职业和生活而开展竞争的不幸的、不顺利的或不成功的人产生冷淡、残忍的心态，虽然这是无意识的，但危害还是很大的。杜威的人道主义情感使他强调对困扰人们的问题要采取合作的态度，并强调把公开声称的民主信条从政治领域扩充到教育和经济领域的重要性。

确实，杜威所以关心“平等机会”的社会协同因素，其动机来自他对个人独特价值的正确评价。他所理解的发展个性和人格，丰富内心经验，在他看来，由于缺乏合作的社会行动和社会控制被有闲阶级所独占，工人群众是无法享受的。

杜威对个人经验的性质的持久和深切的关怀，在他后期有关审美经验的著作中表现出来。但是，在他早期著作中，甚至在他对某种个人主义的批评中，已包含这方面的意思，尽管不很明显。杜威曾经谴责过一种个人主义，他和詹姆斯联合起来进行过批评，詹姆斯还给它加上“凶恶的”形容词。这种个人主义的观点认为，关于各种事物、事件和人，我们需要知道的是它们属于什么阶级。由于两个人被正确地归入同一个阶级，这就使他们的具体差别变得并不重要，或与任何其他事情无关。这就是说，在杜威看来，虽然可以通过抽象作用正确地理解个人，但是，不能把他单纯理解为一束相互交叉的抽象或相互交叉的抽象的复合体。这种态度表现在实际事务中，如果我们仅仅从他们是男人还是妇女、是黑人还是白人、是犹太人还是非犹太人、是美国人还是外国人来判断，就会出现这种态度，从而忽略人的特殊性、个性和独特性。

这就是为什么在我看来，虽然杜威反复强调人类经验的社会成分，但他的哲学的精神承认个人不能取消，也不能缩小。和别人的关系内化到每个人，但是无论在开始还是在终了和中间，个人总是有外部的关系。正如在科学界，通过传统的力量和结果的重复而控制证据，使科学家个人能发展他自己的风格，寻找他自己通向新真理的道路。所以，在民主社会，参与政治和社会的过程，使个人以他自己特殊的方式对共同生活做出贡献。当然，这并不是把科学团体和民主社会等同起来，因为只有在民主社会里每个人才算是一个人，而且不多于一个人。

在杜威 80 岁那年，第二次世界大战开始不久，他曾宣称，不论民主主义是另外什么东西，它都是“个人方式的个人生活”。这就是承认社会的普遍性和个人生活的不同模式是可以兼容的。对杜威来说，民主是一种社会的生活方式，这种生活方式允许我们独处，即便不是有成效地共同生活，至少能和平地共同相处。这就是为什么对杜威来说，民主建立在信念的基础上——相信智慧能发现或创造足以保存文明社会的共同的兴趣。“尽可能把发生的每个冲突——冲突是必定要发生的——从以威力或暴力作为解决的手段的气氛和环境中取出来，放到讨论和智慧的气氛和环境中去，就是把那些和我们意见不一致——甚至很不一致——的人，看作我们可以向他们学习的人，并且达到把他们看作朋友的程度。”①

除了别的工作以外，教育应该谋求培养这种信念，并鼓励人们为这种信念冒风险。教育也应该谋求使个人为意外的失败做好准备。

① 杜威：《创造性的民主——我们当前的任务》，载悉尼·拉特纳编《普遍人的哲学家》，纽约，1940 年版，第 226 页。

杜威生平和著作年表*

1859年10月20日　约翰·杜威（John Dewey）生于佛蒙特州伯灵顿。他的父亲是个杂货商。他的哥哥D. R. 杜威（Davis Rich Dewey）后来成为出名的经济学家。

1859年　这一年的几件大事是：达尔文的《物种起源》、斯宾塞的《什么知识最有价值?》、卡尔·马克思的《政治经济学批判》、约翰·穆勒①的《论自由》出版；贺拉斯·曼②和洪堡③去世；居里④、雅内⑤、埃德蒙德·胡塞尔⑥和亨利·柏格森⑦出生。

1875年　中学毕业。

1875—1879年　佛蒙特大学肄业。杜威和他的哥哥D. R. 杜威是杜威家族第一代大学生，由于家庭邻近大学、学费低廉和奖学金的帮

---

* 译自W. W. 布里吉曼：《杜威生平和著作概略》，载W. W. 布里吉曼与斯坦利·莱里《杜威：教师、教育家》，1961年纽约版，第149—152页；并参阅其他有关材料。——译者注

① 约翰·穆勒（John Stuart Mill，1806—1873），英国哲学家、经济学家。——译者注

② 贺拉斯·曼（Horace Mann，1796—1859），美国教育家。——译者注

③ 洪堡（Alexander von Humboldt，1769—1859），德国博物学家、政治家。——译者注

④ 居里（Pierre Curie，1859—1906），法国物理学家。——译者注

⑤ 雅内（Pierre Janet，1859—1947），法国心理学家。——译者注

⑥ 埃德蒙德·胡塞尔（Edmund Husserl，1859—1938），德国哲学家。

⑦ 亨利·柏格森（Henri Bergson，1859—1941），法国哲学家。——译者注

助，他们才能进大学。

1879 年　获文学士学位，任美国大学生联谊会成员。

1879—1881 年　任宾夕法尼亚州石油城中学拉丁文、代数和自然学科教师。

1881—1882 年（冬）　任佛蒙特州一所乡村学校的教师。跟佛蒙特大学托里（H. A. P. Torrey）教授学习哲学史。

1882 年　在哈里斯（W. T. Harris）教授主编的《思辨哲学杂志》上发表杜威最早的论著：《唯物主义的形而上学假说》（The Metaphysical Assumptions of Materialism）（4 月）和《斯宾诺莎的泛神论》（The Pantheism of Spinoza）（6 月）。这个杂志还发表了杜威的两篇文章：《知识和情感的相对性》（Knowledge and Relativity of Feeling）（1883 年 1 月）和《康德和哲学方法》（Kant and Philosophic Method）（1884 年 4 月）。法国《哲学杂志》（*Revue Philosophique*）摘录了杜威的第一篇文章（1883 年 1 月）。这是外国最早提到杜威。

1882—1884 年　在约翰斯·霍普金斯大学攻读博士学位。1883 年春季在大学本科教哲学史课。

1884 年　获博士学位。完成论文《康德心理学》，未发表。

1884—1888 年　任密歇根大学哲学讲师和助理教授。1886 年 7 月与艾丽斯·奇普曼（Alice Chipman）结婚。发表第一篇教育论文《教育与妇女健康》（Education and the Health of Women）（载《科学》，1885 年 10 月 16 日）。专著《心理学》（*Psychology*）（纽约，哈珀，1886）、《莱布尼兹关于人类理解的新论》（*Leibniz's New Essays Concerning the Human Understanding*）（1888）、《民主伦理学》（*The Ethics of Democracy*）（1888）出版。

1888—1889 年　任明尼苏达大学哲学教授。

1889—1894 年　任密歇根大学哲学系主任。

1893 年　发表第一篇关于中等教育的论文《中学的伦理学教学》（Teaching Ethics in the High School）（载《教育评论》11 月号）。

1894—1904 年　任芝加哥大学哲学、心理学和教育学系主任。教研究生课程。

1895 年 《数的心理学及其在算术教学法上的应用》(*The Psychology of Number and Its Applications to Methods of Teaching Arithmetic*) 在英国出版，与麦克莱伦 (J. A. McLellan) 合著 (纽约，阿普尔顿)。

1896—1903 年 任职芝加哥大学实验学校。相关记述见《一个教育学的实验》(A Pedagogical Experiment) (载《幼儿园杂志》，1896 年 6 月号) 和《大学初等学校》(The University School) (载芝加哥《大学学报》，1896 年 11 月)。

1896 年 发表《兴趣和意志训练的关系》(Interest in Relation to Training of Will)。

1897 年 发表《我的教育信条》(My Pedagogic Creed)、《教育中的伦理原则》(Ethical Principles Underlying Education)。

1899 年 发表《学校与社会》(The School and Society)，后在英国出版 (1900)。

1899—1900 年 任美国心理学联合会会长。

1900 年 任《初等学校纪事》(*The Elementary School Record*) (九种专题论文丛书) 编辑。

1902 年 发表《儿童与课程》(The Child and the Curriculum)、《教育的情境》(The Educational Situation)。

1902—1904 年 任芝加哥大学教育学院院长。

1903 年 发表《逻辑理论研究》(Studies in Logical Theory)。

1904 年 获威斯康星大学法学博士学位。

1904—1930 年 任哥伦比亚大学哲学教授。

1905—1906 年 任美国哲学学会会长。

1908 年 《伦理学》(*Ethics*) 出版，与塔夫茨 (J. H. Tufts) 合著。

1909 年 发表《教育上的道德原理》(Moral Principles in Education)。

1910 年 获佛蒙特大学法学博士学位。发表《我们怎样思维》(How We Think)、《达尔文对哲学的影响》(The Influence of Darwin on Philosophy)。

1913年　发表《教育上的兴趣与努力》(Interest and Effort in Education)。获密歇根大学法学博士学位。

1915年　任美国大学教授联合会第一任会长。《德国哲学与政治》(*German Philosophy and Politics*)、《学校与社会》(修订本)、《明日之学校》[*School of Tomorrow*，与女儿伊夫林·杜威(Evelyn Dewey)合著]出版。获约翰斯·霍普金斯大学法学博士学位。

1916年　任纽约市第一个教师联合会的创始成员。《民主主义与教育》(*Democracy and Education*)、《实验逻辑论文集》(*Essays in Experimental Logic*)出版。

1917年　获伊利诺伊学院法学博士学位。

1919年　在东京帝国大学讲演(2月、3月)。4月30日从日本到上海。

1919—1921年　在北京大学和南京高等师范学校等校讲演。

1920年　《哲学的改造》(*Reconstruction in Philosophy*，在东京的讲演、《来自中国和日本的信件》(*Letters from China and Japan*，与妻子艾丽斯·奇普曼·杜威合著)出版。获北京大学法学博士学位。

1922年　《人性与行为：社会心理学导论》(*Human Nature and Conduct: An Introduction to Social Psychology*)出版。

1924年　在土耳其研究教育状况。

1925年　《经验与自然》(*Experience and Nature*)出版。

1926年　在墨西哥研究教育状况。

1927年　艾丽斯·奇普曼·杜威去世。《公众及其问题》(*The Public and Its Problems*)出版。

1928年　在苏联研究教育状况。任美国进步教育协会名誉会长。发表《进步教育与教育科学》(Progressive Education and the Science of Education)。

1929年　《人物与事件》[*Characters and Events*，拉特纳(J. Ratner)编的杜威论文两卷集]出版。发表《对苏维埃俄罗斯和革命的世界墨西哥、中国、土耳其的印象》(Impressions of Soviet Russia and the Revolutionary World, Mexico-China-Turkey)、《确定性的寻求——关于知行关系的研究》(The Quest for Certainty: A Study of the Relation of Knowledge and Action)、《教育科学的资源》(The Sources of a Science of Education)。任人民座谈会主席、独立政治行动联盟的全国主席。在爱丁堡大学开设讲座。获哥伦比亚大学法学博士学位。

1930 年　获巴黎大学法学博士学位。《旧个人主义与新个人主义》(*Individualism Old and New*)出版。

1930—1939 年　任哥伦比亚大学荣誉(退休)教授。

1931 年　《哲学与文明》(*Philosophy and Civilization*)、《从教育混乱中寻求出路》(*The Way Out of Educational Confusion*)出版。

1932 年　与塔夫茨修订《伦理学》。获哈佛大学法学博士学位。

1933 年　修订《我们怎样思维》。

1934 年　《艺术即经验》(*Art as Experience*)、《一种普通的信仰》(*A Common Faith*)出版。

1935 年　《自由主义与社会行动》(*Liberalism and Social Action*)出版。

1937 年　任控诉莫斯科对托洛茨基的审判调查委员会主席。审查有关托洛茨基案件(The Case of Leon Trotsky)的报告(杜威等著)。

1938 年　《逻辑:探究的理论》(*Logic: The Theory of Inquiry*)出版。托洛茨基调查委员会报告《无罪》(Not Guilty)(杜威等著)发表。

1939 年　《自由与文化》(*Freedom and Culture*)、《价值的学说》(*Theory of Valuation*)出版。

1941 年　《罗素案件》[*The Bertrand Russell Case*,与卡伦(H. M. Kallen)合编]出版。

1946 年　《人的问题》(*Problems of Men*)出版。与 R. L. 格兰特(Roberta L. Grant)结婚(12 月 11 日)。获奥斯陆(挪威)大学荣

誉哲学博士学位、宾夕法尼亚大学理学博士学位。

1949 年　《认知与所知》[*Knowing and the Known*，与本特利 (A. F. Bentley) 合著] 出版。

1952 年　发表最后一篇教育论文《〈教育资源的使用〉一书引言》(Introduction to the Use of Resources in Education)。

1952 年 6 月 1 日　在纽约去世。

（赵祥麟　编译）